»Über alles« versammelt einen Querschnitt aus dem vielfältigen künstlerischen Schaffen von Robert Gernhardt: Gedichte und Erzählungen, Bildgedichte und Bildgeschichten, Zeichnungen, Satiren und Märchen, Essays zu Wort und Bild.

Robert Gernhardt (1937–2006) lebte als Dichter und Schriftsteller, Maler und Zeichner in Frankfurt/Main und in der Toskana. Er erhielt zahlreiche Auszeichnungen, darunter den Heinrich-Heine-Preis und den Wilhelm-Busch-Preis. Sein umfangreiches Werk erscheint bei S. Fischer, zuletzt »Toscana mia« (2011) und »Hinter der Kurve« (2012).

Weitere Informationen, auch zu E-Book-Ausgaben, finden Sie bei
www.fischerverlage.de

Robert Gernhardt

Über alles

Ein Lese- und Bilderbuch

Fischer Taschenbuch Verlag

Veröffentlicht im Fischer Taschenbuch Verlag,
einem Unternehmen der S. Fischer Verlag GmbH,
Frankfurt am Main, Oktober 2012

© Robert Gernhardt 1994
Alle Rechte S. Fischer Verlag GmbH, Frankfurt am Main
Satz: Pagina GmbH, Tübingen
Druck und Bindung: CPI – Clausen & Bosse, Leck
Printed in Germany
ISBN 978-3-596-90452-5

Unsere Adressen im Internet:
www.fischerverlage.de
www.robertgernhardt.de

Inhalt

I KUNST UND LEBEN

Das Buch der Bücher	15
Er hadert	16
Sechs Gefäße	21
Was ist Kunst?	22
Darf ich vorstellen?	23
Reich der Sinne, Welt der Wörter	24
Drinnen und draußen	34
Ein geglückter Auftakt	35
Die großen Hochstapler	36

II MENSCH UND TIER

Das Tier und Wir

Die Brücke	39
Die Savanne ist voll	40
Grenzen der Kunst	54
Elch, Bär, Biber, Kröte	55
Kröten nach der Natur	62
Leicht faßliche Anleitung, einen Raben zu zeichnen	63
Der Eremit und der Tausendfüßler. Eine Fabel	64
Vertreter-Elend	64
Der Kragenbär	65
Blas-Phemie	66
Eindeutig zweideutig	67
Animalerotica	67
Die Trinker. Versuch einer Typologie	68

Die armen Schweine 69
Hauptsache, man redet miteinander 73

Der deutsche Mensch

Deutschland, deine Dolchstöße 74
Aus einem Kriegsroman 77
Deutscher im Ausland 78
Im Albergo oder: Sich selbst verraten 78
Geteiltes Land – Gemischte Gefühle 79
Friesenheim als Schicksal 90
Wenn der Günter mit der Gabi. Ein Geiseldrama 95
Von deutschem Ernst 105
Deutschland, deine Haare 109

Wir und die anderen

Ich habe nichts 110
Vater, mein Vater 110
Mit Humor geht alles besser –
   auch das Ausländervergraulen 112
Herr Haubold klärt auf 116
Henry, der Krüppel 118
Würdelos 125
Sauber, sauber 125
Unheimliche Begegnung der hinterletzten Art 127
Schwarze Komik 127
Berühmte Indianer 129
Unter dem Pazifikmond 130

III MANN UND FRAU

Materialen zu einer Kritik des Männlichkeitswahns 133
Abends, als der Würger kam 134

Männer auf verlorenem Posten. Heute: Melker Mörig	136
Lieblingsplural	137
Lieblingsplural zum zweiten	138
Lieblingsplural zum dritten	144
Lieblingsplural zum letzten	146
Das Ziehen der Frauen am Hemdchen	154
Ewiges Rätsel Weib	159
Von der Nestbeschmutzung zur Menschenverachtung – Satirekritik im Wandel der Zeiten	160
Chines und Has	170
Über die Gefühle	180
Neuer Mann, alter Hut	182
Männerphantasien, Folge 287	190
Ich bin ein Mann – hilf mir, ein Mensch zu werden Elf Gedichte einer Liebe. Von Florian Freyer	191
Neulich im 1. Programm	197
Fressgass, Ende August	199
Zwei Tische weiter	200
Zwei erinnern sich	201
Die Lust kommt	201
Noch eine Szene noch einer Ehe	202
Ein Männerleben	204
Badefreuden	205

IV WORT UND BILD

Geständnis	209
Das Scheitern einer Ballade. Eine Ballade	210
Dreißigwortegedicht	211
Mondgedicht	211
Bilden Sie mal einen Satz mit	211
Warum ist es an der Mosel so still?	212
Anno 24	213

Herr Gernhardt, warum schreiben Sie Gedichte?
  Das ist eine lange Geschichte 214
Dichters Leid und Lust 223
Er folgt einer Einladung 224
Landschaft bei San Giovanni 229
FAZ, Beuys, Schmock 230
Er reist 233
In Ligurien 234
Ein Malermärchen..................................... 241

V ZEIT UND RAUM

Prognose 247
Die geile Welt der 50er Jahre 248
1965 – Ein Portrait der leider endgültig allerletzten
  guten, alten Zeit 257
Schuld und Scham – und wie es dazu kam.
  Eine Aussage 267
Heißer Frühling '68.
  Ein Polizeipferd erinnert sich mal wieder 279
Materialien zu einer Kritik der bekanntesten Gedichtform
  italienischen Ursprungs............................. 280
Ein fesselndes Buch................................... 280
Kopf oder Bild?
  Die 80er Jahre im Spiegel satirischer Seher
  und publizistischer Penner.......................... 281
Umweltbewußtsein.................................... 294
Er altert 300
Länder – schnell erkannt 308
Nachdem er durch Metzingen gegangen war 311
Erinnerung an eine Begegnung in Duderstadt 311
Paris ojaja 312
Rast in Hessen 312
Vogelsberglandschaft 314

Groß, größer, am größten. Drei Oden 315
Adorno im Bild 317
Samstagabendfieber 318
Herbstlicher Baum in der Neuhaußstraße 319
Maredo Steak-House 319
Sind die Tortellini 320
Obszöne Zeichnung am Volksbildungsheim 321
Der Göttinger... 322
Bella Toscana 323
Toskana-Arbeit. Eine Richtigstellung 324
Neulich bei Monterchi................................. 338
Er erzählt die Geschichte einer Geschichte 342
Das vierzehnte Jahr. Montaieser Elegie 352
Toscana-Therapie...................................... 359
Er erklärt die Landschaft.............................. 361
Weheklag 364
Tisch und Stuhl 365

Zeit und Rom

Nachdem er durch Rom gegangen war 366
Ein merkwürdiges Mißverständnis
   im Petersdom...................................... 366
Nachdem er in der Trattoria
   ›Da Mamma Pia‹ gegessen hatte 368
Rom sehen und lachen 368
Roma aeterna 377

Zeit und Ruhm

Da saß der berühmte Mann............................ 378
Keine Kritik der Kritik................................ 379
Rezensentenschelte 381
Hehre Stunden 382
Sternstunden der Moderne 384

Kleine Erlebnisse großer Männer	384
Er nun wieder	385
Wahrhaftiger Bericht über das Berühmtwerden. Ein Auszug	386
Da wird etwas verehrt	393
Sommererinnerung	394

VI GOTT UND DIE WELT

Guter Gott

Letzte Fragen	397
Gebet	398
Ich sprach	398
Schöpfer und Geschöpfe	398
Maskenmenschen	399
Lichtenbergs Verdacht	401

Böse Welt

Kinder – mal herhören! Vorschläge für ein Lesebuch der zweiten Klasse	402
Ein Kraftwort wird siebzig	403
Ganz schön zeitkritisch	406
Die Stellvertreter	406
Warum ich nicht gern Satiriker bin und mich nur ungern als solchen bezeichnet sehe. Keine Satire	409
Die Lage des Humors	425
Wer braucht wen?	426
Apropos Zwerg Nase	431
Küß mich	432
Das Erdmännchen und der Raketenbauer	433
Vom lieben Gott, der über die Erde wandelte	434
Die Waldfee und der Werbemann	435
Die Heimkehr	438

Verlorenes Ich

Er geht zum großen Robert-Treffen	439
Siebenmal mein Körper	442
Noch einmal: Mein Körper	443
Ich selbst	444
Trost und Rat	445
Höllisch gut	446
Die Welt und ich	446
So einfach ist das nicht. Ein Interview	447
Mann oh Mann	453
Ein Brieflein	453
Komische Karriere	454
Ein Fragebogen	457
Happy Birthday	458
Schneewittchen heute	459

VII SPASSMACHER UND ERNSTMACHER

Aus dem Leben eines Spaßmachers	463
Spaßmacher und Ernstmacher	463
Vorbemerkung zu ›Versuch einer Annäherung an eine Feldtheorie der Komik‹	467
Das Komische ist ein Genre	470
Ein spritziges Buch	472
Schweinchens Problem	473
Conditio humana	474
Die Nacht, das Glück, der Tod	475
Der sterbende Narr	476
Der Tag, an dem das verschwand	477
Aus einem Bärenbuch	477
Scheiternde Hunde. Heute: Fido	478
Was bleibt. Gedanken zur deutschsprachigen Literatur unserer Zeit	479
Herr Hefel persönlich	497

ANHANG

Anmerkungen... 501
Nachweise 504
Auswahlbibliographie................................... 510

I
KUNST UND LEBEN

DAS BUCH DER BÜCHER

Das ist das Buch
der Bücher.
Ich zeig es euch,
weil ihr es seid.
Ach was – ihr seid es
gar nicht?

Dann zeig ich's auch nicht.
Tut mir leid!

ER HADERT

Eigentlich sollte ich vor der Staffelei sitzen und malen, das wäre die einzige Tätigkeit, die mich jetzt noch retten könnte. Nur malend könnte ich wieder zur Ruhe kommen. Malen! Man stellt irgendein Stilleben zusammen – eine alte Blechbüchse, eine Flasche und einen Schwamm, nein, keinen Schwamm, Schwämme kann man nicht malen, sie sehen einem Käse zu ähnlich, später stehen dann die Leute vor dem Bild und sagen: »Die Blechbüchse und die Flasche sind ja halbwegs getroffen, aber warum hat der Idiot den Käse dazugelegt?« Keinen Schwamm also, der gibt auch formal nichts her, schwammig wie er ist und voller Löcher, wir nehmen lieber etwas mit klarem Umriß, etwas, das einen präzisen Schatten werfen kann, einen kleinen Schuhkarton? Gut, einen kleinen Schuhkarton, dann setzen wir uns vor unser Stilleben und malen das Ganze ab. Gleich werden wir ruhiger. Wir schauen auf die Gegenstände, wir schauen auf das Bild, wir mischen etwas Grün an, ja Grün, die Flasche ist nämlich grün, viel Auswahl gibt es bei Flaschen nicht, entweder sind sie grün oder braun oder farblos, ich werde das nicht ändern, Sie werden das nicht ändern, Sie schon gar nicht – aber ich wollte nicht ausfallend werden. Im Gegenteil. Von der Ruhe möchte ich reden, ach was, ich rede von der Ruhe, von jener einzigartigen Ruhe, die den Maler überkommt, je länger er malt. Von jener meditativen Gelassenheit, mit der er der Welt der flüchtigen Erscheinungen eine intensivere, dauerhaftere Realität gegenüberstellt. Er schaut auf die Dinge und mischt etwas Farbe an, er schaut auf die Leinwand und setzt die Farbe, er schaut nochmals auf die Dinge und wischt die Farbe wieder weg – er hat sich beim Mischen vertan, zuviel Gelb, die Flasche aber ist grün –, er lehnt sich zurück und schaut abermals auf die Dinge, gleich wird er einschlafen.

Schön wär's. Denn in Wirklichkeit wird der Maler, kaum daß er sich zum Malen hinsetzt, von der allerschrecklichsten Unruhe gepackt. Je schweigsamer er seiner Arbeit nachzugehen sucht, desto lauter wird es im Kopf des Malers, je stiller es in seinem Atelier ist, desto geräuschvoller brandet der Dreck des Tages und der Schlamm der Welt gegen die berstenden Wände. Kein besonderer Dreck und kein auserlesener Schlamm, beileibe nicht; außer der Tatsache, daß er malt, ist an einem Maler nichts Außergewöhnliches. Nein, ich rede von jenem Allerweltsdreck und Einheitsschlamm, der tagtäglich über jedem von uns ausgeleert und in jeden von uns hineingepumpt wird – angefangen von ganz realen Alltagsbeleidigungen bis hin zu so irrealen Scheußlichkeiten wie Diskontsatzerhöhungen, Neuverschuldungen des Bundes und Bewegungen auf dem Petrodollarmarkt. Wenn wenigstens die OPEC-Länder Ruhe gäben! Doch nein, die tagen ja schon wieder, um den Preis für den Barrel Rohöl – aber was um Himmels willen ist ein Barrel? Und wer wird sich durchsetzen? Die Gemäßigten um Minister Jamani? Oder die Vertreter der harten Linie, an deren Spitze sich der Iraner Moinfar gesetzt hat? Oder war es Gaddafi? Und wie schreibt man den überhaupt – gehörte nicht irgendwo ein »h« hin? Aber wohin? Hinter das »G«? Hinter das »f«? Und warum tue ich so, als ob mich diese Frage irgend etwas angeht?

Weil sie mich etwas angeht. Weil alles mit allem heillos verknüpft ist. Weil unsere hochtechnisierte, kleiner gewordene Welt nicht mehr den ichverliebten Wolkenkuckucksheimmaler, sondern den mündigen, rundum informierten Zeitkünstler erfordert. Weil –

Doch je mehr ich mich zu informieren trachte, desto weniger begreife ich. Das einzige, was ich begreife, ist, daß ich mich mehr informieren müßte. Und wann soll ich bitte sehr malen? Und wie soll man bitteschön Ruhe bewahren – denn nichts anderes tut Malerei, die diesen Namen verdient: *sie bewahrt die Ruhe* – in einer derart bewegten Zeit? Wie Ruhe finden, wenn man nicht zur Ruhe kommt?

Doch der Maler kann gar nicht zur Ruhe kommen. Er steht im Abseits, Ruhe aber herrscht nur im Zentrum des Taifuns. Und wo könnte es ruhiger sein als in jenen Hochhäusern der

Bürostadt Niederrad, an denen ich nie ohne Neid vorbeifahren kann, seit mir Almut die Geschichte vom Kampf zwischen Scheibletten-Körner und Käseecken-Hartmann erzählt hat. Beide waren Produktmanager der Firma Kraft, doch das Schicksal hatte sie an verschiedene Fronten gestellt. Da kämpften sie nun. Hartmann für das Überleben der traditionsreichen Käseekken, die jahrelang das tragfähigste Käsebein des Hauses gewesen waren, bis veränderte Verbrauchergewohnheiten den Siegeszug der Scheibletten – einzeln der Folie entnehmbar, da getrennt abgepackt – eingeleitet hatten. Ein Siegeszug, den Körner nach Kräften zu unterstützen und zu beschleunigen trachtete. Denn Körner kämpfte für das Neue, in einer Welt des Wandels, so Körner – doch was sauge ich mir aus den Fingern? Ich will nicht mehr lügen, natürlich beneide ich die beiden Deppen überhaupt nicht. Wenn ich mir freilich vorstelle, wie sie abends nach Hause kommen und ihren Frauen sagen können: »Na, heute hab ich's dem Körner – respektive Hartmann – aber gegeben. Ich bin während der Vertretertagung einfach aufgestanden und habe mit Hilfe des Overhead-Projektors anhand von Schautafeln ein für alle Mal klargestellt –«

»Ach Liebling, das ist ja herrlich!«

»Nicht wahr? Das muß gefeiert werden!«

»O ja Liebling, aber wie?«

»Nun – erst ein Gläschen Schampus, dann wird etwas Extrafeines weggschnabuliert und schließlich ... na du weißt schon!«

»Ach Liebling!«

Und wenn ich mir dann ausmale, wie diese Ignoranten herrlich kopulieren, bis der Frust des Tages sich in eitel Orgasmus auflöst, während der Maler –

Der Maler hat keine natürlichen Feinde. Ihm stellen sich keine festumrissenen Gegner in den Weg. Gewiß, es gibt die Kollegen, die Händler, die Kritiker, doch sie alle können keinen Körner – respektive Hartmann – ersetzen. Für letztere zählt nur die Gegenwart. Sie siegen entweder hier und heute, oder sie gehen für immer unter. Der Maler aber denkt an van Gogh, der zu Lebzeiten ein einziges Bild verkauft hat, und fühlt sich noch in seiner Mission bestätigt, wenn er Absagen, schlechte Kritiken oder die Erfolge anderer Maler einstecken muß. Vereinsamt durch seinen selbstgewählten Auftrag, gelähmt durch seine selbstverschuldete Unkenntnis, verstrickt in sein selbstgesponnenes Lügensystem ist der Maler um so schutzloser dem Biß der Spinne »Erinnerung« ausgesetzt, die ihn stets anfällt, kaum daß er damit beginnt, seine Tuben auszudrücken:

– Quälst du mich schon wieder, Spinne Erinnerung?
– Wer spricht von Quälen ... Ich schau dir doch nur zu, du Dummerchen. Was drückst du denn da für eine Tube aus?
– Grüne Erde.
– So, so – Grüne Erde. Ähnelt ein wenig der Farbe jener Strumpfhose, findest du nicht?
– Welcher Strumpfhose?
– Welcher Strumpfhose, welcher Strumpfhose? Stell dich nicht so an! Welcher Strumpfhose?!
– Ja! Welcher Strumpfhose!
– Ich rede natürlich von Waltrauts Strumpfhose.
– Laß mich in Ruhe mit deiner Waltraut.
– Deiner Waltraut immer noch. Denn du hast ja auch versucht, ihr die Strumpfhose auszuziehen.
– Ich? Die Strumpfhose?
– Na gut. Dann muß ich wohl deutlicher werden. Wer wollte sich an dem armen Mädchen vergehen – du oder ich?
– Vergehen! Armes Mädchen! Sie hat doch selber angefangen! Sie hatte mich dazu aufgefordert, mir noch ihr Meerschweinchen anzusehen.
– Ach so ... Wir haben uns also um zwei Uhr nachts auf einmal für Meerschweinchen interessiert, wie? Verhaltensforschung, was? Auf Konrad Lorenz' Spuren, oder? Mit dem feinen Unterschied, daß dem die Graugänse hinterherlaufen, während du der Blaugans hinterhergestiefelt bist – nicht wahr?
– Welcher Blaugans denn?

– Komm, jetzt langt's mir aber. Hast du ein stockbetrunkenes Mädchen zum Zwecke der fleischlichen Vereinigung abgeschleppt? Ja oder nein?
– Ich hatte etwas getrunken. Ich hatte einen schweren Tag hinter mir. Ich wollte eigentlich
– Du warst noch Herr deiner Sinne. Sie aber war randvoll. Und du wußtest das. Darauf hattest du ja deinen ganzen widerlichen Plan aufgebaut.
– Plan? Als ich ins Lokal kam, wollte ich lediglich
– Aha! Der große Verhaltensforscher läuft also noch um elf Uhr nachts in der Kneipe ein, um Blaugänse abzuschleppen.
– Ich wurde abgeschleppt!
– Ach ja? Bubi wurde abbetleppt, um noch das droße twazze Meertweinchen tu treicheln? Du hast dich einen Dreck um das Meerschweinchen gekümmert. Nicht einmal angeschaut hast du es, du geiler Patron!
– Sie war geil.
– So geil, daß sie in deinen Armen einschlief, stimmt's?
– Nicht gleich. Erst hat sie noch
– Erspar mir bitte deine pornographischen Phantasien. Sie schlief sogleich und sofort in deinen verlangenden Armen ein, worauf du versucht hast, einer Schlafenden
– Hör auf!
– Einer Schlafenden die grüne Strumpfhose abzustreifen. Einer Schlafenden!
– Na ja ... Sie war nicht mehr die wachste ...
– Sie schnarchte bereits, o du mein Beglücker der Frauen. Und du hast es nur ihrer endgültigen Hingelagertheit, die nicht von dieser Welt war, zu verdanken, daß dein Plan, der schwersten aller Schlafenden die Strumpfhose abzustreifen, um dich sodann an einer Schlafenden
– Gib endlich Ruhe!

Die Spinne aber duckt sich, ihre acht Beinchen zittern vor Angriffslust, gleich wird sie vorschnellen.

Sechs Gefäße, Gouache 1972

WAS IST KUNST?

Hab'n Sie was mit Kunst am Hut?
Gut.
Denn ich möchte Ihnen allen
etwas auf den Wecker fallen.
Kunst ist was?
Das:
Kunst, das meint vor allen Dingen
andren Menschen Freude bringen
und aus vollen Schöpferhänden
Spaß bereiten, Frohsinn spenden,
denn die Kunst ist eins und zwar
heiter. Und sonst gar nichts. Klar?
Ob das klar ist? Sie ist heiter!
Heiter und sonst gar nichts weiter!
Heiter ist sie! Wird es bald?
Heiter! Hab'n Sie das geschnallt?
Ja? Dann folgt das Resümee;
bitte sehr:
Obenstehendes ist zwar
alles Lüge, gar nicht wahr,
und ich meinte es auch bloß
irgendwie als Denkanstoß –
aber wenn es jemand glaubt:
ist erlaubt.
Mag ja sein, daß wer das mag.
Guten Tag.

DARF ICH VORSTELLEN?

Frau Entsagung, Herr Verzicht –
Ohne beide gäb' es nicht
Staat, Familie und Kultur
Architek- und Literatur
Autobahn, Atlantikflüge
Religion und Lebenslüge
Streichquartette und Museen
Nichts zu hören, nichts zu sehen
Nichts zu lesen, nichts zu lernen
Keine Raumfahrt zu den Sternen
Keine Sonden, keine Düsen
Keine Psychoanalysen
Keinen Puff und kein Theater
Keinen Suff und keinen Kater
Keine Pornos, keine Pfaffen
Keinen Witz und keine Waffen
Keinen Sport. Selbst dies Gedicht
Gäb' es ohne die hier nicht:
Frau Entsagung, Herr Verzicht.

REICH DER SINNE, WELT DER WÖRTER

Beim Paar, das sich auf dem schmalen Bett liebte, gab es Schwierigkeiten.

»Komm nicht so mit der Zunge«, sagte er, worauf sie, verschreckt, die Zunge gar nicht mehr bewegte. Das war ihm nun auch wieder nicht recht: »Komm mehr mit der Zunge.«

Sie dachte daran, wie einfach anfangs alles gewesen war. Er überprüfte derweil seine Erektion. Sie schien in Ordnung zu sein, nun wollte er etwas dafür haben. Sie könnte feuchter sein, dachte er und erinnerte sich daran, wie feucht sie früher immer gewesen war. Oder setzte da bereits Verklärung ein?

»Komm«, sagte er und spürte, wie sie ihm immer mehr entglitt. Wo war sie jetzt eigentlich? Er stützte sich auf und schaute an ihr hinunter, dann auf sein Glied, das stetig in ihr verschwand. Kraftvoll, fiel ihm dazu ein, monoton, dachte er. Seine kraftvolle Monotonie ging ihm langsam auf den Geist. Sie stöhnte leise auf. Jetzt habe ich sie, vermutete er und beschleunigte seine Stöße. Sie aber hatte lediglich deswegen aufgestöhnt, weil er ihr nicht hatte folgen können. Dabei hatte er sie doch früher immer aufgestöbert, gestellt und mitgenommen. Oder war sie es gewesen, die ihn abgefangen und geführt hatte? Sie hätte ihm gerne gesagt, wo sie gerade war und wohin sie jetzt wollte, doch da hätte sie zu weit ausholen und zu lange reden müssen. Und eigentlich hatten ja nun die Körper das Wort. Warum sagten sie einander nichts? Sie überlegte, wie sie sich ehrenhaft aus der Affäre ziehen konnte. Wieder stöhnte sie auf, doch diesmal in der Hoffnung, ihn zu täuschen.

Geschmeichelt biß er sie ins Ohr. Jetzt habe ich sie wirklich, dachte er und spürte Freude darüber, daß sie nicht zu wissen schien, wie wenig sie ihn hatte. Er hatte seine Erektion, und das genügte ihm erstmal. Nun wollte er es ihr besorgen. Gutgelaunt biß er sie ein weiteres Mal ins Ohr.

»Aua«, sagte sie unbedacht und tadelte sich sogleich dafür. In Ekstase sagt man nicht »Aua«. Sie erwog, das »Aua« durch einen sinnlichen Seufzer vergessen zu machen oder doch wenigstens zu neutralisieren, doch sie wußte nur zu gut, daß es dafür bereits zu spät war.

Er fuhr auf. »Habe ich dir weh getan?« fragte er. Jetzt geht das Gerede doch noch los, dachte sie erschrocken und richtete sich ein wenig auf, um seinen Hals zu lecken. Sie fühlte sich schuldig und glaubte, durch ein leidenschaftliches Festsaugen sühnen zu müssen. Er hatte noch ihr »Aua« im Ohr, nun verstörte ihn ihre Zunge am Hals. »Was machst du denn da?« fragte er halblaut. Sogleich tat ihm die Frage wieder leid. War es nicht das gute Recht der leidenschaftlichen Frau, sich am Hals des potenten Mannes festzusaugen, ohne an Folgen zu denken wie Flekken, Vertuschungen und kumpelhafte Kommentare? Aber sagt eine Frau in Ekstase »Aua«?

Sie ließ nicht sogleich ab. Sie wollte die Sache jetzt hinter sich bringen und hoffte, ihn im Sturm mitnehmen und zum Orgasmus mitreißen zu können. Zu seinem Orgasmus, richtiger gesagt, denn an ihren glaubte sie schon lange nicht mehr. Wenn er doch nur an seinen glauben könnte! Sie saugte heftiger.

»Aua«, sagte er. Sie ließ ihren Kopf kraftlos auf das Kissen fallen und öffnete die Augen. Prüfend schauten sie einander an, während unten das Stoßen und Ziehen weiterging. Das hatte nun schon fast gar nichts mehr mit ihnen zu tun.

Jedes Einanderanschauen ist eine Kraftprobe. Irgendwann schaut einer zuerst weg, im normalen Leben. Beim normalen Beischlaf schließt gewöhnlich einer zuerst die Augen. Damit bedeutet er dem anderen, daß er noch auf dem Weg ist und um das Ziel weiß. Mit solch einem einzigen Augenschließen wird oft mehr gelogen als mit vielen Worten.

Noch schaut das Paar sich an. Beide wissen, daß sie ein Mißlingen des Beischlafs nicht zulassen können. Noch nie ist ihnen ein Beischlaf mißlungen, und daraus haben sie immer wieder die Kraft und den Sinn bezogen, erneut miteinander zu schlafen. Denn eigentlich ist so ein Beischlaf ja die unnatürlichste Sache der Welt. Die jeweiligen Körperkräfte und Körpersäfte mochten zwei verschiedene Menschen noch halbwegs koordinieren, aber all das lief doch lediglich auf einen Aneinandervorbeischlaf hinaus, wenn nicht zugleich die Phantasien, die Tag- und Nachtträume – der ganze unaussprechliche Bodensatz der Person also – miteinander ins Gespräch und gemeinsam in Bewegung kamen. Und das bitteschön auch noch sprachlos. Schweigend schauten sie einander an. Beide hatten Schuld auf sich genommen. Beide hatten sie die geforderte Lust nicht bereitet und nicht erbracht. Jedenfalls nicht eindeutig genug. Lust und Schmerz sind ein ehrwürdiges Gespann, Lust und Aua schließen einander aus. Beide wußten, daß sie an einem Kreuzweg standen, aber wo ging's lang?

Droht ein Beischlaf zu mißlingen, sorgt gerade die Nähe der Körper dafür, daß die Gefühle sich immer weiter voneinander entfernen. Sie ist enttäuscht, und er ist beleidigt. Hat er nicht eine sehr brauchbare Erektion vorzuweisen? Noch jedenfalls, denn er ist ja kein Heiliger. Irgendwann ist auch die schönste Erektion zum Teufel, wenn die Frau sie nicht zu würdigen bereit ist. Obwohl der Mann um die Komplexheit der psychophysiologischen Zusammenhänge der weiblichen Lust weiß, hält er das Zusammenspiel der Bedingungen, die einen Mann wie ihn zur Lust befähigen, für ungleich komplizierter. Eigentlich müßten alle Glocken läuten, wenn er eine bombensichere Erektion hat, statt dessen macht sie Schwierigkeiten. Sofort schämt er sich für diesen Gedanken, aber beleidigt ist er trotzdem. Tief in ihm flakkert die undeutliche Vorstellung von jener Frau auf, die glücklich und dankbar dafür wäre, eine Erektion wie die seine klaglos genießen und fraglos feiern zu dürfen. Schmerzlich reißt ihn die Erinnerung daran, daß die Frau unter ihm bisher dazu durchaus in der Lage gewesen ist, an seinen Kreuzweg zurück. Welche Richtung soll er nun einschlagen? Forschend schaut er die Frau an, enttäuscht schließt diese die Augen.

Nicht daß sie von ihm enttäuscht wäre. Da sie dem Mann über ihr gefallen will, möchte sie ihm gerne jede Enttäuschung ersparen, auch die, sie enttäuscht zu haben. Sie würde seine Freude über seine Erektion gerne teilen; daß sie es nicht vermag, sieht sie als ihr Versagen an. Früher war sie dazu in der Lage gewesen, seine Lust als ihr Verdienst zu buchen, erst das Verläßliche, geradezu Mechanische seiner körperlichen Funktionen hatte sie nach und nach verstört. Was hatten diese stetigen Erektionen eigentlich noch mit ihr zu tun? Wieweit galten sie nicht einfach all jenen Auslösern, die sie mit allen anderen Frauen gemein hatte? Er hatte sich einmal für ihre Beinbehaarung begeistert, ein dichtes Vlies, das ihr immer etwas peinlich gewesen war. Dafür, daß er es liebte, hatte sie ihn an jenem Nachmittag besonders geliebt, und da sie sich nicht allzu häufig lieben konnten – sie war verheiratet –, war ihr dieses Zusammensein in besonderer Erinnerung geblieben. Doch das lag nun schon lange zurück, und dunkel malte sie sich einen Mann aus, der nicht deswegen funktionierte, weil er auf all die Funktionen ansprach, die sie mit ihrem Geschlecht teilte, sondern sie für all das und mit all dem liebte, was sie einzigartig und unverwechselbar machte, und das müßte keine Liebe mit Pauken und Trompeten sein, da würde bereits eine zärtliche Zunge genügen, die die Behaarung ihres Beines gegen den Strich leckte. Warum tat der da über ihr das nicht? Wieso arbeitete er sich derart ab? Weshalb war es nach Lage der Dinge so ganz und gar unmöglich, ihm auf die Sprünge zu helfen? Enttäuscht schloß sie die Augen.

Der Mann, der in den geöffneten Augen der Frau bereits Infragestellung, ja Ablehnung gelesen hatte, wertete ihr Augenschließen als Erfolg. Sie ergab sich also. Nun konnte auch er seine Augen schließen und seine Stöße wieder beschleunigen. Alles würde gut werden, so wie ja immer alles gutgegangen war. Er schloß die Augen und spürte, wie sie ihre Arme um seinen Nacken schlang. Sie zog seinen Kopf ruckartig zu sich hinunter, in der Erwartung, auf ihren Mund zu treffen, öffnete er seinen. Doch in jäher Erinnerung an seine unerwünschte Zunge hatte sie im letzten Augenblick den Kopf beiseite gedreht, so daß seine Zunge nun auf das Kissen stieß. Das geschah so unvermittelt, daß er verwirrt die Augen öffnete, freilich ohne viel zu sehen.

Nun preßten die Arme der Frau sein Gesicht in das Dunkel des Kissens, verärgert schloß er den Mund. Wie kam er eigentlich dazu, ein Kissen abzuschlecken? Er wollte zum Licht zurück, doch ihre verschränkten Arme hinderten ihn daran. Ein Gerangel entstand, das beide nicht richtig zu deuten vermochten. Sie, nun ganz und gar dazu bereit, von sich abzusehen und ihm den Vortritt zu lassen, glaubte, in seinem Ruckeln und Rackeln den Beweis dafür zu erhalten, daß wenigstens er wieder Tritt gefaßt hatte und sich unter seiner Lust wand. Teilnehmend verstärkte sie ihren Griff. Er glaubte, aus dieser Tatsache herauslesen zu können, daß sie dabei war, in Bereiche ganz selbstischer, für ihn unbetretbarer Lust abzudriften. Das schmeichelte ihm, zugleich aber wurde die Luft knapp. Er drehte seinen Kopf so weit zur Seite, daß er wieder atmen konnte. Nun lagen ihre beiden Köpfe Hinterkopf an Hinterkopf; dieser stoßweise atmende und aus Gründen, die nichts mehr mit irgendeiner Lust zu tun hatten, seufzende Januskopf aber gehörte zwei Körpern, die einander immer noch Lust bereiten wollten. Noch immer drang der eine Körper in den anderen ein, immer noch kam der andere Körper dem einen stetig entgegen, jeder vom jeweiligen Kopf dazu angehalten, dem anderen Körper das zu bescheren, was nach Ansicht des jeweiligen Kopfes der je andere Körper begehrte und der je andere Kopf ersehnte. Das dauerte an und wurde langsam fad.

Nun sind die Weichen gestellt, in dieser unguten Stellung müssen die beiden durchhalten. Sie müßten allerdings auch dann weitermachen, wenn sie die Stellung verbesserten. Doch so viel Kraft hat keiner der beiden mehr. Jetzt hofft jeder, der andere möge ihm ein Zeichen geben. Wenn wenigstens einer ankommt, ist das immerhin die halbe Miete. Doch da jeder der beiden nur daran denkt, den anderen ans Ziel zu bringen, bewegt sich nichts mehr. Außer den beiden Körpern natürlich, deren Bewegungen immer unsinniger werden. Noch allerdings glaubt jeder der beiden, die Erkenntnis dieser Unsinnigkeit für sich behalten zu können. Noch schließt jeder der beiden krampfhaft die

Augen, da er weiß, daß nun jeder Blick zu beredt wäre. So horchen sie einander ab, jeder in der Hoffnung, dem anderen endlich den erlösenden Seufzer zu entlocken. Fahrt ins Verderben.

Als all das lange genug, ja schon viel zu lange angedauert hatte, beschlossen beide fast gleichzeitig, die glückliche Ankunft wenigstens zu simulieren. Sie beschleunigten ihre Bewegungen und verstärkten ihr Geseufze und Gestöhne. Dieser unerwartete Gleichklang überraschte die Frau und den Mann dermaßen, daß sie ungläubig die Augen aufrissen und die Köpfe einander zuwandten. Das konnte doch nicht wahr sein, daß sie nach all den Ab- und Irrwegen auf einmal gemeinsam ankamen. Sich anblickend erkannten sie, wie unwahr es war. Es war so durch und durch gelogen, daß ihnen die Erkenntnis rasch wieder die Augen verschloß. Doch nun, da sie einander erkannt hatten, gab es keine Rettung mehr. Sie lösten sich voneinander und öffneten die Augen, diesmal, um aneinander vorbeizuschauen. Sie tastete nach ihrer Armbanduhr, die sie zuvor auf dem Fußboden abgelegt hatte. Da!

»Du, ich muß gehen«, sagte sie, »Herbert kommt heute früher.«

Kränkung! Mittwochs war Herbert bisher nie früher gekommen. Wieso kam er ausgerechnet heute früher? Beleidigt setzte er sich auf. Versöhnlich fuhr sie ihm über den Rücken, da blieb ihr Zeigefinger an einer Unebenheit seiner Haut hängen. Gedankenverloren kratzte sie daran. »Laß das«, sagte er. Nun war auch sie beleidigt.

Von da an schwiegen beide, beim Aufstehen, beim Anziehen, beim Gang zur Bushaltestelle.

Der Abschied zog sich etwas, da der Bus auf sich warten ließ.

»Gehst du noch wohin?« fragte sie schließlich.

»Nein, ich muß noch mal rauf. Etwas arbeiten.«

»Überarbeite dich mal nicht.« Das war liebevoll gemeint, doch er hörte aus diesen Worten eine Kritik seines Beischlafs heraus. Dabei hatte er doch getan, was er konnte. Sie hatte es nicht gebracht.

»Bald bist du ja wieder bei deinem Herbert«, sagte er.
»Was heißt denn das schon wieder?«
»Genau das, was es besagt.«
»Und was besagt es?«
»Genau das, was es heißt.«
Verärgert blickte sie ihn an, da mußte er lächeln. Was besagte schon heißen, was hieß schon besagen? Das waren doch alles bloß Worte, nicht eindeutig festgestellte, nie wirklich feststellbare Zeichen, die sich fortwährend zu den schönsten Zweideutigkeiten verbinden und nutzen ließen, da genügte ja bereits eine Veränderung des Tonfalls. Mein Element, dachte er, und erinnerte sich fast befremdet daran, was sein Körper noch vor kurzem zusammengestoppelt hatte. Welch ein restringierter Code, diese Körpersprache! Da gab es nur wahre oder unwahre Aussagen, eigentlich nur wahre, da die Lügen ja doch immer gleich aufflogen – auf einmal kam ihm das ganze, nun schon fast zwei Jahre andauernde Verhältnis ganz unglaublich und ganz und gar unmöglich vor. Immerzu diese Direktheit der Körper! Ihre unveränderliche schlichte Botschaft! Alles Aussagesätze: Ich begehre dich. Ich will dich. Wenn es nicht lediglich Befehlssätze der reduziertesten Sorte waren: Ja! Jetzt! Komm! Keinen Konjunktiv vermochten diese Körper zu bilden, zu keinerlei uneigentlichem Sprechen waren sie fähig. War eine ironische Erektion denkbar, ein ironischer Orgasmus gar? Was immer die Körper einander da mitteilten, bewegten sich ihre Botschaften nicht stets auf Holzhackerniveau? Oder noch darunter? Ich Tarzan, du Jane – war das nicht die eigentliche Quintessenz all der schweißtreibenden Dialoge, die sie miteinander auf dem schmalen Bett geführt hatten?

Wieder mußte er lächeln.

»Woran denkst du gerade?« fragte sie. Statt einer Antwort trommelte er auf seine Brust und stieß einen Tarzan-Schrei aus, der allerdings wegen der Umstehenden ziemlich moderat ausfiel, fast tonlos: Uaaahiohuu.

»Herbert kommt heute wirklich früher«, sagte sie, da sie

den nur gehauchten Tarzan-Schrei als humorig formulierte Klage mißverstand. Als wolle sie sein Einverständnis oder doch wenigstens sein Begreifen aus ihm herauspressen und herausschütteln, drückte sie ihre Arme an ihn und rüttelte an seinen Schultern: »Du!«

»Ich Tarzan«, sagte er. »Du Jane?«

»Sei doch ein einziges Mal ernst!«

Als ob er das nicht den ganzen Nachmittag über gewesen wäre! Nein, länger noch. Fast zwei Jahre lang. Alles hatte er ernst genommen: Sie, Herbert, die gefährdete Ehe der beiden, das Gefährliche ihrer Liebe, vor allem aber ihre Lust, da die doch die einzige Rechtfertigung dafür gebildet hatte, Eheglück und Seelenfrieden fortwährend aufs Spiel zu setzen – er hatte sich mit der Zeit in einem wüsten Geröllfeld von Gefühls- und Körper-Ernsthaftigkeit verloren, jetzt überkam ihn der Wunsch, sich so rasch wie möglich in den nächstgelegenen Sumpf zu retten, in doppelbödiges Gelände, dorthin, wo Handlungen schon deswegen ohne Folgen blieben, weil sie nichts bewirkten, und Worte, weil sie nichts bedeuteten.

»Woran denkst du?« fragte sie nochmals.

Er hätte es ihr unmöglich mitteilen können. Er wußte, daß es sie nach einem handfesten, sauber in Worte verpackten Stück Gefühl verlangte, nach etwas, womit sie leben konnte, so hatte sie es einmal genannt, dabei verlor doch er sich gerade in einem Gedankenfluß, der ihn immer weiter ins Ungefähre trug. Schon lagen Tarzan und Jane weit hinter ihm, gerade war er durch eine weitere trübe Überlegung geglitten, die, daß er zeit seines Lebens zum Ernstsein angehalten worden war, von Pfarrern erst, dann von Lehrern, schließlich von Frauen; dem Glaubens- und Lernernst war er glücklich entkommen, doch nur, um sich in Körper- und Lusternst zu verfangen; dabei hatte er doch eine Zeitlang selber geglaubt, ein jeder ordentliche Beischlaf außerhalb der Legalität sei ein Tritt in das Gesäß jener Mächte, die ihn einst zur Ordnung gerufen hatten; nun aber meinte er, die unheilige Allianz der scheinbaren Widersacher zu durchschauen: War nicht »Mensch, werde wesentlich« ihre stets gleich lautende Botschaft, und hatte nicht er, der sich immer herzlich unwesentlich vorgekommen war, dauernd simulieren müssen, um wenigstens den Schein zu wahren: Glaubensgewißheit und Lerneifer einst, Körperlust heute nachmittag, doch auch das war ja nicht das erste Mal gewesen, wem brachte er eigentlich all diese Opfer?

»Sag doch endlich einmal, woran du denkst!« bat sie abermals. Forderte sie es nicht vielmehr?

Gedankenkontrolle! War das nicht schon immer das erklärte Ziel all dieser totalitären Mächte gewesen, der Pfarrer, der Lehrer, der Frauen? Jetzt trug es ihn so richtig aus der Kurve, und er genoß es.

Wahrheit und Lüge – ließen sich plumpere, irreführendere Wegweiser durch die Unwegsamkeit des Lebens denken? Hatte die Menschheit nicht lediglich deswegen überlebt, weil zumindest ein Teil der Spezies es erlernt hatte, diese Wegweiser zu unterlaufen, statt ihnen nachzulaufen? In seinem Kopf kreiste und kreißte es, fast entschuldigend nahm er sie in die Arme. Sie schaute ihn forschend an, da kam ein Bus. Es war der falsche, sie vertieften sich wieder ineinander. Er hatte das Gefühl, etwas tun zu müssen; wider bessere Einsicht versuchte er seinem Blick etwas Bedeutungsvolles, mild Schmerzliches zu geben. Vielleicht kam er damit durch.

»Sag doch was!« bat sie.

Er blickte noch schmerzlicher und ließ sich noch genußvoller von seinen Gedanken fortreißen. Ein schwarzer GI mit einem mächtigen Kofferradio gesellte sich zu den Wartenden, und ihm fiel ein Freund ein, von dem er tags zuvor erfahren hatte, wieso ein gemeinsamer Bekannter überraschenderweise in die USA übergesiedelt war: »Der hat doch immer diese vielen Freundinnen gehabt.« Ja und? »Doch dann ist ihm vor einem halben Jahr diese Schwarze über den Weg gelaufen.« Ach was? »Ja, und Bimbo-Mausi hat dann alle anderen Mausis weggebissen«, und nun folge er ihr in die Staaten – doch das hatte ihn, den Zuhörenden, schon gar nicht mehr interessiert, da seine ganze Begeisterung Bimbo-Mausi und den anderen Mausis gegolten hatte, der Verwandlung von aschgrauem Faktum in glänzende Mitteilung also, jener glorreichen Transsubstantiation von Stoff in Geist, von Wirklichkeit in Schnirklichkeit –

»Sag doch etwas. Bitte!«

Da war die Wirklichkeit wieder! »Mausi«, sagte er beschwörend.

»Was?« Sie fuhr zurück. Gerade wollte er ihr erklären, wieso er diesen zwischen ihnen bisher vollkommen ungewohnten Kosenamen gewählt hatte, da kam ihr Bus. Augenblick der bisher immer nur vorläufigen Trennung, der bisher stets erbrachten Bekräftigung, der bisher verläßlich geleisteten Versprechung, sich wiederzusehen. Heute jedoch zögerten beide. »Du!« sagte sie drängend, schon halb im Bus. »Bimbo-Mausi«, antwortete er und mußte lachen.

»Du Idiot!« Sie stieg in den Bus, ohne sich nach ihm umzudrehen. Sie wandte nicht den Kopf, als der Bus anfuhr, auch nicht, als er sich entfernte.

Gekränkt schaute er dem Bus nach, da fiel ihm ein, daß »Idiot« eigentlich auch ein ganz schön zweideutiges Wort war. Hatte es nicht ursprünglich denjenigen gemeint, der sich aus öffentlichen Angelegenheiten raushielt, einen Privatier? War es nicht erst im Laufe der Jahrhunderte zum Synonym von Tor, Narr, Irrer heruntergekommen? Und trafen nicht beide Bedeutungen auf ihn zu?

»Ich Idiot«, dachte er, und die Worte freuten ihn so sehr, daß er sie halblaut wiederholte: »Ich Idiot.«

Oben hatte er ein Fremdwörterlexikon, heimgekehrt wollte er darin nachlesen, was es mit dem Idioten eigentlich auf sich hatte. Er wandte sich zum Gehen. »Ich Idiot«, sagte er sich, um seinen Vorsatz nicht gleich wieder zu vergessen, »ich Idiot!«

DRINNEN UND DRAUSSEN

EIN GEGLÜCKTER AUFTAKT

Wieder einmal war die Darmstädter Akademie für Sprache und Dichtung Stätte einer fruchtbaren Begegnung. Nachdem Frankfurter Dichter in einer Rüsselsheimer Fabrikhalle aus neueren Arbeiten gelesen hatten, beschloß der Betriebsrat des Werks, den Literaten zum Dank einmal etwas vorzuarbeiten.

Drei Arbeiter stellten sich im festlich geschmückten Tagungsraum der Akademie vor. Den Anfang machte der Dreher Karl Henne, dessen präzise Arbeit an der Drehbank die versammelten Dichter sichtlich beeindruckte. Sein Werk, ein Messingknauf mit abschraubbarer Tülle, löste dann auch spontanen Beifall aus.

Der Schweißer Karl Boltmann, der anschließend einen handgezogenen Achsschenkel-Bolzen herstellte, erregte anfangs ebenfalls reges Interesse, das allerdings im Verlauf der drei Stunden andauernden Arbeit sichtlich abflaute.

Unter diesen Umständen hatte es der Monteur Willy Nemenz schwer. Seine exakt vorgeführte Montage eines Viertakt-Motors stieß auf weitgehendes Unverständnis, das sich sogar in zaghaften Zwischenrufen äußerte.

Interessant wurde es dann wieder bei der anschließenden Diskussion. Nach anfänglicher Zurückhaltung brach der Dichter Kurt Mandl das Eis. Der erste Beitrag sei prima gewesen, erklärte er, unter einem Messingknauf könne er sich etwas vorstellen. Bei der Montage sei er allerdings nicht mehr mitgekommen. Ob denn die Maschinen von heute wirklich so kompliziert sein müßten, daß nur noch Spezialisten sie verstehen könnten?

Ein anregendes Streitgespräch folgte, das Betriebsrat Kornmayer mit den Worten beendete: »Eines steht fest: Die fortschreitende Technisierung aller Lebensbereiche hat auch vor den Fabriken nicht haltgemacht. Sie ist ebenfalls und gerade an den Maschinen nicht spurlos vorübergegangen – Sie als Dichter sollten diese Erkenntnis mit in Ihren Alltag hinübernehmen.«

Akademie-Präsident Wendell äußerte sich in ähnlicher Richtung und dankte den Arbeitern für die frohen und nachdenklichen Stunden, die sie den Dichtern bereitet hatten. Beide Seiten aber beschlossen, die Kontakte weiter auszubauen. Schon im Frühjahr wollen Frankfurter Dichter Steigern auf der 800-Meter-Sohle der Zeche »Glückrunter« etwas vorlesen. Aus Steigerkreisen verlautet bereits jetzt, daß man diesen Schritt mit dem Bau eines Förderturmes im Garten des Frankfurter Goethe-Hauses beantworten wolle.

(1968)

DIE GROSSEN HOCHSTAPLER
Heute: Salzstreuer als Kunstprofessor

II
MENSCH UND TIER

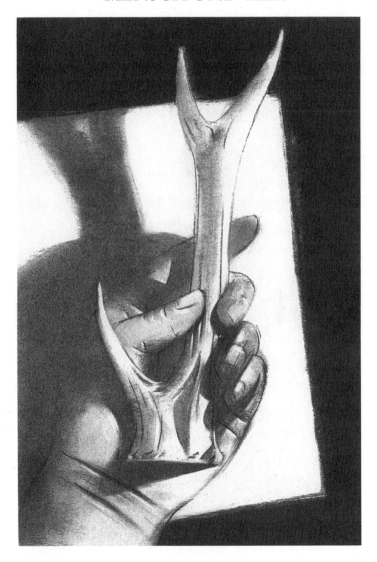

Das Tier und Wir

DIE BRÜCKE

DIE SAVANNE IST VOLL

Als die Zeitschrift den Tierfreund fragte, wohin er denn gern reisen würde, mußte der nicht lange nachdenken. Irgendwohin, wo viele wilde Tiere sind, hatte er geantwortet und hinzugefügt: Aber nicht nach Kanada, da war ich schon, und mit den Tieren war das dort nicht so wild. So kam nur Afrika in Frage, da war er noch nicht. Doch wohin in Afrika? Diese Entscheidung hatte der Tierfreund Reisespezialisten überlassen, und die waren übereingekommen, ihn nach Botswana zu schicken. Auf nach Botswana also. Wo liegt das eigentlich, Botswana?

Inmitten des südlichen Afrikas, umgeben von Nachbarn, mit denen der Tierfreund wenigstens undeutliche, meist unruhige Nachrichten verband: Im Westen Namibia – war dieser Staat nicht erst kürzlich nach jahrelangen Geburtswehen aus der Taufe gehoben worden? Im Norden Sambia – hatte es da nicht unlängst Preiserhöhungen und blutige Unruhen gegeben?

Im Westen Simbabwe – waren dort nicht die Studenten gegen die Einparteienherrschaft von Staatspräsident Mugabe auf die Straße gegangen? Im Süden schließlich Südafrika – war in der letzten Zeit auch nur eine Woche vergangen, in welcher dieser Staat nicht für neue, meist beunruhigende Schlagzeilen gesorgt hatte? Botswana dagegen – nie gehört. Wieso nicht?

Der Tierfreund hörte sich ein wenig um, und was er erfuhr, gefiel ihm. Botswana sei ein dünnbesiedeltes, seit 1966 unabhängiges Land ohne Wehrpflicht. Auf einem Gebiet von der zweieinhalbfachen Größe der Bundesrepublik lebten lediglich 1,2 Millionen Menschen, vorwiegend in den Städten des Südostens. Der Rest sei Wildnis: Wüste, Steppe und ganz einzigartige Flußlandschaft – der aus den Bergen Angolas kommende Okavango nämlich bilde mitten in der Kalahari ein Binnendelta von 15 000 Quadratkilometern Ausdehnung, ein riesiges Wassernetz, das nach und nach von der 300 Meter dicken Sanddecke aufgesogen werde.

Dieser Landstrich nun sei einer der arten- und wildreichsten der Erde, da das Nebeneinander von Trockenland- und Feuchtlandvegetation für geradezu paradiesische Lebensbedingungen sorge – der Tierfreund, der sonst Reiseprospekte mit abgeklärter Skepsis zu durchblättern pflegte, spürte angesichts der Bilder aus Botswana eine ungewohnte Ungeduld.

Paradiese, das lag in ihrer Natur, waren nicht von Dauer. Die ersten beiden Menschen bereits hatten ausgereicht, das erste aller Paradiese verschwinden zu lassen. Mittlerweile gab es sechs Milliarden Adams und Evas und, naturgemäß, nur noch »ehemalige«, »gefährdete« oder aber »letzte« Paradiese. Und, natürlich, lauter Zuspätkömmlinge. Wie weit ein Paradiessucher auch fahren mochte, stets stieß er auf seinesgleichen. Der Tierfreund war nicht so unschuldig zu glauben, das werde in Botswana anders sein. Nicht, ob er dort Gleichgesinnte finden würde, war die Frage, sondern: wie viele. Im allerersten Paradies hatte das Verhältnis Löwe–Mensch noch 1:1 betragen. In vorgeblichen Tierparadiesen unserer Tage, im kenianischen Amboseli-

Nationalpark zum Beispiel, scharten sich dem Vernehmen nach nicht selten mehr als fünfzig Zwei- um einen Vierbeiner, indes die Fahrer über Sprechfunk weitere Kollegen sowie deren Klienten herbeiriefen. Welche Mensch-Löwe-Relation würde den Tierfreund in Botswana erwarten? Nun ersehnte er die Abreise geradezu.

Kurz darauf verflucht er sie fast. Es ist Samstag, der Tierfreund sitzt im 28. Stockwerk des ›Sun and Towers‹-Hotels im Zentrum von Johannesburg und blickt auf seinen Fluchtweg hinunter. Ohne Arg war er am hellichten Mittag ins nahe gelegene Kunstmuseum gegangen, mit mäßigem Interesse hatte er die ziemlich kuriose Sammlung im klassizistischen Langbau gemustert. Eine große Vedute war ihm aufgefallen, ein erstaunlich professionelles Ölbild, das der unselige Kaiser Maximilian von seinem Palast in Mexico-City aus gemalt hatte, offenbar kurz vor seiner Erschießung. Dann hatte ihn die monumentale Paradiesdarstellung eines herzlich uninspirierten viktorianischen Malers erheitert. Da lagen ein Löwe und ein Lamm einträchtig nebeneinander, das Lamm tiefzufrieden, der Löwe höchst nachdenklich: War dieser ganze Garten Eden nicht eine ziemlich linke Nummer, wenn das Lamm weiterhin Gras, er aber kein Lamm mehr fressen durfte? Merkwürdig leer war es in den Hallen des Museums gewesen, beängstigend voll ist es auf den Straßen rund um diesen Hort der Stille. Alles Schwarze, stellt der Tierfreund fest und zieht daraus den irritierenden Schluß, daß er der einzige Weiße weit und breit ist. Unwillkürlich preßt er seine Umhängetasche enger an sich, da greift auch schon jemand nach ihr. Nun würde er sich gern als Freund auch und gerade des schwarzen Menschen ausweisen, statt dessen rennt er samt Tasche davon. Jemand schreit ihm etwas hinterher, jemand wirft etwas nach ihm, niemand ergreift Partei für ihn. Wieso auch? In dieser Stadt hat er nichts verloren. Als er schweratmend die Sicherheitskontrolle des Hotels passiert, fühlt er sich reif für die Wildnis. Wann ging noch mal die Maschine nach Maun?

Maun, das Tor zum Okavango-Delta, ist eine Streusiedlung mit Flugplatz. Dort erwartet den Tierfreund der Vertreter einer Organisation, die den vielversprechenden Namen *Gametrackers* trägt. In den folgenden zehn Tagen wird sie dafür sorgen, daß er ruhig schläft, gut ißt und jede Menge Wild aufspürt. So jedenfalls steht es im Prospekt, und so – um das vorweg zu sagen – kommt es auch. *Gametrackers* wurde 1971 gegründet, heute nennt sich die Firma »Botswanas erste Fotosafari Gesellschaft«. Sie betreibt sechs Camps, jedes eine Mischung von Pfadfinderlager und Club Méditerranée. Die Unterkünfte sind so verteilt, daß der Gast verschiedene, sehr unterschiedliche Gesichter der Wildnis kennenlernen kann, vom wasserreichen Zentrum des Deltas bis zur Halbwüste rund um den Savuti. Der Durchschnittsgast reist als Paar, häufig mit älteren Kindern. Er kommt aus Südafrika, England oder den USA und stellt sich durchweg mit »Hi, I'm« sowie dem Vornamen vor. Der stets lernfreudige Tierfreund tut es ihm gleich, vergißt jedoch ständig all die Vornamen. Dafür schämt er sich dann ordentlich, wenn er zur Teestunde auf das freundliche »Hi, Robert« mal wieder mit »Hi, ähhh« antworten muß. Wie kann sein Gegenüber nur all die Namen speichern?

Dabei hält sich deren Menge in Grenzen. Die Camps beherbergen zwischen 16 und 24 Gästen, nicht immer sind sie voll belegt. Allerdings kompliziert sich die Namenslage dadurch, daß die Gäste selten länger als zwei Nächte in einem Camp bleiben und ihre Wege von Lager zu Lager kaum parallel laufen. Lauter Einzelreisende also, alle freilich an jeglichem Ort der Obhut einer straffen Leitung anvertraut, ja deren Drill unterworfen.

Ein Drill, der in der Natur der Sache liegt. Sache ist, daß all die Menschen der Tiere wegen kommen. Die Tiere aber verziehen sich während der heißen Stunden des Tages. Also finden die Ausfahrten am frühen Vormittag und am späten Nachmittag statt, also müssen die Tierfreunde bereits um sieben Uhr aufstehen, zu einer Zeit, in welcher trotz erster zaghafter Sonnenstrahlen noch klamme Nachtkühle herrscht, der schwarze Mann sein Tagwerk in wollener Vermummung beginnt und der weiße

Gast sich stumm dafür verflucht, daß er all die Warnungen vor dem afrikanischen Winter nicht ernster genommen hat: Welch kalte Nächte!

Und welch herrliche Tage. Reinste Luft und trockenste Wärme geben dem Tierfreund das Gefühl, unvermutet und unverdient selber einer edleren Art anzugehören. Er schwitzt und schmutzt nicht, nicht einmal seine Fingernägel muß er auch nur einmal reinigen. Abends dann: welch glorreiche Sonnenuntergänge! Einer so makellos wie der andere und jeder doch nur Vorspiel zu einem noch entrückenderen Finale, dem unerhörten Nachglühen von Savanne und Busch, Tier und Termitenhügel. Der Aufzug der Mondsichel schließlich, der verstörend großen Sterne und einer derart dichten Milchstraße, daß man anfangs Wolken zu sehen glaubt. So geht das Tag für Tag.

Zehn Tage, in welchen der Tierfreund vier Camps besucht und insgesamt etwa sechzig Stunden damit verbringt, von offenen Landrovern aus nach Tieren Ausschau zu halten, meist in Gesellschaft von fünf bis sechs weißen Gleichgesinnten sowie eines stets schwarzen Fahrers oder Führers oder *Guide* oder *Ranger* – keine dieser Bezeichnungen ist falsch, keine aber auch ganz richtig.

»Es wandelt niemand ungestraft unter Palmen, und die Gesinnungen ändern sich gewiß in einem Lande, wo Elefanten und Tiger zu Hause sind« – Johann Wolfgang Goethe in »Wahlverwandtschaften«. Nun war der ja nie weiter als bis Sizilien gekommen, dennoch bewegte der Tierfreund die Worte in seinem Herzen, als er vor der ›Khwai River Lodge‹ erstmals einen der roten Geländewagen bestieg. Er war dabei, einen Traum zu verwirklichen, und auch das bleibt selten folgenlos. Wortwörtlich: einen Traum. Solange er zurückdenken konnte, hatte er, manchmal in kurz aufeinanderfolgenden Nächten, von tierreichen Landschaften geträumt, bereits als Siebenjähriger hatte er Kiplings Wachtraum verschlungen, »Das Dschungelbuch«. Nun, auf der Fahrt zum Moremi-Reservat, fürchtete er Enttäuschung und erhoffte Erfüllung.

Reisen bildet, nicht zuletzt deswegen, weil erst der Zusammenstoß von Traum und Wirklichkeit dem Reisenden zu nachhaltiger Erfahrung verhilft. Auch zur Selbsterfahrung: Der Tierfreund war noch nicht von seiner ersten Ausfahrt zurückgekehrt, als er sich auch schon mit, wenn nicht neuen, so doch anderen Augen sah.

Erstmal freilich weiß er gar nicht, wohin er schauen soll. Noch ist ja alles ungewohnt, noch begeistert ihn jeder glänzende Vogel und jede grasende Gazelle, noch verwundert ihn die Abgebrühtheit, mit welcher der *Guide* und die anderen Insassen all diese Wunder links liegenlassen. Die haben so geläufige Tiere wie Glanzstar und Impala längst abgehakt, sie halten Ausschau nach jenen, die ihnen noch fehlen »Das ist ja meine vierte Fahrt«, sagt der Engländer. »Auf den ersten drei hatte ich jedesmal Löwen. Jetzt will ich Gepard.«

»Oder Leopard«, ergänzt seine Frau. »Ich hätte Leopard noch lieber.«

Neben Büffel, Elefant und Rhinozeros gehören Löwe und Leopard zu den *Big Five* der Savanne. Eine anfechtbare Spitzengruppe – wieso fehlt das Flußpferd? Wieso die Giraffe? – und dennoch so etwas wie ein Muß: Man geht ja auch nicht aus dem Louvre, ohne die Mona Lisa gesehen zu haben, die Venus von Milo, die Nike von Samothrake, Michelangelos Sklaven und Vermeers Spitzenklöpplerin. Nur daß der Busch einem Museum gleicht, in welchem die Meisterwerke ohne erkennbaren Plan von einem Saal in den anderen getragen werden: Mit etwas Glück können Sie im Renaissance-Flügel gegen Abend auch die Mona Lisa sehen ...

Den Tierfreund erfreut dieser Vergleich ebenso, wie ihn die Rekordsucht seiner Mitreisenden verwundert: War nicht die fraglose Schönheit des Kudu der fragwürdigen Gefährlichkeit des Löwen gleichzusetzen, wenn nicht überlegen?

Nun hat der Wagen das Nordtor des Reservats passiert, immer häufiger hält der *Guide* an, um das Fotografieren und Filmen zu ermöglichen: Da! Der Wasserbock! Dort! Die Warzenschweine!

Der Engländer hat auch die bereits im Kasten, kennerhaft würdigt er das Reservat: Erstaunlich viele Tiere, nur das Rhino fehle leider. Anders als im südafrikanischen Krüger Nationalpark gebe es hier weder Teerstraßen noch das strikte Gebot, auf diesen Straßen zu bleiben. Auch sei Moremi nicht eingezäunt, also authentische Wildnis, in welcher das Wild noch ungehindert seiner Wege gehen könne. – »Buffalo!« ruft da der *Guide*, verläßt die Sandpiste und fährt quer über die topfebene Steppe auf feuchtes Grünland zu, wo eine Büffelherde das tut, was Rinder weltweit tun: Sie grast. Weshalb dann diese Aufregung?

Weil Büffel, jedenfalls zur Trockenzeit und in dieser Gegend, selten sind. Seit zwei Monaten hat der Fahrer keinen mehr gesehen; seit rund 360 Stunden *Gamedrive* also, rechnet der Tierfreund geschwind nach, wobei er sechs Stunden für jeden der sechs Arbeitstage veranschlagt: »Und ich bin keine zwei Stunden unterwegs, und schon sehe ich Büffel!« Irritiert horcht er in sich hinein. Woher dieser unsinnige Stolz? Und weshalb diese sich steigernde Unruhe?

Je mehr Tiere er auf seiner ersten Fahrt sieht, desto anspruchsvoller wird er. Schon genügt ihm der einzelne Elefant nicht mehr, er will die Herde. Schon tut es die Impalaherde nicht mehr, jetzt müssen auch noch Zebras, Gnus und Paviane her und die … die … Wie heißen die da hinten eigentlich?

»Kaffern-Hornraben.« Der Tierfreund schaut auf die befremdlich großen dunklen Vögel, die fast im Gleichschritt lange blaue Schatten in die aufglühende Steppe werfen. Kann so bleiben, entscheidet er, und wenn jetzt noch am Hintergrund ein Löwe …

Es dunkelt, fast gleichzeitig kehren die drei Safariwagen der »Khwai River Lodge« zum Ausgangspunkt zurück, höflich fragt Rory, der Campleiter, nach den Erfahrungen, auftrumpfend werden Erlebnisse ausgetauscht: »Wir hatten sechzig Büffel.« »Oh, Sie haben aber Glück gehabt!«

Da muß der zweite Wagen passen, doch der dritte sticht mit einem Leoparden. Verärgert hört es die Engländerin.

Die nächsten Tage sind ein rechtes Wechselbad. Je häufiger der Tierfreund ausfährt, desto unabweislicher die Einsicht, daß das Tier tendenziell langweilig, er aber unverhohlen sensationslüstern ist, und das auch noch aufgrund seiner Tierliebe. Als Fernsehzuschauer hat er kaum einen Tierfilm der letzten Jahre ausgelassen. Diese Filme aber sind zur gleichen Zeit immer informativer, intensiver und irreführender geworden: Wenn die Tiere nicht unbekümmert vor der Kamera zeugen, gebären, töten oder sterben, dann bauen sie zumindest unerwartet sinnreiche Nester, oder sie gebärden sich, als Jungtiere, umwerfend tolpatschig. Live aber sieht der Tierfreund das, was im Film jewöhnlich ausjeblend' wird – um Tucholsky zu variieren. Die Beutetiere erblickt er beim Äsen und bei einer Tätigkeit, die im Tierfilm so rar ist wie im Spielfilm ungehörig, sie blicken zurück, sprich: in die Kamera. Die meisten nachtaktiven Beutemacher aber wollen tagsüber ihre Ruhe. Sie lassen sich nicht sehen, und wer sie dennoch zu Gesicht bekommt, sieht meist in verschlafene Gesichter. Vorerst freilich fragt der Tierfreund nicht groß nach den Umständen, erstmal will er möglichst viele Arten sehen.

Rasch aber bildet sich eine Hierarchie der Seherlebnisse heraus: Raubtiere zählen mehr als Weidetiere, große mehr als kleine, viele mehr als eines. Ist das alles abgehakt, beginnt der Tierfreund weitere Ranglisten zu erahnen: Tiere in Aktion stechen Tiere in Ruhestellung, wobei Zeugen, Gebären, Kämpfen und Töten vor Spielen, Flüchten, Wandern oder gar Grasen rangiert; einen Bonus gibt es für Jungtiere, speziell für Tierbabys. Eine Raritäten-Hitliste also, die freilich nicht konsequent durchgehalten wird. Daß die Rappenantilope rar ist, weiß auch der Banause vom anderen Wagen; daß der Tierfreund nun schon zum dritten Mal den scheuen, einzelgängerischen, angeblich nur nachts tätigen Honigdachs gesehen hat, und das zu allen Tageszeiten, vermag sein Gesprächspartner ganz und gar nicht zu würdigen: »Really? But we had three lions this morning.« Und selbst der Tierfreund hätte passen müssen, wäre ihm zufäl-

Jagd auf den Jagdgeparden

lig das äußerst seltene bärtige Rotkehlchen über den Weg geflattert. *Bearded Robin* – wie soll man auch eine derartige botswanische Rarität würdigen, wenn man erst auf der Rückreise und nur durch Zufall erfährt, daß es sie überhaupt gibt?

Der Tierfreund hakt ab, läßt sich überraschen und hadert. Na endlich, die Hyäne! Ach was – ein schwarzer Wiedehopf? Wann bekomme ich hier eigentlich meine erste Großkatze zu sehen?!

Als es dann soweit ist, bleibt die Freude aus. Vier Geländewagen verfolgen zwei Geparden, die genervt von einem Ruheplatz zum anderen wechseln. Drei Autos verlieren die Spur, zusammen mit den Engländern verbringt der Tierfreund eine geschlagene halbe Stunde vor den sichtlich müden, gut versteckten Tieren; trotz Fernglas ist da nicht viel zu erkennen. Der Engländer drängt auf eine bessere Kameraposition, der *Guide* fährt vorsichtig näher, der Tierfreund denkt an den kreglen italienischen Iltis, dem er vor Jahren, ebenfalls eine halbe Stunde lang, bei seinen, wie ihm schien, ziemlich nichtsnutzigen Verrichtungen zugeschaut hatte. Dem Iltis war seine Gegenwart verborgen geblieben, da hatte er sich wie ein gütiger Gott gefühlt. Nun, angesichts des Raubtiers, müßte er sich zumindest wie Mowgli vorkommen, statt dessen fühlt er sich als Störenfried. Als der Engländer anregt, noch näher zu rücken, weigert sich der *Guide*; am Mittagstisch hakt die Engländerin nach: Wer so viel Geld bezahle und solche Strecken zu den Tieren zurücklege, der habe auch ein Recht auf *Action*. Warum die Wagen denn nicht mit Sprechfunk ausgerüstet seien? Die Löwen gestern beispielsweise hätten ein deutliches Interesse an einer Impalaherde gezeigt. Wenn ein herbeigerufener Wagen die nun geschickt in Richtung Löwen gedrängt hätte – doch dieses Ansinnen weist der Campleiter entschieden zurück: Ein vollkommen unzulässiges Vorgehen. Wer in den Busch komme, gehe ein Risiko ein: Garantierte Tier-*Action* finde er im Zirkus, das garantierte Wild im Zoo. Die *Guides* dürften Tiere aufspüren, sie jedoch nicht manipulieren und nichts inszenieren. Der Tierfreund hört kopfnickend zu und denkt: Der hat gut reden.

Die Campleiter, alles Weiße, kennen den Busch seit Jahren, nichts Tierisches ist ihnen fremd, Michael und Julian wetteifern geradezu in erotischen Rara und Rarissima: »I saw lion mating.« »I saw leopard mating.« »I saw croco mating.« »I saw sable mating«. Von den Gästen kann da natürlich niemand mithalten, lediglich eine Amerikanerin meldet sich zu Wort, um mitzuteilen, daß sie zwei Flußpferde, zwei Hippos also, beim Liebesspiel gesehen habe, verheddert sich allerdings gründlich: »I saw two matoes hipping«.

Dies Gelächter! Auch die *Guides*, die stets an den Mahlzeiten teilnehmen, können sich kaum beruhigen.

Wenn jemand die Wildnis noch besser kennt als die Campleiter, dann sie. Der fünfzigjährige Motubi vom Camp Santawani berichtet von seinem ersten Leben: Bis zu seinem zwanzigsten Lebensjahr habe er im und vom Busch gelebt. Antilopenfelle hätten als Kleidung gedient und jedwede Tierart als Nahrung, auch Löwe, Leopard und Flußpferd. Noch heute sei er imstande, in der Wildnis zu überleben, er verstehe es, Feuer zu machen, Fallen zu stellen und Raubtieren die Beute abzujagen.

Und sein zweites Leben?

Mit zwanzig dann sei er nach Johannesburg in die Goldminen gegangen.

Der Tierfreund, der eben noch einem Nachfahren Mowglis gegenüber zu sitzen glaubte, ist entgeistert: Warum er denn den Busch verlassen habe?

Motubi zupft verlegen an seinem frischgebügelten Hemd: »Die Zeiten änderten sich. Ich wollte mir etwas Anständiges zum Anziehen kaufen können. Und hier gab es 1960 noch keinen Tourismus, also auch keine Arbeit.«

Nun hat er im Busch Arbeit gefunden, und die betreibt er mit der Passion des Jägers: Er liest Spuren, er erahnt das Verhalten der Tiere, er sieht sie zumeist als erster, und immer weiß er den Namen, im Zweifelsfall dank mitgeführter Fachbücher – allein Botswanas Vogelwelt umfaßt 550 Arten. Doch auch Motubi ist nicht gegen Flauten gefeit. »Sehr ruhig heute morgen«, sagt er entschuldigend und zeigt bekümmert auf die unermüdlichen Impalas. Er weiß, daß seine Kunden Löwen wollen, und er fühlt sich von den Löwen persönlich herausgefordert. Drei von ihnen waren heute nacht an der Vogeltränke des Camps, ganz frische Spuren haben sie im staubfeinen Sand hinterlassen, doch die verlieren sich im Dornendickicht. Vier Tage lang nun schon kein Löwe! Die Kollegen vom Camp Savuti South freilich sind noch schlechter dran: seit drei Wochen kein Löwe! Und das in einer der löwenreichsten Gegenden überhaupt! Kopfschüttelnd steuert Motubi den Wagen zum fast ausgetrockneten See. Auch hier kein Löwe, aber immerhin ein merkwürdig geformter Stelzvogel, ein Hammerkopf. Und der verspeist auch noch gerade eine Schlange – Glück gehabt!

Dank Motubi und seinen durchweg ebenso kundigen Kollegen bekommt der Tierfreund nach und nach so gut wie alles zu sehen, was das Herz begehrt: sehr putzige Hyänenbabys und

„Siehst du den Reiher?"
„Wo?"

sehr kuriose Pferdeantilopen, Leoparden einzeln und Löwen im Dutzend – zwei auf jeden der sechs Menschen im Landrover. Und sogar Raubtiere in Aktion: Vor seinen Augen jagen und reißen drei Wildhunde ein Steinböckchen, nehmen drei Hyänen, eine immer schauriger als die andere, den Jägern den Großteil der Beute ab, betritt als Epilog ein völlig verspäteter Schakal die Szene, schnuppernd und geradezu närrisch aufgeregt. Zehn Menschen in zwei Wagen haben dem Schauspiel beigewohnt, ziemlich atemlos erst, nun voller Anerkennung. »That was fun«, sagt die Amerikanerin. »That was drama«, korrigiert der Tierfreund streng.

»Das war Glück«, meint schließlich Gert, der Leiter des Camp Savuti South. Er kenne Leute, die sonstwas für solch ein Spektakel bezahlen würden. In sechs Jahren Botswana habe er selber dergleichen nur fünf Mal gesehen. Der Wildhund nämlich sei eine gefährdete Art, in ganz Afrika gebe es vermutlich nicht mehr als 1200. »You are very lucky!«

Ist er das? Je länger sich der Tierfreund im Busch umsieht, desto mehr hört er von Busch-Problemen, von Wassermangel und Elefantenschwemme, von verstockten Behörden und falsch gemanagten Nashörnern. Bodenlose Fragen tun sich unter der schönen Oberfläche auf: Wer soll die überzähligen 15 000 Elefanten am ausgetrockneten Savuti Channel beseitigen? Der Mensch? Die Natur? Dann freilich müßte der Mensch damit aufhören, die beiden letzten Wasserlöcher mit Grundwasser vollzupumpen; den Schwarzen Peter hat er demnach so oder so. Eine einmotorige Maschine enthebt den Tierfreund aller Antworten. Sie bringt ihn nach Xaxaba, sprich: Kakába, in das letzte seiner vier Camps, mitten im Delta gelegen und sehr viel mehr Club denn Lager. Der Tierfreund trauert dem Busch nach und freut sich der Wasservögel, da, buchstäblich am letzten Tage, gelangt er zumindest in den Vorhof des Paradieses.

Undurchsichtige Planung hatte ergeben, daß er am Morgen seiner auf den Mittag festgesetzten Abreise noch einen Fußmarsch auf Juku Juku Island machen sollte, er ganz allein. Ohne allzu große Erwartungen war er aus dem Motorboot gestiegen, gehorsam folgte er dem schweigsamen Schwarzen durch Uferwald und leuchtendes Grasland, vorbei an frischem Zebradung und Elefantenspuren, an Pavianen und grünen Meerkatzen. Alles längst abgehakt, da, als er bereits zur Umkehr mahnen wollte, war er am Ziel.

Nicht weit entfernt lag ein kristallblauer See inmitten der Insel, gesäumt von ungewohnt grünem Gras und begrenzt von gelbbewachsenen niedrigen Hügeln und großen Bäumen, die deutlich vor dem gleißend wolkenlosen Himmel standen. Ein leichter Wind wehte. In der Höhe kreisten zwei Seeadler, auf dem gekräuselten Wasser schwammen einige Nilgänse, am entfernteren Ufer grasten in weitgezogenem Bogen Antilopen, Impala, Litschi, Sassaby und Gnu. Ein anrührendes Tableau, doch noch ohne Vordergrund und ohne Mittelpunkt; da ließen sich auch schon zwei große grauweiße Kraniche am vorderen Ufer nieder. All das war auch mit bloßem Auge unnatürlich scharf zu sehen, trotzdem bat der Schwarze fast erregt um ein Fernglas. Unter einem entfernteren Baum hatte er einen Geparden ausgemacht, der erhob sich jetzt und schritt langsam auf das Wasser zu. Sogleich folgte ihm ein zweiter. Eine kurze Strecke trennten sich ihre Wege, der eine ging sonnenbeschienen, der andere dunkel im Gegenlicht, dann ließen sie sich gemeinsam auf einer sanften Erhöhung fast in der Mitte der Szene nieder. Ruhig grasten die Antilopen, fern schrien die Seeadler, bewegungslos starrten die Menschen. Schließlich deutete der Schwarze auf die Uhr, seufzend wandte sich der Tierfreund zum Gehen. Wenn das so bleiben könnte, dachte er.

GRENZEN DER KUNST

Löwe

Walfisch

Specht.

Nur den Esel

nur den

Esel

ELCH, BÄR, BIBER, KRÖTE

Das Paar stand an dem kleinen Waldsee, an welchem es schon so oft gestanden hatte, und blickte, wie so oft schon, auf das gegenüberliegende Ufer. Beide hatten gerade gebadet, nun ließen sie sich von der Sonne trocknen. Das gegenüberliegende Ufer befand sich im Schatten, nur in den Kronen größerer Bäume fing sich gleißend das Licht der hoch stehenden Sonne. Stunde des Pan, kein Geräusch außer dem Geraschel der Eidechsen im trockenen Gras, keine Bewegung außer dem unsteten Flug der Libellen über dem blendenden Wasser. Kein Anlaß, irgend etwas zu sagen, was nicht hundertmal gesagt worden war. Daß es doch an ein Wunder grenze, daß sie die einzigen an diesem schönen See seien, mitten im Sommer und mitten in Italien, sagte sie. Daß heute besonders viele besonders schöne Libellen unterwegs seien, sagte er. Daß sich der gegenüberliegende Wald ganz außerordentlich schön spiegle, versicherten sie einander. Daß es überhaupt nicht schöner sein könnte, bemerkte sie derart gedankenverloren und abschließend, daß er sich unvermutet genötigt sah, alle noch verfügbaren Geister des Widerspruchs zu mobilisieren.

Oh, er könnte sich alles noch viel schöner vorstellen.

Wie?

Dort – er zeigte auf eine Lichtung des gegenüberliegenden Ufers – könnte ein Elch aus dem Walde treten, um ein Bad im See zu nehmen. Und da – er deutete auf eine kleinere Bucht – könnte ein Braunbär nach Fischen Ausschau halten. Und hier schließlich – er wies auf einen kleinen Pfad, der zum See führte – könnte ein Biber seinen Geschäften nachgehen.

»Ein Biber?«

Oder mehrere Biber. Wobei er nicht auf mehrere Biber fixiert sei. Auf *einem* Biber freilich müsse er bestehen. Und auf einem Braunbären. Und auf dem Elch sowieso.

Ein Leuchten teilte die Wasseroberfläche. Für einen Augenblick stand ein glänzender Fisch senkrecht vor dem Dunkel der sich spiegelnden Bäume. Gleich darauf fiel er hörbar zurück, dann waren da nur noch Wellenkreise, die sich stetig ausdehnten.

»Was du dir da gewünscht hast, den Elch, den Bären und den Biber, das soll in Erfüllung gehen«, sagte sie leichthin. »Und zwar zu deinem nächsten Geburtstag.«

Er hörte ihr zu, ohne den Blick vom Wasser zu wenden. Immer noch waren da Wellenkreise zu sehen, doch nun verloren sie sich unmerklich.

»Und was wünsche ich mir?«

Er riß den Kopf herum und starrte sie entgeistert an. »Was heißt das: Und was wünsche ich mir?«

Träge wandte sie sich ihm zu.

»Du hast dir was gewünscht – jetzt kann ich mir auch etwas wünschen.«

»Du? Wieso denn?«

»Wieso denn nicht? Oder glaubst du, nur du könnest dir hier was wünschen?«

»Könnest?« fragte er mit schlecht verhohlener Ironie. »Könnest?«

»Dann eben: kannst.«

»Könntest immer noch, könntest.«

»Na gut. Könntest du eben nämlich nicht.«

»Kannst. Das heißt: Ich könnte es schon, doch du kannst dich leider nicht jenseits jeglicher Grammatik verständigen. Nach der aber lautet deine Frage plus Aussagesatz – abgesehen davon, ob das alles inhaltlich zutrifft –: Oder glaubst du, nur du *könntest* dir hier was wünschen? Nein, das *kannst* du nicht.«

»Kannst du auch nicht.«

Erregt setzte er sich auf. Ob sie denn wisse, was sie da rede.

»Aber klar weiß ich das. Jetzt bin ich nämlich mit Wünschen dran. Und deshalb wünsche ich mir, daß dort –«

Aber er habe sich doch überhaupt nichts gewünscht, fiel er ihr schneidend ins Wort.

»Nein?«

Nein! Er habe den See lediglich mit sehr persönlichen Bildern seiner Einbildungskraft besetzt, mit Wunschvorstellungen –
»Also doch mit Wünschen«, sagte sie heiter.
Eben nicht! Sie erst habe aus den Wunschbildern schlichte Wünsche gemacht. Schlimmer noch: sie habe sich seiner Phantasien bemächtigt, und das gleich in dreifacher Weise. Zuerst habe sie seine urpersönlichsten Bilder zu Wünschen degradiert, sodann habe sie sich die Fähigkeit angedichtet, diese selbstgeschaffenen Wünsche zu erfüllen, und schließlich habe sie sich auch noch das Recht angemaßt, sich ihrerseits etwas zu wünschen.
»Das mache ich jetzt auch«, erklärte sie mit strahlender Bestimmtheit. »Dort« – sie zeigte auf eine kleine Holzbrücke, die über den auszementierten Abfluß des Stausees führte – »dort sollen zwanzig Erdmännchen sitzen. Und zwar alle auf den Hinterpfoten und alle die Köpfe der Sonne entgegengereckt.«
»Da werden keine Erdmännchen sitzen!« Er war aufgesprungen und hatte damit begonnen, stampfend auf und ab zu gehen. Erdmännchen kämen überhaupt nicht in Frage, wiederholte er, die Fäuste ballend, von wegen Erdmännchen!
»Wieso denn nicht?«
Ja, ob sie denn gar nicht begriffen habe, was all seine Tiere miteinander verbinde? Ob ihr das seiner Vision zugrundeliegende Muster denn so gänzlich verborgen geblieben sei?
»Vision?«
»Dann eben nicht Vision. Auf jeden Fall waren meine Tiere alles nordische Tiere. Ausdruck meiner Nordsehnsucht, wenn du so willst. Und ich kann es ganz einfach nicht dulden, daß du dich da mir nichts, dir nichts mit südafrikanischen Wühlmäusen einklinkst.«
»Erdmännchen immer noch.«
»Dann eben Erdmännchen.«
Sie zupfte das Handtuch zurecht, legte sich auf den Bauch und bettete den Kopf in die verschränkten Arme. Ein Auge auf den immer noch Stehenden gerichtet, sagte sie versöhnlich:

»Aber wenn es unbedingt nordische Tiere sein müssen, dann wünsche ich mir eben zwanzig Lemminge.«

Er wandte sich jäh ab. Als ob er den See zum Zeugen anriefe, breitete er die Arme aus. Die gespreizten Hände schüttelnd, setzte er zu einem leidenschaftlichen Plädoyer an. Daß ihm hier Unrecht angetan werde, rief er in die Stille. Daß es nicht um die Frage ›Erdmännchen oder Lemminge‹ gehe, ja daß Lemminge das Unrecht keineswegs milderten, sondern es bis zur völligen Unerträglichkeit verstärkten, da dieses Einlenken schmerzlich die gänzliche Verständnislosigkeit der vermeintlich Einlenkenden offenbare. Daß er sich nicht wegen irgendwelcher Nager errege, sondern deshalb, weil ihm hier das Recht auf eigene Bilder, und das meine zugleich auch auf eigene Geschichte, abgesprochen werde, und das ausgerechnet von einem Menschen, dem er sich nahe geglaubt habe. Daß es offensichtlich gerade diese Nähe sei, die den nahen Menschen dazu ermutige, ja geradezu erfreche, immer näher und näher zu rücken, bis er nicht nur die leibliche Gegenwart des anderen, sondern auch noch dessen Phantasien okkupiere. Daß jener Respekt voreinander, der im sonstigen menschlichen Zusammenleben so fraglos geachtet werde, ausgerechnet dort, wo er die einzige Garantie für das gemeinsame Überleben – richtiger: das Überleben der Gemeinsamkeit – darstelle, fortwährend mit Füßen getreten werde, beim Paar nämlich. Daß kein anderer Mensch der Welt es gewagt hätte, aus der Tatsache, daß er sich was wünsche, ebenfalls Wünsche abzuleiten. Daß dieser Akt totaler Nichtachtung sonst selbstverständlicher Grenzen ausgerechnet ihr vorbehalten geblieben sei. Daß ihre, ja ihre, Erdmännchenherde mehr zertrampelt habe als nur eine flüchtige Laune seiner Einbildungskraft, daß ihm diese unerhörte Nagerinvasion einmal mehr … einmal mehr – nach Worten suchend ließ er den Blick schweifen, über den See, den Waldrand, die Holzbrücke und die Liegende, die sich bei seinen letzten Worten ein wenig aufgestützt und damit begonnen hatte, einen Turm aus kleinen Steinen zu bauen.

»Einmal mehr?« fragte sie lächelnd.
»Na, du weißt schon.«
»Nichts weiß ich.«
»Und ob du es weißt! Wer, wenn nicht du?«

Am Abend empfing das Paar den Besuch eines befreundeten Paares. Als er damit begann, die Teller abzuräumen und in die Küche zu tragen, fing sie damit an, den Gästen die mittägliche Auseinandersetzung zu schildern; als er den Kaffee auf die Terrasse hinausbrachte, kam er gerade noch zurecht, um entscheidende Einzelheiten richtigzustellen – »Nein, ich habe mir nie einen Elch *gewünscht*, sondern –« und »Nein, nein, sie wünschte sich nicht gleich Lemminge, erst hat sie –« und »Nein, nein, nein, ich habe nichts gegen Erdmännchen, nur –« – doch während er, durch Zuspruch und Gelächter bestärkt, nach Kräften dazu beitrug, die Vorfälle des Mittags vollständig in Unernst und parodistischen Schaukampf zu überführen, wußte er doch zugleich, daß all die Worte lediglich verhindern sollten, daß das zur Sprache kam, was er bereits am See nicht hatte sagen können. Aber was war das gewesen?

Es fiel ihm wieder ein, als er im Morgengrauen auf die Terrasse trat, um – schlafen konnte er ohnehin nicht mehr – wenigstens einen Blick auf die aufgehende Sonne zu werfen. Da saß auf dem Mäuerchen, auf das er sich hatte setzen wollen, bereits eine große, fahle, braungesprenkelte Kröte, inmitten einer ausgedehnten Lache, an deren Rand etwas lag, glänzend schwarz, gut fingerdick, fast daumenlang, etwas, das sich an beiden Enden verjüngte und an einer Stelle so weit aufgeplatzt war, daß seine Beschaffenheit sichtbar wurde: eine Vielzahl winziger Kügelchen – Kerne? –, auch sie schwarz und glänzend wie der Stoff, der sie zusammenhielt und umschloß.

Schon als sich der Frühaufsteher ihr vorsichtig genähert hatte, war die Kröte an den Rand des Mäuerchens gesprungen, nun, da er sich niederließ, um das seltsame Schauspiel in Augenschein zu nehmen, feuchtete sie rasch auch noch diesen Rand ein wenig ein, um sich sodann Hals über Kopf auf die Terrasse zu stürzen, die sie breitbeinig und zielstrebig überquerte, bis sie sich zwischen engstehenden Blumentöpfen verlor.

Jetzt erst konnte der, welcher die Kröte bei ihren Geschäften gestört hatte, sich eingehender mit den Ergebnissen dieser Geschäftigkeit befassen. Er rollte das glänzende Etwas ein wenig und roch an seinem Finger. Er mochte den Geruch nicht, der fremd und streng war. Er begriff, daß es sich um Krötenkot handelte, und weigerte sich trotzdem, dem Augenschein zu glauben. Er hatte diese Exkremente bereits in den vergangenen Tagen hin und wieder auf der Terrasse gefunden, sie jedoch stets einem weit größeren Tier zugeordnet, dem Stachelschwein, obwohl er sich der Unwahrscheinlichkeit dessen bewußt gewesen war, daß ein Stachelschwein sich so nahe an das Haus gewagt haben sollte. Noch unwahrscheinlicher allerdings schien ihm, daß die Kröte wirklich dieses mächtige Stück Dreck hervorgebracht haben konnte. Das war ja fast so groß wie sie selber! Trotzdem war kein Zweifel möglich, und mit einemmal überkam ihn die Erkenntnis, daß er ein Eingeweihter war. Was er erlebt hatte, hatten nur die wenigsten erlebt. Was er wußte, wußten nur Auserwählte. Auf keinen Fall aber wußte sie es. Sie, deren steter Schlaf ihn die eigene Schlaflosigkeit so deutlich hatte spüren lassen, daß es ihn schließlich nicht mehr im Zimmer gehalten hatte. Sie, mit der er wiederholt an heißen Vormittagen über die Herkunft der merkwürdigen schwarzen Hinterlassenschaften gerätselt hatte, ohne doch deren wahre Herkunft erraten zu können. Nun hatte sich ihm, nur ihm, des Rätsels Lösung enthüllt, während sie, bewahrte er das Geheimnis nur fest genug in seinem Herzen, weiterhin in schwärzester Unwissenheit dahinleben mußte.

Schau mal, das Stachelschwein scheint wieder dagewesen zu sein, würde sie sagen, er aber würde ihre Worte vieldeutig belächeln können: Rede nur, rede, du redest, wie du's verstehst. So vieles hatte er geteilt, freiwillig erst, dann notgedrungen, nun endlich hatte er etwas, das er ganz und gar für sich behalten konnte. Konnte? Mußte! Während sich die Sonne herrlich durch den Kamm des Gebirges fraß, wußte er, was er zu tun hatte. Alles würde gut werden. Hier und heute begann ein neues Kapitel seiner Geschichte, und sie würde niemals sagen können, sie sei dabeigewesen. Äußerlich und innerlich erwärmt, suchte er noch einmal das Bett auf.

Als er es wieder verließ, saß sie bereits am Frühstückstisch. Ob ihr denn nichts aufgefallen sei, wollte er wissen, während er wiederholt auf das Mäuerchen deutete. Ob sie denn der Meinung sei, Stachelschweine könnten so hoch springen, hakte er nach, als sie noch immer nichts begriff. Das sei nämlich so gewesen, begann er eilig, um sogleich eingehend zu beschreiben, von wo er sich genähert, wohin die Kröte sich entfernt und was es mit dem glänzenden Dreck auf sich hatte. Kaum konnte er sich noch ein wenig an ihrem Erstaunen weiden, da trat auch schon das befreundete Paar blinzelnd und grüßend auf die Terrasse.
Als er, um ihnen zuvorzukommen, rasch ins Bad ging, hörte er gerade noch, wie sie den erstaunten Freunden fast triumphierend die Lösung des schwarzen Rätsels mitteilte.
»Es gibt kein richtiges Leben im falschen«, tröstete er sich, während er die Dusche aufdrehte. »Was nicht ist, kann ja noch werden«, dachte er, als er erfrischt am Frühstückstisch Platz nahm und nach dem Joghurt griff.
So lebten sie weiter.

KRÖTEN NACH DER NATUR

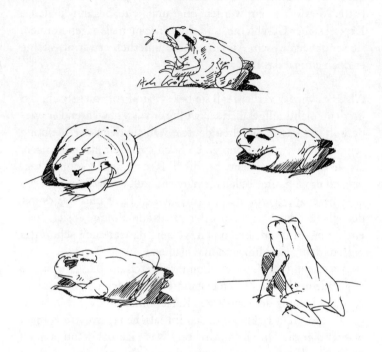

LEICHT FASSLICHE ANLEITUNG,
EINEN RABEN ZU ZEICHNEN

Zuerst mal malen wir ein M

∋

sodann ein großes O

zwei kleine O's, zwei V's, ein W —

schon fliegt ein Rabe so
bezaubernd übers Blatt Papier,
daß alles ausruft: Welch ein Tier!
Wie schön und wie gelehrig!
Sag an — wie heißt du?

 ERWIN!

DER EREMIT UND DER TAUSENDFÜSSLER.
Eine Fabel

Ein Eremit schalt einmal einen Tausendfüßler: »Da hat dir der Herrgott nun tausend Füße verliehen – und was machst du? Krabbelst wie wild in der Gegend herum!«

»Ha«, erwiderte darauf der Tausendfüßler, »daß ausgerechnet du das sagen mußt! Du, der du jeden Morgen erst zur Quelle eilst, um dich zu reinigen, dann in die Beeren, um Nahrung zu suchen, dann in die Kapelle, um zu vespern, und gegen Abend schließlich ins Dorf, um den jungen Mädchen deine Bibelsammlung zu zeigen. Und das alles mit nur zwei Füßen. Jetzt überleg mal, wie du dich erst mit tausend Füßen aufführen würdest!«

Diese Worte trafen den Eremiten so schwer, daß er beschloß, in Zukunft etwas weniger herumzulaufen.

Moral: Mit Schimpfen allein ist es oft getan, doch gute Argumente können auch ganz schön Wunder wirken.

VERTRETER-ELEND

DER KRAGENBÄR

Der Kragenbär / der holt sich / munter / einen nach / dem andern / runter

BLAS-PHEMIE

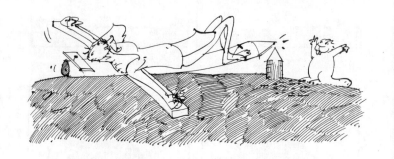

EINDEUTIG ZWEIDEUTIG

ANIMALEROTICA

Das Vorspiel nahm den HENGST so mit,
daß er geschwächt zu Boden glitt.

Der WAL vollzieht den Liebesakt
zumeist im Wasser. Und stets nackt.

Der HABICHT fraß die Wanderratte,
nachdem er sie geschändet hatte.

Der NASENBÄR sprach zu der Bärin:
»Ich will dich jetzt was Schönes lehren!«
Worauf er ihr ins Weiche griff
und dazu »La Paloma« pfiff.

Die DÄCHSIN sprach zum Dachsen:
»Mann, bist du gut gewachsen!«
Der Dachs, der lächelte verhalten,
denn er hielt nichts von seiner Alten.

DIE TRINKER
Versuch einer Typologie

DIE ARMEN SCHWEINE

›Schweinewelt‹ – so nennt sich nicht etwa das Zentralorgan Deutscher Politchaoten, so heißt eine Zeitschrift voller »Berichte und Informationen für die Schweinepraxis«. Dreißig Seiten rund um das Schwein, Monat für Monat, und das bereits seit sieben Jahren. Doch das Schwein scheint ein unerschöpfliches Thema zu sein, das ›Schweinewelt‹-Inhaltsverzeichnis für 1981 zählt etwa 250 Beiträge auf, für den Laien rätselhafte, ›Entgangener Nutzen für Umrauschen der Sau‹, für den Fachmann erfreuliche, ›Sonnenschein am Schweinemarkt‹, und für das Schwein bedenkliche: ›Die beste Vorbeugungsmaßnahme: Ferkeln die Schwänze kupieren‹, ›Kannibalismus vorbeugend bekämpfen‹, ›Weidegang für Sauen passé?‹, ›Verhaltensstörungen bei Mastschweinen‹, ›Ferkel kastrieren im Einmannbetrieb‹, ›Hoher Anteil streßanfälliger Schweine‹ oder ›Tierfutter aus Abfallschlamm‹. Da bekommt der Titel ›Schweinewelt‹ ungewollt einen kritischen Nebensinn – welch schweinische Welt, zumindest für Schweine.

In groben Zügen haben sich ihre Probleme ja herumgesprochen: Der Mensch hat ihnen das Fett weg- und Koteletts hinzugezüchtet, ohne zugleich Knochen, Rückgrat und Herz zu stärken. Die aber müssen ein längeres, fleischreicheres Schwein tragen und durchbluten; das wiederum führt zu Knochenschäden und Herzfehlern, die das arme Schwein oft vorzeitig kollabieren lassen, weshalb es von Ferkelsbeinen an mit Tranquilizern vollgestopft wird. So übersteht es auch die Enge in den Metallkoben besser, so kann es sich beruhigt seiner Hauptaufgabe widmen: sehr schnell sehr viel Fleisch anzusetzen, in fünf Monaten von 15 auf 100 kg zu kommen.

Tierfreunde nennen diese Art von Aufzucht ein Martyrium und weisen auf die etwa zwei Millionen Schweine hin, die jährlich während der Mast verenden; Menschenfreunde warnen vor all den pharmazeutischen Chemikalien, die an die Schweine verfüttert werden – neben Beruhigungsmitteln vor allem Antibiotika –, und beklagen die Qualität des wäßrigen Fleisches stressgeplagter Schweine – nichts davon findet sich verständlicherweise in der ›Schweinewelt‹. Aber auch nichts dagegen. Nichts wird bestritten oder beschönigt, alles jedoch aus dem Blickwinkel dessen gesehen, der es nicht mit der Aufzucht von Lebewesen, sondern mit dem »Einsatz guten Tiermaterials«, kurz: mit der »Schweineproduktion« zu tun hat. Bei einem Gewinn von etwa DM 13,– pro Mastschwein heißt es haarscharf kalkulieren, um weiterhin in der Rentabilitätszone zu bleiben. Lohn-, Energie- und Futterkosten lassen sich nicht senken, also müssen die Schweine sich steigern. Alle Schweine. Auch die Zuchtsauen? Gerade die Zuchtsauen: »Galten bisher also 16 Ferkel pro Sau und Jahr als das anzustrebende Leistungsniveau, so werden jetzt 18 Ferkel gefordert mit folgender Begründung: Um den Betriebszweig Ferkelerzeugung langfristig rentabel zu machen, müssen als Leistungsforderung 18 aufgezogene Ferkel, immer je Sau und Jahr, angesetzt werden.« Der das fordert, ist der Landwirt Lentföhr aus Schleswig-Holstein, und er weiß, wovon er redet: »Seit 1977/78 hat sich im nördlichsten Bundesland kein biologischer Wert spürbar verbessert.« Auch nicht bei den Mastschweinen? Besonders bei den Mastschweinen nicht: »Dasselbe gilt für die biologischen Daten bei der Schweinemast.« Will sagen: Seit vier Jahren stagnieren Futterverwertung, tägliche Zunahme und Verlustquote, seit vier Jahren frißt das Schleswig-Holsteiner Mastschwein 3,44 kg Futter, um 1 kg Zuwachs zu produzieren, seit vier Jahren nimmt es täglich nur 570 g zu, seit vier Jahren geben 3,22 % der Gemästeten vorzeitig auf – ja passen diese Schweine denn überhaupt noch in eine Zeit, die – Stillstand ist Rückschritt – nur dank ständig steigender Zuwachsraten noch nicht völlig vor die Hunde gegangen ist?

Landwirt Lentföhr ist guten Mutes: »Als Ziel für die nahe Zukunft nennt Lentföhr: Zuwachs unter 1 : 3,2 kg, über 600 g tägliche Gewichtszunahme und Verlustquote langfristig unter 3 %.« Auch andere Schweinefachleute teilen seine Zuversicht, wie eine Litanei ziehen sich Lentföhrs Forderungen durch das Heft, ein Glück, daß Schweine nicht lesen können. Sie könnten sonst womöglich einwenden, daß das nicht geht: weniger fressen und mehr zunehmen. Muß aber gehen. Geht auch, versichert die chemische Industrie. »Das große Ziel beim Schwein rückt näher« – so lautet die Headline einer Bayer-Anzeige für den Wachstumsförderer, bayo-n-ox, ein wahres Retortenwunder, das alles verspricht, was das Schweineherstellerherz begehrt: »Verkürzte Mastzeiten, mehr Produktivität, weniger Kosten« usw. usf. »In 21 Wochen von 5 auf 110 kg?« fragt die Anzeige lockend, eine dumme Sau, wer da nicht sofort »Jawohl! Immer her damit« riefe – nur wer große Ziele anstrebt, kann Großes erreichen, meint natürlich großen Reibach.

Ich habe die ›Schweinewelt‹ gerne gelesen. Es ist ein so ehrliches Journal. Da ist so jeder Lack so gänzlich ab. Kein heuchlerischer Nebensatz streift auch nur die Interessen der Schweine oder die der Verbraucher, alles, alles dreht sich um den Schweineproduzenten, der seinem Produkt nicht mehr Gefühl entgegenzubringen scheint als ein Hersteller von Plastikeimern oder Büroklammern. Bereits Ferkel verenden an Herz- und Kreislaufschwäche? Schon ein Transport ist ihnen zu aufregend, schon ein Kampf um die Rangordnung in der Gruppe bedeutet für die Quieker eine lebensbedrohliche Streßsituation? So ist es, bestätigt Dr. Eike Roth aus Lessahn. Ja – müßte man da nicht darauf sinnen, das offensichtlich nur noch bedingt lebensfähige, von Geburt an kranke Schwein von Grund auf zu sanieren? Nichts da, meint der Doktor und schlägt statt dessen vor: »Nur hungrige Ferkel zusammenlegen« – da wird der Kreislauf der Kämpfenden nicht so belastet; »Am Abend neue Gruppen bilden und sofort das Licht löschen« – alte Herbergsvaterweisheit; »Die Ferkel in sehr enge Buchten bringen« – da können sie nicht so zubeißen; und – das wird unsere Pharmaindustrie beruhigen zu hören – »Einsatz von Beruhigungsmitteln« und »des neuen Geruchsüberdeckers NF 28«.

Neben solch durchgehend klaren Worten fallen zwei kleine ›Schweinewelt‹-Ausrutscher kaum ins Gewicht. Da ist einmal die unangemessen gefühlsbetonte Wortpaarung »frohwüchsige Ferkel«, die hin und wieder in Anzeigen und Beiträgen auftaucht – wen interessiert denn das »froh«? Hauptsache, die Erzeugnisse sind »wüchsig«, und zwar so schnell wie möglich.

Auch irritierten mich die vielen komischen Schweine, die mich beim Durchblättern der Zeitschrift von Anzeigen und aus Beiträgen anlächelten. Das beginnt auf der Titelseite mit dem Signet des ASR Verlages, in dem die ›Schweinewelt‹ erscheint, und endet beim ›Schweinewelt-Forum‹, da, wo »Ferkelkäfige«, »Freßliegeboxen« und »Schweinenippel« angeboten werden. Wäre es nicht an der Zeit, diese Kindereien endgültig den Kinderbüchern zu überlassen? Mir jedenfalls war beim Anblick der bayo-n-ox-Anzeige sehr viel wohler. Da steht es, das Reißbrettschwein unserer Tage. Noch erinnert das Ganze entfernt an ein Tier, doch das große Ziel ist schon sehr nahe gerückt: die voll durchgestylte Retortensau, bei deren Anblick einem das Mitleid ebenso vergeht wie der Appetit.

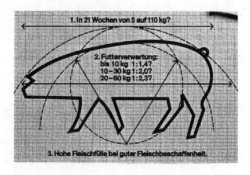

HAUPTSACHE,
MAN REDET MITEINANDER

Der deutsche Mensch

Man spricht viel von Aufklärung, und wünscht mehr Licht. Mein Gott was hilft aber alles Licht, wenn die Leute entweder keine Augen haben, oder die, die sie haben, vorsätzlich verschließen?

Text: Georg Christoph Lichtenberg

DEUTSCHLAND, DEINE DOLCHSTÖSSE

Nachdem man jahrelang herumgerätselt hat, wieso es möglich war, daß ausgerechnet Deutschland den Zweiten Weltkrieg verlor, ist jetzt endlich Licht in diese dunkle Angelegenheit gekommen. In ihrem Buch ›Der Krieg wurde in der Schweiz gewonnen‹ beweisen zwei französische Journalisten, Accoce und Quet, daß weder der Größenwahn Hitlers noch die Überlegenheit der Alliierten, sondern Verrat den Zusammenbruch Deutschlands bewirkte. Deutsche waren es, die Deutschland das Grab schaufelten: Zehn nicht namentlich genannte Generäle und Offiziere aus dem Oberkommando der Wehrmacht fielen der tapfer kämpfenden Front in den Rücken, indem sie einen in die Schweiz emigrierten Deutschen, Rudolf Rößler, mit Informationen über Hitlers Feldzugspläne belieferten. Rößler wiederum leitete seine Kenntnisse an den sowjetischen Geheimdienst weiter, und erst mit diesem Wissen gelang es den Russen, die Deutschen zu schlagen.

Die Botschaft der Franzosen fiel in Deutschland auf fruchtbaren Boden. »Entschied Verrat den II. Weltkrieg?« fragte die Schlagzeile der ›National- und Soldaten-Zeitung‹, doch diese Frage war recht rhetorisch gemeint. Denn waren es nicht immer Dolchstöße aus dem Hinterhalt, die die deutschen Niederlagen verschuldeten? Blicken wir zurück: Die Geschichte der Nibelungen ist bekannt. Uneinigkeit und Selbstzerfleischung, nicht die Überlegenheit der Hunnen, waren an ihrem Untergang schuld.

Oder wie war es 1241, als das deutsche Ritterheer bei Liegnitz den Mongolen unterlag? Die Mongolen sind bekanntlich kleine, schlitzäugige Gesellen, und die Vorstellung, sie hätten aus eigener Kraft gesiegt, ist absurd. Vielmehr verdankten sie ihren Erfolg einmal der Tatsache, daß sie Heinrich von Breslau und seine 30 000 Ritter umbrachten, vor allem aber dem Verräter Wilhelm von Emden, der, von Dschingis-Khan gekauft, den Mongolen mehr als 20 Jahre lang unschätzbare Informationen über die europäische Großwetterlage geliefert hatte. Mit diesem Wissen ausgerüstet, konnten sie es so einrichten, daß sie am Tag der Schlacht, am 9. April, mit Hilfe des Rückenwindes kämpften – damit war ihr Sieg gegen die schwer behinderten Ritter schon so gut wie sicher.

Wenden wir uns einer anderen deutschen Niederlage zu, der Schlacht bei Tannenberg, die 1410 mit dem Sieg der Polen über die Deutschordensritter endete. Die Ursache? Die Sabotage dreier deutscher Pferdeknechte, die den Pferden der Ordensritter am Vorabend der Entscheidung auf polnische Anweisung hin statt des gewohnten Wassers Starkbier zu trinken gaben. Der Plan der Polen gelang: Am nächsten Morgen hatten die meisten der Pferde einen dicken Kopf, einige weigerten sich, überhaupt aufzustehen, andere trabten lustlos und schwankend zum Schlachtfeld – die Polen hatten gewonnenes Spiel.

1795 – eine Jahreszahl, die wohl vor jedem deutschen Auge das Bild des bei Kunersdorf von Russen und Schweden geschlagenen Alten Fritz erscheinen läßt. Wie war es möglich, daß dieser Feldherr und sein sieggewohntes Heer unterlagen? Die Niederlage war das Werk zweier Soldaten des eigenen Heeres, der Schützen Sempff und Kollner. Beide waren auf dem linken Flügel eingesetzt, kurz vor dem Angriff jedoch erklärte Sempff, ein gerichtsnotorischer Pazifist, daß er heute keine Lust zum Kämpfen habe, und Kollner, der ähnlich veranlagt war, machte den Vorschlag, doch einfach abzuhauen. Das taten die beiden, und dem österreichischen Heer gelang es ohne Schwierigkeiten, sich durch die so entstandene Lücke zu schlängeln und den Preußen in den Rücken zu fallen.

Noch einmal wurde das preußische Heer besiegt: 1806 unterlag es Napoleon bei Jena und Auerstedt. Wieso? Etwa weil Napoleon der bessere Stratege war? Wer die Deutschen kennt, weiß, daß das nicht der Grund gewesen sein kann. Nur durch Deutsche können Deutsche besiegt werden, und auch diesmal war es nicht anders. Verblendet von den weltverbessernden Ideen des Sozialismus, fielen die Arbeiter in der Heimat der kämpfenden Truppe in den Rücken. Während die Soldaten ihre Pflicht taten, demoralisierten zwielichtige Gestalten die Zivilbevölkerung, die Weberaufstände brachen los und bewirkten, was das Schwert des Korsen nicht erreicht hatte: den Zusammenbruch Preußens. Diese Tatsache können auch jene nicht vernebeln, die nur allzu gern darauf hinweisen, daß die Weberaufstände erst in den vierziger Jahren des 19. Jahrhunderts ausgebrochen seien. Das ist zwar richtig, aber hat es nicht schon immer zur Taktik der linken Internationalen gehört, durch derart vordergründige Alibis ihre grundsätzliche Schuld zu vertuschen.

Wieso der Erste Weltkrieg verlorenging, ist zu bekannt, als daß wir es noch wiederholen müßten. Es waren deutsche Kommunisten und deutsche Freimaurer, die der Dalai Lama, das Haupt der internationalen Verschwörung gegen Deutschland, bestochen hatte, welche den Dolch schliffen, der das Heer in dem Augenblick in den Rücken traf, da der Sieg in greifbare Nähe gerückt war. Mit Hilfe deutscher Jesuiten, die sich als Handlanger der von Lenin gesteuerten Rosenkreuzler in den deutschen Generalstab eingeschlichen hatten und von dort aus den Papst, den verkappten Leiter des Weltzionismus, ständig auf dem laufenden hielten, gelang das Werk der Zerstörung.

Mit dem Zweiten Weltkrieg schließt sich vorerst der Kreis der militärischen Dolchstöße.

Von dem Dritten sind wir bisher verschont geblieben, keiner weiß, ob und wann er ausbricht. Eines ist jedoch schon heute sicher: Wenn wir ihn verlieren sollten, dann werden ausschließlich Sabotage, Verrat, Defätismus und Heimtücke in unseren eigenen Reihen daran schuld sein. Was denn sonst?

(1966)

AUS EINEM KRIEGSROMAN

DEUTSCHER IM AUSLAND

Ach nein, ich bin keiner von denen, die kreischend
das breite Gesäß in den Korbsessel donnern,
mit lautem Organ »Bringse birra« verlangen
und dann damit prahlen, wie hart doch die Mark sei.

Ach ja, ich bin einer von jenen, die leidend
verkniffenen Arschs am Prosecco-Kelch nippen,
stets in der Furcht, es könnt jemand denken:
Der da! Gehört nicht auch der da zu denen?

IM ALBERGO ODER: SICH SELBST VERRATEN

GETEILTES LAND – GEMISCHTE GEFÜHLE

Der Reisende, der soeben den westdeutschen Grenzübergang Herleshausen passiert hatte, wußte, daß ihm eine Verwandlung bevorstand. Er besuchte die DDR nicht das erste Mal. Er war darauf vorbereitet, am DDR-Kontrollpunkt Wartha zum Westler zu werden, doch wie bei den vorangegangenen Grenzübertritten beobachtete er diesen Vorgang auch diesmal mit Unbehagen.

Er war nicht gern Westler. Deshalb versuchte er sich darauf hinauszureden, daß nicht er zum Westler wurde, sondern daß die anderen ihn dazu machten. Doch das stimmte nicht. Der Grenzpolizist, der ihn barsch beschied: »Sie dürfen hier nicht einfach die Spur wechseln, das dürfen Sie bei Ihnen in der BRD auch nicht«, war keineswegs der Schuldige, höchstens ein Katalysator. Er setzte einen Prozeß in Gang, auf den der Besucher gewartet zu haben schien und den er sogleich nach Kräften unterstützte. »Mit denen kannst du nicht diskutieren«, beruhigte er seine Begleiterin, die das erste Mal einreiste und drauf und dran war, sich über die Tatsache zu erregen, daß es verboten war, von der vollen ersten auf die halbleere zweite Wartespur zu wechseln. »Du brauchst sie dir doch bloß anzuschaun, dann weißt du, daß die rationalen Argumenten nicht zugänglich sind.«

»Sie«, »die« – in Wahrheit machte sich der Reisende selber nach Kräften zum Westler. Vor einer Viertelstunde noch hatte er schneidende Bemerkungen über die Kaputtsanierung bundesrepublikanischer Dörfer und den sinnwidrigen Aufwand von Umgehungs- und Schnellstraßen gemacht, nun kommentierte er das erste DDR-Schlagloch mit dem Hinweis: »In den letzten zwei Jahren sind die hier aber auch kein Stück weitergekommen.«

Die hier kontrollierten derweil seine auf dem Zollbegleitzettel angegebenen Schallplatten und Bücher. Der Besucher kramte sie eilfertig hervor, gab eifrige Hinweise zur ganz harmlosen, ganz und gar unpolitischen Art der Kulturgüter, ja er belachte sogar lauthals die bei Licht besehen nicht allzu witzige Bemerkung des Grenzbeamten, der angesichts eines Aktbildes von Francis Bacon erklärte, fürs Bett sei die wohl nichts.

»Mußtest du dich denn derart devot verhalten?« wollte die Begleiterin vom Westler wissen, während sie auf ihre Papiere warteten.

»Wer war denn da devot?« fragte der mit gespielter Empörung zurück und wußte doch, daß der Vorwurf zu Recht bestand. Er schämte sich ja selber für die Zuvorkommenheit und Eilfertigkeit, mit welcher er Papiere bereithielt, den Kofferraum öffnete und Taschen auspackte. Daß andere Westler den DDR-Grenzern noch zuvorkommender zur Hand gingen, war nur ein schwacher Trost. Die Deutschen waren nun mal geborene Untertanen, gewiß, doch untertänig benahm auch er sich; während der Kontrollen und erst recht danach, als er zu seinem eigenen Erstaunen auch noch lobende Worte für die Tatsache fand, daß ihm kein einziges Druckerzeugnis weggenommen worden war, nicht einmal das ›FAZ-Magazin‹: »Die waren aber sehr korrekt heute!«

»Was ist denn daran korrekt, wenn sie dir das ›FAZ-Magazin‹ nicht wegnehmen?«

»Die müßten das eigentlich tun.«

»Was? Den Gedankenaustausch verhindern?«

»Welchen Gedankenaustausch denn? Seit wann finden sich im ›FAZ-Magazin‹ Gedanken?«

»Dann hätten sie erst recht keinen Grund, es wegzunehmen.«

»Das nicht. Aber sie haben ihre Vorschriften.«

»Und die findest du in Ordnung?«

»Vorschriften gibt's überall.«

»Aber doch nicht solche!«

»Doch!«

»Wo denn?«

Der Westler wollte gerade zu einem längeren Exkurs über die objektive Gefährlichkeit gewisser BRD-Publikationen ansetzen – »Nimm nur Springer« –, schon fühlte er sich nicht mehr als Partei, sondern als objektiver Sachwalter der Interessen aller fortschrittlich gesinnten Deutschen, als ihn ein DDR-Verkehrspolizist jäh an den Straßenrand winkte. Er habe die vorgeschriebene Geschwindigkeit überschritten, sei 51 statt der zulässigen 40 Stundenkilometer gefahren, das mache 30 Westmark.

»Vierzig Stundenkilometer! Auf der Autobahn! Denen ist aber auch jedes Mittel recht, an unser Geld zu kommen!« empörte sich der Reisende, ohne den Beschwichtigungsversuchen seiner Begleiterin Gehör zu schenken. Jetzt war er wieder ein Westler, und er wurde es um so mehr, je näher er seinem Zielort kam, Bad B., dem Wohnsitz seines Vetters und Gastgebers.

Alles entzückte ihn: die Landstraße, die sich schmal und holprig durch die liebliche Maienlandschaft wand, die würdigen Kradfahrer im enggeschnürten Sturmmantel, die so gar nichts vom grellen Sport- und Freizeitgehabe westlicher Motorradrabauken an sich hatten, die wackligen entgegenkommenden Autos, die er sachkundig als »Trabis« klassifizierte, und vor allem die so wunderbar intakten Dörfer, deren Silhouette sich schön deutlich vom umgebenden Grün der Felder und Obstbäume abhob, ohne daß Neubauten oder gar modernistische Kirchen den klaren Umriß verschandelten.

»Was ist denn daran intakt?« wollte die Begleiterin wissen, als sie eines der Dörfer durchquerten. »Ich finde hier alles reichlich verrottet.«

»Genau so sahen die Dörfer meiner Kindheit aus.«

»So kaputt?«

»So heil. Sieh doch nur: die haben hier noch richtige Vorgärten. Und Holzzäune. Und Obstbäume. Und Fachwerk.«

»Und überall fällt der Putz runter!«

»Immer noch besser als die eternitverkleideten Dorf-Butzen bei uns, mit ihren Panorama-Scheiben und den kupfergefaßten Kunstglas-Chichi-Türen.«

»Frag mal einen der Dörfler hier, was der von dieser ästhetizistischen Betrachtungsweise hält!«

»Ich sehe das alles nicht mit dem Blick des Ästheten, sondern mit den Augen der Liebe.«
»Das glaubst du doch selber nicht.«
»Klar glaube ich das.«
Er glaubte es und wußte dennoch, daß er nicht die Wahrheit sagte. Es war nämlich, aber das mochte er nicht einmal sich selber eingestehen, die Brille des Ethnologen, durch die er Dörfer und Menschen betrachtete, stets auf der Suche nach Spuren erhaltener Unschuld und vorindustrieller Schönheit. Die Eingeborenen freilich – aber machte nicht gerade das ihre Unschuld aus? – wußten gar nicht, wie schön sie es hatten. Und der Reisende – aber machte das wiederum nicht den Forscher aus? – war herzlich froh, wenn er nach einem ebenso kurzen wie enthusiastischen Rundgang durch eines der Dörfer wieder in seinen ›Golf‹ steigen und weiterreisen konnte. Nichts wie weg! Außerdem erwartete ihn sein Vetter.

Der Westler hat viele Gesichter. Vom Forscher wandelte er sich unversehens zum Krösus, als er vor dem Haus des Vetters vorfuhr. Nein, was er nicht alles mitgebracht hatte! Der Westler wand sich ein wenig. Er spielte Wert und Preis der Geschenke herunter und wußte doch, daß sie für die Beschenkten unbezahlbar waren. An Ananas mochten sie ja noch hin und wieder und mit Müh und Not rankommen, nach der letzten ›Pink Floyd‹-Platte aber konnten sie lange suchen. Ein großer Glanz umgab den Westler, ihn, den Sendboten einer Welt, in der all diese Herrlichkeiten im Laufe eines Vormittags mühelos zusammenzuraffen waren.

Der Westler versuchte, etwas von seinem Glanz an die Gastgeber abzugeben. Er verlegte sich aufs Lob dessen, was sie ihm auftischten und vorzeigten. Die Rotwurst sei aber sehr gut, dergleichen würde man in seiner Heimatstadt M. vergeblich suchen. Das war die Wahrheit. Ja, die neue Schleiflackanrichte gefalle ihm ausgezeichnet. Das war gelogen, doch je eindringlicher sein Vetter ihm von den Schwierigkeiten erzählte, die das

Ergattern dieses Möbels bereitet hatte – »Ohne Vitamin B wäre da gar nichts gelaufen!« »Vitamin B?« »Beziehungen!« –, desto nachdrücklicher beharrte der Westler auf seiner Lüge: »Doch. Sehr schön. Wirklich.«

»Na, bei euch gibt es natürlich noch ganz andere Möbel«, sagte der Vetter, wie um sich zu entschuldigen. »Stimmt«, dachte der Westler mit Grausen, laut aber sagte er: »Ach nee, eigentlich nicht.« »Na komm!«

Während sich die Begleiterin in der Küche nützlich machte, blätterte der Westler im ›Neuen Deutschland‹. Im Palast der Republik hatten die Beratungen des XII. Bauernkongresses der DDR begonnen. Immer verträumter glitt das Auge des Lesenden über die seitenlangen Berichte.

Heile Welt auch hier. Schon die fettgedruckten Zwischenüberschriften dienten nicht der Anstachelung unguter Neugier, wie es der Westler von seinen Westzeitungen gewohnt war, sie waren unanfechtbare Wahrheiten und teils anfeuernde, teils bestätigende Losungen. ›Der Boden ist und bleibt unser größter Reichtum‹ hieß eine, ›Gesunde Tiere durch liebevolle Pflege‹ eine andere, und genauso gemächlich flossen die Ausführungen des Landwirtschaftsministers Heinz Kuhrig dahin, ein nicht enden wollender, durchweg optimistischer Redestrom, den lediglich die Zustimmung der Zuhörenden hin und wieder zu stauen imstande war: »Lang anhaltender, stürmischer Beifall auf das Zentralkomitee und seinen Generalsekretär.«

Besonders letzterer hatte aber auch, glaubte man Kuhrig, jeden Beifall verdient, der schien sich um wirklich alles zu kümmern: »Die Bauern haben sehr wohl die Worte des Genossen Erich Honecker verstanden, daß heute das Getreideproblem in seiner Rangordnung durchaus mit dem Erdölproblem verglichen werden kann. Darum lautete das Echo auf die Worte unseres Generalsekretärs aus vielen Dörfern: Laßt uns das Getreide wie das Erdöl achten und das Erdöl wie das Getreide.«

Welch ein Land! Was für Echos! Und wie sich der Generalsekretär auch noch der geringsten Kleinigkeiten annahm: »Auf dem XI. Bauernkongreß hatte uns Genosse Honecker auf die blauen Flecken der Kartoffeln hingewiesen und darauf aufmerksam gemacht, daß es nicht nur auf die Menge ankommt, sondern auch auf die Qualität.« Auf dieses Ziel sei hingearbeitet worden. »Aber um der Wahrheit die Ehre zu geben: Es gibt immer noch einige blaue Ränder und damit absolut keinen Grund zur Selbstzufriedenheit.«

Der Westler freute sich über die blauen Ränder und wollte seine Freude mit dem Vetter teilen. Der aber saß im Nebenzimmer und sah die ARD-Tagesthemen an. »Auf die steh ich«, sagte er und zeigte auf eine Frau, die Nachrichten vorlas. Wer denn das sei, wollte der Westler wissen. »Aber das ist doch Barbara Dickmann. Die kennst du doch!« Der Westler, der kaum fernsah, kannte sie nicht, und für einen Moment kehrten sich die Rollen um. Der Gastgeber erklärte dem Gast die Feinheiten westlicher Nachrichtenvermittlung und die ihrer unterschiedlichen Sprachrohre. Der Gast wollte sich mit einem Lob des ›Neuen Deutschland‹ revanchieren, doch das wiederum las sein Vetter nicht.

»Das ND? Das muß ich beziehen, aber da steht ja nichts drin.«

Auch später, als der Westler sich seiner Begleiterin mitteilen wollte, hatte er kein Glück. »Du, ich mag das ND wirklich. Es strahlt eine solche Ruhe aus. Unsere Zeitungen dagegen möchte ich gar nicht mehr aufschlagen. Die schwächen mich nur. Vom ganzen EG-Hickhack beispielsweise begreife ich kein Wort. Ich weiß lediglich, daß ich schließlich der Dumme sein werde. Hier dagegen ... Ein Staatsratsvorsitzender, der sich um blaue Ränder kümmert! Unter blauen Rändern kann ich mir doch noch was vorstellen. Hat sich Helmut Schmidt jemals um blaue Ränder gekümmert?«

»Komm! Du wärst der erste, der nach einer Woche ND-Lektüre durchdrehen würde!«

»Würde ich nicht.«

»Spätestens nach einem Monat.«
»Nach einem Monat? Früher! Viel früher!«
Der Besucher kam einfach nicht mehr aus seiner Westler-Haut. Fast jedes Gespräch lief auf Vergleiche hinaus, und fast immer fielen sie zu seinen Gunsten aus. Richtiger: zugunsten des Westens; doch da der Westler aus dem Westen kam, waren sogar die Erfolge westlicher Straßenbelagshersteller seine Erfolge. »Unsere Straßen« – der Straßenbauer, den der Westler bei seinem Vetter kennengelernt hatte, schüttelte düster den Kopf und beklagte das Fehlen gewisser Materialien, das es unmöglich machte, Straßen zu bauen, die bei Hitze nicht an beiden Rändern schwarz und klebrig ausliefen: »Sie im Westen, Sie bauen wenigstens noch richtige Straßen!« Der Westler horchte verwundert in sich hinein. Er spürte, wie sich da leiser Stolz regte. Stolz auf ausgerechnet jene Straßen, die er im Westen doch nur mit Ingrimm befuhr. Er versuchte sogleich, den Stolz zu bekämpfen, aber ganz totzukriegen war der nicht.

Am nächsten Tag erwartete den Besucher eine Enttäuschung. Er hatte das Kriegsende in Bad B. erlebt, war seitdem hin und wieder zu Besuch gekommen und hatte stets zufrieden feststellen können, daß kaum Veränderungen wahrzunehmen waren, von spärlichen Neubauten oder wenigen neuverputzten Fassaden abgesehen. Auf den ersten Blick fielen dem Westler auch diesmal keine Neuerungen ins Auge. Auf dem Weg zur Anmeldestelle begeisterte er sich für die würdigen Straßenzüge der Innenstadt; eindringlich hielt er die widerwärtigen Fußgängerzonen vergleichbarer westdeutscher Städte dagegen, diese durch Marktschreierei, Profitgier und Nostalgie-Nepp heruntergekommenen Konsum-Disneylands, und stieß bei seinem Vetter doch nur auf wortkarges Unverständnis und weitere Entschuldigungen: »Ja, es ist alles sehr grau hier. Aber warst du schon mal in Ostberlin? Da haben sie ein paar tolle Sachen hingestellt, fast wie bei euch.«

Aber etwas Schönes habe auch Bad B. aufzuweisen, erklärte der Vetter auf dem Rückweg und führte den Besucher durch ein abseits gelegenes Neubauviertel, in dem es wie durch ein Wunder all das gab, woran es sonst so mangelt. Aus Baumaterialien aller Art entstanden dort geradezu prächtige Eigenheime, bei jeder Baustelle wußte der Vetter Namen und Grad der Priviligiertheit des Bauherrn zu nennen: »Der hier leitet die Reparaturbetriebe der XY-Werke, da wird unter der Hand getauscht, Ersatzteile gegen Ziegel, und der da ...« Der da, ein hohes Tier aus der Verwaltung, war dabei, eine Scheußlichkeit zu errichten, die seinem Rang in Höhe und Breite durchaus angemessen war, sogar einen riesigen, in Naturstein gefaßten Außenkamin gab es, von dessen Anblick sich der Vetter kaum losreißen mochte. »Doch. Ein tolles Haus«, sagte der Westler nach längerem Schweigen.

»Warum hast du denn nicht gesagt, wie du das Haus wirklich findest?« wollte seine Begleiterin von ihm wissen, als sie wieder alleine waren.

»Komm, das bringt doch nichts.«

»Bringt es denn was, wenn du jeder Auseinandersetzung aus dem Weg gehst?«

»Welcher Auseinandersetzung denn?«

Der Westler begriff natürlich, welche Auseinandersetzung seine Begleiterin meinte, doch zugleich wußte er nur zu gut, daß sie sinnlos war. Er hatte es hier, wie er immer wieder bedauernd feststellen mußte, keineswegs mit edlen Wilden zu tun, die freiwillig den so trügerischen Segnungen des Konsumismus und des entfesselten Kapitalismus entsagten. Was ihn jubeln ließ, machte sie leiden. Was er so sehr am real existierenden Sozialismus schätzte, dessen Veränderungen abholde Tranigkeit, stellte sich ihnen als lähmende Ineffizienz dar. Würde man sie machen lassen, Bad B. sähe im Handumdrehen so aus wie Bad Homburg; nur der Mangel, nicht etwa bessere Einsicht hielt sie zurück. So blieb es bei unausgesprochenen Vorhaltungen, für die sich der Westler dann auch noch schämte – mit vollem Bauch läßt sich leicht Askese predigen; und der Gast wußte ja nicht einmal, ob er es auch nur einen Monat lang in einem Lande aushalten könnte, in dem der Tag mit dem ›Neuen Deutschland‹ begann und ohne Kneipenbesuch endete, da fast alle gastronomischen Betriebe um acht Uhr abends dichtmachten.

Ganz zu schweigen von sehr viel bedrängenderen Realitäten. Abends, bei Bier und – für die Gäste das Beste – viel zu reichhaltigem Essen, listeten die Besucher und die Besuchten die Vor- und Nachteile der Gesellschaftssysteme auf, doch sosehr der Westler mitzuhalten suchte, sosehr er gegen Stasi-Überwachung das BKA, gegen Konsumgüterknappheit die Inflation, gegen niedrige Löhne die Arbeitslosigkeit und gegen den Lärm russischer Hubschrauber die Startbahn West ins Feld führte – den Ausschlag gab doch stets, daß er es war, der hier zu Besuch weilte, während die Gastgeber auf die Möglichkeit des Gegenbesuches lange warten konnten. »Welches ist der größte Fluß der Welt?« fragte ein anwesender Freund der Familie und reichte sogleich die Antwort nach: »Die Elbe. Es dauert sechzig Jahre, bis man drüben ist.«

»Wieso?« fragte der Westler. »Ach so.«

Doch obwohl er rechtzeitig begriffen hatte, daß der Witz auf das Rentenalter anspielte, auf die magische 60-Jahre-Marke, von der an grenzüberschreitende Reisen wieder möglich waren, unterlief ihm noch am selben Abend die Taktlosigkeit, auf die Frage nach der Dauer der morgigen Heimreise zu antworten: »Wenn an der Grenze nicht viel los ist – so drei bis vier Stunden.« Möglich, daß seine Gastgeber diese leichthin gesagte Auskunft gar nicht als Taktlosigkeit empfanden, doch kaum daß sie ihm entschlüpft war, kaum daß er den warnenden Fußtritt der Begleiterin verstanden hatte, bereute der Westler seine Worte. Beim Knastbesuch erzählte man dem Einsitzenden doch auch nicht, wie flink man jetzt dank der neuen Schnellstraße wieder daheim wäre.

»Tut mir ja auch leid«, versuchte er sich beim Zubettgehen vor der Begleiterin zu rechtfertigen. »Aber worüber kann man denn hier noch unschuldigen Herzens reden? Die hilfreichen Themen der entspannten Gespräche im Westen – hier entfallen sie doch allesamt. Reisen entfallen, hier, wo Polen für die Hiesigen schon zu ist und Ungarn dem Vernehmen nach bald zu sein wird. Autos entfallen, hier, wo die Lieferfristen bis zu zwanzig Jahre betragen. Restaurants und Freßtips entfallen, hier, wo man sich bereits ein Jahr zuvor in besseren Lokalen anmelden muß, will man die Seinen zur Jugendweihe dorthin ausführen.«

»Als ob du im Westen dauernd über Reisen, Autos und Fressen redest.«

»Mach ich auch nicht, aber hier wird dauernd über Reisen, Autos und Fressen geredet, richtiger darüber, wie schwer das alles zu kriegen ist. Und ich habe immer das Gefühl, mir auf die Zunge beißen oder mich meiner Privilegien schämen zu müssen.«

»Die hast du nun mal.«

»Ich will sie aber nicht.«

»Im Westen hast du auch welche.«

»Da fallen sie aber nicht so auf. Da macht mich mein ›Golf‹ unsichtbar, hier stempelt er mich als Privilegierten ab.«

»Du wärst in jedem Gesellschaftssystem privilegiert. Auch wenn du hier leben würdest.«

»Dann müßte ich Parteimitglied sein. Seh ich so aus?«

»Irgendwas würde dir schon einfallen.«

»Würde mir nicht.«

Als der Westler vor dem Einschlafen noch in den ›Thüringer Neuesten Nachrichten‹ las, fiel ihm aber doch was ein. »Wenn ich hier leben müßte, wäre ich Maler!« sagte er seiner Begleiterin angeregt, die schläfrig »Wieso?« fragte. »Hör mal: Bauern als Gäste im Atelier des Künstlers Peter Kraft. Gera. An 32 Auftragswerken arbeiten gegenwärtig bildende Künstler des Bezirks Gera. Auftraggeber sind neben dem Rat des Bezirks auch Betriebe der Industrie und Landwirtschaft, die mit dreizehn bildenden Künstlern außerdem Komplexverträge über eine längere Zusammenarbeit geschlossen haben. Zu den in jüngster Zeit fertiggestellten Auftragswerken gehören die des Geraer Malers Peter Kraft. Seine Partner waren die Genossenschaftsbauern der LPG Triptis im Kreis Pößneck, die auch den

Platz für die zwei Tafelbilder auswählten für den Saal ihres Kulturhauses in Miesitz.«

Da seine Begleiterin vernehmlich gähnte, versicherte der Westler hastig »Das beste kommt ja noch«, dann las er mit erhobener Stimme weiter: »Eines der beiden Tafelbilder zeigt die typische Thüringer Landschaft, über deren Feldern ein schweres Gewitter heraufzieht. ›Diese Naturerscheinung ist für mich, und ich hoffe auch für andere Betrachter, von starkem Symbolgehalt. Ich glaube, jeder politisch interessierte Mensch kann ermessen, welche Bedrohung des Friedens und damit auch der friedlichen Landschaft gegenwärtig vom Imperialismus ausgeht‹, sagte der Künstler ...«

»Welch ein Schlitzohr!« sinnierte der Westler, als das erwartete Gelächter der Begleiterin ausblieb. »So würde ich es auch halten: Blumentöpfe malen und dann behaupten, sie würden das Blühen der Künste im Sozialismus versinnbildlichen. Oder Kleinkinder – und die als den Neuen Menschen verkaufen. Oder Maulwürfe ...«

»Wieso denn Maulwürfe?«

»Ja! Maulwürfe! Das bekannte Symbol westlicher Wühlarbeit!«

Als sich der Westler am nächsten Tag verabschiedete, hatte er noch einmal ein schlechtes Gewissen – immer konnte er abreisen, immer mußten die zurückbleiben. Dann, als er die Grenze überquert hatte, atmete er auf. Eben noch hatte er die Unzulänglichkeit der Hinweisschildchen an den DDR-Grenzgebäuden belächelt – »Guck mal, wie die ›Zur Zollkontrolle‹ schreiben! Von Hand und mit gotischen Lettern!« –, und schon war er wieder bereit, jedes Piktogramm am neugestalteten westdeutschen Grenzübergang persönlich zu nehmen: »Diese Effizienz! Diese Klobigkeit!« Auch erbosten ihn die kontrollierenden Polizisten: »Weshalb werden wir hier eigentlich kontrolliert? Wenn man unseren Politikern glaubt, gibt es doch gar keine zwei Deutschlands. Und wo keine zwei Länder sind, dürfte es doch auch gar keine Grenze geben – oder?«

Es gab sie aber, in der Realität, im Kopf, ja selbst im Bauch. Erleichtert spürte der Reisende, daß er nun nicht mehr Westler, sondern zu Hause war. Da, wo ihn wieder bekannte Gegner, vertraute Verwüstungen und klare Empfindungen erwarteten. All das jedenfalls erhoffte der Heimgekehrte, und bisher hatten ihn seine Hoffnungen noch nie getrogen.

(1982)

FRIESENHEIM ALS SCHICKSAL

Friesenheim, nicht Oggersheim. Ins benachbarte Oggersheim zog es erst den dreißigjährigen Landtagsabgeordneten Helmut Kohl, da nämlich hatte er genug zusammengespart, um seine ihm soeben angetraute Frau in den soeben fertiggestellten Prachtbungalow in der Marbacher Straße 11 zu führen. Beste Wohngegend, kein Zweifel, hinter Nadelgehölzen und Hartlaubgewächsen versteckt, reiht sich da Schuhkarton an Schuhkarton, einer immer prächtiger als der andere, damals glaubten die Architekten ja noch an die Moderne, und Kohl hat diesen Albtraum offenbar widerstandslos mitgeträumt – so hatte man eben zu leben, wenn man es 1960 als Friesenheimer zu etwas gebracht hatte.

Das belächle, wer mag, ich will mir an die eigene Nase fassen.

Hatte ich nicht liebend gerne an die Legende vom ›Oggersheimer‹ Helmut Kohl geglaubt? Hatte sich nicht Oggersheim in meinem Kopf als Inbegriff verschnarchter Provinz gemalt: als Pfälzer Idylle, als Mischung von Weindorf und Kuhdorf? Hatte ich nicht willig in den Chor derer miteingestimmt, die Oggersheim zu Krähwinkel und den vorgeblichen Oggersheimer Kohl zum rückschrittlichen Hinterwäldler stilisierten?

Nichts davon stimmt. Oggersheim ist nicht ›Oggersheim‹, sondern ein ziemlich geschichts- und gänzlich gesichtsloser Stadtteil von Ludwigshafen, und Kohl ist aus Friesenheim.

»Wenn Sie jahrelang geglaubt haben, der ist ein Dorfdepp,

der ist den Rhein raufgekommen, dann haben Sie jetzt ein Aha-Erlebnis« – Kohl, 1982, in einem Gespräch mit der ›Zeit‹. Da stimmt nun alles, auch wenn mein Aha-Erlebnis erst durch einen jüngst abgeschrittenen Lokaltermin ausgelöst wurde.

Das also war Friesenheim, aha. Hier also ist der Kohl aufgewachsen, so so. Und das dahinten ist dann wohl die BASF, ja klar.

Friesenheim ist ebenfalls ein Stadtteil von Ludwigshafen, Ludwigshafen ist eine Gründung von König Ludwig I. von Bayern, und ihre Bedeutung verdankt sie der Tatsache, daß sich dort 1865 die auch heute noch alles beherrschende Badische Anilin- und Soda-Fabrik ansiedelte. Auf den Landkarten wirkt das Werksgelände der BASF etwa doppelt so groß wie das angrenzende, richtiger: sich anschmiegende, Friesenheim, sehr viel trister kann es dort kaum aussehen.

Wer reist, kommt hin und wieder durch Orte, in welchen er sich ratlos fragt: Was hält diese Leute hier? Wieso halten die das aus? Warum schlagen sie nicht schreiend alles kurz und klein? Oder packen stumm ihre Koffer?

Solch ein Ort ist Friesenheim. Es ist kein richtiger, das meint ans Leben angebundener Teil einer Großstadt, und es ist keine richtige, das heißt sinnfällig gegliederte Kleinstadt. Es liegt auf dem total flachen Land, doch das ist zugestellt und kaputtgesiedelt, bar jener vielsagenden Kargheit, die das Flache anderswo, beispielsweise in Friesland, adelt. Es ist ein Industrieort, doch ohne jene Zeugen frühindustriellen Wütens, die die nostalgische Würze des, zum Beispiel, Ruhrgebiets ausmachen.

Nein, Friesenheim ist nichts und hat nichts. Ich korrigiere mich: Es hat einige bemerkenswert schöne Bunker aus der Zeit des Zweiten Weltkriegs, mit richtigen Zinnen und nackerten Relieffrauen über den Einstiegen, und es ist jener Ort, der den nachmaligen Kanzler Kohl hervorgebracht und geprägt hat.

Und noch etwas muß man Friesenheim lassen: Dieses Agglomerat von schnurgeraden Straßen, einheitlich ausgerichteten Wohnsiedlungen und planvoll verstreuten öffentlichen Einrichtungen ist eine übersichtliche Welt, zumal für das Kleinkind Kohl. Etwa 400 Meter sind es vom Elternhaus bis zum Kindergarten, etwa 250 Meter bis zur St.-Josefs-Kirche, etwa 200 Meter bis zur Rupprecht-Volksschule, etwa 400 Meter bis zum Max-Planck-Gymnasium. Sehr langsam nur weitet sich der Radius, erst die Tanzstunde wird Kohl einen längeren Fußmarsch abverlangen:

Etwa tausend Meter sind es bis zur Gaststätte »Zum Weinberg«, wo der Tanzschüler auch prompt die Frau fürs Leben kennenlernt. Bildet sich da bereits der Charakter dessen aus, der Probleme, statt sie anzugehen, lieber aussitzt?

Die heimischen Straßennamen stützen den Eindruck einer äußerst übersichtlichen Welt: links die Vögel, rechts die Denker. Immer von Klein-Kohls Zentrum, der Hohenzollernstraße, aus gesehen: Amsel-, Drossel-, Finken-, Schwalben- und Sperlingstraße führen in windige Erholungsgebiete wie Riedsampark und Ebertpark (Sozi!), Schopenhauer-, Arnim- und Platenstraße lenken den Schritt zum Ernst und Sinn des Lebens, zum Werksgelände der BASF. Trifft da das Kind Kohl bereits jene Wahl, die seinem Leben fortan die Richtung geben wird?

»Die CDU ist doch nicht die Partei des Rainer Barzel oder des Helmut Kohl, sondern die Partei, in die ich als 17jähriger Pennäler eingetreten bin und die meine politische Heimat ist« – Kohl 1972 in der ›FAZ‹; und der Heranwachsende bewegt sich in dieser politischen Heimat ebenso bedächtig wie im heimatlichen Friesenheim. Im nahen Heidelberg schreibt er seine Doktorarbeit über das Thema »Die politische Entwicklung in der Pfalz und das Wiedererstehen der Parteien nach 1945«, er führt aus diesem Anlaß zwischen »dem 1.5.1956 und dem 8.5.1956 Gespräche über Einzelfragen dieser Arbeit«, er listet diese Gesprächspartner im Anhang seiner Dissertation auf, »42 Persönlichkeiten«, vom Landgerichtspräsidenten Anschütz aus Heidelberg bis zum Weingutbesitzer und ersten Vorsitzenden der CDU Ziegeler aus Weyher, er lernt also zwanglos jedermann kennen, der etwas in der Politik der Pfalz zählt, er kommt ins

Stadtparlament, in den Landtag – das Happy End dieser zähen Erfolgsgeschichte dürfte bekannt sein.

»Die Pfalz beheimatet einen fröhlichen und weltoffenen Menschenschlag, der viel Sinn für gesellschaftliches Zusammenleben und die Freuden der Zeit hat und dem dogmatischen Denken abgeneigt ist« – Kohl in seiner Doktorarbeit von 1958.

»Heimat ist ein unübersetzbares deutsches Wort. Wenn ich irgendwo in der Welt bin, und dann kommt einer und sagt, ich bin aus der Pfalz, das ist Heimat, die da überspringt« – Kohl im ›Spiegel‹, 1985.

Als ich, diese Worte im Ohr, im grauen Spätwinter durchs trübe Friesenheim ging, da begann ich die wahre Leistung des Helmut Kohl schattenhaft zu erahnen: Es ist vor allem eine Verdrängungsleistung. Da, wo er herkommt, kann kein fröhlicher und weltoffener Menschenschlag leben, sonst sähe das Gemeinwesen nicht so traurig und verhockt aus. Da, wo er groß wurde, gibt es keine Heimat im herkömmlichen Sinn, nichts, was das Herz binden, das Auge erfreuen oder das Gemüt mit Stolz erfüllen könnte – da herrscht lediglich ein unübersehbarer Mangel an all diesen Gemütswerten. Ein Mangel, dem der Erwachsene, der ihn als Jugendlicher erlitt, eigentlich mit Zorn oder tätiger Abhilfe begegnen müßte. Anders Kohl. Der feiert ihn – Augen zu und durch – als Reichtum: »Zu Hause muß gedeihen, was werden soll im Vaterland.« Der hat es geschafft, sich einem verstörten und sinnsüchtigen Volk als bodenständiger Provinzpolitiker zu verkaufen, als »Oggersheimer« Weinkenner, als »Pfälzer« Gemütsmensch – der »Dorfdepp«, auf den ihn ebenso kritische wie schlechtinformierte Medien zu reduzieren suchten, kann ihm bei dieser Verkaufspolitik nur genützt haben. Wo ist noch mal meine eigene Nase? Ach ja. Da.

Kohl ist, das lehrte mich Friesenheim, kein zurückgebliebener, sondern ein postmoderner Politiker. Kein Sprecher der Deutsch- und Heimattümelnden, sondern die Verkörperung all jener heimatlosen Deutschen in Trabantenstädten, Zwischenlandschaften, Mischgebieten und Grauzonen, die gleich ihm ganz einfach nicht glauben können und wollen, daß all das nun wirklich alles sein soll, was das Leben für Herz, Sinne und Gemüt zu bieten hat. Und er hilft den Leuten. Nicht sosehr durch Taten, aber doch durch Worte.

1982, zum 70. Geburtstag von Eugene Ionesco, »dem großen Dramatiker des Absurden«, kam Kohl in der Zeitung ›Westfälische Rundschau‹ zu Wort. Er »zitierte eine Zeile aus Ionescos ›Nashörnern‹, ›Ich fühle mich unbehaglich in der Welt, ich kann mich nicht an diese Welt gewöhnen‹ und fuhr fort: ›Lassen Sie uns alle miteinander versuchen, diese Situation zu überwinden.‹«

Wenn nicht alles täuscht, tut die Mehrzahl der Deutschen mittlerweile das, was ihnen Kohl seit seiner Friesenheimer Zeit vorgelebt und vorgeredet hat: Sie leiden nicht mehr unter dieser Welt, sie gewöhnen sich an sie.

Zur Halbzeit seiner Regierung zog Kohl im März und in der ›Zeit‹ Bilanz: »Zur Sache aber ist festzustellen, daß – nach dem Erzübel des letzten Jahrzehnts, jenem törichten Kulturpessimismus – alle Umfragen zur Jahreswende zum ersten Mal seit vielen Jahren die Hoffnung auf eine Verbesserung in der Zukunft zeigen.« Hoffnung überall, auch in Friesenheim. Beispielsweise bei jener einheimischen Passantin, die mir, dem erkennbar Fremden und ungewohnt Interessierten, en passant zurief: »Ja, mache Sie mal was Nettes aus unserem Friesenheim!«

Was ich hiermit versucht habe.

(1985)

WENN DER GÜNTER MIT DER GABI
Ein Geiseldrama

Ich will jetzt nur noch durch die Medien sprechen
HANS-JÜRGEN RÖSNER

Hinterher ist man immer klüger, aber wirklich dumm ist nur derjenige, der nicht bereit ist, aus Fehlern zu lernen. Werfe mir also keiner Nachtarocken vor – ich möchte lediglich Anregungen für die Zukunft geben.

Wem? Den Fernsehanstalten.

In welcher Angelegenheit? In Sachen Kriminalitätsberichterstattung.

Warum? Weil ein absolutes Top-Thema wie die Gladbecker Geiselnahme nicht noch einmal leichtfertig verschenkt werden darf.

Sicher: Da gab es jenes ausführliche Tagesschau-Interview mit dem Geiselnehmer Rösner vor dem gekaperten Bus, gefolgt von dem lüsternen Stoßseufzer der Moderatorin Sabine Christiansen: »Ein schier unglaublicher Zynismus.«
Da gab es eindrucksvolle Bilder der Geiselnehmer und ihrer Geiseln in der Kölner Fußgängerzone, speziell die Heldentat des Boulevard-Journalisten Udo Röbel, der den Fluchtwagen zuerst durch die Menschenmenge dirigierte, um anschließend selber in ihm Platz zu nehmen. Und da gab es kurz darauf Röbels Auftritt in der Talkshow »Drei nach Neun«, in welcher er sich damit brüsten durfte, Schlimmstes verhütet zu haben.

Alles Vorgänge, die nicht unkritisiert blieben, zumal das professionell abgelichtete Gespräch mit Rösner. Der tätowierte Arm! Die Knarre in Großaufnahme! Eine Kritik, welcher der ARD-Chefredakteur Kienzle mit den Worten entgegentrat: »Es war richtig, dieses abschreckende Dokument der Menschenverachtung zu senden.«

War es, war es – aber wenn schon Abschreckung, dann bitte richtig. Dann bitte unter Nutzung sämtlicher Schrecken des

Fernsehens. Dann bitte so, wie es mein überaus abschreckendes Szenario in groben Zügen zu imaginieren versucht:

> *Ein Fernsehstudio, das als Bistro im Art-Déco-Stil dekoriert ist. An kleinen Tischen gruppiert sich das Publikum um das Zentrum des Raumes, eine Sitzgruppe, die bis auf zwei Sessel besetzt ist. Stimmengewirr. Gelächter und Gläserklirren werden leiser, als der Talkmaster und die Talkmasterin mit der Begrüßung beginnen.*

ANNELIE Herzlich willkommen, liebe Gäste im Studio und liebe Zuschauer draußen vor den Fernsehgeräten, hier sind wir mal wieder mit unserer Sendung »Talktäglich«. Wir, das sind der Peter und ich, die Annelie, und wir beide wollen uns schon jetzt herzlich dafür entschuldigen, daß unsere Sendung ein bissel anders aussehen wird, als in den Programm-

zeitschriften ausgedruckt. Aber wir versuchen halt immer, so aktuell wie möglich zu sein, und zur Zeit hält uns ja alle diese schreckliche Geiselnahme in Atem in Aachen.

PETER In Aachen in Atem, Annelie!

ANNELIE *lachend* Danke, Peter! Ja, so ist das, wenn man live sendet.

Da kann man schon mal bei Aachen außer Atem kommen!
Verständnisvolles Gelächter im Publikum.

Natürlich wissen Sie alle, was sich in Aachen ereignet hat, aber sicherheitshalber gibt der Peter nochmal eine rasche Zusammenfassung.

Peter berichtet, die Vorbestraften Günter Scholz und Herbert Zech hätten vor 52 Stunden das Juweliergeschäft Hoppe in Aachen überfallen und, da vom Besitzer Alarm ausgelöst worden sei, die Verkäuferin Gabi Severin als Geisel genom-

men. Seither seien sie mit einer erpreßten Geldsumme von einer halben Million Mark und einem BMW auf der Flucht, ohne daß Polizei oder Medien jemals den Kontakt zu ihnen verloren hätten. Im Moment befinde sich das Fahrzeug – aber mehr wolle er noch nicht verraten – im norddeutschen Raum.

ANNELIE Und aus diesem aktuellen Anlaß haben wir unsere Talkrunde etwas erweitert. Zu dem Golfprofi Bernhard Länger, zu dem Theologen Heinz Kung und zu der Erfolgsautorin Esther Villa sind neu hinzugekommen: Der bayrische Innenstaatssekretär Peter Schauweiler, der Psychologe Horst Eberhard Fichter, der Scharfschußexperte Major Mächtig, der Aachener Juwelier Hoppe, die Altgeisel Simone Göttler – sie überlebte vor einem Jahr als einzige die Geiselnahme in der Edeka-Filiale in Sindelfingen – und Herr Willi Scholz, der Vater des Geiselnehmers, der allerdings – angeblich wegen möglicher negativer Reaktionen der Nachbarschaft – nur maskiert am Gespräch teilzunehmen bereit war. Ja – und außerdem erwarten wir noch einen Überraschungsgast, dessen Namen wir aber noch nicht verraten wollen, nicht wahr, Peter?

PETER Nein, Annelie, sonst wär's ja keine Überraschung mehr. *Ernst.* Geiselnahme – zweifellos eines der schrecklichsten Verbrechen, da es die Polizei vor die Entscheidung stellt, entweder Geldsummen oder Menschenleben zu gefährden. Eine unlösbare Aufgabe, Herr Staatssekretär?

SCHAUWEILER Keineswegs. Sogleich nach Bekanntwerden der Tat haben wir die Geiselnahme von der bayrischen Polizei nachstellen und mit Waffengewalt beenden lassen.

ANNELIE Ohne Opfer?

SCHAUWEILER Nach meinem Erkenntnisstand sind alle an der Nachstellung beteiligten Polizisten wohlauf.

PETER Simone – vor einem Jahr waren Sie selber eine Geisel. Was empfindet eine Geisel denn so im Moment der Geiselnahme?

SIMONE Eigentlich erst mal gar nichts. Außer Angst. Ja.

PETER Angst ist ein ziemlich unpräziser Begriff. Welche Angst meinen Sie, Simone? Die Angst vor schlechten Zensuren? Oder die Angst vor dem Dritten Weltkrieg?

ANNELIE Oder die Angst des Golfers beim Putten?
Gelächter im Publikum. Groß der herzlich lachende Golfprofi.

LÄNGER Wenn Sie damit auf meinen Yips anspielen wollen, Annelie –

ANNELIE Danach wollte ich Sie später noch fragen, Bernhard. Im Moment allerdings ...
Länger winkt verständnisvoll ab.

PETER Herr Fichter – Sie haben gehört, daß die Altgeisel soeben gesagt hat, sie habe Angst empfunden. Deckt sich das auch mit Ihren Untersuchungen?

FICHTER Ich würde lieber von Ängsten sprechen. Da gibt es die Angst der Geisel vor dem Geiselnehmer, da gibt es aber auch die Angst vor der Polizei.

SCHAUWEILER Und zu der besteht nicht der geringste Grund, das will ich den Bürgern draußen im Lande einmal in aller Deutlichkeit versichern! Jedenfalls nicht bei uns in Bayern! Unsere Polizei ist angewiesen, jedwede Geiselnahme sofort und mit allen Mitteln zu finalisieren.

FICHTER Aber genau davor haben die Geiseln doch Angst!

SCHAUWEILER Sofern sie unbescholtene Bürger sind, ist diese Angst völlig unbegründet. Denn noch leben wir im freiheitlichsten Rechtsstaat, der je von deutschem Boden ausgegangen ist. Noch. Sie und Ihre Gesinnungsgenossen, Herr Fichter, sind es nämlich, die diesen Staat kaputtmachen wollen!

FICHTER Aber Herr Schauweiler!

SCHAUWEILER Indem Sie die Geiseln auf eine Stufe mit Verbrechern stellen. Die nämlich haben Grund, Angst vor der Polizei zu haben. Aber doch nicht die unbescholtene Geisel!
Wortgefecht der beiden, das verstummt, als der Talkmaster mit einem Handzeichen um Ruhe bittet.

PETER Soeben erfahre ich, daß es doch noch geklappt hat, liebe Zuschauer! Darf ich Ihnen unsere Überraschungsgäste präsentieren! Günter Scholz und seine Geisel Gabi!

Scholz, der seinen Revolver gegen Gabis Hals gerichtet hält, grüßt mit der freien Hand.
PETER Toll, Günter, daß Sie trotz der anstrengenden Flucht noch die Zeit gefunden haben, zu uns ins Studio zu schauen, super, Gabi, daß Sie mitgekommen sind!
Applaus des Publikums. Beide nehmen auf den freien Sesseln Platz, ohne daß Scholz die Haltung seiner Waffe verändert.
ANNELIE Günter, Sie sind ohne Ihren Kumpel Herbert gekommen. Wo steckt der?
GÜNTER Der ist unten geblieben, bei dem Geld und dem Wagen.
PETER Hat er Angst, daß da was wegkommen könnte?
Gelächter.
GÜNTER Möglich. Bei den vielen Verbrechern die hierzulande frei rumlaufen ...
Gelächter und Beifall.
GÜNTER Aber mal im Ernst, das gilt auch für die Bullen: Hände weg von unserem Wagen! Der Herbert, der ist brandgefährlich!
ANNELIE Günter, wir wollen die knappe Zeit nicht mit Formalitäten verschwenden. Daher habe ich auch auf eine Vorstellung unserer Gäste verzichtet. Aber einen werden Sie mit Sicherheit wiedererkannt haben.
Sie zeigt auf den Juwelier Hoppe.
GÜNTER Ja ... das ist doch der Herr ... der Herr ...
PETER Der Herr Hoppe, dessen Geschäft Sie vor 52 Stunden überfallen haben.
GÜNTER Genau. Sie müssen schon entschuldigen, Herr Hoppe, aber ich lese nie die Namen von den Geschäften, die ich überfalle.
ANNELIE Dafür liest Ihr Kumpel Herbert die Zahlen der Banknoten um so genauer!
Eine Einspielung zeigt Herbert, der im Auto sitzend die Banknoten zählt. Der vor dem Funkhaus geparkte Wagen ist von Menschen umlagert, einige winken lachend in die Kamera.
PETER Sagen Sie mal, Günter – haben Sie eigentlich gar keine

Angst davor, daß sich der Herbert solo mit dem Geld in den Süden absetzen könnte?

GÜNTER Nee. Auf den Herbert kann ich mich hundertprozentig verlassen. Wir haben immer alles zusammen gemacht: Erziehungsheim, Jugendstrafanstalt – die ganze Scheiße. Der linkt mich nicht. Und außerdem nützt ihm der ganze Schotter ja nichts ohne die Geisel. Und die habe ich.

Zur Bekräftigung schiebt er Gabis Kopf ein wenig in die Höhe.

PETER Ja, die Geisel! Die hätten wir ja fast vergessen!

ANNELIE Dabei ist ein Geiselnehmer ohne Geisel wie ein Golfer ohne Putter.

Gelächter im Publikum, dem Peter bedeutungsvoll wehrt.

PETER Gabi – Sie befinden sich bereits seit 52 Stunden in einer absoluten Extremsituation. Was fühlt man denn da so?

GABI Also erst mal Furcht natürlich und dann –

ANNELIE Moment mal – das wüßten wir gerne genauer, Gabi! Unsere Altgeisel Simone sprach vorhin von Angst, Sie sprechen jetzt von Furcht – da sehe ich einen gewissen Widerspruch.

GABI Ja, Angst auch.

ANNELIE Auch? Ist es nicht so, daß Angst und Furcht einander ausschließen? Wie sieht der Theologe das, Herr Professor Kung?

KUNG Die Theologie macht einen fundamentalen Unterschied zwischen Angst und Furcht, indem sie von Gottesfurcht spricht, aber nicht von Gottesangst.

ANNELIE Sie sind also demnach ein gottesfürchtiger Mensch, Herr Kung, aber kein gottesängstlicher?

Gelächter und Beifall.

PETER Furcht oder Angst – lassen wir das mal für einen Moment in der Schwebe, da mich noch ein anderer Aspekt dieser furchtbaren Geiselnahme interessiert. Staatssekretär Schauweiler hat vorhin behauptet, Scharfschützen hätten die Geiselnahme bereits am Ersttatort beenden können. Major

Mächtig – Sie trainieren die Scharfschützen der GSG 9. Teilen Sie die Einschätzung des Staatssekretärs?

MÄCHTIG Da ich den Tatort und die Umstände in Aachen nicht näher kenne, möchte ich mich dazu nicht äußern.

PETER Aber Sie kennen die Situation hier im Studio. Wäre hier der finale Rettungsschuß ohne Gefährdung der Geisel möglich? Rein theoretisch?

Der Major kneift eine Auge zusammen und zielt mit dem Zeigefinger auf Scholz.

MÄCHTIG Technisch wäre er möglich, aber praktisch ist so ein Schuß doch sehr schwierig. Sehen Sie – ich müßte den Herrn Scholz direkt ins Kleinhirn treffen, da nur so eine sofortige Ausschaltung aller motorischen Reaktionen gewährleistet wäre, also auch die Bewegung seines Fingers am Abzug.

Er zielt nochmals, schüttelt dann den Kopf.

Nein. Ohne das Überraschungsmoment wäre Herr Scholz nicht mit Sicherheit auszuschalten.

ANNELIE Aber ein hinter Günter postierter Scharfschütze wäre dazu in der Lage – oder?

Scholz fährt herum, die Geisel schreit auf, die Talkmasterin beschwichtigt die beiden lachend.

Keine Angst, Günter, hier werden keine krummen Dinger gedreht. Wir sind keine Polizisten, sondern Journalisten, die lediglich ihrer Informationspflicht nachkommen. Und die darf auch jene nicht aussparen, die unmittelbar von diesen schrecklichen Vorgängen in Aachen betroffen sind. *Sehr ernst.* Herr Hoppe – Sie sind doch der Besitzer des überfallenen Juwelierladens. Wieso sind Sie dann nicht auch die Geisel?

HOPPE Der Gangster da hat sich die Gabi gegriffen und nicht mich.

ANNELIE Aber nun, hier im Studio, hätten Sie doch eigentlich die Möglichkeit, sich für Gabi zur Verfügung zu stellen, Herr Hoppe.

HOPPE Ich verstehe Sie nicht! Der Scholz wollte doch die Gabi!

ANNELIE Das war vor 52 Stunden. Vielleicht will er jetzt Sie. Oder sind Sie nicht bereit, Ihr doch schon etwas betagtes Leben für das Ihrer noch blutjungen Angestellten einzusetzen?

HOPPE Nein ...

Unmut im Publikum.

Ich meine: Doch.

ANNELIE Wirklich?

HOPPE Ich meine, das kann ich doch nicht bestimmen! Das muß doch der Herr Scholz entscheiden, wen er zur Geisel will! Der ist doch der Geiselnehmer, ich doch nicht!

PETER Sie fühlen sich also eher als Geiselgeber, Herr Hoppe?

Kritisches Gelächter des Publikums.

HOPPE Ich habe ihm die Gabi doch nicht gegeben! Der Herr Juwelenräuber Scholz hat sie sich genommen! Und seine Entscheidung mußte ich doch respektieren!

Zwischen- und Buhrufe aus dem Publikum. Zugleich deutet Scholz ostentativ mit seinem Revolver auf seine Armbanduhr.

ANNELIE Günter und seine Geisel können leider nicht den ganzen Abend bei uns bleiben. Daher rasch eine Frage an einen Gast, der bisher noch kein Wort gesagt hat, nicht einmal ein Wort der Begrüßung. Dabei ist Günter Scholz doch Ihr Sohn, nicht wahr, Herr Scholz?

Der Vermummte nickt.

Aber Sie möchten ihm nicht Guten Abend sagen?

Der Vermummte schüttelt den Kopf.

Herr Scholz – ist das nicht ein bißchen unmenschlich? Schließlich ist Ihr Sohn auf der Flucht.

SCHOLZ Weil er ein Verbrecher ist, deshalb.

PETER Zum Verbrecher wird man aber nicht geboren. Zum Verbrecher wird man gemacht.

SCHOLZ Wie meinen Sie das?

PETER Trägt man nicht als Vater eine gewisse Verantwortung dafür, was einmal aus so einem Sohn wird?

SCHOLZ Aber ich habe den Günter doch nicht zum Verbrecher gemacht! Ich hab doch immer nur malocht, damit er es mal gut hat.

ANNELIE Eben, Herr Scholz. Sie haben während Günters Kindheit gearbeitet, Ihre Frau ebenfalls, übrigens in einer Gaststätte –: War denn das notwendig?

SCHOLZ Aber der Mensch muß doch arbeiten!

PETER Auch wenn da zu Hause ein Kind ist, das Liebe und Zuwendung braucht, um nicht auf die schiefe Bahn zu kommen?

SCHOLZ Aber ohne Arbeit läuft hier doch nichts! Wo soll denn da die Kohle herkommen?

ANNELIE Herr Scholz, Sie reden dauernd vom Geld. Nun haben Sie einen momentan reichen Sohn. Erwarten Sie, daß er Ihnen was abgibt?

SCHOLZ Mit diesem Verbrecher will ich nichts zu tun haben

PETER Welche Strafe hat er denn Ihrer Meinung nach verdient, Herr Scholz?

SCHOLZ Die Todesstrafe, jawohl.

ANNELIE Sie sprechen also Ihren Sohn schuldig.

SCHOLZ Ja!

PETER Aber Sie selber verspüren ihm gegenüber keine Schuldgefühle?

SCHOLZ Nein. Wieso?

Unmut im Publikum. Günter Scholz zeigt erneut energisch auf seine Armbanduhr. Die Schriftstellerin hebt den Finger.

VILLA Das schreibe ich übrigens in meinem neuen Buch, das jetzt rausgekommen ist.

ANNELIE Was?

PETER Annelie, Frau Villa – darüber könnt ihr anschließend noch diskutieren, wir hier müssen uns erstmal von Günter und seiner Geisel verabschieden!

Günter veranlaßt Gabi aufzustehen, indem er sie mit dem Revolver aus dem Sessel hochdrückt. Dann beginnen beide damit, den Raum rückwärtsgehend zu verlassen.

Günter, Gabi – Sie beide haben noch eine anstrengende Fahrt vor sich, Sie werden heute abend noch im Aktuellen Sportstudio in Mainz erwartet – oder durfte ich das jetzt nicht verraten?

GÜNTER Wär ja sowieso rausgekommen. Aber wehe, wenn uns ein Bulle folgt! Wenn wer mich linken will, dann kann ich für nichts garantieren. Echt!
PETER Eine Warnung, die alle Verantwortlichen nicht auf die leichte Schulter nehmen sollten, finde ich. Na – dann mal los. Tschüss, Günter! Toi toi toi, Gabi!
Applaus und unterdrücktes Pfeifen.
ANNELIE Ja – ein schier unglaublicher Zynismus. Und nun zu Ihnen, Frau Villa. Sie haben in Ihrem letzten Buch »Das Muttermahl« die These aufgestellt, alles Unglück der Männer rühre daher, daß es den heranwachsenden Söhnen untersagt sei, den Wunsch, ihre Mutter zu verspeisen, auch in die Tat umzusetzen. Frau Villa – wie kamen Sie zu dieser ebenso ungewöhnlichen wie
Undsoweiterundsofort.

VON DEUTSCHEM ERNST

Dem Deutschen an sich den Humor als solchen abzusprechen ist ungefähr so sinnvoll wie dem Franzosen zu bescheinigen, daß er keinen Ernst besitze, der Filou, der oberflächliche, was Joachim Kaiser von der ›Süddeutschen Zeitung‹ allerdings nicht daran hindert, seinen Leitartikel ›Von deutschem Humor‹ mit ebendieser Unterstellung zu beginnen: »Jeder wahrheitsliebende deutsche Mensch, auf Existenz oder Qualität des deutschen Humors angesprochen, senkt verlegen den Kopf.«

Damit, nach drei Zeilen, könnte die Betrachtung bereits wieder schließen, hätte nicht ein solcher SZ-Leitartikel ca. 160 Zeilen lang zu sein und wäre ein alter Hase wie Kaiser nicht viel zu gewitzt, als daß er diese Distanz nicht hakenschlagend packen würde. Bereits nach zähen ersten 25 Zeilen nämlich wird klar, daß jener wahrheitsliebende deutsche Mensch lediglich ein Grau in Grau gemalter Pappkamerad ist, vor welchem Kaiser sich um so strahlender abzuheben beabsichtigt. Zu diesem Zweck schwärzt er ihn zunächst noch weiter ein: »Und betonen nicht viele weltläufige deutsche Publizisten sozusagen rund um die Uhr, daß es den hiesigen Zuständen erbärmlich an Beweglichkeit, Brillanz und Pfiff fehle? Alle sagen es ... Diese triste Unisono-Bilanz muß *überprüft* werden« – und zwar von Joachim Kaiser, der erst bei Zeile 46 ist und dementsprechend weit ausholt: »So sieht der Schreiber dieser Zeilen – dem Leser dürfte es ähnlich gehen – in seinem Bekanntenkreis« – der sog. Zeilenschinderhannes-Bande – »weit mehr amüsante, witzige, zur Heiterkeit, Ironie und Selbstironie aufgelegte Zeitgenossen, als es das Welt-Urteil will.«

Welt-Urteil als Welt-Vorurteil also – in Kaiser-Kreisen jedenfalls gibt es sie, die *amüsanten, witzigen* und *ironischen* Deutschen, alles Eigenschaften, die Kaiser an diesen Bekannten offenbar schätzt, sonst verkehrte er nicht mit ihnen, alles Worte und Werte, die wir uns merken wollen, da ich Kaisers Causerien nicht zum Spaß referiere. Doch bevor es ernst wird, weiter im Text. *Ein* Bekanntenkreis macht noch keinen deutschen Humor; wer oder was fällt Kaiser denn noch alles so ein?

Also erst mal Thomas Mann, »ein Humorist von welthistorischem Rang«. Allerdings auch jemand, der bereits um die Jahrhundertwende den Grundstock zu seinem Weltruhm legte – gibt es keinen aktuelleren deutschen Humoristen? Aber ja: »Loriot hat es geschafft, daß die Nation ihm wegen seiner noblen Wort-Bild-Scherze zu Füßen liegt.« Liegt oder lag? Denn dieser in der Tat herausragend komische Deutsche schweigt seit geraumer Zeit; wer aber rettet die Ehre des deutschen Humors hier und heute?

»Bleiben wir weiter im Lande« – Kaiser ist erst auf Zeile 80, weitere 80 Zeilen sind noch zu füllen, bedächtig setzt er seine Worte, verschmäht selbst so brummende Banalitäten nicht wie die, daß es bei der Suche nach deutschem Humor untunlich sei, sich im Ausland umzuschauen –

»Bleiben wir weiter im Lande«

– doch früher oder später wird er die Katze aus dem Sack lassen müssen: Wer mag uns da entgegenspringen? Ein komischer Zeichner wie Poth, ein komisches Mannsbild wie Polt? Eine Filmemacherin wie Doris Dörrie, ein Stückeschreiber wie Patrick Süskind? Eine geschliffene Feder wie Hermann L. Gremliza, ein Schandmaul wie Otto Waalkes? Ach, was sind wir alle gespannt!

»Bleiben wir weiter im Lande«

– ja doch! Bleiben wir! Heraus mit der Sprache, Herr Kaiser! Wen oder was können Sie uns als Beweis für den real existierenden Humor der Deutschen nennen? Na?

»Das eher leichte, mittlerweile hochbetagte ›Streiflicht‹«

– na ja. Dieses ›Streiflicht‹ ist eine täglich erscheinende, häufig recht muntere Glosse der ›Süddeutschen Zeitung‹ – allzusehr hat deren Starkritiker Kaiser wohl nicht über den Tellerrand schauen wollen. Oder können?

Die restlichen 80 Zeilen jedenfalls transportieren nur noch vagen Trost. Deutscher Dialekt, deutsche Musik und der deutsche Graf Lambsdorff heißen nun die Kronzeugen: »Hinweise darauf, daß natürlich zahlreiche humorbegabte und witzige Deutsche existierten und existieren – und daß sie hier ein großes, bewunderndes Publikum haben, dessen Beifall seltsamerweise auch mit sanfter Verachtung für die Lockeren gemischt sein mag« – eine Verachtung, von welcher Kaiser selbstredend frei ist. Obwohl er offenbar nicht so recht weiß, welchen z.Zt. tätigen deutschen Humoristen er eigentlich achten soll, achtet er doch den Humor selber derart, daß er für humorlose Humor-Einkläger nur Spott übrig hat: »Selbstgefällige Verdonnerungen, ›ihr habt ja alle keinen Humor‹, helfen am allerwenigsten.«

Das alles war am 20. September in der ›SZ‹ nachzulesen, all das wäre kein Wort wert, hätte sich der splitterfasernackte Humorkritiker Kaiser nicht elf Tage später wieder zu Wort gemeldet, diesmal mit allen Insignien des Großkritikers angetan, ja geradezu prächtig gepanzert.

›Peter Handkes hohe Heimatkunst‹ überschreibt er seine Rezension des Romans ›Die Wiederholung‹, die ganze erste

Seite der Messebeilage der ›SZ‹ füllt er damit, und wem solch wuchtiger Auftritt noch keinen Respekt einflößte, der reißt spätestens beim ersten Satz im Geiste die Hacken zusammen: »Ein schweres Buch.«

Meint: Ein gutes Buch. »Imponierend Handkes originelle, reiche Kraft, nicht Literatur über Literatur zu machen« – aber halt! Das »sondern« soll uns hier nicht interessieren, bleiben wir bei dem, was Handke alles nicht macht: »Jenseits von allem Witzigen und Amüsanten reflektiert Handke die Welt pathetisch«, und er vermeidet es überdies, »distanziert ironisch Zeitkritik am schlechten Bestehenden zu üben, die ja mittlerweile auch jeder Esel von sich geben kann.«

Das Witzige, das Amüsante, das Ironische – hier sind sie wieder! Aber sind sie's wirklich? Gerade noch hatten diese Eigenschaften Kaisers Bekanntenkreis geadelt, nun sieht sich die dergestalt begabte Runde als Esel gescholten und als ästhetisch-moralische Fliegengewichte eingestuft – was geht da vor?

Das Übliche? Deutsches Buch, schweres Buch, Schnaps ist Schnaps und Kunst ist Kunst, was geht mich mein saudummes Geschreibsel von gestern an, etwas hinschreiben und es sich dann auch noch merken, ist ganz einfach zuviel für einen einzigen Großkritiker –?

All das wirkte sicherlich zusammen, um Kaiser innerhalb einer Woche vom Humor-Paulus zum Ironie-Saulus werden zu lassen, und doch steht seine Verachtung des Witzigen und seine Verherrlichung des Pathos nicht nur in der altteutschen Tradition, den Asphalt gegen die Heimat auszuspielen, die Zivilisation gegen die Kultur, das Flache gegen das Tiefe – da kommt auch jene nicht mehr ganz so neue Stimmung im Westen zu Wort, die mal wieder von der Kunst das Heilende erfleht und im Künstler den Seher verehrt.

Also sprach Botho Strauß bereits vor Monaten in der ›Zeit‹: »Kunst und schönes Wissen werden die Kraft der Verborgenheit, die Rosenkreuzer-Vereinigung, dringend benötigen, um fortzubestehen und der verrückten, tödlichen Vermischung zu entgehen. Was sonst noch ist, gehört den Gewitzten und Amüsierten« – da sind sie nochmals, ein letztes Mal, die Esel aus Kaisers Bekanntenkreis, nun endgültig als Antipoden von echter Kunst und schönem Wissen entlarvt; was sagt man dazu?

Vielleicht dies: Jeder zeitunglesende deutsche Mensch, auf Existenz und Qualität des deutschen Ernstes angesprochen, darf stolz den Kopf heben. Ein einziger Blick in den Kulturteil bestätigt aber auch jedwedes Welt-Vorurteil: Deutscher Ernst – einzig unter den Ernsten. Oder: Deutsch macht so ernst, ernster geht es nicht. Oder auch: Ach Ernst, ach Ernst, ach Ernst, was du mir alles lernst. (Statt »Ernst« lies: »Joachim«.)

(1986)

DEUTSCHLAND, DEINE HAARE

Wir und die anderen

Ich habe nichts gegen Neger, wirklich nicht! Einige meiner besten Neger sind Freunde.

VATER, MEIN VATER

Vater, mein Vater!
Ja, mein Sohn, was ist?
Vater, mein Vater!
Wie werde ich Rassist?

Nun – ein Rassist hält nichts von andern Rassen.
Du müßtest, beispielsweise, Neger hassen.

Den Neger? Nein, den haß' ich nicht,
Den dummen schwarzen Mohr.
Ich haß' doch keinen Stinkemann,
wie komm ich mir da vor?

Nun gut, dann muß es eben anders gehen.
Wie ist's – willst du vielleicht Chinesen schmähen?

Den Chinamann? Den schmäh' ich nicht!
Dies Schlitzaug gelb und feig
ist nicht mal wert, daß ich ihm keck
den blanken Hintern zeig'!

Das lehnst du ab? Dann mußt du danach trachten,
zumindest den Indianer zu verachten.

Die Rothaut? Die veracht' ich nicht,
die ist kein Mensch wie wir,
die steckt sich Federn an den Kopf,
treibt's schlimmer als ein Tier.

Na schön. Doch wie hältst du es mit den Weißen?
Willst du auf ihn und seinesgleichen scheißen?

Den Weißen? Auf den scheiß' ich nicht,
er ist das Licht der Welt,
das die Kultur des Erdenballs
mit warmem Strahl erhellt!

Mein Sohn, ach mein Sohn!
Mein Vater, was ist?
Mein Sohn, ach mein Sohn,
du wirst nie ein Rassist!

Mein Vater, mein Vater,
warum werd' ich keiner?
Ach Heiner, mein Kleiner,
du bist ja schon einer!

Ehrlich? Wie herrlich!

(1981)

MIT HUMOR GEHT ALLES BESSER – AUCH DAS AUSLÄNDERVERGRAULEN

Vier von fünf Bürgern der Bundesrepublik sind laut Allensbach der Meinung, daß bei uns zu viele Ausländer wohnen.

Ihr Kanzler ist der gleichen Auffassung: »Es war ein Fehler, so viele Ausländer ins Land zu lassen.«

Das Bundeskabinett handelte: Einstimmig beschloß es Empfehlungen an die Bundesländer, die den weiteren Zuzug von Familienangehörigen der hier bereits lebenden Ausländer drosseln sollen.

Der Bundesbürger jedoch beschränkt sich darauf, herumzumaulen, anstatt selber etwas gegen die unerwünschten Mitbürger zu tun. Dabei könnte auch er ihnen zu verstehen geben, daß unsere Wirtschaft sie nicht mehr in dem Maße braucht wie bisher.

Nicht mit ausländerfeindlichen Parolen oder Taten – die heben wir uns mal lieber für später auf –, nein, mit der Waffe des Humors sollte jeder von uns dort gegen die Ausländerflut ankämpfen, wo er mit ihr konfrontiert wird.

Wie das gemacht wird, zeigt Paul Päng.

»Können Sie mir mal fünf Mark leihen, schöne Frau? Sie haben doch heut' die Pumphosen an!«

»Jawohl, Herr Bimbo, wir haben eine Arbeit für Sie – als Schwarzfahrer!«

»Sagen Sie mal, wie kommen Sie eigentlich dazu, uns unseren Müll wegzunehmen?«

»Na? Mal wieder Rupfi-Rupfi macht?«

»Jawohl! Hört endlich auf zu hetzen, ihr Ausländer!«

»Kümmeltürken, wo man hinguckt, Kümmeltürken – langsam komme ich mir hier vor wie in Istanbul!« – »Wir sind in Istanbul, Karl-Heinz!«

(1982)

HERR HAUBOLD KLÄRT AUF

Behinderte sind, jedenfalls für mich, nicht Menschen zweiter Klasse, sondern vollwertige Mitbürger. Daher zucke ich jedesmal zusammen, wenn das Telefon klingelt und eine tiefe Stimme sagt: Du, ich bin's

HENRY, DER KRÜPPEL

Den an den Rollstuhl gefesselten Henry, einen seit seiner Geburt gelähmten, noch recht jungen Mann, kennen wir, Ingrid und ich, nun bereits seit zwei Wochen, und wir beide, ich und Ingrid, stimmen darin überein, daß diese Bekanntschaft für uns, Ingrid und mich, eine sehr wichtige Erfahrung gewesen ist, die viel mit uns beiden, mir und Ingrid, gemacht hat.

Wir lernten Henry bei den Bartels kennen, im Rahmen eines dieser sonntäglichen Sektfrühstücke, die seit geraumer Zeit den bisher in unseren Kreisen gewohnten abendlichen Weißwein-Feten Konkurrenz machen, da sie die gesellschaftlich akzeptierte und gruppendynamisch honorierte Gelegenheit bieten, sich bereits um die Mittagszeit vollaufen zu lassen; und schon bei diesem ersten Kontakt legte Henry jene bewundernswerte Intensität an den Tag, mit der gerade der behinderte Mensch uns, den – in Anführungszeichen – Normalen, beweist, daß es der Geist ist, der sich den Körper baut, und nicht etwa umgekehrt.

Wir waren gerade erst bei den Bartels eingelaufen und hatten uns kaum einen Überblick über das Frühstücksbuffet-Angebot verschafft, als Ingrid, das Lachsbrötchen fallen lassend, aufschrie.

»Ist was?« fragte ich aufmerksam.

»Irgendein Debiler hat mich in den Arsch gekniffen«, sagte sie und blickte sich entgeistert um. »In den Po«, ergänzte sie, eine Spur versöhnlicher, um sodann »In den verlängerten Rücken« und »Hallo!« zu sagen. Das Hallo aber galt dem jungen Mann im Rollstuhl, der gerade unwillig davon Abstand nahm, sie ein zweites Mal in den Arsch zu kneifen.

»Entschuldige dich gefälligst!« zischte ich meiner Frau zu.
»Bei wem denn?«
»Na, bei wem wohl?!« So verstohlen es irgend ging, deutete ich auf den Behinderten, dessen Aufmerksamkeit glücklicherweise gerade durch den Versuch in Anspruch genommen wurde, eine Demi-Flasche Blanc de Blancs auf ex zu leeren.

»Wieso ich?« zischte meine Frau zurück. »Soll der sich doch entschuldigen!«

»Der?« fragte ich entgeistert. »Dieser ... dieser ...«, doch weiter kam ich nicht, da der Gemeinte nach offensichtlich geglücktem Versuch die Flasche absetzte und mißtrauisch an uns hochblickte.

»Wer?« fragte er mit jener tiefen Stimme, die uns noch so viel zu denken geben sollte. »Wer soll sich hier bei wem entschuldigen? Ich bin übrigens Henry, der Krüppel.«

Für einen Moment verschlug es mir die Sprache, doch ich fing mich rasch wieder.

»Ingrid, die Impulsive«, ich deutete auf meine Frau, »Norbert, der Schriftsteller«, ich machte eine angedeutete, mit einer feinen Prise Selbstironie gewürzte Verbeugung, »Hallo Henry, tut uns leid!«

»Was?« fragte Henry und öffnete knallend eine weitere Flasche Blanc de Blancs.

»Na, unser Verhalten eben. Tut uns doch leid, Ingrid, nicht wahr?« Herzliche Worte, denen ich nonverbal dadurch Nachdruck verlieh, daß ich Ingrid gegen das Schienbein trat.

»Aua!« schrie sie auf und ließ schon wieder ihr Lachsbrötchen fallen.

»Auch ein' Schluck?« fragte Henry und reichte mir die angebrochene Flasche.

»Nein, danke«, wehrte ich ab, »um diese Zeit trinke ich eigentlich noch nicht.«

»Ach ja?« Henry rollte etwas näher und schaute forschend an mir empor. »Und wieso hast du dann ein leeres Sektglas in der Hand?«

Doch noch bevor ich ihm erklären konnte, daß dieses Glas am hellichten Sonntagmittag einen jener zwar raren, nichtsdestoweniger bedauerlichen Zwänge signalisiere, die auch in unseren, ansonsten so erfreulich zwangfreien Kreisen die Erinnerung daran wachhielten, daß jedwede Vergesellschaftung, auch die Geselligkeit, nicht ohne ein Regelsystem sich denken lasse, das nur bei Strafe der Exklusion verletzt werden dürfe, bevor ich all das also auch nur ansatzweise verbalisiert hatte, sagte Henry: »Gib's doch zu! Du willst nicht aus der Flasche eines besoffenen Krüppels trinken, der gerade so ungezogen gewesen ist, deine Frau in den Arsch zu kneifen. Tut mir übrigens leid.«

Da, jedenfalls in unseren Kreisen, kaum ein Vorwurf so schwer wiegt wie der, Vorurteile gegenüber Minderheiten zu haben, war ich für einen Moment versucht, Henry eine runterzuhauen, wurde aber glücklicherweise von Ingrid unterbrochen, die, mir in den Arm fallend, »Ist gut, Henry« und »Vergiß es« sagte. Sofort war mir wieder bewußt, auf wessen Seite ich gehörte.

»Henry«, ich legte meine Hand betont vorurteilsfrei auf seinen Arm, »du bist verletzt und traurig, doch ich möchte, daß du weißt, daß hier zumindest einer ist, der deine Provokationen als das begreift, als was sie gemeint sind: als Notschrei dessen, der gesellschaftliche Vorurteile dermaßen internalisiert hat, daß er nicht anders kann, als sich so darzustellen, wie die Umgebung ihn, den – in Anführungszeichen – Behinderten, sieht: als haltlosen, normverletzenden Krüppel, der, gerade weil ihm jegliche Würde abgesprochen wird, sein Menschsein nur noch dadurch beweisen kann, daß er sich –«

»Vollaufen läßt, Prost auch!« rief Henry und ließ den Blanc-de-Blancs-Korken haarscharf an meinem linken Ohr vorbeipfeifen. Da dämmerte mir, daß auf mich im Zusammenhang mit Henry noch viel Erfahrungs-, Mitleids- und Kennenlernarbeit zukommen würde. Und ich sollte recht behalten.

»Na? Habt ihr euch schon etwas angefreundet? Fein!« rief nämlich Bartels, der wie zufällig vorbeikommende Gastgeber, aus, um sodann Ingrid und mich verschwörerisch beiseite zu nehmen: Also Henry wohne doch nun bereits seit einer Woche bei ihnen, er sei praktisch auf der Durchreise zu irgendwelchen Freunden in München, aber die seien noch nicht aus Ibiza zurück und nun ... ach so! Ja! Nun habe sich doch überraschend die harthörige Stieftante seiner Frau zu Besuch angemeldet und zwei Behinderte in dieser ungünstig geschnittenen Sechszimmer-Wohnung – Bartels breitete bekümmert die Arme aus –: Ob wir ihn verständen? Oder ob wir etwa Behinderten gegenüber Vorurteile –

Hatten wir natürlich nicht, und so kam es, daß Henry noch am selben Abend bei uns einzog.

Bisher hatte ich behinderte Mitbürger nur aus den Problemfilmen des Fernsehens und aus der einschlägigen Literatur kennengelernt, nun, dank Henry, wurde dieses doch etwas abgehobene Wissen mit der Lebenswirklichkeit eines Betroffenen konfrontiert und durch Erfahrung aufgefüllt. Und obwohl ich meine Erfahrungsverarbeitungsarbeit noch nicht abgeschlossen habe, kann ich doch so viel bereits verraten: Behinderte sind nicht anders, als ich sie mir zuvor ausgemalt hatte, sie sind ganz anders.

»Na, jetzt wirst du uns ja bald verlassen müssen!« begrüßte ich Henry, die Morgenzeitung schwenkend. »Schade, daß du nur zwei Tage bei uns bleiben konntest, aber wenn's losgeht, wirst du sicher mit von der Partie sein wollen. In welcher Disziplin wird man denn dich bewundern dürfen?«

»Wo geht was los?« fragte Henry zerstreut, da ihn offensichtlich gerade eine Kühlschrank-Inventur voll in Anspruch nahm.

»Die Behinderten-Olympiade in Toronto natürlich! Da, wo ihr, die – in Anführungszeichen – Behinderten, beweist, daß man die 10 000 Meter auch rollen, den Speer auch mit den Füßen schleudern und den Diskus auch mit den Zähnen werfen kann, und zwar häufig schneller, weiter und höher als wir Normalen – Normale natürlich in Anführungszeichen!«

Doch zu meinem Erstaunen beherrschte Henry nicht nur keine dieser Sportarten, er bekundete auch, daß auf dieses ganze

Behindertensport-Gewichse echt geschissen sei – ah, da hätt's ja noch eine Bierdose!

»Hab ich dich erwischt, Henry!« rief ich tags darauf, als ich Henry dabei erwischte, wie er in meinem Bücherregal kramte. »Du suchst meine altgriechische Grammatik – erraten? Und du willst diese auch uns – in Anführungszeichen – Normalen weitgehend unbekannte Sprache deswegen erlernen, damit du, so rasch wie möglich nach München zurückgekehrt, andere – in Anführungszeichen – Behinderte, die es noch schwerer haben als du, Taubstumme, Stummblinde und Blindlahme also, mit der Sprache jenes Volkes vertraut machen kannst, das sich schon deswegen unsterbliche Verdienste erworben hat, weil es die westwärts vorstoßenden Perser bei ihrem Versuch, das Abendland zu unterjochen – in Anführungszeichen natürlich – behinderte?«

Doch zu meiner Überraschung gab Henry vor, lediglich mal kurz nach Pornos gesucht zu haben, wo ich denn meine Aufgeilothek versteckt hätte.

»Henry!« begrüßte ich ihn am Ende dieser ereignisreichen, ja schier endlos wirkenden Woche. »Heute ist ein großer Tag, den wir feiern müssen. Gibst du uns, Ingrid und mir, einen Schluck von unserem Prosecco ab?«

»Weil ihr es seid«, antwortete Henry mißmutig. »Ich höre.«

»Übermorgen, Henry, wird das große Rehabilitationszentrum im herrlich weit abgelegenen Bad Wichtel eröffnet, und stell dir vor: Die haben noch einen Platz für dich! Ich habe mich die ganze Woche lang erkundigt, seit heute weiß ich: Es klappt! Übermorgen schon wirst du in die Perle der Wichtelberge umziehen und endlich deinen alten Kindertraum wahr machen können: Du wirst zusammen mit anderen – in Anführungszeichen – Behinderten zum Hilfsfrankierer ausgebildet und wirst es fortan auch in beruflicher Hinsicht mit jedem – in Anführungszeichen natürlich – Normalen aufnehmen können. Ist das nicht herrlich?«

Doch zu meiner Enttäuschung brummte Henry zunächst lediglich, ob ich nicht das unerträgliche Anführungszeichengetue lassen könne.

»Und sonst hast du uns nichts zu sagen?« fragte ich bekümmert. »Sag mal, Henry, findest du es eigentlich – natürlich in Anführungszeichen – normal ...« Ich unterbrach mich. »Anführungszeichen natürlich in Anführungszeichen«, fügte ich hastig hinzu, da Henry noch eine Spur düsterer als gewohnt zu blicken schien. »Freust du dich denn gar nicht?« setzte ich nochmals an und leitete unwillentlich das ein, was uns, Ingrid und mich, seither schon viel Trauerarbeit gekostet hat: den Bruch mit Henry.

Denn Henry legte nicht nur überhaupt keine Freude oder Dankbarkeit an den Tag, er erging sich zudem in derart herabsetzenden Worten über jene, wie er sich ausdrückte, »Krüppel«, die so idiotisch seien, die Rehabilitationskacke und das sich anschließende stinknormale Rattenrennen nach Pöstchen und Kröten mitzumachen, daß ich ihn schließlich darüber in Kenntnis setzen mußte, ich könne es nicht dulden, wenn verbal in meinen vier Wänden Minderheiten diffamiert würden.

»Wer diffamiert hier denn wen?« fragte Henry drohend und rollte auf mich zu.

»Du diffamierst die Behinderten, indem du sie –«

»Aber ich bin doch selber einer. Da werde ich doch wohl noch einen Krüppel einen –«

»Wenn ich dieses Wort noch einmal hören muß, dann –«

»Welches Wort?«

»Na, welches Wort wohl?«

»Krüppel, nicht wahr? Aber ich bin nun mal einer! Das wenigstens solltest auch du –«

Obwohl von der vorangegangenen Anschreiarbeit erschöpft, machte ich einen letzten Versuch, mich mit Henry inhaltlich auseinanderzusetzen.

»Henry, du bist kein Krüppel, du bist ein Behinderter. Punkt Eins. Obwohl –«

»Obwohl?«

»Obwohl du«, geschickt wich ich der Prosecco-Flasche aus, die Ingrid warnend nach mir schleuderte, »obwohl du wahrscheinlich recht hast. Du bist gar kein richtiger Behinderter. Richtige Behinderte sehen in ihrem Behindertsein einen Ansporn und eine Chance, der Welt, vor allem aber anderen, noch behinderteren Behinderten zu beweisen, was Willenskraft vermag. Auf welchem Gebiet immer, sei es Wissenschaft, sei es Kunst, sei es Sport, haben behinderte Menschen wie Helen Keller, Frieda Kahlo und ... und ...«

»Oberst Rudel!« schrie Henry dazwischen, »im Krieg Hitlers höchstdekorierter Soldat, im Frieden dann die einbeinige Skikanone, vielfacher Träger des Goldenen Behindertensportabzeichens – Heil Rudel!«

»Sag mal, habe ich richtig gehört? Hast du hier eben einen Faschisten gefeiert?«

»Nein, einen Behinderten!«

»Rudel war kein Behinderter!«

»Sondern?«

»Rudel war ein ... ein ...«

»Sag doch: Krüppel!« bellte Henry, da wußte ich, was ich zu tun hatte. Ich rief bei den Bartels an und teilte ihnen mit, meine stehbehinderte Namensvetterin habe sich urplötzlich für einen Besuch angemeldet, so daß wir uns leider gezwungen sähen, den auch von uns mittlerweile sehr emotional besetzten Henry – ob er verstünde, oder ob er etwa Vorurteile ...

Er hatte natürlich keine und sogar das Glück, auf die Schnelle eine Bleibe für Henry zu finden. Die Möhringers, vorurteilsfrei wie in unseren Kreisen eigentlich alle, konnten ihn zwar nicht selber aufnehmen, jedoch die Wegners dazu überreden, ihn den Bertholds zu avisieren, die ihn dann bei den Bolzens untergebracht haben sollen. Das jedenfalls teilte mir Henry vor drei Tagen telefonisch mit, verbunden mit der Ankündigung, er werde mal in nächster Zeit vorbeirollen. Ob er es getan hat? Das entzieht sich leider, leider meiner Kenntnis, da ich mich seit drei Tagen außerstande sehe, auf Klingeln zu öffnen. Irgendwann muß ein berufstätiger Mann wie ich ja auch die Möglichkeit haben müssen, seine Arbeitsarbeit abzuleisten – oder?

WÜRDELOS

SAUBER, SAUBER

Der Verleih preist Ralf Huettners Film ›Das Mädchen mit den Feuerzeugen‹ als »Eine wahnwitzige Komödie« an, und das ist eine reichlich unsinnige Behauptung. Weder verläßt oder verletzt der Film Normalität oder Norm, noch will er lachen machen. Die vier jungen Behinderten, die da am Weihnachtsabend aus dem Heim ausbüxen und dank eines Engels prächtige Rollstühle und entgegenkommende Frauen finden, gehören zu jenen Außenseitern, denen kein fühlender Mensch seine Sympathien vorenthalten wird, auch dann nicht, wenn sie etwas pöbeln, vögeln oder ausflippen. Gerade wegen seiner Schwächen taugt der Außenseiter zum Helden für jenen Kinogänger, der sich nicht mit Rambo, Rocky oder Conan, dem Barbaren identifizieren will und statt dessen Protagonisten bevorzugt wie ›Harold und Maude‹ (Einsamer Knabe liebt patente Achtzigjährige), ›Lina Brake‹ (Patente Achtzigjährige linkt gefühllose Bank) oder wie jene anderen Helden anderer Streifen, z. B. ›Harry und Tonto‹, in dem ein Greis mit seinem Kater durch die Staaten trampt (und en passant noch ein resches Mädchen flachlegt), ›Outrageous‹, in dem ein verstörtes Mädchen und ein Transvestit Leid und Freud solidarisch teilen, oder ›Kleine Fluchten‹, in dem ein eigenbrötlerischer alter Knecht mit seinem Moped abhebt.

Eine regelrechte Gattung, dieser »kleine sympathische Film« (Bernd Eilert) mit seinen liebenswerten Underdogs, ein Genre, das in weltweit erfolgreichen Filmen wie ›E. T.‹ (Kind freundet sich mit einem Außerirdischen an) gipfelt und in TV-Serien wie ›Anna‹ versandet (Unfallopfer schöpft dank tätiger Hilfe anderer Behinderter neuen Lebensmut) – ganz zu schweigen von all den pfiffigen TV-Alten wie Inge Meysel, Carl-Heinz Schroth und Brigitte Horney, die uns immer ein so gerührtes Lächeln entlocken: So alt und immer noch so patent.

All diese Filme haben eine mehr oder weniger ausgeprägte komische Komponente, von Grund auf komisch sind sie nie. Können sie nicht sein, da die Macher dieser Filme ihre eigenen Helden viel zu lieb haben, und weil sie dem Publikum viel zu wenig zutrauen. Dem nämlich treten sie stets als mehr oder minder verkappte Pädagogen entgegen. Bloß keinen Beifall von der falschen Seite! Nur keine Vorurteile verstärken! Der Zuschauer darf zwar ruhig einen pfiffigen Behinderten/Greis/Ausländer/Außerirdischen beschmunzeln, nie jedoch deren Defekte belachen. Daher das letztlich Cleane all dieser Helden – sie mögen zwar reichlich Macken haben, richtige Fehler haben sie nie: Ein wirklich unwürdiger Greis oder ein tatsächlich unsympathischer Behinderter sind im kleinen, sympathischen Film ebenso undenkbar wie ein feiger Rambo oder ein Rocky, der den Endkampf verliert.

(1988)

UNHEIMLICHE BEGEGNUNG DER HINTERLETZTEN ART

SCHWARZE KOMIK

Daß Spike Lee, der Regisseur und einer der Hauptdarsteller von ›She's gotta have it‹, ein schwarzer Woody Allen sei, lese ich in der ›taz‹.

Daß er Miles Davis, schwarze Rap-Musik und den Sprachwitz von Woody Allen anklingen lasse, schreibt der ›Spiegel‹.

Ihn verbinde mit Allen, daß der genausoviel Schwarze in seinen Filmen habe wie er Weiße, sagt Spike Lee – immer noch laut ›Spiegel‹, und das ist ein ebenso wahrer wie nachdenklich stimmender Satz.

Stimmt, dachte ich nämlich nachdenklich, nachdem ich Spike Lees Film gesehen und Woody Allens Filme hatte Revue passieren lassen. Keine Weißen bei Spike Lee und keine Schwarzen bei Woody Allen.

Wieso eigentlich nicht?

Spike Lee ist entschuldigt. In »Amerikas erstem, nur von Schwarzen hergestellten Film« hatten Weiße nichts verloren: Filme, in denen die auftreten können, gibt's reichlich. Doch warum fehlen die Schwarzen bei Allen?

In den Kreisen, in welchen der sich bewegt, gibt es keine Schwarzen, wurde mir von Kundigen als Antwort zuteil. Kann ich nicht beurteilen, doch ich erinnere mich, daß Allen Filmscherze über Bankräuber, U-Bahn-Rowdies und Partisanen gemacht hat, alles Bevölkerungsgruppen, die sicherlich ebenfalls nicht zu seinen Kreisen gehören. Warum dann nicht über Schwarze?

Deshalb, vermute ich: Weil er selber zu einer Minderheit gehört, zur jüdischen. Weil er daher weiß, daß nur derjenige das Fühlen und Handeln solch einer Bevölkerungsgruppe kompetent und komisch vorführen kann, der nicht über sie befindet, sondern sich in ihr befindet. Weil Bankräuber und Partisanen Schießbudenfiguren sind, auf die jeder ungestraft ballern darf, die Schwarzen aber vermintes Gelände darstellen: Wie leicht kann da der komische Schuß nach hinten losgehen und auch noch Beifall von der falschen Seite bekommen. (Ende des ballistischen Teils.)

Im Ernst: Spike Lees »seriously sexy comedy« ist eine Bereicherung. Verscheißert Eddie Murphy als ›Beverly Hills Cop‹ noch die bemühte Rezeption eines stockweißen, total belegten Nobel-Hotels, indem er, als er kein Zimmer bekommt, lauthals den furchterregenden »Aha! Rassismus!«-Hammer schwingt, so treiben es die Schwarzen in Spike Lees flinkem Schwarzweiß-Film weit ärger. Da gibt es nicht nur sympathische, wache, lustige Neger, sondern auch dumpfe und lachhaft unsympathische. Da behauptet einer der drei Liebhaber der prallen Nola Darling, für ihn seien seine Nebenbuhler bedauernswerte Getto-Neger, er dagegen werde von Brooklyn nach Manhattan übersiedeln, wo er überdies jederzeit weiße Klassefrauen haben könne.

Ein denkwürdiger Moment! Das erste Mal hörte ich in einem Film einen Schwarzen lächerliche Vorurteile über Schwarze äußern. Das erste Mal sah ich in einem Film Schwarze, die ohne jeden ›Onkel Tom‹-Bonus belachbar waren. Diese Belachbarkeit aber ist, wie man weiß, ein unverzichtbarer Schritt jedweder Minderheit auf dem Weg zum Ernstgenommenwerden.

(1987)

BERÜHMTE INDIANER
Heute: Häuptling »Gschamiger Hirsch«

UNTER DEM PAZIFIKMOND

Nie zuvor war die blutjunge Häuptlings-
tochter dem Missionar derart
bekehrenswert erschienen.

III
MANN UND FRAU

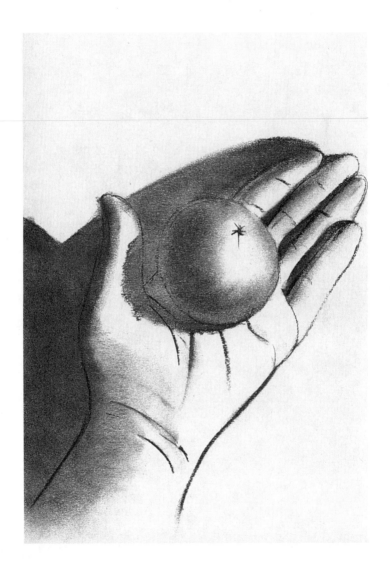

MATERIALIEN ZU EINER KRITIK DES MÄNNLICHKEITSWAHNS

ABENDS, ALS DER WÜRGER KAM

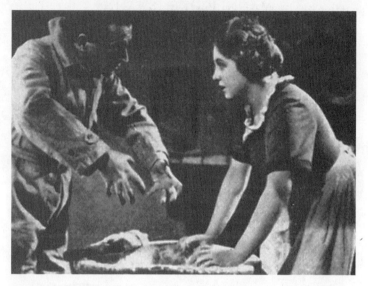

Was bisher geschah: Seit die Menschen reden können, reden sie aneinander vorbei. Das wäre nicht weiter schlimm, wenn es dabei nicht dauernd zu Mißverständnissen käme, wie unser Beispiel aus dem Beginn unseres Jahrhunderts beweist ...

»Ich würge alle Fraun, ob blond ob braun« – mit diesen Worten betrat ein Mann, der sich als »Der singende Würger« vorstellte, am 12. 3. 1921 die Waffelbäckerei Herzog, in der sich zu diesem Moment nur die Waffelbäckerin Hedwig befand.

»Sie wünschen?« fragte sie, vom Waffelbottich aufschauend.

»Heut' denk ich nicht an mürgen, heut' möcht' ich Sie gern würgen!« entgegnete der Würger, der übrigens mit bürgerlichem Namen Panskus hieß.

»Wie bitte?« fragte Hedwig.

»Heut denk ich nicht an mürgen ...« wiederholte Panskus.

»Sie meinen wohl ›morgen‹?«

»Auch gut. Also: Heut denk ich nicht an morgen, heut möcht ich Sie gern ...«

»Worgen?«
»Das nicht gerade.«
»Sondern?«
»Würgen!«
Sind alle Klarheiten beseitigt? Gut. Denn es sollte noch schlimmer kommen. Nun nämlich entwickelte sich der folgende Dialog:

HEDWIG Mein Herr! Ich bin ein anständiges Mädchen! Ich lasse mich nicht von jedem ...
PANSKUS Nicht was Sie denken. Ich will Sie doch nur würgen!
HEDWIG Ja, ja, so seid ihr Männer. Alle wollen immer nur das ...
PANSKUS Nein! Das will ich doch gar nicht! Ich will Sie würgen!
HEDWIG So kann man es auch nennen!
PANSKUS Aber so begreifen Sie doch! Ich will Sie ...
HEDWIG Ja?
PANSKUS Würgi, würgi – du verstehn?
HEDWIG Kein Strich!
PANSKUS Wie kann man nur so dä...
HEDWIG Also wenn Sie frech werden wollen, dann ...
PANSKUS Will ich doch gar nicht! Ich will Sie doch nur ...
HEDWIG Also mit mir nicht!

Da wandte sich der Würger seufzend ab, griff sich seinen Knappsack, schritt auf die Tür zu, drehte sich noch einmal um, setzte an zum »Gut, ich will nichts überstürzen, vielleicht kann ich Sie morgen wür ...«, merkte, daß auch dieser Reim daneben zu geraten drohte, schwieg und trollte sich.

Hedwig aber wandte sich seufzend wieder ihrem Waffelbottich zu. Gar so unsympathisch hatte er ja gar nicht ausgesehen, der Fremde, überlegte sie, und unwillkürlich formten ihre Hände ein kleines Herz aus Waffelteig, das sie freilich sogleich wieder ärgerlich zusammendrückte.

»Würgen! Mich!« dachte sie, »Das wäre ja geradeso, als ob einer mich würgen wollte!«

Und bei diesem Gedanken mußte sie unwillkürlich lächeln ...

MÄNNER AUF VERLORENEM POSTEN
Heute: Melker Mörig

LIEBLINGSPLURAL

»Hunderttausende RegierungsgegnerInnen marschierten am Donnerstag durch die Straßen der birmanischen Hauptstadt Rangun« – so begann der Bericht der ›taz‹ vom 9. 9. 88, und ich jauchzte natürlich begeistert auf, da ich meine Sammlung dieser Spielart zeitgenössischer Mehrzahlbildung um ein Prachtexemplar bereichern konnte: »RegierungsgegnerInnen«.
Hoffte selbstredend auf mehr, wurde jedoch bitter enttäuscht, als ich nach so vielversprechendem Anfang weiterlas, ohne fortan fündig zu werden:
»Demonstrierten eine halbe Million Birmaner«
»Gottesdienst im Gedenken an die Anfang August erschossenen Demonstranten«
»Regierung verliert Unterstützung ihrer Mitarbeiter« sowie »Fünf Plünderer erschossen« –
Was soll taz? Wieso nicht »BirmanerInnen, DemonstrantInnen, MitarbeiterInnen« und »PlündererInnen«? Wobei ich gerne bereit bin, die ersten drei Plurale für den vierten zu opfern. Auf dem freilich muß ich bestehen. Den will ich lesen, bevor ich in die Grube fahre. Solange ich schon sammle – noch nie ist mir ein Beispiel vor Augen gekommen, das den alternativ-feministischen Plural auf negative Tätigkeiten oder Berufe ausgedehnt hätte. LehrerInnen, RichterInnen und SportlerInnen gibt es zuhauf, VerbrecherInnen, AusbeuterInnen oder BlutsaugerInnen fehlen völlig. Und PlündererInnen sowieso. Schreibt sie mir, druckt sie mir, gebt sie mir! Damit ich, wenn mein Auge bricht, wenigstens noch röcheln kann: Taz ich taz noch erleben durfte!

LIEBLINGSPLURAL ZUM ZWEITEN

Seitdem ich in der Humorkritik vom Oktober dieses Jahres von einem »Lieblingsplural« berichtet habe, von den »RegierungsgegnerInnen«, gefunden in der ›taz‹ vom 9.9.88, und seit ich den Jubel über diesen Fund mit der Klage darüber abschloß, daß im gleichen Beitrag lediglich von »Plünderern« die Rede gewesen war und nicht etwa von »PlündererInnen« – seitdem ist mein Leben noch schöner und noch schwieriger geworden.

Schöner, da mir in der Zwischenzeit treue Leser – Innen meldeten sich leider nicht zu Wort – zahlreiche weitere schöne Beispiele für eine zunehmend frauengerechter werdende Sprache zusandten, und schwieriger, da ich mich unversehens in einem Prioritäten-, Geschlechter- und Grammatikdschungel wiederfand, aus dem ich bis heute nicht so recht hinausgefunden habe.

Fragen über Fragen! Wer beispielsweise hat den I-Plural erfunden?

»Das große I für die weibliche und männliche Form wurde vor gut zwei Jahren von unserem Bonner ›taz‹-Kollegen Oliver Tolmein eingeführt. Seitdem wird es in der taz konsequent immer dort eingesetzt, wo die weibliche Form des Wortes einen Bindestrich bekam«, schreibt die ›taz‹-Redakteurin Maria Neef-Uthoff.

»Die Züricher ›Wochenzeitung‹, die Vorreiterin, möglicherweise sogar Erfinderin besagten Lieblingsplurals«, beginnt Harald Steiner aus Wien seinen Brief und weist auf eine redaktionelle Notiz hin, die dem Nachdruck einer Geschichte von Robert Gernhardt beigefügt war: »Entgegen unseren Usancen verzichten wir hier auf die Verwendung von …Innen, jedeR etc.« – und alsobald wußte ich gar nicht, was ich mehr bewundern sollte: die Toleranz, mit welcher die Redaktion davon Abstand nahm, einen literarischen Text einschneidend zu verändern, oder die Stringenz, mit welcher die ›WOZ‹ das Problem der emanzipierten Mehrzahl weitergedacht hatte. Auf jeden Fall weiter als die ›taz‹. Mag die auch auf dem Innen-Sektor führend sein, auf jedeR ist bei ihr meines Wissens keineR gekommen, und mancheR wird sich jetzt sicheR fragen, ob die ›taz‹-JournalistInnen das angestrebte Ziel einer gleichberechtigenden Sprache überhaupt angemessen problematisiert haben.

Zumindest ist Maria Neef-Uthoffs Definition des Innen-Einsatzbereichs problematisch, wenn nicht anfechtbar. Den Bindeoder Schrägstrich nämlich bekam die weibliche Form in der Vergangenheit nicht in journalistischen oder gar literarischen Texten, sondern in Stellenanzeigen.

Regierungsgegner / innen protestieren in Burma

wird man in älteren Blättern vergeblich suchen, daß die Freie Universität Berlin für den Fachbereich Rechtswissenschaft

Wiss. Mitarbeiter / in

sucht, kann man noch heute lesen, beispielsweise in der ›Neuen Juristischen Wochenschrift‹, Heft 40, 1988. Eine Schreibweise, die längst nicht mehr unumstritten herrscht:

»Der Schrägstrich zwischen der männlichen und der weiblichen Form ist nicht länger akzeptabel, weil sich Frauen nicht mehr als Kürzel oder Anhängsel wiederfinden wollen« – so sieht es Susanne Bieler-Seehoff, die Pressereferentin des Kieler Frauenministeriums, und so sieht es mittlerweile in den Anzeigen der ›NJW‹ aus:

Die Stadt Bamberg sucht

eine(n) jüngere(n) Juristen / Juristin

oder, weniger diskriminierend, zumindest deutlich höflicher:

Der Bundesminister der Justiz sucht Juristinnen oder Juristen

oder auch:

Die Frauenministerin des Landes Schleswig-Holstein

ja – jenes Ministerium, dessen Pressereferentin den Schrägstrich für nicht länger akzeptabel gehalten hatte,

sucht zum frühestmöglichen Zeitpunkt 2 Volljuristinnen

Eine Anzeige, die in Juristenkreisen den Ruf nach der Gleichberechtigung des Mannes laut werden ließ, da der im Text nicht einmal als Kürzel oder Anhängsel auftauchte, ein Ruf, der nicht ungehört blieb.

Vier Wochen nach Erscheinen der Anzeige wurde sie ein weiteres Mal abgedruckt, wieder in der ›NJW‹, wieder in der Rubrik »Offene Stellen«, allerdings leicht verändert: Diesmal suchte die Frauenministerin des Landes Schleswig-Holstein »zum frühestmöglichen Zeitpunkt«
2 VolljuristInnen.

Es lebe der kleine Unterschied, und wer den noch immer nicht begriffen hatte, dem half ein
Hinweis zur nochmaligen Veröffentlichung der Stellenanzeige der Frauenministerin des Landes Schleswig-Holstein auf die Sprünge:
Die Frauenministerin beabsichtigte mit der von ihr gewählten Schreibweise (VolljuristInnen) Frauen und Männer in gleicher Weise mit ihrer Stellenanzeige anzusprechen
– leider aber habe eine unsensible Korrektur die Ansprache auf Frauen verengt. Daß sich der Andrang männlicher Juristen trotz dieser Richtigstellung dann doch in Grenzen hielt, lag wohl an der letzten Zeile des »Hinweises«:
Die Bewerbungsfrist verlängert sich dadurch allerdings nicht, sie ist inzwischen abgelaufen
– kein Wunder, da sie von Anbeginn lediglich eine Woche betragen hatte.
Eine Panne? Frauenlist und Tücke? Gar ein Beweis dafür, daß die AnzeigenverfasserInnen beim Verfassen bereits jene Anforderung erfüllt haben, die sie selber den BewerberInnen abverlangen:
Die MitarbeiterInnen der Frauenministerin sollten Persönlichkeiten sein, die an die Querschnittaufgabe, die Gleichstellung von Frauen durchzusetzen, hochmotiviert und ideenreich herangehen –?
Wie immer – das große I ist dabei, zum Pluralbildungsgut zu werden, nicht nur in Schleswig-Holstein. Dort soll es laut Susanne Bieler-Seehoff, der Pressereferentin, weiterhin benutzt werden, für weiteren und erweiterten Einsatz plädiert auch Ute Erdsieck-Rave, die frauenpolitische Sprecherin der SPD, da sie

in der I-Schreibweise »einen legitimen Schritt auf dem Weg zu einer frauen-gerechten Sprache« sieht. Und Maria Neef-Uthoff schließlich endet ihren taz-Artikel über »Das große I in Kiel« mit dem verheißungsvollen Ausblick, daß die schleswig-holsteinische SPD im Landtag eine öffentliche Anhörung zum Sprachgebrauch der Gleichbehandlung von Männern und Frauen plane: »Unter anderem soll geprüft werden, in welcher Weise Veränderungen der Sprachform die Gleichstellung von Männern und Frauen fördern, welche sprachlichen Probleme die Varianten geschlechtsneutraler oder geschlechtsspezifischer Personenbezeichnungen möglicherweise aufwerfen und ob« – aber halt!

Was heißt hier: möglicherweise? Die geschlechtsspezifischen sprachlichen Probleme gibt es längst, sie wuchern zudem immer häufiger auf geschlechtsneutralem Boden:

Die Journalistin als Mitgliedin

so überschreibt die ›taz‹ vom 26. 11. einen Bericht der Frauenseite über

Tagung des Journalistinnenbundes in –

Moment! Nicht JournalistInnenbundes? Nein, da dieser Bund lediglich Frauen als Mitgliedinnen hat, also die

Tagung des Journalistinnenbundes in Frankfurt.

Und aus der Universitätsstadt Göttingen wird mir ein brandneues Flugblatt der FSRV, der Fachschaftsräteversammlung, zugeschickt, das folgendermaßen überschrieben ist:

INFORMATIONSVERANSTALTUNG FÜR ERSTSEMESTER / INNEN

Verbale Neuerungen, die ich als alter Hase mit äußerst gemischten Gefühlen lese. Einerseits möchte ich den jungen KollegInnen nicht gleich in die Schreibhand fallen, wenn sie im Emanzipationsrausch auch geschlechtsneutrale Worte wie »das Erstsemester« oder »das Mitglied« verweiblichen, andererseits graust mir vor den Folgen. Die Erstsemesterin ist ja nur die eine Seite der Medaille, auf der Kehrseite steht zwangsläufig der Erstsemester. Und da keineR der beiden ein Kind von Traurigkeit ist – d. h., er ist keiner Kind und sie ist keine Kindin –, sind beide BesucherInnen der schärfsten Disco der Stadt, wobei er freilich vorzugsweise den Tanzbein und sie mehr die Tanzbeinin schwingt.

Und da geschieht es! Er sieht sie! Sie sieht ihn! Er fühlt, daß seiner Glied sich versteift, wenn er ihr dabei zuschaut, wie sie ihre makellosen Gliedinnen zum Klang der Musik bewegt, sie spürt, daß sie die Zielin all seiner Wünsche ist, mit einer Wortin: die große Losin.

Aber ist er auch der große Los für sie? Während sie rhythmisch ihre Knieinnen beugt, kreist in ihrer Gehirnin nur die eine Frage: »Was machst du mit dem Knie lieber Hans beim Tanz?«

Was aber kann ihr Hans, der Erstsemester, darauf antworten? »Meiner Knie gehört mir« –? Oder: »Das geht dich gar nichts an, du Arschlochin« –?

Quatsch beiseite: Wo soll das alles eigentlich enden? Auf der gleichen Frauenseite, auf welcher die ›taz‹

Die Journalistin als Mitgliedin

bezeichnet, findet sich der groß aufgemachte Beitrag über ein Buch der Italienerin Dacia Maraini »Isolina, Die zerstückelte Frau«, Rotbuch Verlag. Überschrieben ist er

Der ehrbare Täter, das verleumdete Opfer

und so geht's ja nicht! Wieso Opfer? Wieso nicht: Die verleumdete Opferin? Nur weil es diesmal der Redakteurin gegen ihre Sprachgefühlin ging?

Fragen über Fragen – und dabei hatte alles so harmlos angefangen, allerdings auch mit einer Frage. Warum, hatte ich gefragt, wird der alternativ-feministische bzw. frauengerechte bzw. legitime I-Plural lediglich dann verwandt, wenn es etwas über ehrbare Stände zu berichten gibt, über JuristInnen, ÄrztInnen oder JournalistInnen? Wieso fehlen AusbeuterInnen, BlutsaugerInnen oder s. o. – PlündererInnen?

Am 10. 11. machte die ›taz‹ den Versuch einer Antwort, doch die fiel aus zwei Gründen unbefriedigend aus.

Einmal behauptet das Berliner Blatt, Eckhard Henscheid sei der Steller all dieser Fragen – seh' ich so aus? Wirklich? Hör' ich mich so an? Ganz und gar wie Eckhard Henscheid?

Sodann gibt die Stimme der ›taz‹, ein Kürzel namens chp, vor, meiner Frage nachgegangen zu sein: »Wir nahmen uns die Anregung zu Herzen und planten eine Synopsis: links ein ›taz‹-Artikel normal, rechts daneben die die Guten wie die Bösen gleichberechtigende Variante.«

Daraus sei leider nichts geworden: »Bei der Suche nach einem für das Experiment geeigneten Artikel machten wir jedoch eine überraschende Feststellung, Personen kommen in dieser Zeitung eigentlich gar nicht vor ... Nicht irgendwelche Lokalpolitiker, sondern *die Stadt Köln* will Roma umsiedeln ...« folgen sieben weitere unpersonifizierte Beispiele, »alle aus der ›taz‹ vom 25. und 26. Oktober«.

Seltsam, liebeR chp, sehr seltsam! Ich wurde bereits in der ersten besten ›taz‹, nach der ich griff, fündig.

GewerkschafterInnen abgemeiert

meldete die Seite zwei am 3.12.88, während die erste mit der Meldung

Moskau läßt Hijacker ziehen

auftrumpfte, und mir so, sicherlich ungewollt, einen wunderbaren Trumpf in die Hände spielte: Wieso lautet die Zeile nicht

Moskau läßt HijackerInnen ziehen –?

Ach, an der Entführung des russischen Transportflugzeugs seien doch ganz sicher gar keine Frauen beteiligt gewesen? Da waren Frauen beteiligt, oh doch, zumindest eine:

»Bei den Vernehmungen durch die israelische Polizei stellten sich die Organisatoren der Entführung als Pavel Jakschenitz und seine Frau Tamara vor.«

Soweit die ›WamS‹, weshalb es im ›taz‹-Text rechtens auch »LuftpiratInnen« und »EntführerInnen« hätte heißen müssen. Hieß es aber nicht. Warum nicht?

Nun – noch hat frau die letzte Wortin nicht gesprochen. Vielleicht erlebe ich sie ja noch, die KneipenhockerInnen und IdiotInnen, die VerkehrssünderInnen und BankräuberInnen, die TierquälerInnen und SprachschänderInnen – ich heiße mich hoffen.

LIEBLINGSPLURAL ZUM DRITTEN

Erstmals griff ich im Oktober letzten Jahres zur Leier, um die »RegierungsgegnerInnen« der ›taz‹ zu feiern. Im Januar dann konnte ich dank aufmerksamer Leser weiterrühmen, diesmal nicht nur frauengerechte Pluralbildungen, sondern auch frauenzentrierte Geschlechtsumwandlungen vom Sächlichen ins Weibliche, die »Erstsemesterin« (Flugblatt der Uni Göttingen) und die »Mitgliedin« (›taz‹). Offen freilich blieb, wem wir all diese herrlichen bzw. fraulichen, um nicht zu sagen dämlichen Erfindungen verdanken, und da bin ich in der Zwischenzeit wieder etwas klüger geworden. »Sie haben die Frage gestellt: ›Wer hat den I-Plural erfunden?‹ Die Antwort: Ich denke, ich«, schreibt mir der keineswegs dämliche, sondern listige Christoph Busch aus Münster und korrigiert damit die Version der ›taz‹-Mitarbeiterin Neef-Uthoff, der zufolge das große I vor zwei Jahren vom Bonner ›taz‹-Kollegen Oliver Tolmein eingeführt worden sei. Vielleicht in der ›taz‹, jedoch keinesfalls in die deutsche Sprache:

Einige Tips für die HörerInnen hatte Busch nämlich bereits 1980 geschrieben und im Februar 1981 zu Druck befördert, in dem Buch »Was Sie schon immer über Freie Radios wissen wollten, aber nie zu fragen wagten!«, Zweitausendeins. HörerInnen, die nicht nur in dieser einen Überschrift auftauchen, sich vielmehr durch den Text ziehen, ein Vorgang, zu dem Busch rückblickend bemerkt:

»Allerdings möchte ich mir weniger eine ›Erfindung‹ zugute halten als vielmehr einen gewissen Spürsinn für die Geschlechtsreifung des ›i‹ und sein Auswachsen zum ›I‹ infolge häufigen Kontakts zum langen Schrägstrich, was wiederum weniger mein Verdienst war, als vielmehr eine Folge der sich mehrenden Versuche, die Geschlechter auch verbal zu paaren.

Um den Geschlechtern Gerechtigkeit und mir Bequemlichkeit anzutun, ließ ich es zum großen ›I‹ kommen: Trennung und Verbindung auf einen Streich in einem Strich ... Von Anfang an aber hatte diese Manipulation der Geschlechtsmerkmale ihre Schwächen. So im Fall der Fälle, was den LeserINNEn sogleich einleuchten wird. Hier verliert das Zwitter-›I‹ seine verbindliche Seite und wuchert zum selbstgenügsamen Versalienblock, der das Wort und die Geschlechtsunterschiede erschlägt. Deshalb rate ich in solchen Fällen zur klassischen, ausführlichen Trennung der Geschlechter.

Ansonsten habe ich mit Vergnügen verfolgt, wie sich das ›I‹ immer häufiger zwischen Männer und Frauen schob. Aber manchmal kam mir doch die bange Frage: Bin ich es wirklich? Bin ich der Vater des zum ›I‹ herangewachsenen ›i‹? Um mir Gewißheit zu verschaffen, möchte ich auf diesem Wege eine Kiste MineralwasserIn (kochsalzarm) ausloben. Sie gehört der- bzw. demjenigen, die mir ein öffentliches Auftreten des geschlechtstechnischen ›I‹ aus fremder Feder und vor dem obengenannten Datum belegen kann.«

Wer bietet mehr?

Eine Frage, die sich bei der nächsten Keckheit erübrigt. »Als Mitgliederinnen getarnt« hätten sich Studentinnen Einlaß in das Kulturministerium verschafft, schreibt die ›Mainzer Unipress‹, und das ist vielleicht nicht *der*, aber doch ein Gipfel der Geschlechtswirrnis und Sprachverderbnis. Die »Mitgliedin« resp. die »Mitgliedinnen« zeugen von einem immerhin noch kalkulierten Eingriff in die Sprachsubstanz, »Mitgliederinnen« aber verdanken sich einem blinden Eifer, der bereits dem Wahn verwandt ist. Da nämlich wird der weibliche Plural einem sächlichen aufgepfropft, und das hat dieser nun wirklich nicht verdient. Wenn sich bisher jemand in Ein- oder Mehrzahl um die grammatikalische Gleichberechtigung verdient gemacht hat, dann jenes Geschlecht, das Männliches und Weibliches nicht auf *den* Zups oder *die* Musch reduziert, sondern statt dessen das beiden Gemeinsame heraushebt, *das* s. o. Geschlecht.

Ein Geschlecht, das möglicherweise den Ausweg weisen könnte aus grammatikalischem Geschlechterkampf und Pluralkrampf. Wären alle Berufs- und Tätigkeitsbezeichnungen tatsächlich sächlich, gäbe es auch keine Pluralprobleme mehr, nicht das der mangelnden Gleichberechtigung, nicht das des »Falls der Fälle«, nicht das, dessentwegen ich mich überhaupt zum gleichberechtigenden Plural geäußert habe: daß ich bisher nur von z. B. LehrerInnen, nie aber beispielsweise VersagerInnen gelesen habe.

Das Lehrer – die Lehrer, das Versager – die Versager, das Kannjaheiterwerden – die Könnenjaheiterwerden.

Ja, könnten sie, die Frauen und Männer, denen es wirklich ernst ist mit der grammatikalischen Gleichstellung von dick und doof. Aber werden sie auch auf mich hören?

LIEBLINGSPLURAL ZUM LETZTEN

Dreimal bereits stach ich in die See einer frauengerechten Grammatik, doch das Thema wird um so uferloser, je länger ich in ihm umherschippere. Ob ich diesmal das rettende Ufer erreichen werde?

Angefangen hatte alles damit, daß ich die »RegierungsgegnerInnen« feierte, welche die ›taz‹ vom 9. 9. 88 auf den Straßen Ranguns ausgemacht hatte, ohne freilich diese Pluralform auch auf weniger positiven Widerstand auszudehnen: Beim anschließenden Plündern waren die Männer dann wieder unter sich, da war von »Plünderern« die Rede, nicht von »PlündererInnen«; und ich bat ziemlich flehentlich darum, nach all den – zum Beispiel – »ArbeiterInnen« auch einmal etwas von – beispielsweise – »AusbeuterInnen« zu hören. Ein Wunsch, der auf reichlich merkwürdige Weise in Erfüllung gegangen ist – davon am Schluß dieses Beitrags mehr –, ein Flehen, das ganz unbeabsichtigte Folgen hatte: Frauen und Männer schickten mir aus allen Teilen unseres Sprachraums derart nachdenklich stimmende Beispiele dafür, wie allerorten um eine frauenfreundliche Sprache gerungen wird, daß ich dieses Wissen ganz einfach nicht für mich behalten durfte. Ich konnte von veritablen Geschlechtsumwandlungen vom Sächlichen ins Weibliche berichten, von der »Erstsemesterin« (Flugblatt der Uni Göttingen), von der »Mitgliedin« (›taz‹) ja, sogar von der »Mitgliederin« (›Mainzer Unipress‹), aber auch davon, wie der Innen-Plural dabei ist, in die Amtssprache einzudringen: Schon suchte die Frauenministerin des Landes Schleswig-Holstein per Inserat »VolljuristInnen«, woraus die ›Neue Juristische Wochenschrift‹ allerdings männerdiskriminierende »Volljuristinnen« machte, was mir Anlaß zu einigen Überlegungen bot, welche in Kiel offenbar nicht so gern gelesen wurden: »Fehler beziehungsweise Halbwahrheiten« glaubte Susanne Bieler-Seelhoff, die Pressereferentin des Frauenministeriums, in meinem Artikel entdeckt zu haben – Vorwürfe, deren Haltlosigkeit ich aus Zeit- und Platzgründen unbelegt lassen muß –, um sodann grundsätzlich zu werden: »Auch das Frauenministerium in Kiel will die Sprache nicht auf den Kopf stellen, so wie Sie es mit Ihren – übrigens schon ziemlich ausgelutschten Beispielen – anderen unterstellen.«

Als eines dieser ausgelutschten Beispiele nennt Bieler-Seelhoff die »Mitgliedin«, und seither frage ich mich, wer alles an der schon vor mir gelutscht haben mag – mir nämlich ist sie erst seit der ›taz‹-Lektüre vom 26. 11. letzten Jahres ein Begriff.

Weitaus ausgelutschter ist da schon die »Mitgliederin«, die ich in meiner letzten Glosse noch für eine Neuerung hielt und als »Gipfel der Geschlechterwirrnis und Sprachverderbnis« anprangerte, ohne auch nur entfernt zu ahnen, auf welch alten Hut ich da eindrosch: Im Oktober 1982 brachte die mittlerweile verblichene Berliner Zeitschrift ›Courage‹ eine Glosse der mittlerweile in Konstanz lehrenden Linguistin Luise F. Pusch, die »Mitgliederinnen« überschrieben ist und mit den Worten anhebt: »Vor drei Jahren hörte ich das Wort zum erstenmal – von einem (männlichen) Sprachwissenschaftler. Ich dachte, ich hätte mich verhört. Er aber, aktives Mitglied einer stark profeministischen Männergruppe, schien nie etwas anderes gehört zu haben als – Mitgliederinnen. Die Berliner Szene! An mein Provinz-Ohr dringen die neuesten Creationen eben relativ spät« – eine Creation, die Pusch nicht gefällt, da sie eine geschlechtsneutrale Personenbezeichnung unnötigerweise feminisiere.»Ihr nennt doch Mädchen auch nicht Kinderinnen und reserviert Kinder für Jungen«, argumentiert sie, freilich ohne Erfolg: »Meine Gesprächspartnerinnen waren wenig beeindruckt und sagten weiter ›Mitgliederinnen‹. Andere wieder meinten: Mitgliederinnen? Auch nicht besser als Mitglieder! Wir können es nicht mehr hören, das Wort Glied! Wieso überhaupt mit Glied??! Wir Frauen sind ohne Glied, und darauf sind wir stolz!« Worauf zwei Kalauer folgen, zuerst das unausweichliche »Mit- und ohne Glieder«, das übrigens auch in zwei weiteren Einsendungen genannt wird, 1979 bereits soll es vom daraufhin geschaßten Vorstandsmitglied der Grünen, Kreisgruppe Marburg-Biedenkopf, verwandt worden sein –, und zweitens nennt Pusch die mir neue Wortschöpfung »Mitklit von Klit wie Klitoris«, wobei sie leider verschweigt, wie sie sich den dazugehörigen Plural gedacht hat: Mitkliter? Mitkliten? Mitklitinnen? Mitkliterinnen? Mitklits?

Müßige Fragen, da sich die Mitklit nirgends, die Mitgliederin jedoch allerorten durchgesetzt hat: Am 14. März gab Anne Klein, die neue Berliner Senatorin für Frauen, Jugend und Familie dem ›Tagesspiegel‹ ein Interview, in welchem sie sich auch über den ›Frauenbund Berlin‹ äußert: »Dazu muß man wissen, daß Mitglieder dieses ... nein Mitgliederinnen dieses Bundes viele SPD- und FDP-Frauen sind.«

Es ist erreicht! Mag auch der Einsender dieses Zitats, Herr Becker, einen Freund zitieren, welcher sich am 13. 3. wie folgt zur Person der ihm bekannten AL-Politikerin äußerte: »Ich weiß nicht, ob man sie eine dumme Nuß nennen kann, eine dumme Nüssin ist sie aber allemal« – dieser Hohn wird die Uhr der Sprachgeschichte nicht mehr zurückdrehen können: Die Mitgliederin ist zur sprachlichen Allgemeingutin geworden – oder sollte es richtiger »Allgemeingüte« heißen?

Und es geht weiter voran! Privatfrauen und Wissenschaftlerinnen, Politikerinnen und Lebenshelferinnen schlagen allüberall Schneisen ins Dickicht der Männersprache: »Sach mah, was hast du denn nur gegen Versuche, die deutsche Sprache etwas gerechter zu machen?« fragt mich Kathrin Gröbler aus Bochum, rügt dann meinen »recht reaktionären Chauvi-Standpunkt« und stellt fest: »Mit dem ›-Innen‹ find ich eine echt passable Lösung gefunden. Natürlich wäre es noch besser, entweder eine neutrale Bezeichnung zu schaffen, z. B. das Lehrende oder, da ja das maskulinisierende Suffix ›-er‹ an das den Beruf charakterisierende Verb angehängt wird und erst ›-in‹ an ›-er‹ das ganze weiblich macht, doch gleich das ›-er‹ weg- und sofort ›-in‹ folgen lassen zu lassen, als kleines Beispiel so am Rande: lehren – Lehrer – Lehrin, hm?«

Hm. Dann aber bitte auch »Rebirthin« und nicht, wie in der Anzeige des in Bremen erscheinenden Blattes ›Kursbuch‹: »Info bei Nadja Jaißle, qualified Rebirtherin« – wenn denn überhaupt deutsche geschlechtsbildende Suffixe an Wörter einer Sprache gehängt werden sollten, die so weise gewesen ist, ebendiese Endungen samt dazugehörigen Artikeln rechtzeitig teils zu tilgen, teils zu entsexen, auf daß ein Streit wie der hierzulande tobende nicht einmal denkbar sei, da ganz einfach die Worte fehlen ...

Dafür nimmt deren Zahl im Deutschen immer mehr zu:
»Mit freundlichen Grüßen
Im Auftrag
(Name unleserlich gemacht)
Stadtvormünderin«
ist ein mir zugespielter Brief des Bezirksamtes Neukölln von Berlin unterschrieben.

»Verein der Steuerfachgehilfinnen(en) gegründet!« meldet eine Anzeige in den ›Neuen Wirtschafts-Briefen‹, und sie schließt mit dem Aufruf: »Bezirksstellenleiterinnen(en) in den einzelnen Regionen bundesweit BRD gesucht«, und ich versteh' nur noch Bahnhof: War das (en) des ersten Wortes noch als höflich nachgestellte männliche Pluralendung zu deuten – Steuerfachgehilfen –, so hilft diese Erklärung beim zweiten Bandwurm nicht weiter: Bezirksstellenleiteren –?

Und das ›Referat für Gleichstellungsfragen – Frauenbüro der Stadt Hannover‹ hat gar eine 12seitige Schrift verfaßt, die den anderen Dienststellen »Empfehlungen für eine zeitgemäße, Frauen und Männer angemessen berücksichtigende Verwaltungssprache« gibt, wobei auch Redewendungen und feststehende Ausdrücke kritisch hinterfragt werden: »Viele Redewendungen und feststehende Ausdrücke gehen auf Vorstellungen zurück, in denen der Mann als Repräsentant der Norm gesehen wird. Hier sollten alternative Formulierungen gewählt werden.«

Anstelle von »Stadtväter« sollte »Stadtmütter und -väter« geschrieben werden, empfiehlt die Schrift, anstelle von »Der Mann auf der Straße« sollte es heißen »Durchschnittsbürgerinnen und -bürger« oder »Die Frau und der Mann auf der Straße« und anstelle von »Milchmädchenrechnung« – na? Reingefallen! Nicht »Milchmädchen- und -jungenrechnung«, sondern, jeglicher Diskriminierung rechnender Milchmädchen entrückt, »Ein einfaches Rechenexempel«.

Aber ist sie das überhaupt, die Milchmädchenrechnung? Nicht vielmehr »Eine simplifizierende Rechenmethode, die zu zumindest anfechtbaren Ergebnissen führt« –? Und was ist von der folgenden, noch irreführenderen Empfehlung des Referats für Gleichstellungsfragen zu halten? »Die Bezeichnung ›Mütter-Beratungsstelle‹ wird der Tatsache nicht gerecht, daß auch Väter und andere erwachsene Bezugspersonen die Beratung bei Fragen über den Umgang mit Säuglingen und Kleinkindern in Anspruch nehmen können. Deshalb sollte als neue Konvention der Begriff ›Säuglings- und Kleinkind-Beratungsstelle‹ eingeführt werden.« Hoffentlich finden die Purzelchen auch rechtzeitig aus den Windeln! Und gesetzt den Fall, daß sie unbeschadet bis zu ihrer Beratungsstelle gekrabbelt sind – welchen Rat mögen sie da wohl einholen wollen? Wie kind Mammi und Pappi daran hindert, aneinander zu Mörders zu werden, wenn sich die beiden mal wieder nicht auf einen verbindlichen, nicht diskriminierenden Plural einigen können?

Mörders, ganz recht. Die bereits erwähnte Luise F. Pusch nämlich ist all die Jahre am geschlechtergleichstellenden Sprachball geblieben und dabei zu Ergebnissen gelangt, die sich wie eine Kreuzung aus bisherigem Deutsch und vertrautem Englisch ausnehmen: Wegfall des »hochgradig diskriminierenden Suffix ›in‹«, dafür Einführung eines Plural-s in jenen Fällen, in welchen neue weibliche Einzahl und bisherige männliche Mehrzahl gleich lauten würden; trachtet ein mordlustiges Paar, »der Mörder« und »die Mörder« also, einander nach dem Leben, so sind beide, jedenfalls potentielle, »Mörders«.

Dabei hatte doch alles so harmlos angefangen, damals auf dem abgelegenen Parkplatz ...

Aus Fummlers waren dort erst Vöglers geworden, dann Hochzeiters. Aus Mieters wurden folgerichtig Eigenheimkäufers, aus Kneipenhockers Kleingärtners. Doch was machte diese unbescholtenen Bürgers zu Verbrechers? Die Tatsache, daß beide Sprachwissenschaftlers waren und ers nicht mehr mit anhören konnte, wie sie dem gemeinsamen Kind Abend für Abend Märchen erzählte, in welchen Sterntalers vom Himmel fielen und Fischers mit dem Butt sprachen, Jägers dem Einhorn nachstellten und Menschenfressers auf müde Wanderers warteten? Oder hatte *sie* deswegen zum Messer gegriffen, weil er sich nach dem Abendessen mal wieder weigerte, Tellers abzuwaschen, mit der Begründung, selbst Penners würden wie Kaisers tafeln, verglichen mit dem Fraß, den sie den Familienmitgliederts vorsetze –? Ich will den Ermittlungen der Richters nicht vorgreifen, obwohl es für uns Schriftstellers natürlich von herausragendem Interesse ist, wer sich im Fall Pusch vs. Pusch durchsetzt: Pusch? Oder Pusch?

Nach PlündererInnen und AusbeuterInnen hatte ich im letzten September verlangt – sie sind mir bis heute verwehrt geblieben. Dafür wartete ›Besetzt, Die Streikzeitung der Befreiten Universität Berlin‹ mit einem negativ besetzten Innen-Plural ausgerechnet da auf, wo er nun wirklich fehl am Platz ist: »Zunächst wollte sich Vize Brückner von den BullInnen einen

Weg ins Institut bahnen lassen« – BullInnen! Wo doch – wie die/der Einsendende mit dem Kürzel K. P. zu Recht anmerkt – »jedes Kind weiß, daß es keine weiblichen Bullen gibt, sondern nur Kühe.«

Nein – noch immer warte ich auf jenen Beitrag eines progressiven Druckwerks, das Ernst macht mit der Tatsache, daß Frauen keine Engels sind, jedenfalls nicht dauernd und alle. Bereits nach meiner ersten Glosse hatte die ›taz‹ vorgeblich den Versuch unternommen, den geschlechtsübergreifenden Plural auch auf weniger geschätzte Personengruppen auszudehnen, ein Experiment, das angeblich daran scheiterte, daß die Sprache der ›taz‹ dies nicht zulasse: »Personen kommen in dieser Zeitung eigentlich nicht vor.«

Tun sie natürlich andauernd, die ›taz‹-RedakteurInnen müßten ihr Blatt nur mal lesen. Das freilich ist über lange Strecken eine derartige Strafe, daß die Vermutung naheliegt, ein Großteil der Artikel gehe ungelesen in Satz, um sodann samt der Rest-Zeitung nichtgelesen in den Papierkorb zu wandern. Läsen die ›taz‹-MacherInnen nämlich ihr Druckwerk, würden sie rasch merken, welch einen Schlangen-Plural sie da an ihrem Busen nähren:

»Nerven wie Drahtseile« ist der Beitrag vom 21. 4. 89 überschrieben, in welchem Kai von Appen die Zustände in der Hamburger Hafenstraße zu beschreiben versucht. Da ist von »BewohnerInnen« und »BesucherInnen« die Rede – so weit, so normal. Da werden »StaatsbeamtInnen« und »MedienagentInnen« erwähnt – ein Schritt in Richtung Frauengerechtigkeit auch bei Negativtätigkeiten, aber wirklich nur einer. Denn bei eindeutig kriminellen Handlungen fehlen die »HafenstraßenbewohnerInnen« wieder völlig: die »Heroindealer« und die »Automarder« dulden offenbar keine Weiber in ihren Reihen. Oder ist es der Plural selber, der eine gewisse Grenze der Wohlanständigkeit ganz einfach nicht zu überschreiten vermag?

Eine Wahnidee, gewiß. Aber nicht viel wahnsinniger als das, was sich je länger, je mehr in den wackeren Artikeln gutdenkender Hirne breitmacht. Zwölf mit Knüppeln ausgerüstete »Personen« seien am 6. März in die Hafenstraße gekommen, schreibt Kai von Appen; man habe »die ungebetenen BesucherInnen« vertrieben, doch die seien kurze Zeit später mit Bereitschaftspolizei zurückgekommen: »Es waren nämlich Zivilfahnder gewesen« – und nicht etwa »ZivilfahnderInnen«. Ein Vorgang, der zwei Deutungen nahelegt: Entweder hat sich der weibliche Teil der BesucherInnen kurzfristig einer Geschlechtsumwandlung unterzogen, oder »Zivilfahnder« liegt bereits jenseits jener mentalen Markierung, welche die Böcke endgültig von den Schafen sondert.

Aber genug der Mutmaßungen. Der Hund bellt, die Sprachkarawane zieht weiter, lauter hochmotivierte Kamele, die sich des rechten Wegs offensichtlich ebenso bewußt sind wie der Rechtmäßigkeit ihres Tuns. Und haben sie nicht recht, wenn sie Hirn und Herz dafür einsetzen, dem uralten Menschheitstraum einer nichtsexistischen Sprache näherzukommen? Und habe nicht auch ich schon freudig aufgejault, wenn ich eines besonders anmutigen oder kühnen Schrittes in diese Richtung ansichtig wurde?

Im Haffmans Taschenbuch »Redens Arten« zitiert der Verfasser Dieter E. Zimmer die »Richtlinien zur Vermeidung sexistischen Sprachgebrauchs« der Konstanzer Linguistin – nein, nicht Luise F. Pusch, sondern Senta Trömel-Plötz: »Sprache ist sexistisch, wenn sie Frauen und ihre Leistung ignoriert, wenn sie Frauen nur in Abhängigkeit von und Unterordnung zu Männern beschreibt, wenn sie Frauen nur in stereotypen Rollen zeigt und ihnen so über das Stereotyp hinausgehende Interessen und Fähigkeiten abspricht, und wenn sie Frauen durch herablassende Sprache demütigt und lächerlich macht.«

Eine Definition, gegen die Zimmer etwas einzuwenden hat: »Bereits hierin lag eine gewisse Konfusion, denn im Grunde waren es gar keine Vorwürfe an die Sprache als solche, sondern an die Einstellungen sexistischer Sprecher« – Einwände, die ich freilich nur deswegen zitiere, weil sie in das mir allerallerste Beispiel eines nicht sexistischen Sprachgebrauchs münden: »Eine Verwechslung, die prompt zu etlichen leider nur lachhaften Vorschlägen führte. Da wurde der Schulbuchsatz *Schwester Christa arbeitet in der chirurgischen Abteilung* als ›sexistischer Sprachgebrauch‹ entlarvt; als annehmbare ›Alternative‹ stand ihm der Satz *Dr. Christa Seefeld leitet die Intensivstation* gegenüber.«

(1988/89)

DAS ZIEHEN DER FRAUEN AM HEMDCHEN

Wahrlich, wir leben in finsteren Zeiten! Finster für den jedenfalls, der da immer noch jenem lichten Traum nachhängt, der für all die Menschen all die Jahrtausende vor uns strahlende Gewißheit gewesen ist: daß es zwei Geschlechter gebe, daß die von Mutter Natur und Vater Staat mit deutlich unterschiedenen Merkmalen und Pflichten ausgestattet seien, daß ein Mann sich wie ein Mann und eine Frau wie eine Frau zu benehmen habe.

Statt dessen, und das bereits seit Jahren: Unisex und Partner-Look, Hausmänner und Geschäftsfrauen, Bodybuilding für sie und Schwangerschaftsgymnastik für ihn, das Make-up des Boy George und die Baßstimme der Amanda Lear – ja, gibt es denn gar keine geschlechtsspezifischen Unterschiede mehr?

Es gibt sie, doch man muß sie suchen. Ich habe gesucht, und ich habe gefunden. Dicke Bücher und bunte Blätter waren es, die mir die Augen öffneten. Bücher allerdings, in die keiner unserer Kulturpessimisten jemals einen Blick hineingeworfen hätte, und Blätter, die er sicherlich unbesehen in den Mülleimer geworfen hat. Die Blätter nämlich kommen kostenlos vom »Kaufhof« oder von »Witt Weiden«, die Bücher aber heißen »Quelle-Katalog«, »Neckermann-Katalog« oder »Otto-Versand-Katalog«. Blätter und Bücher zum uralten Thema Frau und Mann und doch alles andere als klägliche Kompilationen

verwelkten Wissens. Sinnliche Summierung heutigen Geschlechtsverhaltens vielmehr, die scheinbar absichtslos vorführt, was ist, auf daß der insistierende Intellekt die Frage stelle: Was bedeutet das?

Freilich: Der Inhalt dieser Blätter und Bücher ist von unterschiedlichem Interesse. Ja – eigentlich waren es für mich nur jene Blätter und jene Seiten der Kataloge, die von Herren-, vorzugsweise aber von Damenunterwäsche handelten. »Unterwäsche!« hör ich's nun rufen, mit einem Unterton von »Diese Art Interesse also!« – gemach! Nicht ich habe mich zu schämen, am Ende werden die Rufer als Beschämte dastehen. Doch vielleicht sollte ich erst einmal anfangen.

Aber gern, aber gleich, aber wie? Da gibt es also zunächst

Knaben und Mädchen. Beiden ist gemeinsam, daß sie gerne paarweise in Unterwäsche auftreten. Beide nutzen diese Gelegenheit, einander merkwürdig geformte Gegenstände zu zeigen. Und beide denken nicht daran, Hand an ihre Wäsche zu legen *(Bild 1 und Bild 2)*. Der Knabe reift zum Manne *(Bild 3)*. Nun zeigt er sich und seine Unterwäsche gleich rudelweise, nun stützt er die nervige Faust auch schon mal in die fein- oder doppelgerippte Seite – doch das ist's dann auch schon. In keinem der vielen dicken Bücher habe ich jemals einen Knaben, ein Mädchen oder gar ein Mannsbild gefunden, der bzw. die bzw. das an seiner Unterwäsche gezogen hätte.

Ja und? Abwarten! Jetzt kommt's doch erst! Das Mädchen reift ebenfalls, zur Frau, versteht sich, und bereits an der Schwelle zum Frausein wird es von der offensichtlich unbezwingbaren Lust gepackt, an seiner Unterwäsche zu ziehen. Die junge Frau zieht, wenn sie alleine ist, und sie zieht zu zweit. Sie zieht nach oben,

und sie zieht nach unten. Sie zieht mit einer Hand, und sie zieht mit beiden. Warum aber tut sie das?

Bei der Alleinzieherin auf *Bild 4* könnte man noch ein ganz schlichtes Interesse am eigenen Körper vermuten: Ein junges Ding entdeckt seine gerade erwachende Hüfte. Doch solch platter Psychologismus läuft ins Leere – bereits bei den Zuzweitzieherinnen auf *Bild 5* greift er nicht mehr. Was veranlaßt diese beiden, ihre Hemdchen im Gleichtakt teils runterzureißen, teils hochzuwurbeln? Enthalten wir uns voreiliger Schlüsse, stellen wir lediglich fest, daß es sich bei bei-

den Geschöpfen um Einhandzieherinnen handelt, um Frauen also, die den Schritt zur Vollfrau noch nicht vollzogen haben.

Die Vollfrau nämlich zieht mit beiden Händen, mit der einen rauf und mit der anderen runter *(Bild 6)*, oder mit der einen runter und mit der anderen rauf *(Bild 7)*, oder sie zieht gleich paarweise, wobei die eine Vollfrau ihr Hemdchen mit der einen Hand rauf- und mit der anderen runterzieht, während die andere es mit der einen Hand runter- und mit der anderen Hand raufzieht *(Bild 8)*.

Eine kluge Frau, der ich diese meine Beobachtungen mitteilte, entgegnete mir kühl: »Die wollen doch bloß zeigen, wie hoch das Höschen geht.« Wollen sie das wirklich? Dann genügte es doch, wenn sie das Hemdchen beidhändig hochzögen. Die Vollfrauen aber ziehen es nicht nur ganz höschenwidrig mit der einen Hand runter, sie ziehen es

auch da noch beidhändig runter und rauf, wo das Hemdchen so kurz und das Höschen so winzig ist, daß das ganze Geziehe jedes höschengerichteten Zweckes entschieden entbehrt – werfen Sie bitte schön mit mir einen unvoreingenommenen Blick auf die linke Vollfrau auf *Bild 9*.

Nein, nein: Dem Ziehen der Frauen am Hemdchen ist kein Sinn zu entlocken, es sei denn – halt, halt, halt! Bitte wenden Sie endlich den Blick von der rechten Vollfrau auf *Bild 9*, ich habe meine Zeit auch nicht gestohlen –, es sei denn, man deute es  so, wie ich es nach Abwägung aller Faktoren in aller Deutlichkeit tue, als instinktgesteuertes Handeln nämlich, das der Frau, und nur ihr, eigen ist, und das weltweit: Die geheimnisvolle Asiatin *(Bild 10)* zerrt ebenso am Oberteil wie die rassige Vertreterin der Karibik *(Bild 11)*, und  wenn es eine Macht gibt, die die Frauen dieser Erde dazu bringt, vom so rätselhaften wie ständigen Rauf- und Runterziehen ihrer Hemdchen abzulassen, dann jene, vor der alle Menschen – gleich welchen Geschlechts – gleich sind und die alle gleich macht: das Älterwerden.

Irgendwann nämlich – frage mich keiner, wann, lassen wir lieber die Bilder sprechen –, irgendwann also legt sich der physio-psychologische Zugzwang. Wie träumerisch zieht die reifere, mittlere Frau auf *Bild 12* noch einmal, ein letztes Mal, an dem, was mittlerweile vom Hemdchen zum Hemd gereift ist, versonnen kneifen die altersgleichen Gefährtinnen links und rechts in ihre »Paßfit Vollachsel-Hemden« – der Rest ist besinnliches Schweigen: *Bild 13.*

Eingetütet in das »Playtex Zauberkreuz-Panty-Hosenkorselett mit hervorragender Formkraft, im Zwickel Baumwolleinlage« oder eingeschweißt in den »Playtex-Einteiler ›kaum zu glauben‹ mit Baumwolle, vorgeformte nahtlose Trikot-Cups mit versteckter dünner Fiberfill-Einlage, stützen auch etwas mehr Busen perfekt« – so, allem Zwurbeln, Zerren und Zupfen entrückt, dämmert es den beiden Eingewickelten: Es hat sich ausgezogen.

Ein wehmütiger Moment, gewiß, und doch ein notwendiger. Braucht doch gerade diese Zeit und dieses unser Land Frauen, die mit beiden Händen zupacken können, sei es beim Kirchentag, beim Küchendienst oder bei der Kinderaufzucht – um nur drei der drei großen, der Frau zugedachten Ks zu nennen. Ja, Mutter Natur hat es so eingerichtet, daß diese Hände zur rechten Zeit wieder frei werden, Vater Staat kann sich die Hände reiben –, bleibt die Frage, warum die heranreifende Frau eine Spanne ihres Lebens mit ihren beiden Händen nichts Besseres anzufangen weiß, als damit Textilien zu deformieren.

Ich weiß keine Antwort, ahne jedoch, daß gerade dieses Nichtwissen möglicherweise die Antwort einschließt, ja bedeutet. Um es mit zwei großen Geistern der Vergangenheit zu sagen: *»Es gibt mehr Dinge zwischen Himmel und Erde, als unsere Schulweisheit sich träumen läßt.«* (Shakespeare); *»Das Erforschliche erforschen, das Unerforschliche ruhig verehren.«* (Goethe). Oder, zeitgemäßer ausgedrückt: *»Spitze – diese Unterwäsche!«* (Quelle-Katalog)

EWIGES RÄTSEL WEIB

VON DER NESTBESCHMUTZUNG ZUR MENSCHENVERACHTUNG – SATIREKRITIK IM WANDEL DER ZEITEN

Wer Satirekritik kommentiert und kritisiert, befindet sich in einer unguten Situation, zumal dann, wenn er sich selber hin und wieder als Satiriker betätigt, seine Kritik also auch der Kritik an eigenen Produkten gilt. Denn bereits der Anlaß der Kritik, die Satire, war ihrerseits Kritik an irgendeinem schlechten Bestehenden, so daß ich also im Begriff stehe, Kritik an der Kritik von Kritik zu üben – keine so furchtbar schöpferische Unternehmung, vielmehr eine, der ich selber, säße ich unter den Zuhörern, mit leisem Mißmut entgegensehen würde: Wenn das mal nicht eine reichlich blutleere Angelegenheit wird!

Daß ich dennoch hier rede, hat zwei Gründe. Einmal hatte ich Gelegenheit, im Laufe der Zeit recht bedenkenswertes Material zum Thema zu sammeln, zum anderen arbeitet die Satirekritik seit geraumer Zeit mit derart bedenklichen Mitteln, daß ich mich aus alter Anhänglichkeit gehalten sehe, der Kritisierten zu Hilfe zu kommen; schon um zu verhindern, daß sie es den Kritikern nachmacht und sich nun ihrerseits dem Trend zur vollkommen hemmungslosen Opferpose anschließt – noch mehr Wehleidigkeit nämlich könnte das Klima in diesem unserem Tränental vollends ins gänzlich Geist-, Denk- und Lachfeindliche umkippen lassen.

Davon gleich mehr, zuvor noch einige einschränkende Worte zum Thema meiner Überlegungen. Vom Wandel der Satirekritik wird nur kurz die Rede sein, wichtiger erscheint mir eine Bestandsaufnahme der zur Zeit gängigen kritischen Argumente und Methoden. Nur ein paar Hinweise also auf die Vorwürfe früherer Zeiten und ihre Folgen: Der ›Simplizissimus‹, seine Zeichner, Autoren und sein Verleger sahen sich in der Frühzeit der Zeitschrift – zwischen 1896 und 1914 also – wiederholt der Anklage der Majestätsbeleidigung, der Religionsbeschimpfung und der Unsittlichkeit ausgesetzt, die Folge waren

Vertriebsverbot, Verhaftungen, Prozesse, Festungshaft der Mitarbeiter und zeitweiliges Exil des Verlegers. Zur Zeit der Weimarer Republik dann waren es Chefredakteur und Mitarbeiter der ›Weltbühne‹, die wiederholt vor Gericht kamen, die Anklagen lauteten Reichswehrbeleidigung, Verächtlichmachung des Militärs – Tucholskys bekanntes »Soldaten sind Mörder« – und Geheimnisverrat, was nun freilich keiner Satire mehr galt, sondern einem Bericht über die verbotene und verborgene Luftwaffenaufrüstung der Reichswehr.

Mit dem Dritten Reich dann verschwanden für zwölf Jahre beide, die offene Satire und die veröffentlichte Satirekritik, doch als 1962 ›pardon‹ auf den Markt kam, ging vorerst alles weiter wie gehabt: Bereits das erste Heft rief den Kölner Volkswart-Bund auf den Plan. Der nämlich kümmerte sich um die Sittlichkeit des Volkes und nahm an einer doppelseitigen Zeichnung Anstoß, auf welcher ein Teufel eine Straßenbahn voller nackter Menschen steuerte; wer ganz genau hinsah, konnte sogar so etwas wie Kopulierende entdecken. Der Vorwurf lautete demnach Unsittlichkeit, und auch die Anklagen und Vorhaltungen der Folgezeit waren durchaus herkömmlicher Art: Verächtlichmachung religiöser Symbole – der Osterhase am Kreuz – oder Beleidigung des Staatsoberhauptes – der nackte Heinrich Lübke zerbricht ein Hakenkreuz. All diese Anwürfe wurden von ›pardon‹ und sympathisierenden Medien mit rechtschaffenem Ingrimm publik gemacht und als Gefährdung der Meinungsfreiheit angeprangert, ohne daß doch irgendein Satiriker seinen Vorgängern aus Kaiserreich und Weimarer Republik in Festung oder Gefängnis hätte folgen müssen. Mittlerweile gab es ja das Fernsehen, und daher konzentrierten sich die staatstragenden Kräfte ohnehin vor allem darauf, die dort mögliche Satire ganz zu verhindern oder sie doch möglichst zu domestizieren. Außerdem hatte in Sachen Printsatire mittlerweile ein Urteil des Reichsgerichts aus den 20er Jahren bei der Rechtsgüterabwägung und in der Rechtsprechung Schule gemacht: »Wesenseigen ist der Satire, daß sie mehr oder weniger übertreibt, jedoch in einer Weise, daß der des Wesens der Satire Kundige den geäußerten Inhalt auf den ... tatsächlich gemeinten Gehalt zurückzuführen vermag.«

Eine Toleranz, die jener ähnelt, mit der die bürgerliche Gesellschaft das Laster zugleich aus- und eingrenzt: So, wie im Rotlichtbezirk die grobsinnliche Erotik geduldet wird, darf sich die grobübertreibende Satire im Getto einer Satirezeitschrift ziemlich viel herausnehmen, ein Zustand, der sich allerdings immer dann schlagartig ändert, wenn ein Satiriker es wagt, dieses Reservat zu verlassen, um etwas in freier oder doch diffuserer Medienlandschaft zu wildern.

Auch davon gleich mehr, zuvor soll eine vierte Satirezeitschrift nicht unerwähnt bleiben: 1979 lief ›Titanic‹ vom Stapel, jener schräge Dampfer, der, anstatt selber unterzugehen, den Untergang des von allen guten Geistern verlassenen ›pardon‹ beschleunigte – die ging 1982 endlich auf Grund. Auch beim ›Titanic‹-Stapellauf war ich mit von der Partie, und da ich diesem Blatt seit mehr als zehn Jahren einigermaßen aufmerksam und tätig verbunden bin, konnte die Beobachtung nicht ausbleiben, daß mit der Satirerezeption und der Satirekritik irgendwas nicht mehr stimmte.

Das erste Mal freilich war ich bereits ein Jahr vor der ›Titanic‹-Gründung, also 1978, stutzig geworden. In diesem Jahre hatte mich der sozialdemokratische ›Vorwärts‹ für seine ›Rückwärts‹ genannte Satire-Seite um einen Beitrag gebeten, und ich hatte ihm eine leidlich aktualisierte Fassung eines Textes angeboten, welcher zehn Jahre zuvor, also 1968, anstandslos in ›pardon‹ gestanden hatte, »Die Handschriftenfunde vom Steinhuder Meer« überschrieben war und also begann:

»Im Mai dieses Jahres erregte eine Meldung aus Niedersachsen weltweites Aufsehen unter Christen und Nichtchristen. In Erdhöhlen am Steinhuder Meer – so hieß es – seien Handschriften gefunden worden, die sich nach eingehender Prüfung als Bruchstücke apokrypher Evangelien aus biblischer Zeit entpuppt hätten.

Schon damals wurden Zweifel an ihrer Echtheit laut, zumal es Historiker für erwiesen hielten, daß Niedersachsen erst 1924 endgültig christianisiert worden sei. Nun aber kann sich jeder Interessierte ein eigenes Bild von den vielbemunkelten Funden machen. Dieser Tage nämlich brachte der Karbunkel-Verlag die Fragmente in einem prachtvoll verpackten Faksimile-Band heraus, ich meine das Buch:

›... und das Papier redete und redete – Die frühesten Zeugnisse christlicher Überlieferung. Zusammengestellt und erläutert von Leihbischof Klamm‹.

Der Rezensent muß gestehen, daß ihn die Lektüre auf Anhieb faszinierte. In den vorliegenden Bruchstücken tritt uns ein Heiland entgegen, der – aber lassen wir den Text selber sprechen, etwa das Fragment 15:

24. Es begab sich aber zu der Zeit, daß Jesus, der Sohn des Joseph, seine Wehrpflicht abzuleisten hatte. So machte er sich denn freudig auf gen Jericho, auf daß er gemustert werde. Und als er vor die Kommission trat, da hieß man ihn vierzig Kniebeugen machen.

25. Und siehe: Er bog seine Knie so trefflich, daß sich darob ein großes Staunen erhob.

26. Und eine Stimme ertönte, die da sprach: Tauglich.

27. So diente Jesus denn frohen Herzens seinem Vaterland ein ganzes Jahr und ein halbes. Und als die Zeit verstrichen war, da hatte es dem Herrn gefallen, ihn bis zum Gefreiten aufsteigen zu lassen.«

Aufgrund meiner ›pardon‹-Erfahrungen hatte ich mit keinerlei abwehrender Reaktion der vermeintlich doch recht geistesverwandten ›Vorwärts‹-Leser gerechnet, um so erstaunter las ich die Briefe, welche die Zeitschrift in einer ihrer folgenden Ausgaben abdruckte; einer von ihnen – er stammt von Hans Steinacker in Witten-Heven – soll hier stellvertretend zu Wort kommen:

»Der blasphemische Humor der ›Handschriftenfunde‹ macht wohl auch dem letzten Leser klar, daß die ›Vorwärts‹-Redaktion sich als Team von soliden Agnostikern versteht, die sich zum Teil noch den Fragestellungen und Vorurteilen des 19. Jahrhunderts verpflichtet weiß. Schade, daß der ›Vorwärts‹ den Christen unter seinen Lesern so viel Kopfschütteln und Ärger zugemutet hat.«

Völlig grundloser Ärger – doch offenbar war der Christ und Sozialdemokrat Steinacker nicht in der Lage gewesen, Anlaß und Absicht der Satire auszumachen: Die hatte sich selbstredend nicht gegen die Bibel gerichtet, sondern gegen den Anspruch einer so weltverfallenen Partei wie der niedersächsischen CDU, sich mit einer so spirituellen Gestalt wie Christus zu dekorieren, die Pointe des Textes, in welchem Jesus sich zudem gegen Mitbestimmung und Radikalismus äußert, bestand denn auch darin, daß diese ominösen Handschriften ausgerechnet im Garten des Ferienhauses von Ministerpräsident Albrecht gefunden worden seien.

Ungerechtfertigte Kritik also, schlimmer noch: Kritik aus der falschen Ecke, doch dann war die Satiriker-Welt noch einmal in Ordnung: Im Novemberheft des Jahres 1980 nahmen Eilert, Knorr und ich uns des Papstbesuches an, und die altböse Übelnehmerin Kirche sowie die zuständigen Gerichte reagierten: Strafanzeige gegen den verantwortlichen Redakteur Lionel van der Meulen, der angeklagt wurde, »Einrichtungen und Gebräuche einer im Inland bestehenden Kirche in einer Weise beschimpft zu haben, die geeignet ist, den öffentlichen Frieden zu stören«, außerdem wurde ihm zur Last gelegt: »Auf Seite 28 wird in herabsetzender und abfälliger Weise das Bekreuzigen lächerlich gemacht« – doch diesen Anklagen folgte keine Verurteilung. Richter Blasig, der Vorsitzende des Frankfurter Schöffengerichts, entschied vielmehr: »Der Beitrag ist nicht geeignet, den öffentlichen Frieden zu stören.« Begründung: »In einer Zeit, in der weitere Kreise der Bevölkerung Anstößiges zunehmend tolerieren, ist nicht zu befürchten, daß die mißglückte satirische Einkleidung eines kirchlichen Brauches zu allgemeinem Unbehagen führt.«

Die Vorstellung, daß Satire einkleidet, also nicht wortwörtlich zu nehmen ist, wurde bereits im zitierten Reichsgerichtsurteil geäußert, das denn auch fortfuhr:

»Daraus folgt, daß eine satirische Darstellung nicht nach ihrem Wortsinn genommen wird, sondern erst des in Wort und Bild gewählten Gewandes entkleidet werden muß, bevor beurteilt werden kann, ob das, was in dieser Form ausgesprochen und dargestellt ist, den Tatbestand einer strafbaren Handlung insbesondere eine Beleidigung enthält.«

Eine Auffassung, die Anfang der 30er Jahre dazu führte, daß Tucholsky und Ossietzky in Sachen »Soldaten sind Mörder« freigesprochen wurden, die aber am 14. 3. 1990 von dem Düsseldorfer Oberlandesgericht zu dem Zwecke geteilt wurde, um eine Verurteilung zu begründen: Sie richtete sich gegen Bernd Eilert, weil der einen wehrübungswilligen Rollstuhlfahrer mit der Begründung in seine Rubrik der Peinlichsten Persönlichkeiten aufgenommen hatte, der sei dann ja wohl ein geborener Mörder. In diesem Falle vermißte das Gericht die Einkleidung – Eilert sage ja lediglich klipp und klar seine Meinung – und bestrafte die vermeintliche Blöße mit einer Buße von DM 12 000. – Gegen dieses Urteil wurde Verfassungsbeschwerde eingelegt, ein endgültiger Bescheid steht noch aus. Es gibt sie also noch, die alten Fronten und Satiregegner, hie Kirche – hie Freigeist, hie Militär – hie Pazifist, hie überkommene Moral – hie Liberaler, doch mittlerweile hat dieser Frontverlauf etwas fast Museales, richtiger gesagt das, was noch von ihm übriggeblieben ist. Denn über große Strecken ist er überhaupt nicht mehr auszumachen: Als der ›Charivari‹ 1830 den Bürgerkönig Louis Philippe mit dem Spitznamen Birne belegte, gab es jede Menge Ärger und Verbote, als ›Titanic‹ diesem Vorbild 150 Jahre später folgte, geschah nichts dergleichen, im Gegenteil. Anläßlich der 83er Wahl hatte ›Titanic‹ noch auf dem Titelblatt einen älteren Herrn in eine Kohl-Birne beißen lassen: »Jetzt hat der mündige Bürger das Wort«. Der aber sprach sich mit 48,8 Prozent für Kohl aus, und der wiederum posierte vier Jahre später, bei der 87er

Wahl, als Birnenesser für eine CDU-Anzeige im ›Spiegel‹ – die Dummen aber waren die Satiriker, die sich auf repressiv tolerante Weise enteignet sahen und auf das unter die Rechten gefallene Obst in Zukunft verzichten mußten.

Dafür freilich bekamen sie zunehmend Ärger mit einer neuen Kritikerklientel – und damit bin ich endlich beim Thema:

Mittelbar war ich erstmals betroffen, als ich mich unvermittelt gezwungen sah, den Titel des Jahres 1982 zu verteidigen. Ein Titel, an dem ich, im Gegensatz zu vielen anderen, ganz und gar unschuldig war: Idee und Ausführung stammten von Waechter, und das Titelblatt zeigte eine dezent gezeichnete deutsche Frau, die einen liebevoll gezeichneten Ausländer, der mit ihr die Bettstatt teilt, in einer Sprechblase auffordert: »Ausländer rein.« Eine Aufforderung, die einigen Wirbel machte, bis hin zur ›taz‹, eine Aufregung, die auch mich ereilte, als ich im Anschluß an eine Lesung von jungen Frauen gefragt wurde, was wir uns bei diesem sowohl ausländerdiskriminierenden wie frauenfeindlichen Titel eigentlich gedacht hätten?

Wieso?

Na – der bestätige doch gleich zwei Vorurteile: Daß es deutsche Frauen gerne mit Ausländern trieben und Ausländer gerne mit deutschen Frauen.

Was denn dagegen zu sagen sei?

Das stimme nicht.

Aber sie hätte doch sicher nichts dagegen, wenn es den Tatsachen entspräche.

Nein. Aber so – nämlich auf die Sexualität reduziert – sähe auch der Spießer das Verhältnis deutsche Frau – Ausländer, und daß der Spießer dergestalt in seinen subjektiven Vorurteilen bestärkt werde, mache den Titel objektiv gefährlich, weil er Wasser auf rechte Mühlen sei.

Ein Gespräch, das ohne Ergebnis endete und das mich erstmals im privaten Rahmen mit jener Stellvertreterbedenklichkeit und Stellvertreterentrüstung konfrontierte, die ich bisher nur in Redaktionen kennengelernt hatte, vor allem in denen öffentlich-rechtlicher Anstalten: »Sie verstehen, wie der Witz gemeint ist, ich verstehe, wie der Witz gemeint ist, aber ob ihn auch der Zuschauer/Hörer/Leser versteht?« Eine Fürsorglichkeit, in welche sich freilich im Fall der empörten Leserin auch unüberhörbar Eigeninteresse mischte: Ich will mich als Frau nicht so dargestellt sehen.

Hatte ich mich in diesem Fall noch als halbwegs objektiver Sachwalter der Satire-Interessen an sich sehen können, so saß ich beim folgenden Fall mit auf der Anklagebank, freilich ungenannterweise:

Im März 1984 berichtete die Schweizer Zeitschrift ›Der schweizerische Beobachter‹ in ihrer Rubrik ›Beobachter aktuell‹ über »Frauenfeindliche Kleber«: »Silvia M. konnte ihren Augen nicht trauen: Als sie am Kiosk einer Tankstelle in Suhr eine Kleinigkeit kaufen wollte, stieß sie auf eine Kollektion frauenfeindlicher Aufkleber, die sie in ihrer Würde als Frau tief beleidigten: Eine unbekleidete Frau leckt ihrem angezogenen rauchenden Mann die Schuhe, darüber steht: Na endlich! Die Weiber werden wieder normal!«

»Man braucht in keiner Frauengruppe – und nicht einmal Frau zu sein«, kommentiert der ›Beobachter‹, »um sich von dieser Aussage betroffen zu fühlen: Hinter dem Kleber steht jene Menschenverachtung, die sich von jeher in einem Herren-Knecht-Denken geäußert und im Dritten Reich in der Vernichtung von sechs Millionen Andersrassigen ihren schrecklichsten Ausdruck gefunden hat« – auf den ersten, wenn auch nicht allzu klaren Blick scheint das alles rundum plausibel, stimmt aber auf den zweiten hinten und vorne nicht. Nicht Menschenverachtung steht hinter dem Kleber, dahinter stehen vielmehr ›Titanic‹, F. K. Waechter und ich, und das kam so: Wir, die ›Titanic‹-Mitarbeiter, planten für das Oktoberheft 1980 einen Beitrag, welcher schlimme, leider stets virulente frauenfeindliche Männerphantasien aufs schärfste geißeln sollte; ich, der gelernte *Visualizer*, brachte diese, vom sich gerade anbahnenden Wende-Klima neu entflammten Tendenzen auf jenen – das zumindest glaubte ich – vollkommen überzogenen Punkt, an welchem sie zur Kenntlichkeit entstellt wurden; und F. K. Waechters stets einfallsreicher Pinsel wählte für die Ausführung jene bewußt grobe Comic-Manier, welche die Plattheit der verbalen Behauptung noch durch die Plumpheit der graphischen Mittel steigerte, um sie somit vollends der Lächerlichkeit zu überführen – dachten wir zumindest.

Gar nicht so falsch gedacht, denn vier Jahre lang regte sich kein Widerspruch. Erst die Firma »Bobo-Kleber« aus Biberstein brachte den Stein des Anstoßes ins Rollen und den ›Beobachter‹ zum Grollen, als er das hochkritische Motiv ohne ›Titanic‹-Schriftzug, ohne Unterzeile und natürlich auch ohne unsere Genehmigung zum Kleber herabwürdigte. Zum nun eindeutig frauenfeindlichen und tiefbeleidigenden Kleber, welcher von Rechts wegen – aber bin ich nicht zu vorschnell? Kein Pardon für den kriminellen Bobo-Versand! Doch hätte frau/man den Kleber nicht auch anders sehen können? Als derart übertriebene Darstellung derart überdrehter Männerwünsche, daß sie nicht kränkend, sondern einfach lachhaft wirken und Lachen bewirken mußte – sei es nun ein die Satire durchschauendes Lachen oder eines, das, den vermeintlichen Ungeist für bare Münze nehmend, ihn seiner offenkundigen Stumpfheit und Dumpfheit wegen verlachte?

Und mußten wirklich die sechs Millionen ermordeter Juden dazu herhalten, um den Kleber in seiner ganzen Verderbtheit zu charakterisieren? Wie war es möglich, daß der Journalist trotz seiner Sensibilität für frauenfeindliche Darstellungen so gar kein Gefühl für die völlige Unverhältnismäßigkeit des Kleber-Judenmord-Vergleichs hatte?

Er steht mit dieser Unsensibilität nicht allein da. Es würde den Rahmen dieser Überlegungen sprengen, wollte ich aufzählen und darlegen, wie oft in letzter Zeit einer Satire oder einer Karikatur mit dem Vorwurf begegnet wurde, die sei »bester Stürmer-Stil«. Hilke Raddatz bekam das von ›Emma‹ zu hören, wegen einer Alice Schwarzer-Karikatur, Hans Traxler von Elke Heidenreich, wegen einer Hans Dieter Hüsch-Karikatur. Und auch ich gehöre zum Kreis der ›Stürmer‹-Zeichner – wobei kurz daran erinnert werden soll, daß es sich bei dem um ein antisemitisches Hetzblatt handelte.

Soviel zum Sachverhalt: Seit 1978 zeichnete und schrieb ich für ›Zeit-Magazin‹ und für die Seite »Hier spricht der Dichter«, ich war also in diesem Umfeld kein ganz Unbekannter mehr, als 1984 in diesem Rahmen mein Werk »Chines und Has – ein Vergleich« veröffentlicht wurde.

Ein Bild- und Nonsensgedicht, das mit den Worten beginnt »Der Chines spielt leicht ins Gelbe / Von Chinas Hasen gilt dasselbe«, um darauf mit nonsenstypischem Reim- und Systemzwang weitere herzlich unsinnige Parallelen zu behaupten, zum Beispiel: »Der Chines schaut gern verschlagen / Das kann man auch vom Hasen sagen.«

Einer, der das nicht gerne hörte, war Dr. Werner Schubert aus Heidelberg. Der schrieb: »Auf der Seite 20 des beiliegenden ›Zeitmagazins‹ findet sich der komisch sein sollende Vergleich Chines und Has. Nicht genug, daß hier ein Angehöriger einer fremden Nation auf geschmacklose Weise mit einem Tier verglichen wird, nein: In bester Stürmer-Manier finden wir als drittes Bild einen zähnebleckenden Chinesen mit zusammengekniffenen Augen«, und in einem weiteren Brief fragten Beate Meinck und Wolfgang Wenzel aus Saarbrücken: »Ausländer und Nagetier auf einer Stufe? Wir bitten um Stellungnahme.«

Der Chinese schaut gern verschlagen. Das kann man auch vom Hasen sagen.

Bevor ich weiteres Material vor Ihnen ausbreite, vor allem den Kämpfen von ›Emma‹ und den »Krämpfen« der ›taz‹ entnommen, rasch eine Zwischenbilanz. Schon jetzt dürfte deutlich geworden sein, wodurch sich alte und neue Satirekritik voneinander unterscheiden: Hatten sich früher die kritischen Zeigefinger im anderen, feindlichen Lager gereckt, aus Gründen, über die der Satiriker nur lachen konnte, so tun sie es heute im eigenen, mit Begründungen, die ihn schon deshalb nicht gleichgültig lassen können, weil sie Werte ins Feld führen, die durchaus auch die seinen sind, die aber unvermutet gegen ihn selbst und seine Art, die Welt zu sehen und zu spiegeln, gewandt und verwandt werden.

1980 bekam ich ein Buch in die Hand, das diese neue Situation auf einen dankenswert deutlichen Punkt bringt.

»Wer muß hier lachen?« war die »Streitschrift« von Karin Huffzky überschrieben, der Untertitel lautete: »Das Frauenbild im Männerwitz«, und der Kernsatz hieß: »Alle Witze, die von Frauen handeln, sind antiemanzipatorisch.« Alle Witze, nicht nur die schlechten, die dummen oder die tendenziösen. Im Namen der Emanzipation, also der Befreiung von Denkverbot und Vernunftknebelung wurde da für ein ganzes Geschlecht, für die Hälfte der Menschheit also, Witzverschonung und Satirefreiheit eingeklagt. Das hat Schule gemacht, doch bleiben wir vorerst bei den Frauen, den Feministinnen, richtiger gesagt, da deren Wortführerinnen am exemplarischsten vorgeführt haben, wie frau dafür sorgt, daß die von Karin Huffzky formulierte Erkenntnis nicht folgenlos geblieben ist.

1987 setzte Alice Schwarzer in und mittels ›Emma‹ eine Diskussion in Gang, die einen zumindest kurzfristigen Sturm im Medienglas zur Folge hatte: Die PorNo-Kampagne. Der Anlaß war ein fast zehn Jahre altes Buch der Amerikanerin Andrea Dworkin, das eine der ›Emma‹-Forderungen beinhaltete, daß Frauen auf Schadenersatz klagen können sollten, wenn sie sich durch die Wahrnehmung von Pornographie behelligt fühlten, wobei Alice Schwarzer den Begriff Pornographie sehr großzügig auslegte: »Pornographie ist die sexualisierte, erniedrigende Darstellung von Frauen, das beginnt natürlich schon beim netten, dümmlichen Sexhasen und endet bei gefolterten Frauen.«

Das Gesetz hätte also gegen Filmplakate ebenso eingesetzt werden können wie gegen die Schriften de Sades – doch so weit kam es nicht, und daß es so weit kommen würde, hatte wohl nicht einmal die Initiatorin des ganzen publizitätsträchtigen Wirbels erwartet. Statt dessen kam es zu Podiumsdiskussionen, gab es Einwände und seltsame Selbstbezichtigungen unserer Star-Feuilletonisten, und schließlich einen ›Emma‹-Sonderband »Pornographie«, in dem Alice Schwarzer nachzuweisen versuchte, daß ›Emma‹ seit 1978 einen konsequenten Kampf gegen die Pornographie geführt habe, wobei sie zwangsläufig das von ihr verantwortete ›Emma‹-Sonderheft »Sexualität« aus dem Jahre 1982 unter den Teppich kehren mußte: Darin nämlich hatte sie Beate Uhse das Zeug zur Feministin attestiert und die de Sade-Lektüre mit den folgenden Worten empfohlen: »Du« – gemeint ist der Marquis – »hast Recht: nur Leidenschaft und Maßlosigkeit bringen uns weiter.«

1987 aber richtete sich diese Maßlosigkeit gegen den Marquis und die Folgen. Bei einer der Podiumsdiskussionen – Teilnehmer unter anderen der reuige Hellmuth Karasek, Rita Süssmuth und Andrea Dworkin, die das Verbot der Schriften de Sades forderte –, fuhr Alice Schwarzer schwerstes Geschütz auf: »Die Bilder und Einflüsse, die unsere Sehnsüchte, Bedürfnisse und Verhaltensweisen prägen, haben sich in den letzten 10, 15 Jahren auf eine unbeschreibliche Art und Weise brutalisiert und desensibilisiert. Wohin das führen kann, daran hat Andrea, die Frau und Jüdin ist, eben erinnert. Bevor man sich das Recht nimmt, Millionen Menschen zu foltern und ihnen das Leben zu nehmen, wie wir Deutschen es mit den Juden gemacht haben, muß man sie degradieren zu Menschen, mit denen man so etwas machen kann. Den Gaskammern der Nazis gingen selbstverständlich die Propagandafeldzüge der Nazis voraus, die jüdische Menschen wie Untermenschen gezeigt haben. Und wir Frauen werden heute gezeigt wie Untermenschen.«

Eine Argumentation, die auf den ersten Blick nichts mehr mit Satirekritik zu tun hat – schließlich geht es um nichts Geringeres als vollzogenen Völker- und geplanten Geschlechtermord –, dennoch sind wir näher beim Thema als es den Anschein hat. Ein Kommentar Alice Schwarzers, ebenfalls im ›Emma‹-Sonderband, schlägt die Brücke: »Pornographie ist Kriegspropaganda gegen Frauen. Sie sind in diesem Krieg schon ganz schön weit gekommen. Am Anfang haben sie uns ›nur‹ ausgezogen. Dann haben sie uns ›nur‹ vergewaltigt. Dann haben sie uns ›nur‹ gefoltert; jetzt zerstückeln sie uns. Jeder Bürger ein de Sade. Das ist Demokratie im Patriarchiat.

Wir leben in einem Land, in dem, 40 Jahre nach der Nazizeit, die Propagierung eines plumpen Antisemitismus auf Protest stößt: Wer Bilder von hakennasigen, raffgierigen, kinderschändenden Juden veröffentlichen würde, bekäme Ärger. Zu recht. Wir leben in einem Land, in dem die Propagierung eines plumpen Rassismus auf Protest stößt: Wer Bilder von trolläugigen, blöden allzeit dienstbaren Schwarzen veröffentlichen würde, bekäme Ärger. Zu recht. Wir leben in einem Land, in dem, mitten im Geschlechterkampf, die Propagierung eines plumpen Sexismus eine Selbstverständlichkeit ist« – Juden und Schwarze also werden von rassistischen Karikaturen verschont, Frauen wird dieser Minderheitenschutz nicht gewährt. Und damit wären wir von der Pornographie wieder beim Witz gelandet: Senta Trömel-Plötz, Linguistin und Feministin aus Konstanz, leitet ihr Vorwort zum Sammelband »Das Gelächter der Geschlechter, Humor und Macht in Gesprächen von Männern und Frauen«, mit genau der gleichen Argumentationskette ein: »Jüdinnen und Juden finden Witze über Juden nicht komisch. Schwarze finden Witze über Schwarze nicht komisch ... Niemand macht einer Jüdin gegenüber einen Witz über Frauenkonzentrationslager, niemand macht einem Schwarzen gegenüber einen Witz über Lynchings im amerikanischen Süden ... Nur Frauen ist es zumutbar, zugleich Zielscheibe und Hörerin eines Witzes, unzähliger Witze zu sein.«

Ich muß darauf verzichten, den, wie ich finde, anfechtbaren Gedankengang in Einzelschritten zu verfolgen, gar zu korrigieren. Bekanntlich stammt ein Großteil der Judenwitze von Juden, und wer je in eine jüdische Witzsammlung geschaut hat, der weiß, daß diese Witze sich keineswegs auf das Schema »Kommt eine Jüdin ins Konzentrationslager« reduzieren lassen – doch nicht um die Inhalte der Satirekritik kann es hier gehen, sondern lediglich um Methoden und Ziele. Die Methode aber besteht darin, sich in eine Reihe mit jenen zu stellen, die ganz unbestreitbar Opfer waren oder sind, um dann, im Besitz des Opfer-Bonus, anklagend auf die Täter zu zeigen, mit dem Ziel, die zum Schweigen zu bringen: »Frauen finden Witze über Frauen nicht mehr komisch ... Wir müssen die menschenfeindlichen Einstellungen ändern.«

»Menschenfeindlichkeit« contra »Menschenwürde« – zwei Begriffe, die hinlänglich diffus sind, um aber auch von jedem Lager ins Feld geführt werden zu können. Die CSUler nahmen sie für Strauß ebenso in Anspruch, als Pepsch Gottscheber den in Gestalt eines weißwurstfressenden Löwen karikierte, wie die ›taz‹-Frauen, die am 10. März 1988 eine stark reduzierte Streikausgabe ihrer Zeitung mit den Worten begründeten: »Entwürdigender ›Humor‹. Während unsere Frauenredaktion auf die internationale Frauendemo ging ...« da hätten zwei Redakteurinnen und zwei Redakteure eigens zu diesem Anlaß eine »Porno-Seite« für die Berliner Ausgabe des Blattes zusammengestellt; »Dazu fiel ihnen ein: Möse, Butter, Schäferhund, Fikken und als Krönung die Zeichnung eines 23jährigen ›Künstlers‹ (Banane als Schwanzersatz). Wir haben genug von diesem ›Humor‹. Die Seite ist diffamierend, entwürdigend, verletzend – und das alles auf dümmlichstem Niveau.«

Zwei Tage später war der Streik beendet: »Die Forderungen der Frauen wurden angenommen«, und die für die Porno-Seite Verantwortlichen ihrer Posten enthoben.

Nicht immer erreicht die Betroffenheitsargumentation auch ihr Ziel, wie in diesem Fall, immer aber meint sie das gleiche: Darüber macht man keine Witze, bzw. Darüber lacht man nicht, bzw. Pfui! bzw. Ä bäh! weshalb sich zum Vorwurf der Menschenverachtung gerne noch kritische Feststellungen zum Reifegrad des Verächters gesellen: Er ist wahlweise »primitiv« oder »pubertär«, »unreif« oder »geschmacklos«, »pennälerhaft« oder ganz einfach »infantil«.

Darüber lacht man nicht: Nicht über Deutschlands Rockmusiker, weil die doch laut Rocksängerin Jutta Weinhold »Deutschlands Neger« sind, und nicht über Betrunkene, weil die, wie es ›konkret‹ der ›Titanic‹ vorhielt, »Alkoholabhängige«, also »Kranke« sind, und nicht über Jesus, weil der – aber da muß ich etwas weiter ausholen.

In der Weihnachtsausgabe der ›taz‹ des Jahres 1988 fand sich eine Bildergeschichte von Elisabeth Kmölniger, damals eine regelmäßige ›taz‹-Mitarbeiterin, in welcher eine bizarre Version der Weihnachtsgeschichte erzählt wurde: Das Jesuskind kommt bereits dornengekrönt aus der Vagina, es erhält von Gott einen essiggetränkten Schnuller und drei Nägel zum Drangewöhnen, Maria strickt ihm derweil einen Kreuzwärmer – ich verstehe jeden Kirchenmann, jeden Christen und jede Christin, die sich von dieser Lesart ihrer Heilsgeschichte empört oder verstört abwenden: Elisabeth Kmölnigers Bilder sind tendenziös und blasphemisch, sie wollen Glaubensinhalte der Lächerlichkeit preisgeben, und jene, die an so etwas glauben, verlachen, und das meint natürlich auch: verletzen.

Das ist klar, aber ebenso klar muß auch gesagt werden, daß sich Kmölniger nicht über leidende Babies oder gefolterte Menschen lustig macht, sondern über Ausgeburten einer Religion, die bis auf den heutigen Tag ziemlich unbedenklich Nutzen aus der Tatsache zieht, daß der Mensch all das braucht: Sinn, Symbole, Bilder, also auch Jungfrauen, die Kinder gebären, und Gottväter, die ihre Söhne ermorden lassen, auf daß deren Fleisch und deren Blut fortan Gegenstand ritueller Mahlzeiten werden können. Diesen hehren Bildern bzw. Schriften in unser aller Köpfe hält die Kmölniger ihre Gegenbilder entgegen, doch nicht einmal die Tatsache, daß sie sich, als Zeichnerin, augenscheinlich ebenfalls in Zeichen und Symbolen äußerte, konnte sie davor bewahren, daß ›taz‹-Leserinnen und Leser ihre Zeichnungen wortwörtlich nahmen: Die Leserinnen- und Leserbriefseite vom 4. Januar 1989 ist denn auch so etwas wie eine Musterkarte der Neuen Satirekritik geworden. In neunzehn Briefen – alle dagegen – wird der Zeichnerin so ziemlich alles vorgeworfen, was man heute besser nicht tut, denkt, fühlt oder ist – und das möchte ich mal kurz auflisten.

Gleich drei der Empörten bezeichnen Elisabeth Kmölniger expressis verbis als »der Zeichner«, vermuten also hinter dem Kürzel Kmö – eine genaue Verfasserangabe fehlte – einen Mann, offenbar deswegen, weil sie einer Frau ein solches Machwerk nicht zutrauen. »Ich kündige das Abo zum nächsten Zeitpunkt«, schreibt beispielsweise Dr. Sabine Wendt aus Marburg an der Lahn. »Ein neues Abo kommt für mich erst in Frage, wenn Ihr Euch für diesen neuerlichen Vorfall bei Euren Lesern entschuldigt und der Zeichner der Karikatur ebenso seinen verdienten Laufpaß bekommt wie die genannten Antisemiten.«

Doch auch viele jener, die das nicht offen aussprechen, scheinen hinter den anstößigen Bildern einen Mann zu vermuten, da es in den Briefen nur so wimmelt von Abqualifizierungen, die gemeinhin Buben vorbehalten sind: »primitiv«, »präpubertär«, »pubertär«, »analorientiert«, »eklig«, »niveaulos«, »Schülerzeitungsschmierereien«.

Außerdem bezeichnet der Leser Christoph Mehling die Zeichnungen als »sexistisch«, da sie die »Würde der Frau herabsetzen«, und Prof. Dr. Claus Eurich aus Münster blickt voll durch: »Die Comic-Leiste ist schlicht abstoßend. Offensichtlich das Produkt eines Mannes, der seine Perversion nicht in Schmuddelkinos austoben kann, sondern auch noch selbst zum Zeichenstift greifen muß. Menschenverachtend, frauenverachtend, Gefühle verletzend. Der Abdruck solcher Kopfgeburten eines pathologischen Sexisten« – aber hier möchte ich rasch Dagmar, Eva, Markus und Peter aus Tübingen zu Wort kommen lassen, da die das alles in ein Wort zu zwängen in der Lage sind: »Gewaltpornographie«.

Kmölniger also viel Ä bäh! – doch noch fehlt die politische Einordnung des Auszugrenzenden. »Eure Weihnachtsnummer hätte genau gepaßt, wenn Ihr sie zur Zeit der Stalin-Ära in Moskau veröffentlicht hättet«, schreibt Erwin Kruse aus Winnenden, bleibt aber mit dieser Ausgrenzungsrichtung ziemlich allein, da der überwiegende Teil der Protestierenden, die Kmölniger ›taz‹gemäß lieber in die extrem rechte Ecke gestellt sehen wollen: »Ich habe mal in der AntiFa mitgewirkt und mußte mich oft mit dem ›Stürmer‹ beschäftigen. Saukels Auswürfe waren gegen den ›taz‹-Comic zwergenhaft« – schreibt Dieter Wurm, und wenn er auch Saukel mit Streicher verwechselt: mit rechts liegt er richtig. Das meint auch Mathias Eisel aus Rüsselsheim: »Könnte einem rechtsradikalen Presseorgan unserer jüngeren deutschen Geschichte entliehen sein« – und darauf folgt, was der Debatte gerade noch gefehlt hatte: Der Mensch Jesus, der Gefolterte Jesus, der Jude Jesus werden nacheinander bemüht, um den christlichen Glauben als Opferlamm und die Satirikerin als Metzgerin dastehen zu lassen.

»Denn unabhängig vom Gottesanspruch, und unabhängig von den Verfehlungen der Kirche, die Jesus nicht zu verantworten hat, besteht kein Unterschied zwischen einem KZ-Opfer und Jesus am Kreuz«, schreibt Werner Köhler aus Krefeld, und Pastor Heinrich Albertz aus Bremen setzt noch einen drauf:

»Die diesjährige Weihnachtsausgabe bietet im Feuilleton eine Mischung von Pornographie und blankem Haß gegen Jesus von Nazareth und seine Mutter – übrigens beide Juden. Ich kündige mein Abonnement und bitte, die Lieferung der ›taz‹ einzustellen.«

Menschenverachtend, frauenverachtend, judenverachtend – fehlt da nicht noch etwas? Carmen und René Böll aus Bonn liefern das Gewünschte: »Die in der ›taz‹ abgedruckten ›Karikaturen‹ zur Geburt von Jesus sind mit das ekelhafteste, frauen- und kinderverachtendste, was wir je gesehen haben ... Der Vorgang der Geburt – sicher eines der schönsten Erlebnisse für Mann und Frau – wird in widerlicher Weise in den Schmutz gezogen.«

Geburtsverachtend ... Andreas Hedwig aus Münster aber blieb es vorbehalten, Kmölnigers Comic in die nun aller-allerschmuddeligste Witzecke zu verweisen: »Diese Art Humor, sich über einen Gefolterten lustig zu machen, stammt aus der gleichen gedanklichen Richtung wie ›Juden‹- oder ›Türkenwitze‹.«

Wir sehen: Die Christen haben es gelernt, sich der kurrenten Argumente zu bedienen, wenn jemand es wagt, ihrem Glauben zu nahe zu treten; und es gibt weitere gelehrige Schüler. Als die ›taz‹ Auszüge aus Salman Rushdies Islam-Satire ›Die Satanischen Verse‹ veröffentlichte, da hatte das unter anderem einen Leserbrief zur Folge, der mit »Freunde des Islam Berlin e. V.« unterschrieben war, von »Empörung, Trauer und Schmerz« sprach, von »verletzten Gefühlen für das Heilige« und der schließlich den naheliegenden Schulterschluß mit der hier herrschenden Religion suchte: »Dann sollten wir vielleicht alle so reagieren wie der katholische Bischof von Lyon, Kardinal Decourtage, der sagte: Die Satanischen Verse sind eine Beleidigung der Religionen. Jedes Buch, jedes Werk, das die Religion, das die Gefühle der Menschen derartig verletzt, sollte unterbleiben. Solche Dinge sind nicht Zeichen eines freiheitlichen Fortschritts, sondern sie sind Zeichen einer fortgeschrittenen Dekadenz.«

Ich bin – fast – am Ende, noch fehlen Fazit und Ausblick.

Das Fazit: Für einen zukunftsorientierten, halbwegs sensiblen

Menschen kommt die Satire als Mitteilungsform und kritisches Genre nicht mehr ernsthaft in Frage. Wen soll er denn noch zur Zielscheibe seines Spottes wählen, wenn nicht nur Andersgeschlechtliche, Andersfarbige, Andersdenkende, Anderssingende und Anderstrinkende ausfallen, sondern der ganze Mensch als solcher? Das Tier etwa? Das wäre robben-etc.-verachtend. Die unbelebte Natur? Das wäre wüstendiskriminierend. Die Erde an sich? Das wäre lebensfeindlich. Den Weltraum? Aber wer um Himmels willen sollte sich für Weltraumsatiren interessieren, außer vielleicht einigen Grünen Wesen, die wahrscheinlich stracks mit dem Vorwurf der Marsmännchenverachtung kontern würden?

Ende des satirischen Teils.

Mein allerletztes Schlußwort aber gilt den noch tätigen Satirikern: Zu Beginn meiner Ausführungen hatte ich leichthin behauptet, ich wolle sie, die Satiriker, davor bewahren, sich nun ebenfalls in die wohlfeile Opferrolle zu flüchten, die Wucht meines Materials und die bekannte allmähliche Verfertigung der Gedanken beim Reden aber legen es mir nahe, ihnen nun das gerade Gegenteil zu empfehlen. In einer Zeit totalitaristischer Witzverdammung und vollkommen schamloser Leihopferschaft zwecks Kritikvermeidung und Kritikervernichtung muß auch der Satiriker mit den Wölfinnen und Wölfen heulen. Und wer wäre dazu berechtigter und befähigter als er? Zu seinem Stand zählen schließlich Heinrich Heine, Ludwig Börne, Kurt Tucholsky, Carl von Ossietzky, Erich Mühsam und Karl Kraus – alles nicht nur erwiesene Juden, sondern auch alle nachweisliche Opfer, Männer, die ins Exil, ins KZ, in den Selbstmord und in den Tod geschickt worden sind. Ich sage es ungern, doch es muß gesagt werden: Dieses Kapital gilt es in Zukunft immer dann zu aktivieren, wenn es sich wieder ein Geschlecht, eine Religion oder ein Berufsstand unter Hinweis auf sein tendenzielles Judesein verbittet, als Gegenstand der Satire und als Anlaß des Gelächters zu figurieren: »Aha! Geht das schon wieder los?!« So ist es nämlich schon immer losgegangen, ob zu Heines Zeiten, ob im Dritten Reich: Erst haben sie sich das Witzemachen verbeten, dann haben sie uns die Witze verboten; erst haben sie uns gedanklich ausgegrenzt, dann haben sie uns ins Exil geschickt; erst haben sie uns die sittliche Reife abgesprochen, dann haben sie uns in die Zwangsverwahrung des KZ gesteckt; erst gaben sie sich tödlich beleidigt, dann haben sie uns in den Tod geschickt –: Die Juden waren die Juden von gestern, die Frauen / Rocker / Christen / Schwulen etc. mögen die Juden von heute sein, wir Satiriker aber sind mit Sicherheit die Juden von morgen, und wer das nicht glaubt, der« – doch diesen Satz mag jeder betroffene Satiriker je nach Lust und Laune fortsetzen, die ganze Arbeit kann ich ihm nun wirklich nicht abnehmen.

Das war's. Ich danke Ihnen für Ihre Ausmerzamkeit.

(1990)

ÜBER DIE GEFÜHLE

NEUER MANN, ALTER HUT

»Ich danke Irmgard Hülsemann, meiner Lebensgefährtin, für ihre Anregung, mich mit mir und meinem Mannsein in dieser Gesellschaft zu befassen« – so beginnt ein Buch, das das Zeug hat, zur Bibel der Bewegung Neuer Mann zu werden –: »Sie hat viel Kraft aufgewendet, mit Liebe und Konsequenz so manches Kapitel, so manches Problem angehört und mich auf Mängel hingewiesen. Das fiel mir nie leicht.« Doch das Hülsemannsein hat auch seine erfreulichen Seiten: »Irmgards wichtigste Hilfe war, daß sie mich bewog, mein Manuskript zu einem Zeitpunkt an den Verlag abzuschicken, als ich selbst noch keineswegs mit meiner Arbeit zufrieden war.«

Wer da spricht? Wilfried Wieck. Worüber? Über sein Buch »Männer lassen lieben. Die Sucht nach der Frau«, Kreuz Verlag. Was mich das angeht? Davon gleich mehr, zuvor freilich wird sich ein rascher Blick auf das Wiecksche Werden und ein kurzer Abriß der Wieckschen Religion nicht vermeiden lassen.

Jawohl, Religion. Zwar gibt sich das Buch wissenschaftlich, zwar ist es in einer Sprache abgefaßt, die zwischen Betroffenheitsjargon und psychologischer Fachsprache hin und her schwankt, erzählt aber wird eine säkularisierte und trivialisierte Erweckungsgeschichte, die nach bewährtem Muster abläuft: Aus fleischlichen Niederungen in geistige Höhen, von Unwissenheit zur Klarheit, durch Nacht zum Licht. So was geht natürlich nicht ohne Erleuchtung ab, nur daß Wiecks Licht der Welt nicht mehr ein jenseitiger Gott, sondern eine diesseitige Göttin ist, die Frau.

»Im Grunde fing alles mit einem kleinen Taschenbuch an ... Ich war vierzig Jahre alt, als ich 1982 ein Buch las, das mir meine Partnerin seit drei Jahren dringend ans Herz gelegt hatte: ›Die Stärke weiblicher Schwäche‹ von Jean Baker-Miller, einer Psychotherapeutin«, schreibt Wieck in seiner Einleitung.

»Nimm und lies«, hatte etwa 1500 Jahre zuvor eine Kinderstimme in einem Mailänder Garten gesungen, woraufhin der

Blick des Wahrheitssuchers Augustin auf die Bibel gefallen war: »Ich griff sie auf, öffnete und las stillschweigend den ersten Abschnitt, der mir in die Augen fiel: ›Ziehet an den Herrn Jesus Christus, und hütet euch vor fleischlichen Gelüsten.‹ Weiter wollte ich nicht mehr lesen, brauchte es auch nicht. Denn kaum hatte ich den Satz beendet, durchströmte mein Herz das Licht der Gewißheit« – so schildert der spätere Kirchenvater seine Bekehrung in den »Confessiones«, dem Prototyp aller Bekehrungs- und Bekenntnisbücher.

»Hinsichtlich des Verständnisses für die Beziehungen zwischen Mann und Frau hatte ich unbekümmert vor mich hin gedämmert, obwohl ich mich seit langem mit Tiefenpsychologie befaßte und in den Kreisen gesellschaftskritischer Menschen bewegte«, bekennt Wieck zu Beginn seiner Aufzeichnungen.

»Nun stiegen Dünste auf aus dem Sumpf fleischlicher Begierde, dem Sprudel erwachender Männlichkeit und umnebelten und verdunkelten mein Herz, daß es den Glanz reiner Liebe nicht unterscheiden konnte von der Düsternis der Wollust«, beklagt Augustin.

»Wie die meisten Männer hatte ich bis dahin kaum etwas über die Geschlechterfrage gelesen. Wissenschaftliche Bücher, so meinte ich, waren wichtiger«, schreibt Wieck, der nach der Lektüre des erleuchtenden Werkes seine Meinung gründlich ändert: »Ein Schamgefühl darüber stellte sich ein, daß ich die Erkenntnisse der Frauenbewegung so lange ignoriert hatte.«

Schamerfüllt blickt auch Augustin auf seine erste, noch folgenlose Bibellektüre zurück: »Als ich mich damals der Schrift zuwandte, empfand ich noch nicht wie jetzt, sondern sie deuchte mich unwert, mit ciceronianischer Vornehmheit auch nur verglichen zu werden … So geriet ich denn in die Gesellschaft hochmütig narrender und geschwätziger Menschen«, von Philosophen nämlich, die den Namen Jesu zwar im Munde führten, aber nicht im Herzen: »Sie riefen Wahrheit und nochmals Wahrheit. Immer sprachen sie nur von ihr, und doch war sie niemals in ihnen.«

Nicht anders ergeht es Wahrheitssucher Wieck: »In der Studentenbewegung fühlte ich mich nur anfangs wohl ... Ich besuchte Arbeitskreise für Marxismus, auch Psychoanalyse. Freud und Marx wurden theoretisch diskutiert ... Man konnte sich Sozialist nennen, ohne freiheitlich und human zu sein« – man lebte also noch im Zustand schwärzester Sünde, und das um so mehr, je weiser man sich dünkte: »Ich lehrte in jenen Jahren die Redekunst und bot, selbst von Begierde besiegt, siegreiche Geschwätzigkeit feil«, beklagt Augustin.

»Ich war auf vielen Veranstaltungen, trug mein neuerworbenes Wissen sogleich in meine Lehrveranstaltungen hinein, gleichgültig in welchem Fach«, bekennt der 68er Wieck, worauf mahnende Schicksalsschläge denn auch nicht auf sich warten lassen. Augustins bester Freund stirbt, »Es wogte in mir, ich seufzte, weinte und war zerrüttet«, und Wiecks Ehe zerbricht: »Im Winter 1969/70 war ich auf dem Nullpunkt. Es ging mir sehr schlecht, und ich gammelte herum.«

Tiefpunkte, die natürlich vor allem veranschaulichen sollen, wie herrlich hoch es der Bekenner dann schließlich gebracht hat. Doch bis es soweit ist, liegt noch ein langer Weg vor ihm. »Ich beschloß demnach, so lange Katechumene in der katholischen Kirche zu bleiben, bis mir ein sicheres Ziel aufleuchtete, wohin ich dann meine Schritte lenken würde«, berichtet Augustin, und der gleichen Licht-, Weg- und Lichtweg-Metaphorik bedient sich auch Wieck: »In meinen Dämmerzustand hinein fiel plötzlich ein Licht. Es wurde der Auftakt zu einer langen Reise.«

Unmöglich, diese Reise nachzuerzählen. So schematisch Wiecks Weg zum Licht abläuft, so dunkel bleiben die Stationen. Wiecks Lieblingswort und Hauptbeschäftigung ist »Arbeit«, doch entpuppt sich die stets als Seelen-, Beziehungs- oder Trauerarbeit: »Als ich 1969 begann, mich auf die Arbeit an meiner Person und Geschichte einzulassen« – da hatte Wieck zugleich eine Aufgabe entdeckt, die offensichtlich nur als fulltime job zu bewältigen war. Seither scheint sich sein Leben ausschließlich in Therapie- und Männergruppen abgespielt zu haben, als Therapierter erst und dann als Therapeut. Eine kleine Welt, in welcher dennoch ständig was zu tun ist: Da muß »kompensierte Liebesunfähigkeit bearbeitet und problematisiert« werden, da gilt es »die Installation der patriarchalischen Misere aufzuarbeiten«, da wechseln »Gefühls- und Lernprozesse« ab mit »Gesprächsbeziehungen« und »Konfliktbereinigungen«, da kann Wieck »anfangs nicht mit den Hinweisen auf meine trennende Mimik umgehen« und gerät sodann in einen weiteren Lernprozeß: »Wir Männer haben allen Anlaß, lächeln zu *lernen*.« Alles harte Arbeit, die zwar nicht immer honoriert wird – »Nicht alle nehmen meine Arbeit an mir wahr« –, die aber, um des Fortbestands der Menschheit willen, von jedermann geleistet werden muß: »Damit der Mann aber beginnen kann, an sich zu arbeiten, muß die Frau sich ihm entziehen.«

Womit wir, mit einem Satz, bereits im Zentrum jenes Glaubensgebäudes wären, das Wieck in den letzten Jahren errichtet und auf die folgenden fünf Glaubenssätze gegründet hat:

1. Es gibt zwei Geschlechter, ein verdammtes und ein errettendes, Männer und Frauen.

2. Der Mann ist schlimm, schwach, grob, ausbeuterisch, zerstörerisch, ohnmächtig, ängstlich, eifersüchtig, gewalttätig, chauvinistisch, sexistisch, teuflisch. Die Frau, als reines Gegenteil, ist gut, stark, fein, helfend, heilend, aufrichtend, liebevoll, verständnisvoll, gefühlvoll, altruistisch, pazifistisch, engelhaft.

3. Der Mann ist süchtig nach der Frau, da er deren therapeutische Kraft ausbeuten muß, um weiterhin für seinen gnadenlosen Lebenskampf und dessen böse Ziele in Form zu bleiben. Diese Sucht ist der Drogensucht zu vergleichen und hat den zu frühen Tod der Männer zur Folge.

4. Der läßt sich nur dadurch verhindern, daß der Mann einsieht, »daß sein Leben sinnvoller und schöner wäre, wenn er nicht dauernd Widerstand gegen die Führung durch die Frau leisten würde«.

5. Daher müssen alle Männer Buße tun, sich zu weiblichen Werten bekehren und die Überlegenheit der Frau anerkennen.

Dieses radikale Umdenken aber wird vom Staat planvoll verhindert: »Er leistet der Frauensucht der Männer Vorschub, weil er bewußtlose Männer braucht, deren Arbeitskraft und Todesbereitschaft er ausbeutet.«

Also ist eilige und massenhafte Bekehrung geboten, da den Sündern die einer westlichen Religion offensichtlich unverzichtbare Apokalypse droht: »Es geht um die Menschheit und ihr Überleben.«

Eine frohe Botschaft, die der Kreuz Verlag schon 50tausendfach unters Volk gebracht hat, ein Evangelium, das bereits in den Bestsellerlisten von ›Spiegel‹ und ›Stern‹ auftaucht, ein starkes Traktat, dem eigentlich nur drei schwache Punkte anzukreiden sind: daß es männerfeindlich ist, daß es frauenfeindlich ist und daß es menschenfeindlich ist.

Männerfeindlich: Da der Mann in Wiecks dualistischem Weltbild das Dunkel verkörpert, schwärzt er ihn so unbedarft wie unbedenklich mit all jenen Eigenschaften ein, die schon die Verkünder ganz anderer manichäischer Heilslehren ihren Dunkelmännern angehängt hatten. Unübersehbar sind die Schattenseiten, die der Wiecksche Mann mit dem Juden der Nazis teilt: Er kritisiert, negiert, zergliedert, redet alles zu Tode, ist verstandesbetont, unschöpferisch, empfindungsarm, spaltend, zersetzend, raffgierig und permanent lüstern: »Männer begehren fast jede Frau auf der Straße.«

Schön wär's – oder schließt Wieck da ganz einfach von sich auf andere? Jedenfalls gründen sich seine Aussagen über den Mann an sich vornehmlich auf seine Erfahrungen in Seminaren, Therapiezirkeln und Männergruppen. Spezifizierte er diesen Mann als »proletarisch« oder »intellektuell«, als »arm« oder »jüdisch«, entpuppten sich die ihm zugeschriebenen Eigenschaften als Unfug oder Rassismus. Ein Befund, gegen den sich Wieck sicherlich verwahren wird, ohne ihn doch entkräften zu können: Mann ist schließlich Mann – gleiches Unrecht für alle.

Frauenfeindlich: Da die Frau in Wiecks Welt das Helle personifiziert, sind ihr all jene Gemütswerte eigen, die verehrungssüchtige Männer schon immer gern in ihre jeweiligen Madonnen hineingehimmelt haben: »Seelischer Reichtum«, »heilende Hände, die die männliche Glut dämpfen«, die »fundamentale Kraft zur Anwesenheit« o. ä. Die Frau ist »Quelle des Lebens, Schöpferin und Friedenstifterin« und zugleich nicht ganz von dieser Welt: »Wenn Frauen Menschen nahekommen, erleben sie leichter die Regung wohliger Gefühle« – doch wehe, wenn diese beste Freundin des Menschen dem Mann zu nah kommt, dann nämlich »zieht seine Anziehungskraft die Frau ins Nichts, in die bodenlose Ungeborgenheit«.

Widerstandskraft also ist nicht gerade die Stärke von Wiecks Lichtgestalt, und die Hellste ist sie auch nicht. »Weibliches Denken ist nicht analytisch-abstrakt, sondern emotional-intuitiv« – eine Ausrede, die auch ich immer gerne dann gebrauche, wenn ich mal wieder nicht weiß, wie der Dreisatz geht: »Ich als Künstler denke nicht etc.«

Menschenfeindlich: Groß ist die Frau, und Wieck ist ihr Prophet, und wie jeder rechte Heilskünder achtet er eifersüchtig auf Exklusivität: »Es hat Männer gegeben, die sich mit mir identifizieren wollten«, schreibt er, um diese Zudringlichen sogleich in ihre Schranken zu verweisen: »Sie achten noch zu angestrengt auf ihre eigenen Schritte. Wir befinden uns nicht an der gleichen Stelle der Wanderung.« Und wenn schon solche Jünger dem Propheten nicht das Wasser reichen können, wieviel weniger der Rest der Männer: »Frauenfeinde, Ignoranten, Softies und Bemühte haben ein Gemeinsames: Sie stellen ihre persönlichen Werte nicht radikal genug in Frage.«

Ganz und gar des Teufels aber ist, wer Wiecks Botschaft nicht annimmt: »Die Männer unter meinen Zuhörern entdeckten sich zum überwiegenden Teil in meinen Ausführungen nicht und wiesen vieles entrüstet zurück. Offensichtlich konnten sie sich nicht einlassen und anvertrauen, weil eine innere Zensur sie zurückhielt.« Ein schlagendes Argument, das Wieck nicht müde wird zu variieren. Er berichtet von einer merkwürdigen Entdeckung, die er gemacht haben will – der der »expansiven Eifersucht des Mannes« –, und behauptet: »Sie wird heftig bestritten, also wahrgenommen.« Auch funktioniert er gern kritische Einwände in Defekte des Kritikers um: »Sie finden meine Ausführungen über die Frauensucht einseitig, weil Sie selbst einseitig sind.«

Eine Beweisführung, die sich bereits bei Inquisitionsprozessen großer Beliebtheit erfreute – »Du leugnest die Existenz des Teufels? Dadurch verrätst du, daß du von ihm besessen bist!« –, eine zutiefst inhumane und höchst totalitäre Haltung, die – aber Spaß beiseite.

Mal im Ernst: Was gehen mich eigentlich Wieck und seine Wahnvorstellungen an? Was seine Selbstanklagen und Lernprozesse, Erleuchtungen und Untergangsprophezeiungen? Was sein krauses Glaubensgebäude? Das: Wer jemals als junger Mensch in den Krakenarmen einer Religion fast erstickt wäre, wer wertvollste Lebenszeit damit zubringen mußte, einen Arm nach dem anderen abzuhacken, um schließlich aufatmend ins Freie zu treten, all das endgültig hinter sich zu lassen, die Hölle und das Heil, die Erbsünde und die Erzengel, den Teufel und die Theologen, der ist, wie ich, ein gebranntes Kind. Dem sträuben sich instinktiv die Nackenhaare, wenn er sich unversehens einer Jungkrake gegenübersieht. Zumal dann, wenn die sich, dem Zeitgeist entsprechend, zu tarnen versucht, sich sozial betroffen oder tiefenpsychologisch gibt, emanzipatorisch oder – und Wieck geht bei Gott so weit! – aufklärerisch, ja revolutionär. Ein Unerfahrener könnte die tastenden Ärmchen einer solchen Krake glatt für nützliche oder auch nur possierliche Würmchen halten. Doch wehe, er kommt ihnen zu nahe! Dann – schnapp! – versuchen sie, ihn in die Tiefe zu ziehen, in ihre angestammten Abgründe von Schuld und Sühne, Zerknirschung und Unterwerfung, Buße und Reue, Dumpfheit und Delirium – aber bleiben wir auf dem Teppich:

Wenn der Wilfried seine Irmgard lieb hat und verehrt, ist das seine Sache. Wenn der Wieck schreibt: »Ich lernte mit Irmgard zusammen an der Beziehung zu ihr zu arbeiten«, erfüllt sein Deutsch zwar den Straftatbestand der Erregung öffentlichen Ärgernisses, der mitgeteilte Sachverhalt aber ist ein noch einigermaßen privater Vorgang. Wenn der Wilfried Wieck die Männer dazu aufruft, »den Kampf um die Befreiung des männlichen Unbewußten aufzunehmen«, und den Kämpfern den folgenden Lohn verheißt: »Erst wenn sie auf diesem Wege Fortschritte gemacht haben, können sie von mutigen Frauen einen Dialog erbitten«, dann braucht es schon kräftigere Lungen als die meinen, dieses unselige Gemisch von Beziehungsweihrauch, Betroffenheitsqualm und Bewußtseinsvernebelung wegzublasen. Bitte, Herr Nietzsche: »Es ist eine Sache schlechten Geschmacks unter allen Umständen, viel zu bitten, statt viel zu geben: die Mischung demütiger Servilität mit einer hoffärtig-pöbelhaften Zudringlichkeit, mit der sich z. B. der heilige Augustin in seinen Confessionen vor Gott wälzt, erinnert daran, daß der Mensch vielleicht nicht allein unter den Tieren das religiöse Gefühl hat. Der Hund hat für den Menschen ein ähnliches ›religiöses Gefühl‹.«

(1988)

MÄNNERPHANTASIEN, FOLGE 287

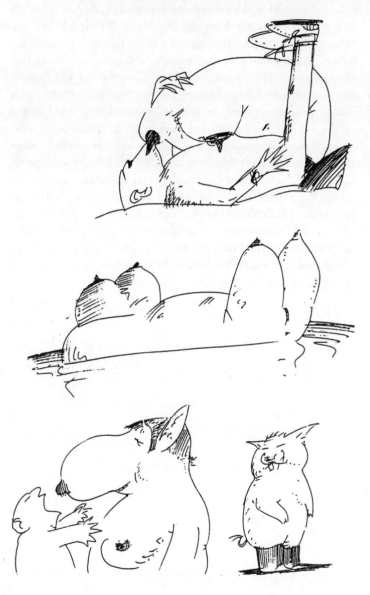

ICH BIN EIN MANN – HILF MIR, EIN MENSCH ZU WERDEN
Elf Gedichte einer Liebe
von Florian Freyer

RECHENARTEN

Als ich noch
zurechnungsfähig war,
war ich
berechnend.

Du kamst und
schenktest.
Ich rechnete dir das
hoch an.

Du bliebst und
gabst.
Ich begann, damit
zu rechnen.

Als du dir
dein Recht nahmst,
da rechnete
ich auf.

Du gingst,
ohne abzurechnen. Seither
bin ich nicht mehr
zu Rechnungen fähig:

Ich bin ein Mann,
hilf mir, ein Mensch zu werden.

Als ich dich
traf,
fühlte ich mich
nicht
getroffen.
Seit du weg
bist,
betrifft
mich das.

Lieben heisst
das
Rechnen verlernen:

Eins plus Eins gleich Eins
Eins minus Eins gleich Zwei
Eins mal Eins gleich Unendlich
Eins durch Eins gleich Glücklich.

Soviel zu tun:

In den Museen warten Bilder auf mich
In den Bibliotheken warten Bücher auf mich
In den Kinos warten Filme auf mich
In den Cafés warten Menschen auf mich:
Ich hätte soviel zu tun.

In meinem Zimmer warte
ich auf dich.

ICH DU WIR

I rrsinn
C haos
H altlosigkeit

D auer
U marmung

W ärme
I ntensität
R uhe.

AMPEL

Als mich das
Lächeln
deiner roten Lippen
das erste Mal
traf,
habe ich nicht
richtig geschaltet.

Heute erst weiß ich,
daß sie mir
grünes Licht
gaben.

Ich schaue dir zu,
wie du Tee
bereitest.
Wie du die Kanne mit
kochendem Wasser
anwärmst.
Wie du es
ausschüttest
und den Tee
hineintust.
Wie du ihm Zeit läßt,
sich zu entfalten,
bevor du
zum Wasser greifst.

Und ich fühle,
wie ich mich selber
entfalten könnte,
durch deine Gegenwart,
durch deine Sorgfalt,
durch deine Wärme,

Wenn ich mir nur die Zeit nähme.
Und wenn du mir die Zeit gibst.

Ich gebe dir
einen Schlüssel
für mein
Zimmer.
Ich weiß,
daß du ihn
nie
benutzen müssen wirst,
weil ich immer

da
sein werde,
wenn du kommst.
Aber ich fühle,
daß mein Zimmer
seither
unser Zimmer
ist.

Das Elektrizitätswerk
wird Augen machen,
wenn es versucht,
mir für den letzten
Monat
die Rechnung
zu präsentieren:
Nie ferngesehen,
in deinen Augen sah ich mehr.
Nie Radio gehört,
deine Augen waren beredter.
Nie Licht gebraucht,
deine Augen strahlten so sehr.

Katze In Pflege

Ich rief
deine Katze
Sie kam nicht.

Ich befahl
deiner Katze
Sie gehorchte nicht.

Ich schrie
deine Katze an
Sie wandte sich ab.

Ich lockte
deine Katze
Sie blieb weg.

Erst als ich schwieg
vermochte ich zu hören:
Das Locken deiner Katze
Das Rufen deiner Katze
Das Fordern deiner Katze
Das Schnurren deiner Katze –

Nun habe ich dir
soviel
zu erzählen.

AM MORGEN IN DEINER STRASSE

Dein Bäcker
lächelt mich an.
Deine Gemüsefrau
lacht mir zu.
Dein Zeitungsmann
winkt strahlend.
Deine Blumenfrau
wünscht mir einen guten Tag.

Wie mürrisch dein Postbote!
Hatte er heute keinen Brief für dich?

NEULICH IM 1. PROGRAMM

FRESSGASS, ENDE AUGUST

So laufen Männer heute rum,
so sinnlos, geistarm, körperdumm:

Sie zeigen einen nackten Arm,
der ist so blöd, daß Gott erbarm.

*Diese nackten Arme, die immer aus diesen
knappgeschnittenen Shirts herausragen!*

Sie zeigen einen nackten Hals,
dem fehlt's an Klugheit ebenfalls.

*Diese nackten Hälse, die immer in diesen
bescheuerten Köpfen enden!*

Sie zeigen einen nackten Bauch,
das Hemd ist kurz, das Hirn ist's auch.

*Diese nackten Bäuche, die immer in diese
Jeans eingeschnürt werden!*

Sie zeigen sich halbnackt und stolz
und sind so stumpf und dumpf wie Holz.

*Diese halbnackten Männer, die immer so
bedeutend durch die Gegend schreiten!*

Sie zeigen, daß sie leben.
Auch das wird sich mal geben.

ZWEI TISCHE WEITER

Wer ist der Herr,
der rund und satt
da diese schöne
Dame hat?

Ich kann ihn nur
von hinten sehn.
Dem tut die schöne
Dame schön?

Sein Haar so grau,
sein Leib so dick –
die Dame wendet
keinen Blick.

Sie schaut ihn
innig an und lacht.
Ich frage mich, wie
der das macht.

Der Blick der Dame
hängt am Herrn,
der Herr da drüben
wär ich gern.

So dick wie er
und so ergraut,
so oh! belacht,
so ach! beschaut.

ZWEI ERINNERN SICH

Aber das war doch das Glück!
Als wir auf dieser Terrasse standen,
als sich erst Worte, dann Finger, dann Lippen fanden,
und ich beugte mich vor,
und du lehntest dich zurück –
»Das war nicht das Glück!«

Aber doch! Das war das Glück!
Als wir dann diese Treppe hochstiegen,
so heiß und von Sinnen, daß wir meinten zu fliegen,
und dann sprang diese Tür auf,
und es gab kein Zurück –
»Aber das war doch nicht das Glück!«

Aber ja doch! Das war das Glück!
Als wir uns zwischen diesen Laken verschränkten
und gaben und nahmen und raubten und schenkten,
und wer immer etwas gab,
erhielt es tausendfach zurück –
»Das war unser Unglück.«

DIE LUST KOMMT

Als dann die Lust kam, war ich nicht bereit.
Sie kam zu früh, zu spät, kam einfach nicht gelegen.
Ich hatte grad zu tun, deswegen
war ich, als da die Lust kam, nicht bereit.

Die Lust kam unerwartet. Ich war nicht bereit.
Sie kam so kraß, so unbedingt, so eilig.
Ich war ihr nicht, nicht meine Ruhe, heilig.
Da kam die Lust, und ich war nicht bereit.

Die Lust war da, doch ich war nicht bereit.
Sie stand im Raum. Ich ließ sie darin stehen.
Sie seufzte auf und wandte sich zum Gehen.
Noch als sie wegging, tat es mir kaum leid.
Erst als sie wegblieb, blieb mir für sie Zeit.

NOCH EINE SZENE
NOCH EINER EHE

EIN MÄNNERLEBEN

BADEFREUDEN

IV
WORT UND BILD

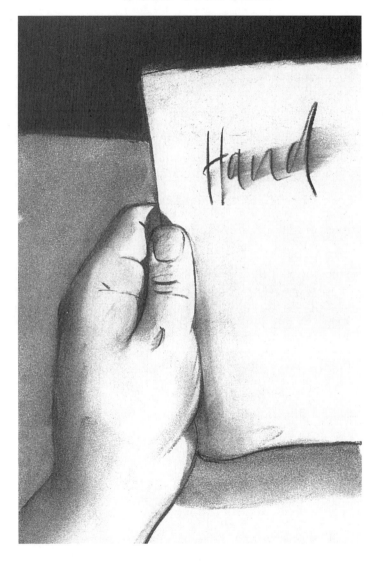

GESTÄNDNIS

Flascherl Wein   Flascherl Wein   Wirst gar bald

geleeret sein.   Denn ich brauche   pro Gedicht

grad ein Flascherl   und mehr   nicht.

DAS SCHEITERN EINER BALLADE
Eine Ballade

Fürst Friedrich stand im Krönungssaal,
wie leuchtete sein Ohr so fahl!

Und jeder, der es sah, erschrak,
weil in ihm so viel Fahlheit lag.

»Lag«? Sagt man da nicht besser »schwang«?
Fürst Friedrichs Herz schlägt wild und bang.

»Schwang«? Stimmt es denn, daß Fahlheit schwingt?
Fürst Friedrich sieht sich jäh umringt.

Was macht denn Fahlheit? Schimmert sie?
Fürst Friedrich beugt sein rechtes Knie.

Nein, nein, sie schimmert nicht, sie glänzt!
Fürst Friedrich wird mit Laub bekränzt.

»Glänzt« – ist das schon das rechte Wort?
Laut lärmend zieht die Meute fort.

Halt! Fahlheit glänzt nicht, Fahlheit – na!
Moment – ist denn kein Fürst mehr da?

Wo ist der Fürst, verdammt noch mal?
Verlassen liegt der Krönungssaal,

aus dem nun auch noch der Poet,
ein Murmeln auf den Lippen, geht:

»Wie ist denn Fahlheit? Außer fahl?
Na ja. Egal. Ein andermal!«

DREISSIGWORTEGEDICHT

Siebzehn Worte schreibe ich
auf dies leere Blatt,
acht hab' ich bereits vertan,
jetzt schon sechzehn und
es hat alles längst mehr keinen Sinn,
ich schreibe lieber dreissig hin:
dreissig.

MONDGEDICHT

..,–

fertig ist das Mondgedicht

BILDEN SIE MAL EINEN SATZ MIT

visuell
Vi su ell die Sonne strahlt –
als würde sie dafür bezahlt.

pervers
Ja, meine Reime sind recht teuer:
per Vers bekomm ich tausend Eier.

Minister
Aus welchem Mund dringt dies Geplärr?
»Min is ter Rachen«, spricht der Herr.

Metapher
Herr Kapitän, der Steuermann
hat grade lallend kundgetan,
er brächte jetzt das Schiff zum Sinken –
me taph er wirklich nicht mehr trinken.

Symbol
Herr Dschingis Khan, das tut man nicht,
daß man in fremdes Land einbricht.
Nu aber raus mit Ihren Horden –
Sie sym bol wahnsinnig geworden!

Garant
Der Hase trägt den Kopfverband,
seitdem er an die Wand garant.

Mandarin
Wir schafften uns den Beichtstuhl an,
weil man darin nett beichten kann.

lesbisch
Und als die ersten Hörer grollten
und schon den Saal verlassen wollten,
da sprach der Dichter ungerührt:
»Ich les bisch euch der Arsch abfriert.«

WARUM IST ES AN DER MOSEL SO STILL?

Ist es Ihnen auch schon mal aufgefallen? Sie kommen an den Rhein, und schon geht das Gesinge los. Rheinlieder, Rheinlieder: »In Rüdesheim am Rhein beim Wein …«, »Am Rhein zu zwei'n beim Wein allein …« – Sie verstehen, was ich mein'.

Und nun kommen Sie an die Mosel. Totenstille. Keine Lieder, keine Gesänge. Nur dieses lastende Schweigen, das höchstens hin und wieder vom Nachmöpseln des jungen Weins unterbrochen wird.

Warum gibt es keine Mosellieder? Junge Dichter, die ich danach fragte, antworteten übereinstimmend mit einer Gegenfrage: »Wissen Sie vielleicht einen Reim auf Mosel?« Auf Mosel? Posel, Schnosel, Tosel ... Versuchen Sie es selbst, es gibt keinen. Und wo kein Reim ist, muß auch der beste Dichter passen.

So muß es also bleiben – hie der Lärm am Rhein, hie das Schweigen an der Mosel? Nein.

Man brauchte nämlich die Mosel nur ein wenig umzutaufen, und schon ließen sich die schönsten Lieder auf sie machen. Nur ein ganz klein wenig: in Mosen. Mosen, Rosen, Hosen, blos'n (bayr. für blasen), tosen, kosen, Soßen – merken Sie was? Das reimt sich schon anders – wie? Da juckt's einen doch ordentlich in den Fingern, selbst ein Mosenlied zu verfassen, was?!

Aber langsam, langsam. Noch heißt das Flüßchen ja Mosel. Ob es dabei bleiben soll, mögen nun die Verantwortlichen entscheiden. Sollten sie jedoch auf dem bisherigen Namen beharren, dann dürfen sie sich nicht wundern, wenn weiterhin alle Lieder, die diesen Fluß besingen, spätestens am Ende der zweiten Zeile zum Scheitern verurteilt sind:

»Am Ufer der Mosel
da kann man gut kosel ...«

ANNO 24

1924. Über Deutschand lastet der Reimzwang. Reimzwingherrn sorgen dafür, daß er unerbittlich eingehalten wird. Da treffen sich auf einer der belebten Straßen der Kölner Innenstadt Ulla und Harry.
SIE Sag mal Schatz, wie kommt die Rose
   eigentlich an deine Hose?

Er Hör mal, Liebling, sei so nett,
  sag nicht Hose zum Jackett!
Sie Also gut, wie kommt der Anker
  eigentlich an deinen Janker?
Er Dieser Anker ist 'ne Rose!
Sie Und was sucht sie auf der Hose?
Er Diese Hose ist ein Janker!
Sie Und was soll dann dieser Anker?
Er Eine Rose ist kein Anker!
Sie Eine Hose ist kein Janker!
Er Gott sei Dank, das klärt die Lage –
Sie Bleibt nur eine letzte Frage –
Er Eine Frage – bitte ja?
Sie Du – was haben wir denn da?
Er Schatz, du siehst doch, eine Rose!
Sie Und wie kommt die an die –
Er Halt! Das mach ich nicht länger mit!
Sie Ich auch nicht!

Beide ziehen mit den Worten »Nieder mit dem Reimzwang« durch die belebten Straßen der Kölner Innenstadt. Begeistert schließen sich die Volksmassen ihnen an. Vereinzelte Rufe, wie »Der Reim muß bleim«, erstickt man im Keim. Die Reimzwingherrn flieh'n, man läßt sie zieh'n. Der Siegeszug der Prosa beginnt, und wer das nicht glaubt, der spinnt.

HERR GERNHARDT, WARUM SCHREIBEN SIE GEDICHTE? DAS IST EINE LANGE GESCHICHTE

Die hilfreichste Klammer für mein Dichten und Trachten war über Jahre mit K wie Komik beschriftet. Zu Recht. Nicht, daß alle Produkte nun auch wirklich komisch gewesen wären oder es immer noch sind. Doch ist den frühen und mittleren Gedichten durchaus und fast durchgehend die Absicht anzumerken, komische Wirkungen zu erzielen. Gilt das auch noch für die späteren?

Nein, hörte ich hin und wieder nach Erscheinen des letzten Gedichtbandes, »Körper in Cafés«, und bei einigen dieser Stimmen war ein enttäuschter, ja besorgter Unterton nicht zu überhören: Jetzt geht also auch er den Weg aller alternden Komiker, wird weise, wertvoll und weinerlich – eigentlich schade ...

Nein – keine Rechtfertigungen! Auf die nämlich kann verzichten, wer eine These zur Hand hat, die den leidigen Gegensatz Komik – Ernst wenigstens so weit aufzuheben in der Lage ist, daß der ganze Diskurs auf einem ganz anderen Niveau weitergeführt werden kann. Die These aber lautet, daß *alle* Gedichte komisch sind, da das Gedicht die Komik vom ersten Tag an mit der Muttersprache eingesogen hat und bis auf den heutigen Tag von ihr durchtränkt ist, wenn auch manchmal in kaum mehr nachweisbarer Verdünnung bzw. Vergeistigung. Dazu ein paar Erläuterungen und Einschränkungen:

Den Begriff »Gedicht« verwende ich im verbreitetsten und plattesten Sinne: als sprachliche Mitteilung, die sich am Ende reimt. Ich weiß natürlich, daß es auch reimlose Gedichte gibt und andere Reime als den Endreim, doch zumindest in unserem Sprachraum ist er seit gut tausend Jahren das vorherrschende, manchmal sogar alleinherrschende Prinzip, nach welchem sich Worte dergestalt organisieren lassen, daß jeder Erwachsene »Ein Gedicht!« sagt und schon jedes Kind begreift, wie es gemacht wird: »Der Reim entspringt einer Neigung des Menschen, mit seiner Sprache zu spielen; genauer: Worte mit gleichklingenden Bestandteilen zusammenzustellen«, schreibt Karl Martin Schiller in seiner Einleitung des »Steputat« – so nämlich heißt der Verfasser des seit 1891 meistgenutzten deutschen Reimlexikons –, und Schiller fährt fort: »Schon Kinder tun das, wenn sie einander mit ihren Namen necken: Paul, Paul – Lügenmaul!« Das sei zwar »nichts weiter als hübsch gereimter Unsinn – und doch beginnt mit alledem der Reim bereits Mittel dessen zu werden, was wir Dichtung nennen«. So weit, so richtig – doch gilt das auch noch für Schillers Folgerung: »Ein magischer Vorgang im Rahmen der Sprache vollzieht sich, wenn wir reimen« –? Müßte es nicht heißen: »windiger Vorgang«?

Solange das Gedicht nur hübschen Unsinn mitteilt, ist es noch ganz und gar ehrlich. Die Worte Denker, Henker, Lenker und Schenker beispielsweise eint nichts als der Reim und die Tatsache, daß sie in dieser Reihenfolge im »Steputat« stehen; und solcher Beliebigkeit müßte eigentlich auch das Werk Rechnung tragen, das sich ihr verdankt:

Ein Denker
traf mal einen Henker
und sagte: Gib mir deinen Lenker,
dann bist du ein prima Schenker

– so oder ähnlich unschuldig würde wahrscheinlich das aufgeweckte Kind reimen und sich des offenkundigen Unsinns oder des zutage geförderten Nichtsinns freuen. Nicht so der Erwachsene in seinem unstillbaren Sinnbedarf und Sinnbedürfnis:

Einst Land der Dichter und der Denker,
Dann Land der Richter und der Henker,
Heut' Land der Schlichter und der Lenker –:
Wann Land der Lichter? Wann der Schenker?

Kein gutes Gedicht, zugegeben, aber doch eines, das sich nicht sogleich und so einfach als Unsinn begreifen, belachen und abtun läßt. Allzu zwingend suggerieren Endreim, Binnenreim, Anfangsreim (Dann – Wann) und Stabreim (Land der Lichter), daß in diesen vier Zeilen irgend etwas zusammengewachsen ist, das irgendwie zutiefst zueinandergehört. Und wenn der Bankert der Vereinigung von Reimlexikon und Alphabet dann noch auf den Namen »Mein Land« getauft würde oder »Fragen an mein Land« oder gar »Denk ich an …« – so müßte der Leser schon sehr gewitzt oder äußerst dickfellig sein, um den Vierzeiler als ganz und gar sinnlos zu entlarven bzw. zu empfinden: Mach einer was gegen die Dichter.

»Wer schreibt, bleibt. Wer spricht, nicht« – nicht gerade ein richtiges Gedicht, doch ein weiteres gutes Beispiel dafür, mit welch simplen rhetorischen Reimtricks sich selbst relativ wache Köpfe einlullen lassen. Beispielsweise meiner. Jahrelang hatte ich diesen Merksatz immer dann mit viel Erfolg ins Feld geführt, wenn es galt, mein Dichtertum gegenüber anderen Tätigkeiten herauszustreichen und zu erhöhen, da plötzlich wagte jemand Einwände: Von vielen der weltweit berühmtesten Menschen sei doch keine einzige geschriebene Zeile überliefert, nicht von Homer und nicht von Sokrates, nicht von Jesus und nicht von Dschingis Khan, nicht von Nofretete und nicht von Johanna von Orleans – und plötzlich war er gebrochen: der Reimzauber, welcher bis dahin so zuverlässig gewirkt hatte.

»Was bleibet aber, stiften die Dichter« – wirklich? Ist es nicht vielmehr die Sprache selber, die das Dichterwort schamlos gängelt, indem sie hier Zusammenhänge verwehrt, dort in geradezu unsinniger Menge stiftet? 129 Reimwörter führt der »Steputat« für die eigene Endsilbe »-at« an, von »Achat, Advokat, Aggregat« über »Rat (Titel), Rat (Hinweis), Rat (Körperschaft)« bis hin zu »ich lad, ich schad, ich verrat«. Dementsprechend breit kann der Dichter nichtsnutzige Vorgänge wie den folgenden ausmalen: »Der Advokat aß grad Salat, als ihm ein Schrat die Saat zertrat.«

Nichts aber fiele dem gleichen Reimer ein, äße da nicht ein windiger Rechtsverdreher, sondern ein schlichter, dabei aber doch so unendlich viel wichtigerer »Mensch« seinen – ja, was eigentlich? Bekanntlich wissen weder der »Steputat« noch die deutsche Sprache einen Reim auf Mensch, und selbst ein so gewitzter Wortsucher wie Peter Rühmkorf wurde erst im Plural fündig:

Die schönsten Verse der Menschen
– Nun finden Sie schon einen Reim! –

Sind die Gottfried Bennschen:
Hirn, lernäischer Leim.

Das Dichten gilt als Kunst, und ich bin der letzte, der da widerspräche. Nur besteht die Kunst des Dichters nicht darin, seine Empfindungen oder Gedanken in Reime zu kleiden, sondern in seiner Fähigkeit, Sätze, Worte und Reimwörter so zu arrangieren, daß sie Gedanken oder Empfindungen suggerieren, im Glücksfall sogar produzieren. Als Meister aber erweist der sich, der uns vergessen läßt, daß da überhaupt gereimt wird. Das kann beim Lesen, häufiger noch beim Hören der Gedichte von, beispielsweise, Goethe, Mörike oder Brecht geschehen, und bezaubert fragen wir nicht lange, wieso uns das Mitgeteilte eigentlich dermaßen einleuchtet: Wir wollen ja auch nicht wissen, was die Kugeln wiegen und wieso sie dem Jongleur nicht runterfallen, sondern uns der schönen Täuschung hingeben, daß die Schwerkraft augenscheinlich doch zu überlisten oder gar ganz außer Kraft zu setzen ist.

Wo ein Vorhaben gelingen soll, kann es auch scheitern. Immer wieder unterlaufen selbst erfahrenen Dichtern Gedichte, in welchen die zutiefst komische Qualität aller vom Reim gelenkten Sinn- und Beziehungsstiftung bloßgelegt wird: Wenn ein formstrenger Dichter wie August von Platen sich und der Sprache den Kraftakt zumutet, acht plausible Reime auf »Wunde nichts« zu finden, ohne daß das Gedicht in blanke Beliebigkeit oder puren Nichtsinn abrutscht:

Es liegt an eines Menschen Schmerz,
  an eines Menschen Wunde nichts,
Es kehrt an das, was Kranke quält,
  sich ewig der Gesunde nichts;

– dann kann der Leser das angestrengte Ergebnis ehrfürchtig bestaunen; er mag einwenden, daß man sich nicht »nichts« an etwas kehren kann, sondern lediglich »nicht«; er darf das Mißverständnis von Aufwand und Ertrag jedoch auch innig belächeln:

Und wer sich willig nicht ergibt
  dem ehrnen Lose, das ihm dräut,
Der zürnt ins Grabe sich rettungslos
  und fühlt in dessen Schlunde nichts;

– als ob es so schrecklich erstrebenswert wäre, auch noch als Toter und noch im Grabe etwas zu fühlen.
  Lächeln, ja lachen darf der Leser jedoch auch dann, wenn Clemens Brentano den Reim nicht wie Platen in die Zucht des Gedankens nimmt, sondern im Gegenteil dermaßen die Zügel schleifen läßt, daß sein Gedicht jedweden Sinn in Grund und Boden reimt:

Wenn der lahme Weber träumt, er webe,
Träumt die kranke Lerche auch, sie schwebe,

– und wenn das so ist, dann folgt daraus natürlich auch:

Träumt das blinde Huhn, es zähl die Kerne,
Und der drei je zählte kaum, die Sterne,

– und nach der achten Zeile schließlich glaubt uns der Dichter reif für die nun völlig rätselhaften, dafür zur Sicherheit gleich durch dreifachen Reim verklammerten Zeilen:

Träumt die taube Nüchternheit, sie lausche,
Wie der Traube Schüchternheit berausche;

– ein Gedicht, das in keiner Anthologie deutscher Unsinnsdichtung fehlen dürfte, von den zuständigen Stellen jedoch hartnäckig dem literarischen Tiefsinn zugerechnet und dementsprechend interpretiert, hofiert und glorifiziert wird.

Um Komik und Ernst war es zu Beginn dieser Überlegungen gegangen, einigermaßen folgerichtig sind wir bei den Grenzen gelandet, die Sinn und Unsinn scheiden, derart undeutlichen Markierungen, daß auch der gewitzteste Kartograph nicht weiterhelfen kann: Immer wieder nämlich finden sich Gedichte, die keinem der Bereiche eindeutig zuzuorden sind; Gebilde, in welchen der Sinn langsam, fast unmerklich in Nichtsinn oder Unsinn übergeht. In anderen aber kippt er urplötzlich, und das gerade dann, wenn der Dichter ein Übermaß an Sinn produzieren, suggerieren oder schlicht ergaunern wollte, siehe Platens »Wunde nichts«-Variationen, aber auch mein Gedicht »Deutung eines allegorischen Gemäldes« –: alles Sinn-Implosionen, die teils unfreiwillig, teils beabsichtigt Komik freisetzen:

Deutung eines allegorischen Gemäldes

Fünf Männer seh ich
inhaltsschwer –
wer sind die fünf?
Wofür steht wer?

Des ersten Wams strahlt
blutigrot –
das ist der Tod
das ist der Tod

Der zweite hält die
Geißel fest –
das ist die Pest
das ist die Pest

Der dritte sitzt
in grauem Kleid –
das ist das Leid
das ist das Leid

Des vierten Schild trieft
giftignaß –
das ist der Haß
das ist der Haß

Der fünfte bringt stumm
Wein herein –
das wird der
Weinreinbringer sein.

Niemand hantiert gern ungesichert mit kritischen Massen, niemand ist gerne ungeschützt jener Kritik und Lächerlichkeit ausgesetzt, die bei jedermann erkennbaren Stör- und Unglücksfällen sich zuverlässig einstellt – kein Wunder, daß die Ernst-Dichter im Laufe dieses Jahrhunderts immer entschlossener immer mehr Regelsysteme über Bord warfen, nicht nur den Reim, auch den Vers, das Metrum, den Takt und den Rhythmus. Als ich zu dichten begann, Anfang der 60er, war *das* Gedicht eine relativ kurze reimlose Mitteilung, die aus meist unerfindlichen Gründen nicht in durchlaufenden, sondern vielfach zerstückelten Zeilen abgesetzt wurde, von Leerzeilen unterbrochen und auf möglichst viel umgebendem Weiß, ganz so, wie es bereits Lewis Carroll in »Poeta fit, non nascitur« dem Dichter geraten hatte:

Wir schreiben eine Zeile
Dann hacken wir sie klein
Dann würfeln wir die Teile
In bunt gemischte Reih'n
Der Wörter Reihenfolge muß
Nicht unsre Sorge sein.

Da nun konnte nichts so richtig schiefgehen, aber auch nichts so recht gelingen. Künstler, die Regeln verwerfen, gleichen Jongleuren, die sich von ihren Kugeln befreien: Kein Dichter mußte fortan mehr befürchten, an der Regel gemessen oder von ihr gefressen zu werden, doch bezahlte er diese Sicherheit mit dem Verzicht auf jene glorreichen Augenblicke, in welchen Regeln nicht an dem zuschanden werden, der sie auftrumpfend zerbricht, sondern an dem, der sie lachhaft mühelos meistert.

Reim oder Nichtreim – für mich war das schon damals keine Frage. Ich brauchte die Regel, solange ich eindeutig auf Komik oder Nonsens aus war – Komik lebt von der Regelverletzung, und Nonsens ist nicht etwa jener hausbackene Unsinn, der ungeregelt in launigen Lautgedichten, krausen Collagen und absurden Verbalautomatismen wuchert, sondern konsequent, also regelmäßig, verweigerter Sinn –, und ich liebe die Regel nach wie vor, weil sie beides ist, Widerstand und Wegweiser: Da geht's lang, nicht aufgeben, hier mußt du durch.

Sich heute noch ernsthaft auf das uralte Reim- und Regelspiel einzulassen, ist, meine ich, schon mal per se komisch. Einfach war es nie, doch in Jahrhunderten gebundener Dichtung hat sich sein Schwierigkeitsgrad erheblich gesteigert. Daraus haben Verzagte wie Arno Holz gefolgert, daß nichts mehr gehe: »Der Erste, der – vor Jahrhunderten! – auf Sonne Wonne reimte, auf Herz Schmerz und auf Brust Lust, war ein Genie; der Tausendste, vorausgesetzt, daß die Folge ihn nicht bereits genierte, ein Kretin.«

Falsch, ganz falsch: Der Erste, der Herz auf Schmerz reimte, war ein braver Mann; der Einmillionste aber, dem es gelingt, die beiden Begriffe einleuchtend, einschmeichelnd oder auch nur eingängig zu paaren, ist ein Genie, zumindest aber ein hochachtbarer Artist.

DICHTERS LEID UND LUST

ER FOLGT EINER EINLADUNG

Norbert war unsäglich bang ums Herz, als er sich dem mondbeschienenen Platze näherte, in dessen Mitte ein undeutlicher Springbrunnen blinkende Strahlen hin und her gehen ließ. Fremdländische Nachtvögel kreuzten sie lautlos, durch das schwarze Labyrinth der umstehenden Steineichen glaubte er vielfältigste, lockende Lichter zu erblicken, auf die zuzugehen er seinen Schritt beschleunigte. Hinter dem kiesbestreuten Platz tat sich ein schmaler Weg auf, über den das Mondlicht silbern hinfloß. Zypressen säumten ihn, ein lauer Wind ging durch die helle Nacht, es schien Norbert, als ob die Bäume Wächter seien, die zu seinen Schritten warnend ihre mächtigen Kronen rührten. Zu den immer deutlicher aufscheinenden Lichtern, die von unzähligen Fackeln oder Laternen herzurühren schienen, gesellten sich nun auch verworrene Geräusche, aus denen sich die wohlklingende Stimme eines Mannes hervorhob, welcher, von einer kunstvoll geschlagenen Gitarre begleitet, sang:

Nur wenigen ist es bestimmt, zu malen,
Die große Menge ist verdammt zum Schreiben,
Das mag sie tun und mit Romanen prahlen,

Der wahre Künstler wird bei Stift und Pinsel bleiben.
Sollt' er auch dann und wann die Feder führen,
Sein innerstes Gesetz wird ihn zur Leinwand treiben.

Denn schmerzlich läßt ihn jede Fläche spüren,
Daß sie nach Bildern ruft und nicht nach Worten.
Wort meint auch Laut. Erst durch der Bilder Türen

Gelangt man in den magisch hellen Orden,
Wo alles schweigt, weil alles Form geworden.

Bei den letzten Klängen war Norbert vor dem Hause angelangt, aus welchem der Gesang erschollen war. Es handelte sich dabei ohne jeden Zweifel um das Landhaus, in welchem ihn zu besuchen der Graubart Norbert am Vorabend so eindringlich aufgefordert hatte, und für Augenblicke betrachtete der späte Gast wie verzaubert das breit hingelagerte Gebäude, das mit ungezählten erleuchteten Fenstern und einladend geöffneten Türen wie ein Feenpalast in der stillen Nacht vor ihm lag. Wilder Wein, in welchem Tausende von Glühwürmchen unablässig ein- und ausgingen, umhüllte es gleich einem anmutigen Mantel, während kunstreich geschnittene Weinlauben das große Haus anschmiegsam einfaßten und fortsetzten, waren doch auch sie derart von unsichtbar angebrachten Lichtern erleuchtet, daß es Norbert anfangs schien, als erstrecke sich das Bauwerk ganz grenzenlos schimmernd in die blaue Dunkelheit. Nach und nach aber gliederte sich der erste große Eindruck in einzelne Bilder. Hier rann aus dem Munde eines marmornen, moosbegrünten Fauns unablässig schimmerndes Wasser in eine einladende Schale, dort waren Tische mit weißem Damast, blinkendem Geschirr und dunkel aufglühenden Weinflaschen gedeckt, und für Augenblicke glaubte Norbert in der erleuchteten Tür ein anmutiges Geschöpf auftauchen zu sehen, dessen schwarze Locken in ihm die wunderlichsten Erinnerungen wachriefen. Eine nahe Frauenstimme riß ihn aus seiner Versunkenheit; einer plötzlichen Eingebung folgend, erkletterte er rasch einen der Bäume, die das Haus umstanden. Von dort fiel sein Blick als erstes in einen Raum, welcher sogleich seine Aufmerksamkeit fesselte. Das war eine lange, lange, große Stube, daß man darin hätte tanzen können, wenn nur nicht auf dem Fußboden alles vollgelegen hätte. Aber da lagen Mappen, Papiere, Paletten, unzählige Farbtöpfe, alles durcheinander; in der Mitte der Stube standen hohe Staffeleien, ringsum an den Wänden waren große Bilder angelehnt. Dazwischen bewegten sich mehrere Damen und Herren, die teils damit beschäftigt waren, die Kunstwerke in Augenschein zu nehmen, teils, zu Gruppen gesellt, scherzend miteinander plauderten. Den Mittelpunkt der Gesellschaft aber bildete ohne Frage der Graubart; von allen Seiten wurden ihm zu seinen Arbeiten Glückwünsche entgegengerufen, die er indes lächelnd abwehrte, was die Gratulanten freilich nur zu noch größerem Lobe anstachelte. Da lachte der Gastgeber plötzlich auf und reichte die Gitarre, die er fortwährend in der Hand gehalten, einem schönen Jüngling und rief aus: »Mein Lob der Malerei habt ihr nun gehört; jetzt ist unser Freund Berthold damit an der Reihe, der mich als ebenfalls malender Kollege und wetteifernder Jünger dieser holden Kunst ja erst zu unserem kleinen Sängerstreit angestachelt hatte.« Der so Angesprochene ergriff das Instrument ohne Zieren, entlockte ihm einige stimmungsvolle präludierende Akkorde und sang dann dazu wie eine Nachtigall:

Sie scheint einfach, jeder glaubt, sie zu verstehen.
»Der Arm ist zu lang, das sieht man doch.«
Die Malerei kann man sehen.

Sie äußert sich sinnlich. Selbst zu den geistlichsten Themen.
»Das da oben ist Gott. Und das darunter das Jüngste Gericht.«
Gemaltes kann man leicht zur Kenntnis nehmen.

Sie spricht bildhaft. Du kannst das Gespräch rasch beenden.
»Den Rubens-Saal schenken wir uns, was?«
Gemälden kann man den Rücken zuwenden.

Sie stellt fest. Doch sie stellt keine Fragen.
»Ach, so sah *es* in Delft zur Zeit Vermeers aus!«
Bilder können nicht Ich sagen.

Sie redet vor allem von Dauer. Und das, ohne dauernd zu stören.
»Das Bild ist von 1893. Es heißt ›Der Schrei‹.«
Die Malerei kann man nicht hören.

Kaum daß der Jüngling geendet hatte, wurde ihm von allen Seiten lauthals Applaus gespendet, während der Bärtige ihm stumm und kräftig die Hand drückte, als sich plötzlich die Tür öffnete und das schöne Geschöpf den hellen Raum betrat, um sogleich auf den Graubart zuzulaufen und ihm eifrig etwas ins Ohr zu flüstern.

»Zu Tisch!« rief dieser fröhlich aus. »Sonst wird der Auberginenauflauf kalt!« Und die lustigen Gäste verließen, jeder sein Liebchen am Arm, den Malsaal, um kurz darauf aus der Haustür in die laue Nacht zu treten, wo die Frau des Hauses bereits damit begonnen hatte, den köstlichen Inhalt einer langen eisernen Schüssel in abgemessene Portionen zu schneiden, um sie sodann auf die Teller der erwartungsfrohen Gesellschaft zu verteilen. Schon wollte Norbert seinen luftigen Sitz verlassen, um sich beizeiten unter die Tafelnden zu mischen, als sein Blick nochmals in den Raum fiel. Der schien unterdes ganz öde und leer geworden, doch das Deckenlicht brannte noch, und die vielen Bilder funkelten und gleißten in den prächtigsten Farben. Da trat unvermutet aus einer Ecke des Raumes, die Norbert von seinem Ausguck nicht hatte einsehen können, ein dunkel gekleideter Mann vor die aufgereihten Werke und begann sie sorgfältig in Augenschein zu nehmen. Erstaunt fragte sich Norbert, wer denn dieser wunderliche Nachzügler sei, der es offenbar verschmähte, den Schmausenden Gesellschaft zu leisten, als jener mit einemmal aufseufzend einen Schritt zurücktrat und, seinem heimlichen Beobachter noch immer den Rücken zuwendend, nach der Gitarre griff, die Berthold bei dem allgemeinen Aufbruch gegen eine der Staffeleien gelehnt hatte. Wie träumend spielte er auf ihr erst einige verworrene, fast mißtönende Akkorde, um dann mit klagender Stimme zu singen:

Ich habe stets auf die Karte
»Machen« gesetzt.
Und nun mache ich nichts.
Ja, was mache ich jetzt?

Gaaanz ruhig!
Ich schreibe ja noch,
ich kritzle ja noch,
ich treibe ja noch,
ich witzle ja noch –
das tu ich.
Ich habe ja noch ein
Geräusch im Ohr,
so ein Brummen.
Und solange ich dem
noch Ausdruck verleih,
diesem Brummen im Ohr,
was immer es sei,
bin ich immer noch stramm
nicht ganz im,
nur knapp am
Verstummen.

Bei den letzten Worten aber hatte der seltsame Sänger sein Gesicht dem Fenster zugewandt; doch erst als er mit hängenden Schultern in die Mitte des Lichtkreises trat, erkannte Norbert grausend, daß da sein Ebenbild vor ihm stand, das nun auch noch die Rechte hob und mit ausgestrecktem Zeigefinger just auf jene Stelle deutete, die Norbert zu seinem Versteck gewählt hatte.

Da krampfte sich sein Herz zusammen, und er entfloh, bis er das Haus mitsamt seinen Lichtern, Tönen und Spukgestalten so weit hinter sich gelassen, daß ihn wieder Mondlicht und Grillengesang umfing und er sein an der Straße abgestelltes Auto dunkelschimmernd gegen den silbergrauen Himmel sich abzeichnen sah.

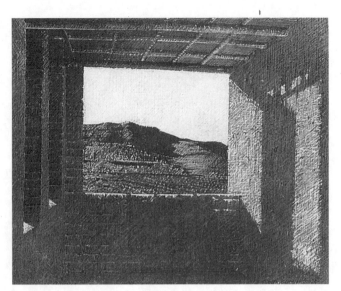

Landschaft bei San Giovanni, Gouache 1976

FAZ, BEUYS, SCHMOCK
Eine Kunstbetrachtung

Die seit seinem Tode mächtig ins Kraut geschossene Beuys-Deuterei wurde am Ostersamstag um ein besonders prächtiges

Exemplar eines ganz exemplarischen Exegese-Kohls bereichert: In der Tiefdruckbeilage der ›Frankfurter Allgemeinen Zeitung‹ interpretierte der Berliner Kunsthistoriker Otto von Simson die »Kreuzigung« des Joseph Beuys.

Daß der ein »niederrheinischer Mystiker« gewesen sei, schreibt von Simson, jemand, der Christus nicht traditionell, sondern als »geheimnisvoll gegenwärtige Wirklichkeit« habe darstellen wollen: »Wir sollen das Erlösungsopfer nicht nur mit den Augen erfassen, sondern mittels eines erweiterten Sinnenbewußtseins.«

Was immer »Sinnenbewußtsein« bedeuten mag, bei Simson muß es sich gut erweitert haben.

Mit den Augen allein hätte er die folgenden Beobachtungen jedenfalls nicht machen können: »Die beiden Flaschen haben eine eigentümliche Verwandlung durchgemacht ... Auch aus der Nähe gesehen scheinen sie uns abgewandt, den Blick aufs Kreuz gerichtet wie jene monumental vereinfachten Rückenfiguren Giottos« – wer jemals den Blick einer Flasche auf sich ruhen fühlte, dem wird, sofern sich sein Sinnenbewußtsein auch nur ein bißchen erweitert hat, beim Anblick eines Flaschenrückens zwangsläufig Giotto einfallen. Bzw. ein Krankenhaus. Bzw. ein Barockdichter: »Die Flaschen sollen uns an Blutkonserven erinnern – unwillkürlich denkt man an Paul Gerhardts ›Oh, Haupt voll Blut und Wunden‹.« Man? Mich erinnern Flaschen immer an Getränke, und bei Trinkbarem fällt mir unwillkürlich Gottfried Kellers »Trink, oh Auge, was die Wimper hält« ein – aber Simson sieht eben nicht nur, er schaut, ja manchmal erschauert er geradezu: »Das Ganze steht auf zwei weißverschmierten Balken, von denen jeder an der linken Seite (ist etwa an die Seitenwunde Christi gedacht?) einen deutlichen Einschnitt hat.«

Ruhe dahinten! Ich dulde kein Gelächter während der Kunstbetrachtung, Sö Rüpel! Von Simson, fahren Sö fort! Was will uns die »Kreuzigung« noch alles sagen? Kleine Hilfestellung: Achten Sö auch auf das Material!

»Kreuz und Gekreuzigter sind aus Holz, greifbar im Sinne des ›lignum vitae‹ der Liturgie ...«

Trefflich, von Simson! Und was machen die Nägel für uns?

»Die oben und links unten herausragenden Nägel machen für uns das Leiden als physischen Schmerz spürbar.«

Sehr gut! Aber, von Simson, wagen Sö sich auch an eine Deutung des so augenfällig über dem Balken ragenden Drahtes, an dem eine Nadel hängt?

»Man wagt sich nicht recht an die Deutung des so augenfällig über dem Balken ragenden Drahtes, an dem eine Nadel hängt. Immerhin: Beuys hat gelegentlich Christus als Erfinder der Elektrizität bezeichnet, also als ›Erfinder‹ jenes Prinzips der Substanzumwandlung, die physikalisch in der Elektrizität geschieht. Naturwissenschaft war für Beuys auch ein theologisches Ereignis; so mag man sich fragen, ob jener Draht nicht ein ›naturwissenschaftlicher‹ Hinweis auf eucharistische Wandlung und Auferstehung ist.«

Sö Lümmel! Nein, nein – ich meine nicht Sö, von Simson! Ich meine den Lümmel von der letzten Bank! Pfeiffer! Wieso feixen Sö denn dauernd zu den sehr, sehr wertvollen Ausführungen Ihres Klassenkameraden?! Wissen Sö denn eine tiefschürfendere Deutung der »Kreuzigung« anzubieten, Sö Flegel?

– Also ich meine, daß Beuys uns mit seiner »Kreuzigung« sagen wollte, daß die Jünger Flaschen waren und sich auf dem Holzweg befanden. Und daß der Herr Jesus schwer auf Draht war und außerdem der erste Autofahrer –

Wieso denn solches, Pfeiffer?

– Weil es doch in der Bibel heißt: Er predigte in einem Ford. Und außerdem hat Beuys noch deutlich auf den ersten Mord in der Menschheitsgeschichte angespielt –

Wo denn, Pfeiffer!

– Mit dem alten Kabel, das die beiden Holzstücke verbindet und das an das Brüderpaar Ain und Kabel erinnern soll. Und außerdem hat Beuys –

Pfeiffer!!

– hat Beuys bei den links eingeschnittenen Balken ganz sicher an den Heiland gedacht, weil Heiwasser doch keine Balken hat und –

Schweigen Sö, Sö Nichtsnutz!!!

Ja, schweigen wir. Aber auch von Simson sollte fürderhin ganz still sein. Denn wenn uns in diesen klebrigen Zeiten eines noch gefehlt hat, dann die Verbindung von Schmock und Schmerz, Flasche und Masche, Beuys und Bibelarbeit.

(1988)

ER REIST

Da G schon früh die Berufung zum Künstler in sich verspürte, stand für ihn bereits in jungen Jahren fest, daß er nach Italien fahren müsse. Kaum fünfzehn geworden, machte er denn auch seine erste Tramp- und Kunstreise in den Süden, von der er, auch das war Ehrensache, nicht anders als mit einem Pakken Zeichnungen zurückkehren durfte, die, alle vor der Natur gezeichnet, mit der feinen Zeichenfeder ausgeführt sein mußten, wobei der artistische Reiz des Unternehmens darin lag, möglichst viele Natureindrücke zu einem einzigen, nicht unterbrochenen, sich also vielfältig überschneidenden Strich wiederzugeben. Das Wissen, daß das so sein müsse, verdankte G einem älteren Mitschüler, der, ebenfalls angehender Künstler, die unerläßliche Kunstreise bereits ein Jahr zuvor, 1952, gemacht und von ihr einen Packen Zeichnungen mitgebracht hatte, die, vorwiegend in einem einzigen, ununterbrochenen Strich gezeichnet, sogleich im Zeichensaal I ausgehängt worden waren und Gs tiefe Bewunderung erregt hatten. Bevor G auch nur einen Schritt auf italienischen Boden gesetzt hatte, war ihm überdies bereits klar gewesen, worauf er dort sein Künstlerauge zu richten habe. Kaum in Italien, zeichnete er denn auch sogleich all das, was Übereinkunft und Zeitgeist ihn als malerisch, pittoresk oder irgendwie kunstwürdig einzustufen gelehrt hatten: enge Gassen, in denen Wäscheleinen von Haus zu Haus gespannt waren, schwarzgekleidete Frauen, die große Gefäße auf dem

In Ligurien, Farbiger Linolschnitt 1953

Kopf trugen, Städte, die sich vielfältig geschachtelt Berge hochzogen, Felsen, die in bizarren Formationen ins Meer stürzten, Palmen – er bereiste die Ligurische Küste –, Fischerboote, netzeflickende Fischer mit hochgekrempelten Hosen und ärmellosen blauen Unterhemden und vor allem Agaven. Die Agave nämlich erfüllte in vorbildlicher Weise alle Anforderungen, die Gs Kunstwollen an ein Motiv stellte, und darin war er sich, ohne es zu wissen, zutiefst einig mit dem Kunstwollen seiner Zeit und seines Landes: die Agave war exotisch, stimmungsvoll, ja melodramatisch und zugleich großformig, kubisch, geradezu abstrakt, außerdem leicht in einem Strich zu zeichnen. Das hatte zur Folge, daß G auf seinen Zeichnungen auch da noch Agaven hinzufügte, wo in Wirklichkeit gar keine Agaven zu sehen waren. Er setzte sie meist in den Vordergrund und nie ohne leises schlechtes Gewissen, hin- und hergerissen zwischen Naturwirklichkeit und Kunstwahrheit, die beide auf ihr Recht pochten, wobei sich G im Zweifelsfall stets für die Kunstwahrheit entschied – daheim in Göttingen würde ja doch niemand mehr nachprüfen können, ob auf dem fraglichen Fleck, an den sie ganz einfach hingehörte, eine Agave gestanden hatte oder nicht. Nie war G mehr Künstler gewesen als auf jener Italienreise, deren durch und durch dilettantische und eklektische Ergebnisse er später mit höchster Geringschätzung und viel später mit tiefster Rührung durchblättern sollte. Viel später – als er zu ahnen begann, daß sich ausgerechnet in dem mageren Knaben, der damals so besinnungslos von einem malerischen Motiv zum anderen gezogen war, zwei kunst- und kulturgeschichtliche Trampelpfade gekreuzt hatten, ein Vorgang, der die Stätte dieser Begegnung kurzfristig und im nachhinein zu einer geradezu idealtypischen Figur der frühen 50er Jahre machte.

Der Knabe nämlich war, ohne sich dessen bewußt zu sein, Nachzügler und Vorläufer in einem gewesen – und hatte nicht diese Dialektik von Erbe und Vorgriff, Wurzel und Aufbruch, Abendröte und Morgenlicht seit jeher den echten Künstler ausgemacht? Einerseits nämlich gehörte unser Schnellzeichner zur Vorhut des deutschen Nachkriegstourismus, der sich in jenen Jahren zögernd über die heimatlichen Grenzen auszubreiten begann, angeführt von eben jenen Tramp- und Rucksackreisenden, die nichts weniger im Sinn hatten als die Touristenscharen, Campingplätze und Würstchenstände, die hinter ihrem Rücken aus dem Boden schießen sollten, und die es daher rasch in immer fernere Fernen zog: 1955 finden wir unseren Helden an der noch unberührten dalmatinischen Küste, 1958 im noch unwegsamen Griechenland. Dann gab er die Fackel weiter, die kommende Geschlechter bis Bangkok und auf die Malediven tragen sollten.

Andererseits aber war der junge G einem Heer von Schatten hinterhergezogen, dessen Ausmaß erst der ältere G erahnen konnte. Hätte man den Fünfzehnjährigen danach befragt, wer ihn eigentlich gelehrt habe, daß der Süden malerisch, die Strichzeichnung künstlerisch und das Zeichnen vor der Natur unabdingbar sei, dann wären dem auf Anhieb wahrscheinlich nur zwei Vorbilder eingefallen, der Schulkamerad, von dem er selber, und Richard Seewald, von dem jener gelernt hatte. Nach und nach aber hatte sich diese einigermaßen kurze Ahnenreihe immer weiter in die Vergangenheit verlängert. Hofer war dazugekommen und Rössing, Kanoldt und Beckmann, Purrmann und Peiffer-Watenpuhl, Lenbach und Thoma, Böcklin und Marées, und hinter diesen Künstlern tauchten nach und nach die Malerscharen auf, die im 19. Jahrhundert die Alpen überquert hatten, ausgerüstet mit Feldstaffeleien, Skizzenbüchern und zusammenklappbaren Hockern, die Rethel, Rottmann, Wasmann, Schadow, Nerly, Horny, Reinhold, Reinhart, Klenze, Schinkel, Hackert, Richter, Fries, Erhard, Hensel, Ramboux, Klein, Janssen, Carus, Fohr sowie Cornelius und die anderen Nazarener, Schnorr von Carolsfeld, Olivier, Pforr, Veit, Overbeck, vor welchen, nun sind wir bereits im 18. Jahrhundert, Koch, Tischbein und Goethe Italien die kreuz und die quer nach malerischen Motiven abgeklappert hatten. Auch sie nicht ohne Vorgänger. Und waren die Reisekünstler schon im 19. Jahrhundert eine internationale Gesellschaft gewesen, Corot und Ingres hatten dazugehört, Turner und Parkes Bonington, Schtschedrin und Iwanow, Thorwaldsen und Dahl, so wurden sie es um so mehr, je weiter der Blick zurückreichte, der sich über Januarius Zick, Lorrain, Poussin, Rubens, Elsheimer und Velazquez bis hin zu Michael Pacher, Dürer und Rogier van der Weyden verlor – nur daß dieser Blickwinkel natürlich trog, da der Knabe G den ganzen kunstbeflissenen Zug keineswegs angeführt hatte, sondern, doch das sagte ich bereits, ihm nichtsahnend hinterhergestolpert war. In Momenten nostalgischen Hochmuts sah der ältere im jungen G sogar den allerletzten Pinselschwinger der von der Zeit dahingerafften Künstlertruppe Süd, was sicherlich nicht den platten Fakten, aber doch einer tieferen Wahrheit entsprach.

In den frühen 50er Jahren erlebte Italien im Zuge der neuerwachenden deutschen Fern- und Südsehnsucht noch einmal einen unerhörten Boom als Kunstreiseziel und Motivspender. Bargheer und Gilles waren die Maler der Stunde, sie machten vor, wie man die tradierten pittoresken Motive – netzeflickende Fischer, Steilküste von Ischia – auf das Glücklichste mit den Errungenschaften der modernen Malerei verbinden konnte, und eine Vielzahl vor allem jüngerer und deshalb beweglicherer Künstler machte es ihnen nach. Doch es war eine Scheinblüte. Zwar wurden die Jahresausstellungen im Münchener Haus der Kunst und vor allem die Wanderausstellungen des Unternehmens »Farbige Graphik« geradezu beherrscht von Titeln wie »Treppen in Amalfi«, »Erinnerung an Porto Santo Stefano«, »Tristezza Romana« oder, noch reduzierter und evokativer, »Tyrrhenisches Blau«, zwar belieferten flinke Farbradierer wie Kügler, Kögler, Lemke und Hoffmann kunstsinnige Haushalte mit einer Unzahl mediterraner Abstraktionen – denn nicht mehr das erkennbare Motiv war gefragt wie etwa im 19. Jahrhundert »Die Wasserfälle bei Tivoli«, sondern das Südliche schlechthin –, doch diesmal führte der Weg über die Alpen geradewegs in die Sackgasse. In dem Maße wie Italien ein Allerwelts- und Massenreiseziel wurde, verlor es seinen welt- und kunsthaltigen Zauber. Kurzfristig konnten Künstler in noch strengere oder entlegenere südliche Zonen ausweichen und mit »Frauen in Fuentecaliente« oder »Mykonos III« fesseln, der Zug der Zeit jedoch fuhr an ihnen vorbei. Er dampfte in die völlige Abstraktion, ins Reich der reinen Farben und Formen, dorthin, wo selbst das »Südliche« als deutlich anekdotischer Schmutzfleck unangenehm auffiel, von all den äußerst reduzierten, aber immer noch erkennbaren segelboothaften, palmenähnlichen oder hausbeschwörenden Formulierungen ganz zu schweigen. Formulierungen, die auf so berühmte Väter wie Picasso, Miró und vor allem Klee zurückgingen und die dennoch ein so ruhmloses Ende finden sollten. Sie gefielen. Sie leuchteten unbändig ein. Sie tauchten derart massenhaft auf Tapeten, Röcken, Vorhängen und asymmetrischen Schmuckvasen auf, daß sie bald kein Mensch mehr sehen mochte. Heute findet man sie nur noch in abgelegenen Landschenken und Kleinstadtgasthöfen, dort, wo dem Renovierungsschwung der 50er Jahre kein weiterer gefolgt ist, da, wo noch das »Resopal der ersten Generation«

(Bernstein) auf den Tischen liegt, messinggefaßte Nierentische in den Empfangsräumen stehen und Garderobenständer, deren Mittelteil mit vielfach genopptem Schaum- und Kunststoff verkleidet ist, welcher seinerseits einen Spiegel mit abgerundeten Ecken einfaßt, dessen Glas wiederum von eingeätzten, schrägen, sich häufig kreuzenden Schmucklinien verschönert wird.

Im Badezimmer eines solchen Gasthofes hatte der ältere, pinkelnde G einmal Raum und Zeit vergessen, versunken in die Betrachtung des Kunstfaservorhangs, auf welchem er all das wiederfand, was er einst in Form und Farbe angestrebt hatte. Da wurden rote, blaue und gelbe Drei- und Rechtecke von einer nichtabreißenden schwarzen Linie derart kunstvoll umspielt und überschnitten, daß das Ergebnis ein südlicher Hafen mit allem Drum und Dran war, nicht dessen naturalistische Darstellung natürlich, nein, dessen Evokation. Störend an ihr war lediglich, daß sie gleich fünfzehnmal neben- und untereinander stattfand, lächerlich war die Vorstellung, dergleichen heute noch einmal in den Hohen Künsten zu versuchen. Der Süden als Motiv, Inhalt, Idee oder Vision gab nichts mehr her, selbst in der Massendekoration hatten ihn exotischere, grellere und entrückendere Fluchthelfer abgelöst. So, wie der reichlich dekolletierten gemalten Zigeunerin die gänzlich nackige Teakholznegerin gefolgt war, so sorgten nun mexikanische Tonfiguren, tunesische Messingkamele, äußerst afro-archaische Balsaholzmasken und dschungelhafte Fototapeten selbst in Kleinbürgerwohnungen für jenen transzendierenden Kick, für den in genügsameren Zeiten auch beim Mittelstand noch das Ölgemälde »Am Gardasee« ausgereicht hatte. Zwar reisten noch immer deutsche Künstler über die Alpen, doch statt der Feldstaffelei hatten sie einen Restaurantführer im Gepäck. Zwar wurden sie immer noch auf Staatskosten in die bundeseigenen Künstlerheime Villa Romana und Villa Massimo verschickt, hatten dort aber nichts Eiligeres zu tun, als den Pinsel just an jener Stelle weiterzuschwingen, wo sie ihn in Berlin oder Bruchsal wegen der Umsiedlung hatten sinken lassen müssen.

G hatte diesen Niedergang des Südens miterlebt und miterlitten. Er begriff dessen Ursachen und weigerte sich, die Konsequenzen anzuerkennen. Der ersten Kunstreise waren zwei weitere gefolgt, 1956 und 1957. Nun finden wir unseren frischgebackenen Kunststudenten, zusammen mit dem begabteren Bruder, bereits in der Toskana und in Umbrien. Nun verschmäht er herrisch den allzu vulgären Zauber der Küsten und die allzu modische endlose Linie; er strebt nach perspektivischer und gestalthafter Richtigkeit und schult Auge und Hand an der Schönheit herber Renaissancearchitekturen und an der noch herberen Bedeutungsfülle der zu dieser Zeit schon reichlich verrotteten, aber immer noch bewohnten Bauernhäuser. Wieder einmal ist er bewußtloser Nachzügler, unwissentlicher Zeuge und nichtsahnender Protagonist in einem. Gerade in dem Moment, in dem sie endgültig die Grätsche macht, entdeckt er Reiz, Schönheit, Würde und Motivqualitäten der bäuerlichen Kultur Italiens. Seit mehr als 150 Jahren haben deutsche Künstler die Unschuld des italienischen Landlebens gefeiert – G hätte es wissen können. In wenigen Jahren, 1964, wird die Zeitschrift ›twen‹ reihenweise toskanische Bauernhäuser zum Verkauf anbieten – das konnte G nicht wissen. Noch weniger, daß er selbst, weitere sieben Jahre später, in den Mitbesitz eines dieser Häuser gelangen wird. 1957 sind die Weichen bereits gestellt. Mit der Verwandlung Italiens in eine Industrie- und Konsumgesellschaft beginnt der Niedergang des jahrhundertealten Pachtsystems, das die toskanische Landwirtschaft geprägt hatte. Die Bauern verlassen die einzeln gelegenen, heruntergekommenen Gehöfte, und mit ihnen verschwinden Esel, Ziegen, Schafe, Schweine, weiße Rinder, selbstgebackenes Brot, selbstzubereiteter Käse, selbstgeräucherter Schinken, selbstgeflochtene Körbe, von Hand betriebene Ölmühlen und Töpfereien, selbstgefertigte Werkzeuge, selbstgeschmiedete Hufbeschläge, selbstgemauerte Häuser und selbsterrichtete Mauern. G wird den Untergang dieser Kultur ehrlich bedauern und von ihm profitieren. Noch später wird er zu ahnen beginnen, welche Opfer diese Kultur den Kulturträgern abverlangt hatte, und er wird sich mit dem Gedanken trösten, daß jede Kultur auf Schädelstätten gegründet ist. Nie aber wird er den Italienern im tiefsten Grunde seines Herzens verzeihen, daß sie leichtfertig Esel gegen Vespas, den Schwatz am Brunnen gegen Farbfernseher und Hausmacherkost gegen Selbstbedienungsläden eingetauscht haben. Stets wird er heimlich die nordischen Künstler des 19. Jahrhunderts beneiden, die auf Italienreisen nicht nur räumlich, sondern auch zeitlich entrückt wurden; die, kaum in den – zum Beispiel – Albanerbergen angekommen, sorglos die Griffel spitzen konnten, um all die Weinfeste, Volkstänze und Prozessionen festzuhalten, welche dort, der Zahl diesbezüglicher Bilder nach zu schließen, pausenlos von Frauen in Tracht, kühnen gebräunten Burschen, würdigen Alten, schwarzgelockten Kindern und allem möglichen, ebenfalls stets malerischen Getier abgehalten wurden.

Doch heute? Wo war sie hin, die lockende, lindernde Gegenwelt, in der Unschuld, Schönheit, Lebenskunst und eine gewisse reizende Schlampigkeit den ja mehr grüblerisch veranlagten Nordländer sinnenhaft ahnen ließen, was

An dieser Stelle hatte ich meine Aufzeichnungen beiseite legen müssen, da vor meinen Augen ein breites Auto schwungvoll in mein Arbeitszimmer steuerte – ich hatte mein Schreibtischchen auf die Terrasse gestellt – und direkt vor meinem Arbeitsplatz parkte. Laute Rockmusik entquoll dem glitzernden Wagen, dessen Türen kurz darauf herzlich grüßende und herzhaft gähnende Gestalten entstiegen, welche sich mir sogleich in einer Art Prozession näherten, wobei jeder dieser Unheiligen Drei Könige seine Morgengabe in Händen hielt: ein schwarzes Bauernbrot, eine längliche Mettwurst und einen Eimer Senf. »Grüße aus der Heimat!« so schallte es mir entgegen – kein Zweifel, die falschen Freunde hatten den Weg auf meinen Berg gefunden.

EIN MALERMÄRCHEN

Es war einmal ein alter Maler, der merkte, daß es dem Ende zuging. Da versammelte er seine Familie und seine Freunde um sich, auf daß es ihm leichter falle zu scheiden. Doch je länger er sein Leben und Werk bedachte, desto sinnloser erschien ihm ersteres und desto wertloser letzteres, und schließlich ergriff ihn eine solche Trauer, daß er seine Erkenntnis nicht länger für sich behalten konnte.

»Nichts ist mir gelungen, nichts«, hub er an.

»Ach, was er wieder redet«, entgegnete darauf seine Gattin unter dem Kopfnicken der anderen. »Alles ist dir gelungen, alles!«

»Nein, nichts«, wiederholte der Maler düster. »Nicht einmal einen einfachen Eierbecher habe ich zu malen vermocht, nicht einmal den!«

»Nun hört euch das an!« rief sein ältester Freund entgeistert. »Dir sollte kein Eierbecher gelungen sein, ausgerechnet dir, dessen ›Stilleben mit Eierbecher‹ heute der Stolz der Staatsgalerie ist?!«

»Nun, der war in der Tat nicht ganz daneben, dieser Eierbecher«, räumte der Maler ein, »der war sogar ganz gut, da ich ihn mit heller Grüner Erde untermalt und dann ganz leicht mit Titanweiß, Ocker und etwas Königsblau dunkel gehöht hatte – aber ach, was bedeutet das schon? Fünfzig Jahre gemalt – und was bleibt? Ein Eierbecher! Als Eierbecher-Maler werde ich weiterleben, und die, die mich so nennen, werden tausendfach recht haben, habe ich es doch nicht einmal geschafft, einen einzigen Ast im Gegenlicht zu gestalten.«

»Ja, ist denn das zum Anhören!« stöhnte da der Sohn des Malers voller Schmerz auf. »Wie kannst du nur so etwas behaupten, du, dessen ›Baumgruppe im Gegenlicht‹ der unbestrittene Mittelpunkt aller Gegenlichtausstellungen war und ist?«

»Ach ja, die Baumgruppe«, erinnerte sich der Maler. »Doch, die hatte was. Aber da hatte ich auch einen Abendhimmel unterlegt, auf dem es sich fast von selbst malte, mit dem spitzesten Pinsel gab ich das Blattwerk, Krapplack und Casslerbraun gemischt, erst dann setzte ich die Lichter mit fast unvermischtem Neapelgelb hell und einer Spur Laubgrün. Aber sonst? Mißraten, alles mißraten! Mißraten selbst die einfachsten Sujets, mißraten sogar der Versuch, einen Krug im Eck zu malen!«

»Der und mißraten?!« heulte da der Neffe auf. »Dein ›Krug im Eck‹, welcher heute in keinem Werk fehlt, welches auch nur den geringsten Bezug hat zum Thema Krug, Eck oder Innenräume überhaupt? Hörte man denn je eine unsinnigere Rede?«

»Ach der!« sagte der Maler versöhnlich. »Ja, dieser Krug war nicht übel. Alles in kalten Farben gehalten, und nur etwas warme Terra Pozzuoli in den helleren Partien des Kruges – doch, doch, das funktionierte. Aber was ist das alles schon? Gegen irgendeinen Velazquez beispielsweise?! Habe ich jemals ›Las Meninas‹ gemalt? Oder ›Die Übergabe von Breda‹? Oder auch nur einen ›Philipp der Vierte‹?«

Die um sein Bett Versammelten schwiegen betroffen. Dann endlich räusperte sich ein ergrauter Vetter und begann: »Nun ja, einen ›Philipp der Vierte‹ hast du freilich nicht –« doch er kam nicht dazu, den Satz zu Ende zu führen, denn auf einmal saß der Maler senkrecht im Bett und schrie: »Das weiß ich selber, daß ich keinen ›Philipp der Vierte‹ gemalt habe! Darüber brauchst du mich nicht zu belehren! Wie hätte ich den denn auch malen sollen? Ist doch schon längst über den Jordan, der Herr! Und hört endlich damit auf, mir dauernd den Velazquez vorzuhalten! Velazquez, Velazquez, Velazquez! Was hat denn der schon groß gemalt? ›Philipp der Vierte‹, ›Die Übergabe von Breda‹, ›Las Meninas‹ – so doll ist diese ganze spanische Mischpoke ja nun auch wieder nicht! Und wenn er die nicht vor dem Pinsel hatte, dann war er ganz schön verratzt, euer Velazquez. Oder gibt es von ihm einen ›Krug im Eck‹, eine ›Baumgruppe im Gegenlicht‹ oder auch nur ein ›Stilleben mit Eierbecher‹? Ha! Da könnt ihr lange suchen! Gibt's im Velazquez-Œuvre nämlich nicht, ihr Caballero-Anbeter! Gibt es allerdings im selbst seiner Familie offensichtlich weitgehend unbekannten Œuvre eines anderen Malers – sein Name tut nichts zur Sache –, doch warum euch mit bescheidenen, wenn auch gut gemalten Sujets langweilen, da ihr offensichtlich nur Augen habt für die vordergründige Pracht pseudo-opulenter Hofmalereien?!«

Mit diesen Worten aber schlug der Maler die Bettdecke zurück, sprang aus dem Bett und rief, indes er wütend auf den Boden stampfte: »Hinaus! Alle hinaus! Geht doch zu eurem Velazquez, geht nur, aber habt wenigstens so viel Anstand im hispanophilen Leib, einen Sterbenden, der nebenbei bemerkt ebenfalls Maler ist, wenigstens in seiner letzten Stunde mit eurer Velazquez-Anbetung zu verschonen. Hinaus!«

Erschreckt wichen Freunde und Familie, der Maler aber, da er ohnedies aufgestanden war, schaute in der Küche nach etwas Trinkbarem und begann, da er auf dem Rückweg zufällig an seiner Staffelei vorbeikam, rasch noch einen etwas verrutschten Reflex zu korrigieren, welcher ihn auf seinem letzten Bild ›Zwei Schälchen‹ schon immer gestört hatte. Nach einer Stunde war er derart gut in Fahrt, daß er gleich noch ein neues Bild begann, und so malte und malte er, und da er sicher nicht gestorben ist, weil Malen und Sterben einander ausschließen – entweder das eine oder das andere –, malt er wohl noch heute.

V
ZEIT UND RAUM

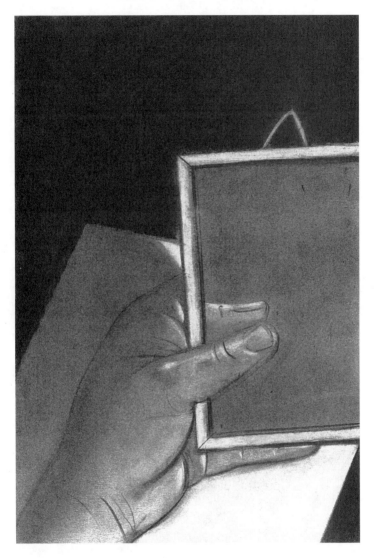

PROGNOSE

DIE GEILE WELT DER 50ER JAHRE

Es begann in Berlin, in der Akademie der Künste. Dort sah ich die Ausstellung ›Grauzonen – Farbwelten, Kunst- und Zeitbilder 1945–55‹, dort kaufte ich den Katalog, dort las ich die folgenden Zeilen: »Die fünfziger Jahre sind wieder in. Nicht nur bei Punks und Freaks, sondern seit dem kalten Wechsel auch in Bonn ... Die Produkte der Massenkultur sind längst Requisiten für die Protestjugend der achtziger Jahre geworden. Aus der pfälzischen Provinz kommt ein Kanzler, der sich als Enkel Konrad Adenauers versteht und in seiner Regierungserklärung sagt: ›Was 1949 gelang, unter schweren seelischen Wunden und materiellen Lasten, das ist auch heute notwendig und möglich.‹ Die Reformversprechungen der Sozial-Liberalen seien eine Anmaßung, gleichsam eine Versündigung gegen die natürliche Ordnung der Gesellschaft, die nur durch Opfer gesühnt werden könne ...«

Es ging weiter in Frankfurt. Die Begeisterung der Jugend für Moden und Stile der 50er hatte mich schon seit längerem vor Rätsel gestellt. Die Äußerung einer Lehrerin, die Jugend meine damit nicht nur die Oberflächenreize, sondern auch die Werte dieser Jahre, hatte mich tief nachdenklich gemacht. Wußte sie – diese Jugend – überhaupt, welchen Werten sie da nachtrauerte und hinterhereiferte? Mußten die, die es besser wußten, die Angehörigen meiner Generation, sie – diese Jugend – nicht warnen? Doch wer war sie überhaupt – diese Jugend? Viele, soviel war sicher. Zu viele, um alle persönlich anzusprechen, soviel war klar. So verfiel ich auf den Ausweg, wenigstens einen aufzuklären, den aber richtig. Aus diesem Grunde bat ich folgende Herren, sich am 24. 3. 1983 zu einem Symposion über die 50er zusammenzufinden: Hans Traxler (*1929), Chlodwig Poth (*1930), F. K. Waechter (*1937, übrigens auch mein Jahrgang), Hanno Rink (*1942) und, als Vertreter der Jugend, Jörg Metes (*1959).

Oh, hätte ich sie doch nie zusammengerufen! Dann hätte ich

auch niemals die folgende Zusammenfassung dieses Symposions zu Papier bringen müssen:

»Tag Hans, Tag Chlodwig, Tag Fritz, Tag Hanno, Tag Jörg – n'Abend? Wieso denn Abend? Ach so, weil's schon so spät ist. Gut, meinetwegen Abend, aber merk dir eins: Du redest, wenn du gefragt wirst. Nein, war nur ein Scherz. Ja, klar darfst du reden, sollst du sogar« – so fing es an. Rauh, aber herzlich.

Doch das Symposion will nicht so richtig in Gang kommen. »Was ist denn überhaupt ein Symposion?« – »Symposion ist, wenn ... also die alten Griechen, die lagen dann so rum und tranken Wein und ...« – »Apropos Wein – ich glaube kaum, daß man das hier als volles Glas bezeichnen kann.« – »Stimmt, sieht eher aus wie ein leeres.« – »Chlodwig, du als Gastgeber ...« – »Immer ich!«

Doch schließlich haben alle ein gefülltes Becherchen vor sich stehen, und Gernhardt macht den Vorschlag, das 50er-Jahre-Symposion nicht intellektuell-abstrakt (angewidertes Kopfschütteln), sondern sensuell-konkret (erleichtertes Kopfnicken) zu führen.

»Die 50er Jahre sind wieder in Mode – ein Blick auf unseren jungen Freund bestätigt diese Behauptung: der Bürstenhaarschnitt, die engen, hochgekrempelten Jeans, die breitgerundeten Schuhe – genau so sind die Jugendlichen damals doch auch rumgelaufen ...«

Widerspruch wird laut: »Welche Jugendlichen?« – »Du vielleicht, ich nicht.« – »Wie sind sie denn dann rumgelaufen?«

Ja, wie? Bereits jetzt werden Risse in der scheinbar festgefügten 50er-Jahre-Fraktion deutlich.

Poth erinnert sich an seine Kunststudentenkluft, Anfang der 50er: »Eine ärmliche Zeit. Der angehende Künstler trug Trenker-Cord, die Professoren ließen sich beim Schneider Cord-Anzüge machen. Und als ich 1952 bei Dunlop anfing, ich gestaltete dort die Werkszeitung, da leistete ich mir ebenfalls einen Anzug, allerdings feineres Tuch, Maßkonfektion, einen Einreiher auf vier Knöpfe.« Traxler weiß noch, daß er vor allem elegant wirken wollte: »Dunkler Anzug, luftdichtes Nyltesthemd, wo es immer so kitzelte, wenn der Schweiß am Körper runterlief, und stets mit Krawatte.« Allerdings sei das ein schwarzer Strickbinder gewesen – ein Protest gegen die Seidenkrawatte.

»Protest? Damals schon?«

»Nur gegen die Seidenkrawatte. Sonst war ich völlig konform mit den Werten und Zielen der Zeit. Es ging ja bergauf. Dagegen war doch nichts zu sagen.«

Das freilich haben die Jüngeren, Waechter und Gernhardt, in anderer Erinnerung. Sie hätten schon opponieren wollen, sie hätten bloß nicht gewußt, wie.

»Opponieren – wogegen denn?«

»Gegen die Gesellschaft, die dem Jugendlichen nicht den geringsten Auslauf oder Selbstausdruck gestattete. Die uns zwang, entweder als Spätwandervögel rumzulaufen – Windjacke, Lederhosen – oder als verkleidete Erwachsene – graugrüne Gabardinehosen und Dufflecoats ...«

»Dufflecoats, sind das nicht ...« doch Metes kommt nicht dazu, den Satz zu beenden, denn nun erinnert sich alles durcheinander: Aus kotzgrünem Popeline! Mit querlaufenden Ledertressen! Und links und rechts Bambusstäbchen als Verschluß!

»So liefen die jüngeren Lehrer rum, genau!«

»Und ich«, ergänzt Rink düster.

»Dufflecoat plus Cäsarenschnitt signalisierte nämlich den Intellektuellen.«

»Ja, aber ...« – »Was aber?« – »Aber die Jeans und die Tollen und James Dean und Elvis ...« – »Aber das gab's für uns doch alles nicht!« fallen alle Metes ins Wort. »Wo warst du denn damals?« Erstens habe der Rock 'n' Roll erst Mitte der 50er begonnen, und zweitens seien das alles erstmal Unterschichtvergnügungen gewesen, nichts für Angestellte, Studenten oder Oberschüler. Das Revival ausgerechnet der Trivialreize und Vulgärmoden der 50er ergebe doch ein völlig falsches Bild dieser Jahre.

»Selbst wenn man was haben wollte, dann gab's das nicht«,

bestätigt Rink. »Hatte man schließlich der Mutter das Geld entsteißt, war man endlich zum Jeans-Kauf von Aschaffenburg nach Frankfurt gefahren – womit kam man heim? Mit einer Karikatur! Mit schwarzen Nietenhosen, die grüne Nähte und karierte Umschläge hatten – die echten Jeans kriegte man ja nur durch Beziehungen, in amerikanischen PX-Läden, es war ja nichts da!« – »Doch, wir!« – »Aber wie!« ereifert sich Rink. »So wie wir rumliefen, konnten wir uns doch nie dort sehen lassen, wo es am Abend passierte, in den Ami-Kneipen zum Beispiel; also ich jedenfalls mußte schon aufgrund meines Aussehens zwangsläufig in den Jazz-Keller, wo ich so zu tun hatte, als ob ich den lahmarschigen Cool-Jazz toll fand, wo zwar die hübscheren Mädchen waren, und wo ich trotzdem immer wußte: Hier kommt es nicht zum Vögeln. Und darum ging's mir.«

Ein elektrisierender Einwurf, der geradezu wollüstige Erinnerungen beschwört, von »So ein Wort wäre damals nie über meine Lippen gekommen« (Poth) über »Das war damals noch hochlibidinös besetzt. Heute benutzen es die Frauen beim Italiener am Nebentisch, aber damals bekam man davon noch so eine Hose« (Traxler) bis zu »Da kam man gar nicht rechtzeitig aufs Klo!« (Waechter). Und als dann auch noch Metes einsteigt und »Das ist es ja eben!« ausruft, die 50er seien eben noch eine Zeit der Naivität gewesen, das fasziniere doch so an ihnen: »Die Jungs wollten Mädchen, und Mädchen wollten Jungs, für Politik interessierte sich niemand, heute ist das alles viel gebrochener« – da sieht Gernhardt die ganze Aufklärungsarbeit völlig aus dem Ruder laufen und versucht eine einschneidende Kurskorrektur: »Natürlich haben wir uns für Politik interessiert, das haben wir doch – oder?« Haben wir nicht – das wird leider allzubald klar.

Da seien zwar finstere Dinge gelaufen, räumt Poth ein, Wiederaufrüstung und Kalter Krieg, offener Revanchismus und neofaschistische Parteien, KPD-Verbot und Nazis in der Regierung, doch sein vorherrschendes Gefühl sei nach den Erfahrungen von verendetem Nationalsozialismus und herrschendem Stalinismus gewesen: Schnauze voll von Politik. Etwas anderes habe ihn viel intensiver beschäftigt: »Schlagsahne, Bananen, Apfelsinen – das waren für mich doch alles nur Gerüchte oder vage Erinnerungen. Und auf einmal kam das alles wieder. Ich hatte eine lange Bücklingszeit ... und eine lange Bratheringszeit ... Und dann in Frankfurt gab es richtigen Whisky mit Eis drin und gesalzene Erdnüsse und Plattenspieler, die man nicht aufziehen mußte und ...«, und unserem jungen Freund ist ganz deutlich anzusehen, wie toll er das alles findet, ja er sagt es auch noch: »Na toll! Jeder dachte nur an sein eigenes Glück, keiner hatte Skrupel, nichts wurde in Frage gestellt – das war doch phantastisch!« War es auch, wird ihm von Poth und Traxler versichert: »Dazu kommt, daß es in den 50ern noch ein echtes Gegenüber gab, mit dem man sich auseinandersetzen konnte. Die Lehrer waren noch Lehrer, alte Männer, nicht solche Kumpels, die sich in Jeans und Turnschuhen bei der Jugend anbiederten. Und die Polizisten waren noch Polizisten, Respektpersonen, keine Bubis mit Schnauz und langen Haaren. Und Italien war noch das ganz andere, wo es noch ganz andere Sachen zu essen gab, und die Frauen waren noch Frauen, und der Schniepel ...« Ja – und heute sei die Jugend bereits in Teneriffa gewesen, bevor sie überhaupt noch Pieps gemacht habe, mischt sich nun auch Waechter ein, er dagegen sei noch als Zwanzigjähriger nicht weiter südlich als bis Hannoversch-Münden gekommen, und wenn man das mal auf den Sex übertrage –: »Ihr versteht?«

Und wie ihn alle verstehen, allen voran die Jugend in Gestalt des Herrn Metes: »Das ist ja eben unser Problem: alles zu dürfen. Jugend aber will Grenzen, und sei es nur, um sie zu überwinden.«

Besinnliches Schweigen. Aber es gebe doch immer noch Grenzen, wirft Gernhardt halbherzig ein, die Jugend müsse sie nur suchen. Er denke da beispielsweise an die Grenzen zwischen jungen Mädchen und älteren Herren: »Geht aufeinander zu! Reißt diese unnatürlichen Schranken ein!« – doch da ist niemand, der auf ihn hört.

Vielleicht hätte man doch eine Frau in die Runde laden sollen? Oder sollte man statt dessen noch einmal einen Versuch machen, die 50er Jahre als das darzustellen, was sie in Wirklichkeit waren, als durch und durch widersprüchliche, verlogene und verderbte Zeit, als ein Verlies für den Jugendlichen, in welchem er lebendigen Leibes ... »Verlies?« – »Ich habe mich als Gefangener gefühlt, jawohl! Gekettet in Formen restaurativer Geselligkeit – Tanzstunde –, wo jede unbedachte Bewegung mit blutigen, wenn auch unsichtbaren Verletzungen bestraft wurde! Eingekerkert in sogenannte Jugendgruppen – Evangelische Jungschar –, die vom Pesthauch schwüler Schuldgefühle vergiftet waren ... Wenn ich heute lese, wie ›Bravo‹ die Jugendlichen dazu ermuntert, ohne Angst zu onanieren ...« – »Ja – wie ist eigentlich damals das Wichsen losgegangen?«

Also er verdanke den entscheidenden Anstoß der Kirche, erinnert sich Gernhardt, so um 52 rum habe ein klerikaler Moralbeauftragter, Dr. Guido Kröger, an drei aufeinanderfolgenden Abenden derart eindringlich vor der Selbstbefleckung gewarnt, daß er, der ebenso unschuldige wie unaufgeklärte Zuhörer, es schließlich habe wissen wollen – »Im vollen Bewußtsein darum, daß ich eine ungeheure Sünde beging.« Ein dunkles Kapitel, bestätigt auch Poth, obwohl seine Wirrnisse ja noch in die 40er gefallen seien: »Onanieren höhlt das Rückenmark aus, du verschleuderst deine Manneskraft«, »3000 Schuß – und dann ist Schluß!« ruft Waechter dazwischen, die überraschendste Wichs-Information aber weiß Rink beizusteuern: »Wir saßen am Flußufer und haben im Kreis unter Leistungsanspruch gewichst, als ein Fremder vorbeikam und uns zurief: Mann, spinnt ihr? Ihr dürft doch nicht im Sitzen wichsen, das muß im Stehen geschehen, sonst holt ihr euch was!«

Na also! Endlich gewinnt die finstere Seite der 50er Konturen, »eine sehr anale Zeit« (Waechter), »eine einzige Angstpartie« (Traxler): »Erstmal gab es die Pille noch nicht, und zweitens wußte man nie, wo es stattfinden sollte. Ein Drittel der Deutschen, zumal die Jüngeren, lebte ja noch in Untermiete. Nachdem ich das erste Mal Besuch gehabt hatte – eine Freundin, die ich selbstverständlich vor 22 Uhr noch nach Hause brachte –, da waren hinterher alle Fenster meines Zimmers aufgerissen und alle Matratzen hochgestellt: Die Wirtin hatte den Drang verspürt, das Zimmer in meiner Abwesenheit zu reinigen und zu entsühnen.« – Diese Ungewißheiten damals! Waren die Mieder der Frauen nun unten zugänglich oder geschlossen? Diese Ängste! Gab es den Vaginalkrampf wirklich und wenn ja: War er durch das Pieken einer Nadel in den Po der Partnerin zu beheben? Diese Dunkelheiten! Hatten die Frauen überhaupt einen Orgasmus?

Schon konstatiert Gernhardt befriedigt, wie das Gesicht des jugendlichen Gesprächspartners immer nachdenklicher wird, schon glaubt er die Partie wenigstens halbwegs gewonnen, da schlägt die Stimmung jäh um: Ob die Probleme denn heute vom Tisch wären? fragt Poth plötzlich. »Wenn du mit vierzehn bereits weißt, daß die Frau ein Recht auf den Orgasmus hat, dann wird es für beide doch nur noch schwerer. Du hast mit dir schon ungeheure Schwierigkeiten, und dann sollst du auch noch für die Frau sorgen, das ist doch ...«

»Eben!« schaltet sich da Metes ein. »Ein Problem, das als solches erkannt wird, muß auch gelöst werden. Das ist ja das Problem!«

»Aber es ist doch das Problematisieren die Voraussetzung jeder Aufklärung!« hält Waechter dagegen, und sie – »Wir alle!« – hätten in den 60ern doch nur deswegen alles problematisiert und hinterfragt, damit die Jugend es einmal besser habe: »Sie sollte unverkrüppelt, selbstbewußt und wissend aufwachsen!« – »Und bezahlt heute mit Beziehungskisten«, ergänzt Poth kühl, halblaut sekundiert von Metes, der etwas wie »Ach was! Ihr habt doch nur an euch und eure libertinistische Pseudo-Befreiung gedacht« murmelt.

»Haben wir nicht!« hält Gernhardt beschwörend dagegen. »Wir wollten alte Ängste abbauen, nicht neue schaffen.« – »Habt ihr aber.« – »Aber nein!« Aufklärung nämlich, fährt er fort, sei unteilbar, nicht generationsbeschränkt, sie bedeute auch heute nichts anderes als das, was Kant bereits so formuliert habe: Aufklärung ist der Ausgang des Menschen aus seiner selbstverschuldeten Unmündigkeit.

»Ich dachte, wir wollten nicht abstrakt werden.« – »Wollten wir auch nicht. Aber wenn diese ganze konkrete Scheiße immer so einen antiaufklärerischen Touch bekommt ...« – »Schon mal was von Dialektik der Aufklärung gehört?« – »Wovon?«

Bei dem unverfänglichen Thema »Humor der 50er« läßt sich trotz alledem noch einmal kurzfristig ein Konsens herstellen. Reihum sprudeln die Namen: Steinberg, Searle, Chaval, Flora ... Alle erinnern sich noch der Faszination, den der heute meist so öde Ohne-Worte-Witz damals ausübte. Traxler: »Das waren völlig synthetische Witze. Du gingst als Zeichner einfach von optischen Entsprechungen aus. Etwa: Leute auf dem Friedhof. Normalerweise tragen die da Kränze. Also gabst du ihnen Autoreifen in die Hand – der Zusammenprall dieser Ebenen ergab die komische Fallhöhe. Wenn ich gut drauf war, konnte ich zehn solcher Witze an einem Tag zeichnen. Mußte ich auch, es gab ja nur 15 Mark pro Witz.«

»Immer noch zuviel für so einen Witz!« kräht Metes unbedacht dazwischen und sieht sich der geschlossenen Phalanx der Älteren gegenüber: »Das war Spitze!« – »Darüber konnten wir uns noch schimmelig lachen!« – »Arrogantes Gemüse!«

Endlich mal eine echte Konfrontation, doch allzu rasch lenken alle wieder ein: Heute gebe es natürlich viel mehr zu lachen, selbst von historischen Größen wie Keaton, Lubitsch oder den Marx Brothers habe man damals ja nur gewußt, nichts gesehen, nun aber sei das alles ständig präsent, in Programm-Kinos, in Videotheken: »Welch ein Humor-Angebot! Wieso seid ihr jungen Menschen eigentlich nicht fröhlicher?« – »Weil«, will Metes ansetzen, wird jedoch gleich doppelt gebremst, erst von Poth: »Das Leid- und Lustpotential bleibt sich eben gleich, unabhängig vom Angebot«, und dann von Rink, der unbedingt noch etwas nachtragen möchte.

»Wozu denn?« – »Na zu vorhin, zu den wahren Problemen der 50er. Die volle Härte nämlich ...« – »Oh ja! Erzähl mal von der vollen Härte!« ... die habe doch darin bestanden, daß es nicht zum Vögeln gekommen sei. Besonders bei Feten. Die ersten Schritte habe er ja noch im Griff gehabt: »Sobald Pat Boone lief, war Knutschen angesagt, anschließend Petting, doch dann habe ich mich schon verheddert!«

Das als Problem der 50er zu bezeichnen, sei doch ganz einfach eine Unverschämtheit, fährt ihm Metes in die Parade, doch Rink behauptet, alles Punkt für Punkt belegen zu können: »Wir sitzen in der Kneipe und sehen das Pokal-Endspiel, Eintracht Frankfurt gegen Real Madrid in Glasgow, das die Eintracht dann 7:3 verlor, da kommt unser Freund Bobby rein, setzt sich auf den Boden und sagt: ›Das muß ich euch sagen, ich habe heute zweimal ins Schwarze getroffen.‹ Wir: ›Wie? Wo?‹ Er: ›Am Bahndamm.‹ Wir: ›Mit wem?‹ Er: ›Mit Mambo-Usch.‹ Und da mischt sich ein Erwachsener ein: ›He, du! Hat die Mambo-Usch die Unterhose über den Strapsen oder drunter?‹ Und da kam Bobby ins Stammeln, denn das wußte er nicht – und das ist nämlich wirklich ein Problem!« – »Aber doch keines der 50er Jahre!« hakt Metes heftig nach. »Aber ja«, kontert Rink ungerührt, er wisse es noch immer nicht, auch heute: »Trugen die nun die Unterhosen unter den Strapsen, dann ist das nämlich am Bahndamm nicht möglich, oder« – und damit ist das so hochgemut begonnene Symposion in einem derart seichten Fahrwasser gelandet, daß sein endgültiges Stranden nur noch eine Frage der Zeit ist:

»Und dann mein erstes Auto, ein 125-ccm-Kleinschnittger ohne Rückwärtsgang ...«

»Ich hatte eine Isetta. Die ganze Nacht bin ich mit der über den Nürburgring gepest ...«

»Wie Heinz Helfgen! Mit dem Paddelboot um die Welt!«

»Das war doch Thor Heyerdahl!«

»Richtig! Helfgen war der mit dem Fahrrad!«

»Und mit den angebrüteten Enteneiern, die er immer gefressen hat. Weil die doch jung machen sollten!«

»Brauchten wir aber gar nicht, wir waren ja von selbst jung!«
»Gott, waren wir jung. Vom kleinsten Pubertierenden bis hinauf zum großen Adenauer.«
»Der mußte aber im Gegensatz zu uns einmal im Jahr in die Schweiz fahren, um sich Kälberhormone spritzen zu lassen!«
»Nein, nein! Der ließ sich immer in Cadenabbia Boccia-Kugeln einbauen.«
»Boccia-Kugeln? Wo denn?«
»Ja, wo wohl!«
Es ist spät geworden. Die Salzstangen gehen zur Neige. Der Wein ist längst alle. Das Gespräch verebbt: »Tschüß Hans, Tschüß Chlodwig, Tschüß Fritz, Tschüß Hanno, Tschüß Jörg – Morgen? Wieso denn Morgen? Ach so, weil's schon so früh ist. Gut, meinetwegen Morgen, aber merk dir eines: Du fragst, wenn du geredet wirst. Nein ich gestatte keine Zwischenfragen mehr, ich möchte in meinem Gedankengang fortfahren. Wo habe ich eigentlich meinen Gedankengang geparkt?«
So endete es. Roh, aber herzlos.

(1983)

1965
EIN PORTRAIT
DER LEIDER ENDGÜLTIG
ALLERLETZTEN
GUTEN, ALTEN ZEIT

Es ist das gute Recht der Älteren, die Jüngeren mit Erinnerungen zu behelligen. Es ist ihre verdammte Pflicht, diese Erinnerungen in so strahlenden Farben zu malen, daß die Jüngeren vor Neid erblassen. Da die Jüngeren die große Frechheit und das gänzlich unverdiente Privileg haben, die Älteren zu überleben, müssen diese wenigstens dafür sorgen, jenen das Überleben so schwer wie möglich zu machen. Wenn die schon länger leben, dann doch bitte sehr in dem Bewußtsein, daß sie Zuspätgeborene sind. Verdammte geradezu, verdammt dazu, weiterzuleben, obwohl doch alles das, was das Leben wirklich lebenswert macht, unwiederbringlich der Vergangenheit angehört.

Diese Vergangenheit aber war einst die lebendige Gegenwart der Älteren. Nicht als Verdammte, als Trauernde blicken sie zurück. Doch in ihre Trauer mischt sich die Freude darüber, andere mit- und weitertrauern lassen zu können, über die Endlichkeit der eigenen Existenz hinaus, ja geradezu endlos.

Uralt sind sie, die Berichte vom verlorenen Paradies, vom vergangenen Goldenen Zeitalter, vom versunkenen Atlantis – und doch wird diesen glücklichen Zeiten noch heute nachgetrauert. Und jede Generation hat seither versucht, solche Paradiesvorstellungen auf den jeweils neuesten Stand zu bringen:

»Wer nicht vor 1789« – also vor der Französischen Revolution – »gelebt hat, der weiß nicht, was Leben ist« – dieser Seufzer des Diplomaten Talleyrand wurde während der letzten zweihundert Jahre fortwährend nachgeseufzt. »Als die Schrippe noch zwei Pfennige kostete«, seufzten die Urgroßeltern und meinten die Kaiserzeit, von den »wilden zwanziger Jahren« seufzten die Großeltern, einzig die Seufzer der Eltern fielen etwas moderater aus, da ihnen der Wiederaufbau keine Zeit für Trauerarbeit und ähnliche Kindereien ließ, die Kinder jedoch – womit ich glücklich bei mir gelandet wäre.

Wer aus meinen bisherigen Zeilen eine Kritik jedweder nostalgischen Verklärung herausgelesen hat, hat richtig gelesen: Die Verklärungsmechanismen sind denn doch zu dumm, als daß sie ein aufgeklärtes Bewußtsein wie das meine auch nur kurzfristig zu täuschen in der Lage wären. Das Dumme ist nur, daß ich seit längerem in der Gewißheit lebe, Zeuge und Überlebender des nun aber wirklich allerletzten paradiesischen Zeitalters – zumindest in unseren Breiten – zu sein, jener Goldenen Zeit, die spätestens Mitte der 70er endgültig untergegangen ist, nein, eigentlich bereits viel früher. Zu solchen Zeitfragen gleich mehr – zunächst muß die Frage vom Tisch, wie denn derlei Antagonismen zwischen Bewußtsein und Gewißheit in einer einzigen Brust zu vereinen sind. Schlecht. Weshalb ich die Gewißheit in meinem Herzen verschloß, für immer, wie ich glaubte, bis der zufällige Besuch eines abgelegenen Antiquariats jäh die selbstauferlegten Ketten sprengte, da ein unerwarteter Fund das zur Folge hatte, was sich just in diesem Moment vor Ihren Augen auf diesen Seiten abspielt: Wes das Herz voll ist, des geht der Mund –

Überlegen Sie es sich gut, ob Sie noch weiterlesen möchten. Zumal dann, wenn Sie der – was immer das meint – jüngeren Generation angehören. Was jetzt kommt, wird für Sie nicht so lustig: *Wer nicht vor 1965 gelebt hat, der weiß überhaupt nicht, was Leben eigentlich ist.*

Eine Behauptung, gewiß, doch eine, die ich beweisen kann. Der Beweis liegt seit jenem Antiquariatsbesuch vor mir, er nennt sich »Deutschland, Streiflichter durch zwei Jahrzehnte«. 1965 ist dieser viersprachig betextete Fotoband im Verlag Wolfgang Weidlich in Frankfurt/Main erschienen, »herausgegeben von Dr. H. A. Graefe, Trostberg«, düster hebt er an, mit einem Bild der zerstörten Paulskirche und den Zeilen: »Nach dem Zweiten Weltkrieg glichen Deutschlands Städte einem Inferno. Der Größenwahn eines Diktators hatte das Volk unvorstellbarem Elend ausgeliefert, seine Wirtschaft vernichtet« – ja, Kinder, so einfach war das mal. Schuld war nur der Adolf Hitler, dieser teuflische Mann, der allerdings auch sein Gutes hatte, da erst das von ihm geschaffene Inferno dem engelhaften Volk Gelegenheit gab, jenes Paradies zu erschaffen, von dem Graefes Buch auf seinen weiteren 175 Seiten Zeugnis ablegt.

Damit wir uns recht verstehen: Ich gebrauche das Wort Paradies ohne Ironie. Natürlich ist das Buch eine plumpe Jubelbroschüre, verlogen jedoch ist es nicht. Es zeigt die Welt von 65 so, wie sie sich in fast allen Köpfen, auch meinem, malte: als Welt ohne Widersprüche. Heute ist es ein leichtes, den Finger im nachhinein auf jene Widersprüche zu legen, die bereits in diesen nur scheinbar paradiesischen Zeiten angelegt waren und über kurz oder lang aufbrechen mußten. Heute weiß jedermann, daß alles seinen Preis hat, daß Mobilität mit Waldsterben bezahlt wird, Konsum mit Müll und Preisstabilität mit Arbeitslosen. Das ist schlimm.

Damals aber glaubte jedermann, daß man alles haben könne, umsonst und sofort. Das war herrlich.

Das Inbild paradiesischer Zustände ist der Löwe, der friedlich neben dem Lamm ruht. Vereinigung der Gegensätze also, ein Muster, das Dr. H. A. Graefe nicht müde wird zu variieren: »Gegenwart und Vergangenheit in Frankfurt am Main« annonciert der Text, das Bild zeigt die Ruine des Opernhauses neben dem Zürich-Hochhaus –: »Ein interessanter städtebaulicher Kontrast.« »Alt und neu in Bremen« – Kontrast auch hier, diesmal allerdings »eindrucksvoll«:

»Bauten früherer Jahrhunderte stehen in Bremen in eindrucksvollem Kontrast zu modernen Zweckbauten. Meist schneiden sie bei einem ästhetischen Vergleich nicht schlecht ab« – die Bauten von früher nämlich. Gottlob nur ein Freundschaftsspiel, schnell könnten ja aus den reizvollen Kontrasten unversöhnliche Gegensätze werden. Doch so weit sind wir 1965 noch nicht. Zwar polemisieren bereits Wolf Jobst Siedler und Alexander Mitscherlich gegen die »Zerstörung« bzw. die »Unwirtlichkeit der Städte«, das Gros des Volkes aber zieht klaglos in die Zweckbauten, und ein Foto wie dieses, das heutzutage den Titel jedweder Anklageschrift wider Bausünden der Vergangenheit abgeben könnte, wird ungebrochen als Zeugnis für das neue, bessere Deutschland zitiert –: Paradiesische Zeiten.

Anything goes, auch im Odenwald. Da nämlich steht diese »Neue Dorfkirche im Odenwald«:

– und die ist »Ein hervorragendes Beispiel moderner Kirchenbaukunst. Im reizvollen Gegensatz zu den strengen Linien des Baustils unserer Zeit steht die gotische Madonna aus dem 15. Jahrhundert« – eigentlich sitzt sie ja mehr, aber egal, dafür stehen die Ruhrpott-Flamingos tatsächlich, und diesmal für den »Reiz der Gegensätze in Dortmund«:

»In das Land der Zechen und Schlote an der Ruhr wurden grüne Oasen eingebettet, die das Leben in Deutschlands volkreichstem Industriegebiet schöner machen sollen. So entstand vor wenigen Jahren vor Dortmunds Toren der ›Westfalenpark‹, aus dessen Grünanlagen sich reizvolle Blicke ergeben, wie dieser zur Flamingo-Gruppe.« Und darüber hinaus zu den qualmenden Kurzschloten, doch so weit konnte 1965 wohl noch niemand sehen, später erst versprach die SPD den »blauen Himmel über der Ruhr«, worauf die Hochschlote gebaut wurden, deren Emissionen nun, in unseren 80ern, den Schwarzwald entnadeln – welch kaputte Welt heute, welch heile damals! Und wenn eine ungebärdige Natur es damals versuchte, diese Ordnung zu stören, dann wurde ihr ganz einfach mal kurz gezeigt, wo der Hammer hängt, wie beispielsweise mit der »Staustufe an der Mosel«:

»Zu einem Wasserweg internationalen Ranges und einem Dokument der engen französisch-deutschen Zusammenarbeit wurde die durch Staustufen kanalisierte Mosel. An landschaftlicher Schönheit hat das vielgewundene Tal nichts verloren; man glaubt sogar, daß sich dadurch das Klima ändert und der Wein noch besser wird.«

Wer's glaubt, wird selig, aber nochmals: Wir alle haben damals den Verheißungen der Techniker geglaubt, wir alle waren damals selig über neue Staustufen, ohne auf so unselige Opfer wie Auwälder, Naßzonen und Feuchtbiotope samt quinquilierendem oder quakendem Inhalt auch nur einen Gedanken zu verschwenden. Wir wußten ganz einfach nichts von ihnen und hätten dem, der für den Lebensraum der Frösche plädiert hätte, lediglich mit »Sei kein Frosch!« geantwortet –: Selige Zeiten.

Alt – Neu, Natur – Technik: Das waren natürlich nicht die einzigen Gegensätze, die wir Mitte der 60er noch leichthändig versöhnten. Da gab es ja auch noch die Menschen.

Die Alten beispielsweise, die »In der documenta III zu Kassel« einen reizend vertrottelten Gegensatz zur modernen Kunst boten:

Und vor allem gab es damals – wenn ich H. A. Graefe glauben darf – die Dunklen bis Schwarzen, die stets einen geradezu aufreizenden Gegensatz zu unseren damals noch blitzsauberen Politikern bildeten. Graefe jedenfalls wird nicht müde, uns diese Schwarz-Weiß-Malereien in immer neuen, reizvollen Varianten vorzuführen.

Der größenwahnsinnige Diktator hatte die Andersartigen ja nicht so gerne gesehen, sein gutartiges Volk aber machte diese Scharte mehr als wett.

Vom Altbundespräsidenten Theodor Heuss, »hier anläßlich einer Tagore-Feier in Berlin inmitten deutscher und ausländischer Studenten« bis hinunter zum einfachen Werkmeister – »Die Ausbildung ausländischer Praktikanten gehört zum großen Förderungsprogramm für die Entwicklungsländer« –: Quer

durch alle Schichten gaben wir Deutschen damals unser Wissen vorurteilsfrei an unsere weniger deutschen Gäste weiter, ja, wir brachten ihnen sogar bei, wie das abendländische Barock geht:

»Die Begegnung mit Denkmalen abendländischer Kultur und Kunst ist für die ausländischen Schüler der deutschen Sprache ein eindrucksvolles Erlebnis. Interessiert folgen hier junge Afrikaner« – aber auch das hat ihnen ja nichts genutzt: Heute wissen wir, daß sich die damaligen Entwicklungsländer in der Zwischenzeit so wenig oder so unheilvoll entwickelt haben, daß selbst eine SPD-Entwicklungspolitikerin wie Brigitte Erler – einst immerhin Referentin im Bundesministerium für Wissenschaftliche Zusammenarbeit – zu dem Schluß kommt: »Ohne Entwicklungshilfe ginge es den Menschen in der Dritten Welt besser.«

Schade um die verlorene Liebesmüh', aber damals mußte man diese ganzen Ausländer ganz einfach liebhaben. Was für Prachtkerle! Sie kamen zu uns, lernten Deutsch, Feilen oder Barock und verschwanden dann wieder dahin, wo sie hingehörten, ins Ausland. Ausländerprobleme, das waren Mitte der 60er noch die Probleme der Ausländer, nicht jene Probleme, die wir heute mit all diesen Ausländern haben, die partout bei uns bleiben wollen, mit Türken der dritten Generation oder mit Asylanten.

Da war die Welt noch in Ordnung, nicht nur morgens um sieben, sondern den lieben langen Tag lang. Eine Ordnung, in der selbst das Böse seinen angestammten Platz hatte. Denn das war damals noch so durch und durch böse, daß es einem ordentlichen Bundesbürger wie mir die eigene Welt als durch und durch gut erscheinen ließ. 1961 hatte die Inkarnation des Bösen, der sächselnde (!), kommunistische (!!) Spitzbart (!!!) Ulbricht, die Schandmauer erbaut, im Juni 1963 trat ihm ein glattrasierter Erzengel entgegen, der sicherlich nicht zufällig vor der Mitte dieses gesegneten Jahrzehnts fiel: »Präsident Kennedy in Deutschland«:

»Der Besuch des Präsidenten der USA, John F. Kennedy, löste im ganzen deutschen Volk einen Sturm der Begeisterung aus. In Berlin vor dem Schöneberger Rathaus sprach er das unvergessene Bekenntnis: Ich bin ein Berliner.«

Er? Wir alle waren Berliner, damals, als Berlin noch nicht zum nachmaligen Glitzerding und zur heutigen Sumpfblüte verkommen war, und ich kann sagen: Ich bin dabeigewesen, als J. F. K. auf dem Campus der Freien Universität zu jenen jubelnden Berliner Studenten sprach, die dann vier Jahre später wegen der amerikanischen Vietnam-Politik auf die Straße gehen sollten und Ho Ho Ho Tschi Minh und dem Großen Steuermann Mao zujubelten ... und heute haben wir die boat-people am Hals ... und die Rotchinesen saufen Coca-Cola ... und Strauß offeriert dem östlichen Machthaber Honekker Milliardenkredite ... und keiner weiß mehr, was Licht ist und was Dunkel, damals aber wußten wir noch alle darum:

»Alljährlich zu Weihnachten leuchten im Westen Deutschlands in den Fenstern kleine Windlichter auf, die die guten Gedanken symbolisieren, die über die Zonengrenze und die Mauer hinweg zu den Angehörigen im Osten dringen« – sämtliche Widersprüche kann ein einziges Paradies denn doch nicht vereinen, warum auch. Jedweder Himmel braucht als Kontrast die jeweilige Hölle – aber wo sind sie denn, die Höllen von heute? Ein Sacharow macht noch keinen Gulag, ein von Russen besetztes Afghanistan noch keine SBZ – neue Übersichtlichkeit nicht nur im Westen, sondern auch im Osten: Wahrlich, wir leben in finsteren Zeiten!

1965 dagegen – Kinder, Kinder! Denn so zutreffend und so schön Dr. H. A. Graefe das Bild des damaligen Deutschland auch gemalt hat – in Wirklichkeit war es ja noch viel schöner! Da gab es ja nicht nur Arbeit für jedermann und Studienplätze für jeden Abiturienten, da lebten wir ja nicht nur selig in all den so reizvollen wie widerspruchsfreien Kontrasten dahin, da betraten wir zugleich – zögernd noch und in aller Unschuld – lockendes Neuland.

Am 1.2.1964 hatten die Beatles ihren ersten Top-Hit in den USA gehabt, schon wuchsen auch auf deutschen Köpfen die ersten längeren Haare, schon schrumpften die Röcke zum Mini-Rock, schon veränderten die Filme der sehr französischen »nouvelle vague« und die Bilder der äußerst amerikanischen Pop-Art unsere Seh- und die Bücher der Frankfurter Schulmeister Adorno, Horkheimer und Marcuse unsere Denkgewohnheiten, schon flackerten undeutlich diverse Kulturrevolutionen und Protestrevolten am Zeithintergrund – vordergründig aber dachten man/frau erstmal an das eine. Und nicht nur die. Die Pharma-Industrie hatte mitgedacht: Nach erfolgreichen Bimbo-Tests in Puerto Rico kam Mitte der 60er die Pille auf den Deutschen-Markt, und von dem Querbettvögeln, das nun anhob, kann sich wirklich nur der eine Vorstellung machen, der 1965 ge –

Ich weiß, ich weiß! Erstens war alles halb so wild, zweitens mußten unterm Strich mal wieder die Frauen die Zeche bezahlen – und doch! Erstens zahlten sie sie anfangs gern, geradezu stolz – Mein Bauch gehört mir! –, und zweitens war es für den Mann schon toll, so ganz ohne Gummi und so gänzlich gefahr- und verantwortungslos der repressiven Sexualmoral zeigen zu können, wo der Hammer stand. Das Penicillin hatte die klassischen Geschlechtskrankheiten besiegt, die Pille anderweitige unerwünschte Folgen ausgeschaltet, von mir aus hätte das ewig so weitergehen können – doch wer hörte damals schon auf mich?

Heute jedenfalls, 1986, lautet eine Titelzeile der ›taz‹: »Die Anti-Baby-Pille ist 25 Jahre alt – Damals Glanz und Glorie einer neuen Freiheit – Heute ist Pilleschlucken out«, heute fragt die ›Bild‹-Zeitung: »1 Mio. Aids-Kranke bis Ende 1986?«, heute macht alles ganz einfach keinen Spaß mehr. Nein, eigentlich schon länger. Aber wann hat das angefangen? Mit den Warnungen des Club of Rome, Anfang der 70er? Mit dem Ölschock, Mitte der 70er? Mit meinem vierzigsten Geburtstag, Ende der 70er?

Müßige Fragen, da ich nie die Absicht gehabt habe, sie zu beantworten. Wenn meine Worte den älteren Leser etwas besinnlich und den jüngeren ordentlich neidisch gemacht haben, dann ist ihr Zweck voll erreicht. Das letzte Wort aber soll mein Führer durch das Paradies von 1965 haben, Dr. H. A. Graefe. Sein Buch, das »Streiflichter durch zwei Jahrzehnte« versprach, ist nun seinerseits um zwei Jahrzehnte gealtert. Das letzte Bild sei-

nes Buches aber und sein letzter Text fassen noch einmal das Lebensgefühl jener so glorwie folgenreichen Zeitenwende zusammen. »Stuttgart in der Silvesternacht«:

»Wie bei einem riesigen Feuerwerk steigen in den Städten zur Jahreswende aus allen Straßen Leuchtkörper in den Nachthimmel. Sie künden von der wiedergewonnenen Lebensfreude des deutschen Volkes und vom unerschütterlichen Optimismus in eine glückliche Zukunft.«

Mein Gott, Graefe! Wir Heutigen wissen es besser: Von da an ging's bergab.

SCHULD UND SCHAM – UND WIE ES DAZU KAM
Eine Aussage

Gegen Ende des Jahres 1991 saß eine besinnliche Viererbande in einem schlichten Italiener der Münchener Innenstadt und zog bei Espresso und Grappa eine Art Schuld- und Schambilanz, wobei sie ohne viel Mühe auf die bedeutsame Zahl von sieben – so nannten es die Vier – Todschulden kam:

1. waren sie alle Männer, also Angehörige jenes Geschlechts, das mittels Patriarchat jahrtausendelang die Frauen unterdrückt, die Kinder verderbt und die Natur zerstört hatte;

2. waren sie alle Weiße, also Angehörige jener Rasse, welche seit den Tagen der alten Griechen die Vernunft als Herrschaftsmittel instrumentalisiert und den Fortschritt zum Fetisch gemacht hatte;

3. waren sie alle Angehörige der Ersten Welt, also jener, deren Reichtum sich auf die Schädelstätten der Zweiten und vor allem Dritten Welt gründete;

4. waren sie alle Deutsche, also Angehörige jenes Volkes, das sich innerhalb der Völker der Ersten Welt durch besonders unverstellte Kriegs- und Mordlust hervorgetan hatte;

5. waren sie alle Westdeutsche, also Bewohner jenes Landesteils, dem es gelungen war, die Zeche der gemeinsam verübten Untaten weitgehend vom Osten begleichen zu lassen;

6. waren sie alle Städter, also Hauptnutznießer und Verschwender der Energie-, Wasser- und Rohstoffressourcen nicht nur ihres Landes, sondern der gesamten Erde; und

7. waren sie alle Intellektuelle, also Angehörige einer ebenso privilegierten wie drohnenhaften Kaste, was bereits durch die Tatsache belegt wurde, daß sie zu einer Zeit, in welcher die Unterprivilegierten längst das Bett aufgesucht hatten, um die am nächsten Tag benötigte Arbeitskraft zu reproduzieren, noch in aller Gemütlichkeit Selbstanklagen auflisten und den Prozeß gegen sich selber eröffnen konnten.

Die vier Männer waren unterschiedlichen Alters. J., der Jüngste, studierte noch, während der Älteste, G., bereits den fünfzigsten Geburtstag hinter sich hatte. Diese Tatsache brachte H. und M., die beiden anderen Prozeßteilnehmer, auf die Frage, ob denn auch G. bereits in so jungen Jahren ein derart reichgefächertes schlechtes Gewissen besessen habe wie ihr Freund J. – übrigens ein Student der Rechte.

Nein, erwiderte der Angesprochene, das habe sich bei ihm erst im Laufe der Zeit ausgebildet, wobei dem Jahre 68 eine besondere Bedeutung zukomme.

Ob er darüber aussagen wolle?

Gerne, antwortete G., bestellte rasch einen Wein und begann:

Als ich 1956 Abitur machte, war die Welt noch einigermaßen in Ordnung. Jedem Abiturienten stand jedwedes Studienfach offen, und wie weit er es im Privat- und Erwerbsleben brachte, hing nach allgemeiner Übereinkunft von ihm selber ab: Jeder ist seines Glückes Schmied.

Wer wie ich Kunsterzieher werden wollte, der allerdings mußte zuvor die Aufnahmeprüfung an einer Kunstakademie bestehen; um so gerechtfertigter erschienen mir da die DM 150.- Stipendium, mit denen der Staat meine Studien förderte, insgesamt sechzehn Semester lang. Gut möglich, daß es zum Schluß etwas mehr Geld gab, ganz sicher ist, daß mir die Tatsache, acht Jahre lang von der Allgemeinheit alimentiert worden zu sein, nicht zu denken gab, von Bedenken ganz zu schweigen.

Ich begann das Studium in Stuttgart, und wenn ich dort ein schlechtes Gewissen gehabt haben sollte, dann höchstens deswegen, weil mein Aufzug und meine Lebensweise so gar nicht meinem Inbild eines Künstlers entsprachen. Der Stuttgarter Killesberg war nun mal nicht der Montmartre, und ich war offensichtlich kein van Gogh oder Modigliani oder Utrillo oder einer der vielen anderen, die ihre Kunst mit ihrem Leben bezahlt hatten. Aber was nicht war, konnte ja noch werden.

Und richtig: Bei den freien Künstlern an der Berliner HfBK, meinem nächsten Studienplatz, wehte schon ein schärferer, erkennbar unangepaßter Wind. Da bediente man sich gezielt und bedenkenlos beim Modefundus der Rocker (Jeans, Lederjacken, Elvis) ebenso wie beim Kulturangebot der DDR (Brechttheater, Spirituosen, Bücher), ohne sich durch die Kritik der Bürger, »Halbstarke«, oder die Mahnung der Westpresse beirren zu lassen, den 17 Millionen Brüdern und Schwestern in der SBZ nicht in den Rücken zu fallen. Ich tat es den Freien nach, und als auch noch eine schöne Geliebte mein Lager teilte, da glaubte ich den Zwängen der altbösen klerikal-bourgeois-restaurativen Moral der Fünfziger endgültig entronnen und für alle Zukunft im Lager derer angelangt zu sein, die jenseits von Gut und Böse selbstlos das beförderten, was allein die Existenz der Menschheit rechtfertigte: »Vers, Stein, Flötenlied«, also das Kunstschöne. Das war 1960.

Von da an ging's bergab. Als angehender Kunsterzieher, der ich immer noch war, machte ich zunächst meine Staatsprüfung im Hauptfach und begann darauf an der Berliner FU mit dem obligaten Beifach, in meinem Fall der Germanistik. Doch wohin war ich geraten? Welch eine Bande von karriereorientierten Spießern drückte da neben mir die Seminarbänke?!

Nicht nur ich dachte so. Es muß im Sommer des Jahres 1963 gewesen sein, daß der Göttinger Germanistikprofessor Walter Killy in der ›Zeit‹ gegen den »normalen« bzw. »unpolitischen« Studenten polemisierte, worauf dessen Berliner Kollege Eberhard Lämmert seine Studenten zu Freibier und einer öffentlichen Diskussion über Killys Vorwürfe einlud. Die Freibierfrage wurde gemeinsam gelöst, doch mit seiner Entgeisterung über das Desinteresse der Jugend blieb der Professor in meiner Erinnerung ziemlich allein: Ja, schämte die sich denn überhaupt nicht?

Ich kann nur für mich sprechen: Nein. Das hing vermutlich auch damit zusammen, daß ich damals bereits der 1962 in Frankfurt gegründeten Satireschrift ›pardon‹ zuarbeitete und dort meinerseits versuchte, die Anlässe meiner Einlassungen zu beschämen, die Frontstadtpolitiker, die Kalten Krieger, die selbsternannten Sittenrichter sowie die Ewiggestrigen. Das tat ich derart ausdauernd, daß ich aufgefordert wurde, der Redaktion beizutreten. Rasch absolvierte ich die restlichen Prüfungen und folgte sodann der Einladung im beruhigenden Bewußtsein, innerhalb von drei Jahren jederzeit in den Schuldienst eintreten zu können. Was wohl van Gogh dazu gesagt hätte? Solche Fragen brachte ich durch die Überlegung zum Schweigen, der Austritt aus der Redaktion könnte ja auch in die entgegengesetzte Richtung, in die endgültige Freiheit, führen.

Ich war noch nicht lange in der Redaktion, da streifte mich bereits ein Hauch jener radikalen Kritik, die bald darauf zu einem richtigen Proteststurm werden sollte: In einer Studentenzeitung unterzog das Mitglied des SDS Rainer Baginski die noch nicht zwei Jahre alte vorgeblich kritische satirische Zeitschrift ›pardon‹ einer kühlen Analyse, die auf den Befund hinauslief: erfolgreich, weil angepaßt, ergo pseudokritisch und systemstabilisierend. Ähnlich harsch war bereits Enzensberger mit dem ›Spiegel‹ umgesprungen, und ähnlich gewitzt wie Augstein, der Enzensberger als ›Spiegel‹-Autor gewonnen hatte, lockte auch der ›pardon‹-Chef Nikel den ›pardon‹-Kritiker zwei Jahre später in die Redaktion. Dort hielt es ihn freilich nicht lange, er ging in die Werbung und leitet heute eine nach ihm benannte Agentur.

Baginskis Kritik in Ehren – ich hatte 1964 andere Sorgen. Mehr als der Erfolg von ›pardon‹ beschäftigte mich die Tatsache, daß ich selber Geld verdiente und im goldenen Käfig des 1000-Mark-Gehalts zu verspießern drohte. Um mir und der Welt, vor allem aber den in Berlin gebliebenen Künstlerfreunden meine ungebrochene Zugehörigkeit zum unbürgerlichen Lager zu beweisen, behielt ich, trotz Gattin und Gehalt, meine bisherige Lebensweise bei, hauste zwischen Sperrmüll und Selbstgebasteltem, kleidete mich wie zuvor, schleppte winters die Ölkanne aus dem Keller in den dritten Stock und sah dennoch Besuchen durchreisender Berliner mit gemischten Gefühlen entgegen: Wie, wenn ich ihrer Prüfung trotz alledem nicht genügte?

Doch alles ging gut, und für Überraschungen sorgte erst der lang und bang aufgeschobene Gegenbesuch bei den Künstlerfreunden in Berlin: Da hatte der eine einen Fernseher – ich besaß aus Prinzip keinen, da fuhr der andere ein Auto – ich hatte nicht einmal den Führerschein, da zeigte der dritte seine Ledergarnitur – offenbar ohne die geringsten Gewissensbisse, und alle waren dabei, die Existenz durch Dozenturen oder Professuren abzusichern, während ich doch gerade die Unsicherheit gewählt hatte: Seit dem 1.1.1966 versuchte ich, meinen Lebensunterhalt als freier Mitarbeiter zu bestreiten und meinen Lebenssinn als freier Künstler unter Beweis zu stellen.

Unverhofft kommt oft, siehe der Sturz des Perserschahs 1979, oder der Zusammenbruch des Kommunismus 1989. Oder 68, dem allerdings eine rasante Vorgeschichte präludierte: 67. Während dieses Jahres freilich riß meine Verwunderung nicht ab: Was war in die kurz zuvor noch so trägen FU-Studenten gefahren? Und wie erklärte sich die Wiederauferstehung linker Ziele, Werte und Worte, da doch spätestens seit dem Mauerbau erwiesen war, wohin das alles führte?

Lektüre half nicht so recht weiter. »Die westliche Welt hört das Wort Revolution nicht ohne Beklommenheit«, las ich im Rowohlt-Taschenbuch ›Persien – Modell eines Entwicklungslandes‹, in welchem der im westdeutschen Exil lebende Perser Bahman Nirumand die Schuld an den Zuständen in seinem Heimatland auch seinem Gastland gab: »Dem Willen zum Status quo kam die Paralyse der Weltpolitik unter dem Gleichgewicht des Schreckens entgegen. Aber das Eis, mit dem der Kalte Krieg die jüngste Geschichte überzogen hatte und in dem der größte Teil der Menschheit erfrieren mußte, damit sich einige Akteure darauf einrichten konnten, beginnt zu tauen.« Das wurde 1967 veröffentlicht, es hätte auch 1989 geschrieben worden sein können, nur daß das Tauwetter, um Nirumands etwas wacklige Metaphorik weiterzuführen, in die falsche Richtung losgegangen ist. Auch erstaunt mich heute die Nutznießerrolle, welche er damals dem westlichen Teil Deutschlands zugeschrieben hat – tickte nicht gerade für diese Region unter dem Eis des Kalten Krieges die Zeitbombe des atomaren Overkill? Und war das nicht ein guter Grund, das Wort Revolution mit Beklommenheit zu hören? Umwertung aller Werte! Ließ es sich nicht in der BRD – von Defekten mal abgesehen – einigermaßen kommod leben?

Am 2. Juni 1967 besuchte der Perserschah Berlin, und am Morgen des 3. war die Welt von mir und meinesgleichen nicht mehr in Ordnung: Der Tod des Demonstranten Benno Ohnesorg, vor allem aber die Rechtfertigungsversuche von Polizei, Politik und Presse, ließen auch besonnene Geister daran zweifeln, ob Demokratie hierzulande mehr sei als Tünche und Tarnung: »Es hat sich erwiesen, daß es demokratischen Geist, wie ihn andere westeuropäische Länder kennen, in Westberlin kaum gibt«, schrieb die ›Frankfurter Rundschau‹ am 5. Juni. Sollte das wirklich nur auf Westberlin zutreffen?

Von nun an vermischten sich in meiner Erinnerung Politprotest, Protestkultur und Kulturrevolution fast ununterscheidbar. Es dauerte nicht lange, und der Berliner Funke zündete auch in Frankfurt. Mit gemischten Gefühlen nahm ich an einem von Rudi Dutschke angeführten, vorgeblich friedlichen Go-in ins Amerikanische Generalkonsulat in der Siesmayerstraße teil. Das sah gut aus und kam nicht weit, da schon der Straßenbeginn von Wasserwerfern verstellt war. So versuchten kleine Gruppen, ihren Protest gegen die amerikanische Vietnampolitik an anderer Stelle loszuwerden: Beim Versuch, die Rote Fahne auf dem Pavillon der amerikanischen Handelsvertretung in der Großen Bockenheimer zu hissen, gab es den einzigen Verletzten des Tages, da der Hisser vom Dach fiel. Noch bei der abendlichen Manöverkritik im Stammlokal Mentz wußte ich nicht, ob ich jene, die der Wasserwerfer gezeichnet – geadelt? – hatte, bewundern oder belächeln sollte. Das Lächeln verging mir, als ich tags drauf die Schlagzeile der ›Bild‹-Zeitung las: »Der Rote Mob rast durch Frankfurt!« Das hatte er erwiesenermaßen nicht getan – war Pressefreiheit demnach wirklich jene Chimäre, als welche sie die Protestierer in Übereinstimmung mit dem gestandenen Publizisten Paul Sethe entlarvt hatten, »die Freiheit einiger weniger Reicher, ihre Meinung verbreiten zu lassen«?

Derart handgreifliche Beweise bestärkten und beschämten den Schreibtischkritiker, der ich damals war: Wie unduldsam die Herrschenden dann reagierten, wenn die Kritik das zugewiesene publizistische Getto verließ und auf die Straße getragen wurde! Wie verlogen sie all jene stigmatisierten, die es wagten, einseitig festgelegte Spielregeln aufzukündigen und aus blankem Eigeninteresse definierte Übereinkünfte zu brechen! Oder waren die Mächtigen tatsächlich mit jenem falschen Bewußtsein geschlagen, das es ihnen unmöglich machte, die Welt wie sie war – vor allem aber: wie sie sein sollte – wahrzunehmen? Eigentlich hocherfreulich, daß die Jugend nicht nach diesen Vätern geraten war, sondern ihnen mit allen kritischen Wassern der Psychoanalyse und des Marxismus die Schminke vom Wolfsgesicht wusch!

Die Freude währte nur kurz. Enthüllt wurden nämlich nicht nur die Verschleierungstaktiken derer, die das schlechte Bestehende zu retten suchten – rechte Politiker, kapitalistische Banker, reaktionäre Meinungsmacher –, bevorzugtes Ziel der Aufklärer waren mehr und mehr jene, die scheinbar privaten, jedoch keineswegs unschuldigen Selbsttäuschungen anhingen. Auch mir wurde verstärkt ins Gewissen geredet und so gut wie alles, was mir lieb war, als heillos entlarvt.

Die Kunst: Bewährte Methode, die unter dem Druck der Verhältnisse Leidenden von ihren wahren Problemen durch eine Welt des schönen Scheins abzulenken; die Komik: Folgenloses Entlastungsventil; die Satire: Institutionalisierte Nische für Alibi-Hofnarren; die Ironie: Zwischentöne sind nur Krampf im Klassenkampf; die Ehe: Kleinste kriminelle Vereinigung; die Natur: Erfindung interessierter Kreise, um von den Zuständen der Gesellschaft abzulenken; der Alkohol: Staatlich zugelassenes Rauschgift der privilegierten und Selbstzerstörungsmittel der arbeitenden Klasse –

»Rauch doch mal einen Joint!« forderte mich Katrin auf. »Wirf lieber LSD ein«, schlug Mischa vor, »oder hast du Angst davor, dir selber zu begegnen?«

Ja, hatte ich. Dafür begegnete ich immer häufiger Leuten, die mich in die Pflicht nahmen: »Die Katrin steht kurz vor dem Abi, hält aber den Elternterror zu Hause nicht aus. Könntet ihr pro forma Ersatzeltern mimen und sie aufnehmen?«

Wir nahmen sie auf, dann Mischa, ihren Freund, etwas später einen Staffelberger und schließlich, für kurze Zeit, eine ganze Gruppe dieser Jugendlichen.

Staffelberger: Angehörige der Jugendfürsorgeanstalt im hessischen Staffelberg, welche von Frankfurter SDSlern dazu agitiert worden waren, die repressive Provinz zu verlassen, um fortan Ferment gesellschaftlicher Unruhe in der großen Stadt Frankfurt zu sein.

Da waren sie nun, doch von den Agitatoren wußte offenbar niemand, wohin mit den Agitierten, nicht einmal Günter Amendt, einer der Aufwiegler, mochte einen der Aufgewiegelten aufnehmen, hieß es; angeblich fürchtete er um seine Bibliothek.

Die Staffelberger kamen und gingen – übrigens ohne die auch von mir insgeheim und schlechten Gewissens befürchteten Folgen –, doch meine halbherzigen Gesten brachten mich der Bewegung nicht näher. Die Protestierenden waren Jugendliche, und wie die Mitglieder jeder Jugendbewegung achteten sie streng darauf, daß die Aura von Unschuld, Power und Zukunft nicht durch noch so sympathisierende Trittbrettfahrer jenseits eines gewissen Verfallsdatums getrübt wurde: »Trau keinem über dreißig.« Das aber war ich am 13. Dezember 1967 geworden; im bewegten Jahr darauf sah ich mich daher dreifachen Vorbehalten gegenüber: biologischen, psychologischen und ideologischen.

»Wer zweimal mit derselben pennt, gehört schon zum Establishment« – und es gab noch belastendere Indizien, welche meine Zugehörigkeit zum Lager des Gegners belegten:

»Was machst du?«

»Ich male.«

»Verkaufst du?«

»Hin und wieder.«

»Schon korrupt.«

»Werde du erst mal so alt wie ich!« hätte ich der zufälligen Gesprächspartnerin auf einer dieser Massenfeten gerne ins blanke Gesicht gesagt, doch ich konnte mich gerade noch bremsen. War das nicht just eines jener Holzhammerargumente, mit welchen die Elterngeneration ihre hoffnungslosen Rückzugsgefechte bestritt: »Als ich in deinem Alter war, da habe ich noch gelernt, wie man –«?

Gut möglich, daß die 68er-Jugend nicht mehr allzuviel lernte bzw. studierte – die Go-ins und Teach-ins bei Tag rissen nicht ab, und nachts sollten ja auch noch diese sagenhaften Love-ins stattfinden –, doch wußten bereits jüngere und jüngste Semester, wie man andere zu Tätern macht und sich selbst zum Opfer stilisiert: »Du blockierst mich«, klagte Katrin, als ich sie nach den Gründen für ihr Nichtstun befragte. »Die Schule demotiviert mich«, fügte sie hinzu. »Und Mischa törnt mich nur noch ab.«

Damals hörte ich diese Wendungen das erste Mal in solcher Häufung, und eine Zeitlang trug ich mich mit dem Gedanken, sie zu sammeln, um sie für ein satirisches Porträt dieser Generation zu verwenden. Ich ließ den Plan fallen, da ich keinen Beifall von der falschen Seite riskieren wollte. Oder war der Grund schlichter Opportunismus, Feigheit gar? Erst sehr viel später, Anfang der Achtziger, veröffentlichte ich einige der Fundstücke, darunter meinen Lieblingssatz, auch er die Begründung eines herzlich faulen Mädchens dafür, daß es nichts tat: »Ich habe eine unheimlich komplizierte Lernmotivation; wenn bei mir Anfangserfolge ausbleiben, bin ich sehr schnell frustriert.« Lustig – doch selbst beim schmunzelnden Erinnern solch betagter Chuzpe meldet sich leise, aber unüberhörbar, mein schlechtes Gewissen: So fragwürdig der je einzelne Jugendliche um und nach 68 agiert und manipuliert haben mochte, so fraglos war *der* 68er eine Figur, in welcher sich meine eigenen guten Vorsätze anzuschicken schienen, Realität zu werden: Nicht einkriegen lassen! Nicht kleinkriegen lassen! Nicht für dumm verkaufen lassen!

Eigentlich hätten wir also ein Herz und eine Seele sein können, der 68er und ich, tatsächlich aber verkörperte ich vermutlich das Inbild des Schreckens dieser radikalen Jugend, den, als welcher sie insgeheim zu enden fürchtete: den liberalen Scheißer.

Die Zeit heilt keine Wunden, doch sie rückt näher zusammen. Ich habe erlebt, wie viele der 68er da landeten, wo ich begonnen hatte, bei der Kunst. Ich habe mich daran gewöhnt, von jüngeren Kritikern als Alt-68er eingestuft zu werden. Ich habe mich klammheimlich gefreut, als die männlichen Entlarver vom SDS ihrerseits durch die Frauen entlarvt wurden: »Befreit die sozialistischen Eminenzen von ihren bürgerlichen Schwänzen!« Ich habe mich abgrundtief gelangweilt, wenn sich ehemalige Adorno-Schüler wortreich dafür rechtfertigten, in der Marktforschung tätig zu sein. Ich habe mich damit abgefunden, nie wieder ein gutes Gewissen zu besitzen, da das anfangs beschriebene siebenköpfige Wesen aus Schuld und Scham einer Hydra gleicht: Schlag ein Haupt ab, und sieben weitere wachsen nach – man braucht sich lediglich ins Gedächtnis zu rufen, daß die Umwelt 68 noch gar kein Thema war.

Ich habe allerdings auch bemerken müssen, daß meine Schuldressourcen und mein Schampotential nicht unerschöpflich sind. Da ich mit dieser Erfahrung vermutlich nicht allein dastehe, könnte meine Schlußfolgerung auch von anderen geteilt werden: Schäme dich nur für wenige Anlässe, für die aber richtig. Aus schierem Selbsterhaltungstrieb verweigerte ich mich daher in den Siebzigern – beispielsweise – der Pflicht, von Okzitanien statt von der Provence zu reden und vor allem dem solidarischen Trinken des Weins dieser von Paris geknebelten Kulturlandschaft; in den Achtzigern dann ging ich – zum Beispiel – den Schah-Schah-Schah in Schah-Rufen und den Demonstrationen kaisertreuer Perser in Frankfurts Fußgängerzone ebenso aus dem Weg wie der Aufforderung, meine Unterschrift gegen das Regime des Ajatollah zu leisten; in den Neunzigern schließlich ergrimmte mich Günter Grass auf geradezu exemplarische Weise, als er in einer Fernsehkultursendung eine bislang schnöde vernachlässigte Schuld der reichen Industrienationen und ihrer Intellektuellen einklagte: Auf dem indischen Subkontinent gebe es zwei große Sprachen, Urdu und Bengal. In jeder werde bedeutende Literatur verfaßt, doch davon wisse die jeweils andere kaum etwas, da so gut wie nichts übersetzt werde. Hier zu helfen sei die Pflicht der Ersten Welt – ist das nicht ein Gipfel frei flottierender Inanspruchnahme und hemmungslos grassierender Schulmeisterei?

G. hielt inne und lehnte sich lächelnd zurück, damit die Zuhörer seinen belustigten Ingrimm angemessen teilen konnten, doch unerwartet ernst meinte M., die von G. geschilderte Genese seines schlechten Gewissens sei, wenn nicht verfehlt, dann doch unvollständig. Da gebe es mit Sicherheit eine religiöse Vorgeschichte, die der Referierende zwar verschwiegen, jedoch nicht zum Schweigen gebracht habe – zu deutlich seien die ehrfürchtigen Hinweise auf frühverstorbene Opfer existentieller Unbedingtheit gewesen, auf van Gogh, auf Benno Ohnesorg, auf Rudi Dutschke, um nicht sogleich an Jesus denken zu lassen, das spirituelle Vorbild all dieser säkularisierten Jungopferlämmer.

»Und?« fragte G.

Und das halte er für die eigentliche, letztlich religiöse Keimzelle von G.s schlechtem Gewissen: das Bewußtsein, sich nicht rechtzeitig aufgeopfert zu haben – Altern ist Verrat, Weiterleben ist Schuld.

»Was soll der Quatsch?« fragte G. eine Spur zu laut.

»Er will dich doch nur über deine wahren Schammotive aufklären«, antwortete H., da M. sich mit der Antwort Zeit ließ.

»Ach was, er will mich, den Alt-Atheisten, beschämen!« widersprach G.

»Wenn ich dich richtig verstanden habe, dann ist das aber seit 68 so ziemlich dasselbe, aufklären und beschämen«, versuchte J., der Jüngste, zu vermitteln, kam jedoch bei den Älteren schlecht an:

»Red du nicht über 68, Bub, da warst du ja noch gar nicht auf der Welt!«

»Und für so einen haben wir nach 68 unsere schöne Schamkultur aufgebaut!«

»Schämt sich nicht einmal!«

Er sei vorhin vielleicht etwas voreilig gewesen, begehrte da J. unerwartet auf. Jetzt überlege er, warum er sich überhaupt den Schuld- und Scham-Stiefel der Älteren angezogen habe. Es sei doch eigentlich deren Aufgabe, ihr Schuhzeug zu entsorgen. Anders gesprochen: Ob nicht jede Generation gehalten sei, ihren Schuldberg abzutragen, um der Nachfolgegeneration schammäßig eine Tabula rasa zu hinterlassen?

»Hört, hört – jetzt redet er wie ein 68er!« sagte H. anerkennend, doch die beiden anderen hielten dagegen, daß man aus den Fehlern der Vergangenheit gottlob gelernt und den Spieß umgedreht habe:

»Unsere Betroffenheit ist uns nur anvertraut für unsere Kinder«, sagte M.

»Vergiß nie, daß ich dein Vater sein könnte«, ergänzte G.

HEISSER FRÜHLING '68
Ein Polizeipferd erinnert sich mal wieder

MATERIALIEN ZU EINER KRITIK
DER BEKANNTESTEN GEDICHTFORM
ITALIENISCHEN URSPRUNGS

Sonette find ich so was von beschissen,
so eng, rigide, irgendwie nicht gut;
es macht mich ehrlich richtig krank zu wissen,
daß wer Sonette schreibt. Daß wer den Mut

hat, heute noch so 'n dumpfen Scheiß zu bauen;
allein der Fakt, daß so ein Typ das tut,
kann mir in echt den ganzen Tag versauen.
Ich hab da eine Sperre. Und die Wut

darüber, daß so 'n abgefuckter Kacker
mich mittels seiner Wichserein blockiert,
schafft in mir Aggressionen auf den Macker.

Ich tick nicht, was das Arschloch motiviert.
Ich tick es echt nicht. Und wills echt nicht wissen:
Ich find Sonette unheimlich beschissen.

Ein fesselndes Buch

KOPF ODER BILD?
*Die 80er Jahre
im Spiegel satirischer Seher
und publizistischer Penner*

1980, im Oktoberheft von ›Titanic‹, erschien in den Spalten der »Humorkritik« ein kurzer Hinweis auf ein Buch aus dem Verlag Rogner & Bernhard: »Das waren die 80er Jahre, Rückblick auf ein Jahrzehnt, das uns bevorsteht.« Nun, da dieses Jahrzehnt endet, kramte ich das damals wenig beachtete Werk wieder hervor und blätterte ein wenig darin, recht gelangweilt erst und dann hellwach: Welch hochinteressante Lektüre! Und welch ein zutiefst lehrreicher Anlaß zu Rückblick, Revision und Vergleich!

»Das waren die 80er Jahre« ist, schon der Titel verrät es, keine ernsthaft futurologische Arbeit. Geschart um die Herausgeber Josef Joffe und Michael Naumann haben die 23 Mitarbeiter – alles vorwiegend seriöse Journalisten, viele aus dem ›Zeit‹-Lager – sich den Spaß gemacht, den Propheten zu spielen, teils im Satirikergewand, teils im Narrenkostüm. Heute, neun Jahre später, schlägt die Stunde des Ernstes, und das gleich dreifach. Für das Buch: Welche der Satiren haben die Zeit überstanden, gar recht behalten? Für meine Kurzkritik: Welche meiner Einwände haben sich als stichhaltig erwiesen? Für die Satire an sich: Wieweit und unter welchen Umständen taugt sie dazu, Zukünftiges seismographisch, sei's auf andere Weise zu orten?

Dafür wird's dann ganz zum Schluß wieder lustig – den nämlich bildet ein Vergleich zwischen »Das waren die 80er Jahre« und »Das waren die 80er Jahre«. Rechtzeitig zum Jahresende – vielleicht eine Spur zu vorschnell – haben ›Stern‹-Journalisten ein ›Stern‹-Buch mit gleichem Titel auf den Markt geworfen, ein schweres, teures und schon jetzt völlig verstaubtes Werk, weil – aber davon gleich mehr, immer schön der Reihe nach: Was waren die »80er Jahre«?

In meiner Kritik von 1980 tadelte ich, »daß das (Rogner & Bernhard-)Buch über die volle Distanz nicht so recht funktioniert. Die oft zu langen Beiträge sind notgedrungen fast alle nach dem gleichen Schema gebaut, dem der fiktiven Retrospektive. Kein Wunder, daß sich auch die Pointen ähneln. Araber hie, Araber da, Kanzler Strauß bzw. König Franz Josef I., auf Seite 13 wird TV-Moderator Huberty zum ›Tor des Jahrzehnts‹ gekürt, auf Seite 17 der Bayern-Spieler Schwarzenbeck zum ›Tor des Jahres‹ ...« – ein Tadel, der heute mehr denn je stimmt, zumal sich die Pointen als herzlich haltlose Prophezeiungen erwiesen haben: Weder ist Strauß am 1.1.1986 zum König der Bayern ausgerufen worden, wie es Wolfgang Ebert voraussagt, noch hat König Fahd in den 80ern die Zugspitze gekauft – eine Behauptung der Herren Joffe und Naumann. All diese Propheten werden einwenden, die Pointen seien ihrer Natur nach zugespitzte Aussagen über zumindest mögliche Trends gewesen. Satire müsse nun mal übertreiben – ich halte dagegen, daß in beiden Fällen nicht satirische Prognostik, sondern simple Karikatur vorliegt, die in beiden Fällen schon damals dem Zug der Zeit hinterherhinkte: Beide Ängste, die vor Straußens Machtergreifung und die vor dem Geld des Ölscheichs, gehörten noch den 70ern an und hatten bereits zum Jahrzehntwechsel viel von ihrem Stachel verloren.

Noch verfehlter freilich erschienen mir beim Wiederlesen all jene Beiträge, die jegliche Verbindung mit der Wirklichkeit kappen, um mit Hilfe einer völlig aus der Luft gegriffenen Behauptung einigen gänzlich nichtsnutzigen Wind zu machen: Da behauptet beispielsweise Christoph Brecht, die Olympischen Spiele seien in den 80ern von Baby-Olympiaden abgelöst worden: »Für den Sieger eine Trillerpfeife und Kaugummi mit Hamburgergeschmack.« Olympia-Sieger der 80er hießen wie erinnerlich Steffi Graf und Ben Johnson, und das, wofür sie stehen, das Ende des Amateurs und den Triumph des Doping, hätte jeder Gutwillige bereits vor zehn Jahren aus den damals vorliegenden Daten extrapolieren können. Aber Brecht wollte partout originell sein.

Eine ähnlich unsinnige Behauptung stellt Marie-Louise Plessen an den Anfang ihrer Satire auf die Bildende Kunst der 80er:

»Mitte der achtziger Jahre wurde in den Industriestaaten der Welt das farblose Jahrzehnt ausgerufen« – von den Farbfernsehmultis nämlich, die auf diese Weise das Farbenmonopol zu sichern trachteten. Folge für die Bildende Kunst »Die Schwarz-Weiß-Malerei wurde zur ästhetischen Weltdoktrin« – statt dessen kamen, wir erinnern uns, in den 80ern ausgerechnet die farbenfrohen Neuen Wilden zu Ehren und Geldern.

Etwas plausibler wirken demgegenüber jene Beiträge, deren gnadenlose Übertreibungen dadurch geadelt werden, daß ihre Autoren immerhin erkannt haben, in welche Richtung der Hase laufen könnte: »Die Entwicklung der deutschen Schule und Hochschule zurück ins 19. Jahrhundert war 1990 weitgehend abgeschlossen«, schreibt eine gewisse Anna Ammarelle, »Deutschland war von 1986 an wieder eine Bildungsinsel der Elitären«, behauptet sie mit Blick darauf, »daß altbackener Unfug wie die Gesamtschulen, Orientierungsstufen, Vorsemester und ähnlicher linker Unsinn verschwanden.« So weit, so vertretbar, die Folgerungen freilich laufen der Autorin ziemlich aus dem Ruder: »Während nun so die Elite der Nation in lateinischer Sprache gesittet miteinander verkehrte ... für jeden Studenten waren jeweils ein Professor und ein Assistent zuständig« – ich weiß nicht, ob die Studenten der Massenuniversitäten solche Scherze am Ende der 80er immer noch so komisch finden.

Da liegt der Dieter E. Zimmer nicht nur besser im Trend, seine Folgerungen sind auch viel lustiger: Der jahrelange Exodus aus den Städten aufs Land werde sich in den 80ern umkehren, behauptet er und läßt einen Landkommunenzögling anläßlich seines ersten Stadtbesuchs und seiner ersten WC-Benutzung zur schönen Erkenntnis kommen: »Der Mensch in der Zivilisation war sauberer und überhaupt viel besser. Erst die Natur hat ihn verdorben. Zurück zur Zivilisation!«

Den absoluten Vogel in satirischer Prognostik aber schießt derjenige Beiträger von 1980 ab, den ich damals bereits – in einem Anfall von sympathetischer Vorahnung? – als einzigen namentlich nannte und lobte: »Joachim Nawrocki schrieb eine sehr behutsame, sehr einleuchtend pointierte Kremlfuturologie.«

Heute weiß ich es besser. Was Nawrocki, der Berlin-Korrespondent der ›Zeit‹, seinerzeit als Satire zu Papier brachte, liest sich heute als ein ziemlich beispielloser Fall von Prophetie. »Als Moskau weich wurde« heißt sein Beitrag, geschrieben zu einer Zeit, als Breschnew noch die Geschicke des roten Riesenreiches lenkte und seine Doktrin noch unangefochten den Ostblock beherrschte; und so beginnt er: »Am 22. Dezember 1982 war der Generalsekretär der KPdSU und Staatspräsident der UdSSR gestorben« – tatsächlich starb Breschnew am 10. November 1982, am 21. Dezember 1982 aber wurde in der Tat Andropow der neue mächtigste Mann der Sowjetunion, ein Faktum, das sich bei Nawrocki so liest: »Erich Honecker, der SED-Generalsekretär, hegte einige Zuversicht. Er hielt Staatssicherheitschef Juri Wladimirowitsch Andropow für den aussichtsreichsten Nachfolgekandidaten. Schon zu dessen 65. Geburtstag im Juni 1979 hatte er vorsorglich in das SED-Zentralorgan ›Neues Deutschland‹ eine huldvolle Würdigung einrücken lassen« – aber Andropow macht bei Nawrocki nicht als einziger das Rennen. Er muß die Macht mit zwei Männern teilen, mit »Viktor Grischin, dem ersten Sekretär des einflußreichen Moskauer Parteibezirks«, und mit einem Herrn, von dem hierzulande mittlerweile meist in der Koseform seines Namens die Rede ist: »Zum neuen Generalsekretär wurde, eher beiläufig, Michael Gorbatschow, der Sekretär für Landwirtschaft, im Zentralkomitee gewählt – eine Verlegenheitslösung, wie es scheint, oder ein Kompromiß der verschiedenen Fraktionen.«

Eine etwas verfrüht angesetzte Bestallung – erst mußte Andropow am 9. 2. 1984 sterben, erst Tschernenko, sein Nachfolger, am 10. 3. 1985 das Zeitliche segnen, um die Bahn für Gorbatschow freizumachen, doch bald darauf sind Nawrockis Gesichte und die Geschichte des Ostblocks wieder einigermaßen im Gleichtakt: »Die schlimmsten Befürchtungen (i. e. der SED) wurden wahr, als … im Sommer der XXVIII. Parteitag der KPdSU stattfand. Im Bericht des Politbüros rügte Generalsekretär Gorbatschow die Zustände in Wirtschaft und Staat mit einer Deutlichkeit, wie sie seit Chruschtschow niemand mehr gewagt hatte.« Und sodann zitiert Nawrocki aus der fingierten Gorbatschow-Rede, einem Text, der es im nachhinein nahelegt, nicht den Politiker, sondern den Satiriker für den Erfinder von Glasnost und Perestroika zu halten: »Im Unterschied zu dem, was uns unsere Presse einreden will, kann von einer Vervollkommnung der politischen Lenkung keine Rede sein; es muß vielmehr eine tiefgreifende Umgestaltung Platz greifen« – und genau das meint Perestroika: Umgestaltung – »Hand in Hand mit den inneren Wandlungen unserer Ökonomie ... sind eine Reihe von Maßnahmen erforderlich, um Hindernisse aus dem Weg zu räumen, die verschuldet haben, daß die Intelligenz bisher nicht die ihr in der Gesellschaft zu Recht gebührende Stellung einnehmen konnte« – und so fortan: Nawrocki läßt Gorbatschow ganz wie im richtigen Leben die Wirtschaft reformieren, prominente Dissidenten rehabilitieren, Intellektuelle zur freien Meinungsäußerung animieren und jede Form von Breschnew-Doktrin annullieren: »Wir regeln unsere Angelegenheiten selber, so wie alle Bruderländer auch«, schreibt die Nawrocki-Prawda 1987, und 1988 tritt Gorbatschow eine Reise an, die in Wirklichkeit nur ein Jahr später anläßlich des vierzigsten Geburtstages der DDR erfolgte: »Zum endgültigen Zerfall des sozialistischen Lagers kam es, als Gorbatschow im April 1988 zu einem Freundschaftsbesuch in die DDR fuhr, um die DDR-Führung zu beruhigen« – die greisen Herren Hager, Norden, Stoph und Honecker nämlich – Mielke hatte Nawrocki vorzeitig in den Ruhestand geschickt –, doch seine Absicht schlägt fehl, da er zugleich die in der DDR stationierten Truppen reduziert: »Im Politbüro herrschte nun blanke Angst ... Die Parteiführung beschloß, endlich etwas gegen die Entwicklung in der Sowjetunion zu unternehmen.«

Und nun erst, so, als habe sein Beitrag den tatsächlichen Erkenntnisstand von 1988 zur Grundlage, hebt Nawrocki ab zu hübschen satirischen Volten. Etwa zu der, daß der sowjetische Verteidigungsminister um politisches Asyl in der DDR nachsucht, worauf Honecker nach dem Vorbild der Niederschlagung des Prager Frühlings die »sozialistischen Bruderstaaten« darum ersucht, gemeinsam mit den DDR-Truppen zur Rettung der Errungenschaften des Sozialismus in der UdSSR einzufallen. Kein Bruderstaat macht mit, worauf den Betonköpfen nur noch ein einziger Ausweg bleibt: »Da die DDR im Osten keine Hilfe fand, suchte sie nach Monaten der Lethargie Unterstützung im Westen. Schließlich ging es um ihre Existenz. In Rostock, Magdeburg und Leipzig hatte es schon Unruhen gegeben« – Nawrocki nämlich schreibt das Jahr 1989, in Bonn regiert in seinem Text die CDU in Koalition mit der FDP, und denen unterbreitet Staatsratsvorsitzender Günter Mittag »Vorschläge über eine noch engere Zusammenarbeit beider deutscher Staaten«. Vergeblich: »Die Bundesregierung hatte die Entwicklung völlig unvorbereitet getroffen. Obwohl das Auseinanderfallen des Ostblocks seit Jahren vorauszusehen war, hatte sich niemand Gedanken gemacht, welche Konsequenzen dies für die Deutschlandpolitik haben könnte ... Nur der Standpunkt der Westmächte war klar: Der Gedanke an ein neues Großdeutschland, das sich am politischen Horizont abzeichnete, bereitete ihnen sichtlich Unbehagen.« Ein Unbehagen, das Nawrockis bundesdeutsche Politiker teilen: »Innenminister Kohl meinte, wenn man der DDR-Führung die Hilfe verweigere, werde sie unweigerlich von einer Reformgruppe oder gar von einem Volksaufstand hinweggefegt. Das sei die lang ersehnte Chance zur Wiedervereinigung« – und die will niemand, weder Wirtschaftsminister Graf Lambsdorff noch der Minister für innerdeutsche Beziehungen, der um sein Amt bangt: »In Sachsen, Thüringen, Mecklenburg und den Ostberliner Bezirken werde traditionell links gewählt«, gibt er zu bedenken, und »sämtliche Minister nicken mit den Köpfen. Ihnen allen würde etwas fehlen, wenn die DDR, an die man sich doch nach vier Jahrzehnten endlich gewöhnt hatte, sang- und klanglos von der Landkarte verschwände. Das Kabinett beschloß, der DDR-Regierung jede erdenkliche Hilfe zu leisten«, und veranstaltet daher als erstes im Winter 1989/90 »ausgedehnte Nato-Manöver« entlang der innerdeutschen Grenze. Die Folge: »Die DDR-Führung mit ihrem Eisenzeit-Sozialismus konnte sich halten ... Die bewährte Entspannungspolitik der Bundesregierung konnte fortgesetzt werden.«

So viel Hellsicht ist rar, doch nicht ganz ohne Vorgänger und Beispiel. Bevor ich mich dem bereits erwähnten dunklen Kapitel bundesdeutscher Geschichtsschreibung zuwende, dem ›Stern‹-Buch »Das waren die 80er Jahre«, rasch noch zwei Hinweise auf ähnlich illuminierte Köpfe, die Herren Eugen Richter und Hans Magnus Enzensberger. Richter, ein liberaler Politiker und pfiffiger Journalist des vorigen Jahrhunderts, veröffentlichte 1891 den satirischen Kurzroman »Sozialdemokratische Zustände«, ein Zeitbild, das spätestens 1961 brandaktuell wurde und bis auf den heutigen Tag ziemlich verläßlich die wichtigsten Schritte des Niedergangs der DDR um fast 100 Jahre vorweggenommen hat: »Die rote Fahne der internationalen Sozialdemokratie weht vom Königsschloß«, beginnt Richter, wobei er mit »Sozialdemokratie« die damals noch auf strikte Planwirtschaft eingeschworenen marxistischen Sozialisten meint, Männer wie Bebel und Liebknecht. Das Volk jubelt zunächst, doch nach und nach mehren sich die Unzufriedenen, welche die sich abzeichnende Gängelung und die beginnenden Engpässe und Planhärten nicht länger ertragen möchten: »In der ersten Zeit der neuen Ordnung waren es fast nur die Rentner, welche mit ihren Familien über die Grenze gingen ... Auch die Auswanderung fast aller Maler, Bildhauer und Schriftsteller wäre noch zu verschmerzen ... Die Herren Schriftsteller, welche alles bekritteln und berufsmäßig Unzufriedenheit im Volke verbreiten, sind für ein auf dem Willen der Volksmehrheit beruhendes Staatswesen völlig entbehrlich ... Aber Befremden mußte es erregen, daß in stets wachsender Zahl auch nützliche Leute über die Grenze gehen ... Chemiker, Ärzte, Lehrer, dazu tüchtige Betriebsleiter, Techniker wandern scharenweise aus ...« Alles Opfer ihres durch bourgeoise Erziehung deformierten Bewußtseins, lautet die Erklärung der neuen Machthaber, »aber ist erst die Jugend in unseren sozialdemokratischen Erziehungsanstalten herangebildet«, dann wird dieser neue Mensch auch gerne freiwillig im Lande bleiben; bis dahin freilich muß man dieses Bleiben erzwingen: »Dazu ist eine scharfe Besetzung der Grenzen erforderlich ... Die Grenzpatrouillen sind angewiesen, gegen Flüchtlinge von der Schußwaffe rücksichtslos Gebrauch zu machen.«

So kann vorerst alles seinen geplanten Gang gehen, beispielsweise in der Konsumgüterindustrie: »Schaufenster, Reklamen, alles hat aufgehört ... Ob man was kauft, ist natürlich dem Verkäufer völlig gleichgültig ... Bei Bedarfsartikeln mußte man mit schrecklichen Ladenhütern vorlieb nehmen, wenn man überhaupt etwas bekommen wollte ... Die Preise für die aus dem Ausland bezogenen Artikel wie Kaffee, Petroleum, Reis waren nachgerade kaum zu erschwingen ... Neue Wohnhäuser werden selbst in Berlin nicht mehr gebaut. Sogar die notwendigsten Reparaturen werden vielfach hinausgeschoben ... Allmonatlich eine Milliarde Mark mehr Ausgaben als Einnahmen, mehr Konsumtion als Produktion im Volkshaushalt, das ist die schlimme Botschaft, mit welcher der Reichskanzler den neuen Reichstag eröffnet hat« – womit wir glücklich bei der Regierungserklärung von Hans Modrow angelangt wären. Wie es in der DDR weitergeht? Das kann nachgelesen werden in »Der Traum vom besten Staat, Texte aus Utopien – von Plato bis Morris« – aus diesem dtv-Band nämlich, herausgegeben von Helmut Swoboda, stammen meine Zitate.

Während sich die Prognosen der Satiriker locker zehn, ja hundert Jahre halten, befindet sich das Verfallsdatum der Vorhersagen von Edelfedern und Altpolitikern in rapider Progression. Hören wir nur, was Helmut Schmidt noch am 22. September 1989 in der ›Zeit‹ veröffentlicht hat: »Eine Eruption in der DDR würde den Reformprozeß im Osten gefährden. Die deutsche Frage wird erst im nächsten Jahrhundert gelöst werden.«

Das wußte Hans Magnus Enzensberger aber schon viel früher viel besser! Im Spätsommer 1989 brachte der Suhrkamp Verlag einen Enzensberger-Reader heraus, »Der Fliegende Robert«, welcher neben bereits veröffentlichten Texten aus dreißig Jahren auch Erstdrucke enthält, darunter eine Szenenfolge »Böhmen am Meer, Ein Hörspiel aus dem Jahre 2006«. In diesem Jahr nämlich läßt Enzensberger einen New Yorker Reporter durch Europa reisen, durch die Niederlande, »wo der Altweibersommer tropisch ist«, durch ein von allen Amerikanern verlassenes Ramstein, »Die Nato steht doch nur auf dem Papier«, und durch ein Berlin des 6. September 2006, das noch am 8. November 1989 sicherlich vielen Berlinerinnen und Berlinern undenkbar erschienen wäre: »Viel ist nicht geblieben vom kaputten Reiz dieser Stadt ... Lust und Schrecken sind der Normalität gewichen ...« Allerdings verläuft noch ein Zaun quer durch Berlin, und verwundert fragt der Reporter: »Ich dachte, die Mauer sei schon vor Jahren abgerissen worden. Ich erinnere mich an die Bilder im Fernsehen: die Sprengung der Betonhindernisse, die Demontage der Schranken« – der Zaun diene dem Artenschutz, erfährt er, längs der ehemaligen Mauer nämlich habe sich ein einzigartiges Biotop gebildet, das nun von Grünen aus beiden Teilen Deutschlands geschützt werde, obwohl es ja sonst mit den deutsch-deutschen Gemeinsamkeiten nicht so weit her sei: »Ossis und Wessis – das ist wie Hund und Katze.« Aber die hätten sich doch zusammengerauft, wendet der Reporter ein. Antwort: Offiziell schon. In Wahrheit aber wuchere »ein Dickicht von Komplexen, Rivalitäten und Ressentiments. Es ist doch bezeichnend, daß die Zahl der deutsch-deutschen Heiraten minimal geblieben ist ... Ganz zu schweigen von den politischen Apparaten. Ich rede wohlgemerkt von den Parteien gleicher Couleur hüben und drüben ... Die sind sich spinnefeind ...« Und die Menschen seien dies nicht minder: »Der Wessi schwört auf sein Lufthansa-Weltbürgertum. Dafür ist der Ossi allemal moralisch der Größte.« – »Und die berühmte Wiedervereinigung?« fragt der Reporter, und sein Gesprächspartner antwortet unter Hinweis darauf, daß für Deutschland die tausendjährige Geschichte des Getrenntseins normal und die hundertjährige der Einheit katastrophal gewesen sei: »Außer Kaffee und Kuchen nichts gewesen.«

Wird es so kommen? Abwarten und Tee trinken.

»›Das waren die 80er Jahre‹ ist der Schwerpunkttitel in unserem diesjährigen Herbstprogramm – nicht weil der Band fünf Pfund wiegt, sondern weil es sich um ein neuartiges Buch handelt«, schreibt mir Gabriele Pfau, zuständig für Pressewesen und Information ›Stern‹-Buch, und wo sie recht hat, hat sie recht: Ein Dezennien-Rückblick, in welchem die herausragenden Ereignisse des vergangenen Jahrzehnts fehlen, ist in der Tat neuartig, wenn auch nicht in dem Sinne, wie ihn Herausgeber Klaus Liedtke definierte: »Es ist ein neuartiges Buch, das das Foto in den Mittelpunkt der Geschichtsschreibung stellt« – ein ebenso törichtes – seit wann können Fotos schreiben? – wie mißglücktes Unterfangen: Jene raren Fotos, die einmal zu den Ikonen dieses Jahrzehnts gehören werden, fehlen in dem ›Stern‹-Buch ebenso wie Hinweise darauf, daß die nun wirklich schreibenden Beiträger – »Essays prominenter Autoren leiten die Kapitel ein« – die Zeichen der Zeit erkannt hätten: »Ob vielleicht der 26. November 1983 der Tag war, der für die Entwicklung der Bundesrepublik in diesem Jahrzehnt die größte Bedeutung hatte?« fragt Herbert Riehl-Heyse, an diesem Tag nämlich habe Franz Handlos, Ex-CSU-Abgeordneter, aus Protest gegen den Milliardenkredit des Franz Josef Strauß zugunsten der DDR die Partei der Republikaner gegründet. Ein reichlich feinsinniger Einfall, dieser 26. November 1983, doch immerhin einer der äußerst seltenen Hinweise, die sich in diesem Fünfpfundbuch auf die – nein, nicht Republikaner –, auf die DDR finden. Denn die ist so gut wie inexistent: Die kurzgefaßte Chronik des Anhangs zerfällt in vier Teile, »Die internationale Chronik«, »Die Chronik der Bundesrepublik«, »Die Chronik Österreichs«, »Die Chronik der Schweiz« – den wenigen DDR-Daten aber hat die bundesrepublikanische Chronik großherzig Asyl gewährt. Die »Essays prominenter Autoren« – unterschiedlich informative Besinnungsaufsätze von maximal vier Seiten Länge – erwähnen die DDR ein einziges Mal, siehe oben. Und die Fotos schreiben diese Geschichte in aller Unbedarftheit weiter: Farbige Doppelseiten für jeden Schmäh, für Alf und Michael Jackson, für Compact Disc und Video Clip – die DDR wird auf den 432 Hochglanzseiten mit ihren ca. 600 Fotos ganze drei Mal ins Bild gerückt: Auf einer schwarz-weißen Doppelseite, die den DDR-Chef Honecker allerdings nur deswegen abbildet, weil er den Kollegen Kohl in Bonn besucht; auf einem einseitigen Farbfoto der Katarina Witt und auf einem schwarzweißen Bildchen, das einen »Schwerter zu Pflugscharen«-Sticker auf der Jacke eines ansonsten weggeschnittenen DDR-Christen zeigt, eine Briefmarke fast, die neben dem eindreiviertelseitigen Farbfoto der BRD-Friedenschristen vom 83er Kirchentag in Hannover so trist und grau und nichtssagend wirkt, wie die gesamte Republik all den ›Stern‹-Buchmachern, den ganzen Herausgebern, Projektleitern, den Bildredakteuren und Gestaltern vorgekommen sein muß, als sie ihre Glitzerschwarte zusammenstellten: Kann man vergessen.

Was ist da schiefgelaufen? Alles. »Auch ein Trend der 80er Jahre«, schreibt Klaus Liedtke im Vorwort, »das Visuelle auf dem unaufhaltsamen Vormarsch, die Welt wird zum globalen Dorf, nichts bleibt dem meist elektronischen Auge mehr verborgen. Das Zeitalter der Information ist da.«

Diese Schaumschlägerei nach McLuhan-Art steht am Anfang der fünfpfündigen Seifenblase, in die – und das ist ihr einziges Verdienst – schon deswegen nicht eigens hineingestochen werden muß, da sie das Platzen selber besorgt. Selten sind Denkfaulheit und Raffgier eine derart aufklärerische Verbindung eingegangen: Um nur ja noch ins Weihnachtsgeschäft zu kommen, mußte der Redaktionsschluß für ein Buch, das vorgeblich die gesamten 80er bilanziert, noch in die erste Hälfte des Jahres 1989 gelegt werden: Am 18. Juni endet sowohl die Chronik der Bundesrepublik incl. DDR wie die der Restwelt. Doch bereits in diesem noch halbwegs seriösen, zuletzt produzierten Schlußteil des Buches fehlt jenes Datum, an welchem all das begann, was uns seit einem halben Jahr in Atem hält: Der 2. Mai, an welchem ungarische Soldaten den Abbau der Stacheldrahtgrenze zu Österreich in Angriff nahmen. Und es fehlen natürlich wg. Raffgier auch alle späteren Ereignisse sowie die dazugehörigen Bilder: Keine Mazowiecki-Wahlen in Polen, keine Imre-Nagy-Umbettung in Ungarn, keine überfüllte Prager Botschaft und keine Demonstrationen in Leipzig, Sofia und Prag, keine Flüchtlinge in Sonderzügen und kein Tanz auf der Mauer, kein Krenz in der Defensive und kein Trabi auf Achse – es ist schon eine Freude. Denn das ›Stern‹-Buch ist ja nicht nur deshalb schlicht Schrott, weil ihm das letzte hochhistorische Halbjahr der 80er in Wort und Bild fehlt, es ist auch deswegen eine Totgeburt, weil es sich bereits in seiner eigenen Nabelschnur verheddert hatte, bevor es das Licht der Welt erblickte: »Nichts bleibt dem – meist elektronischen – Auge mehr verborgen«? Ihm bleibt nach wie vor ein Großteil verborgen: All das, was es nicht wahrnehmen darf – bis Ende letzten Monats gab es beispielsweise keine Bilder vom Leben der DDR-Funktionäre in Wandlitz –, vor allem aber alles, was es nicht wahrnehmen will, da irgendein Hirn bereits entschieden hat: Da gibt's ja doch nichts zu sehen.

Fürbittegottesdienste, Mahnwachen, zaghafte Proteste am Rande der offiziellen Rosa-Luxemburg-Feiern, die Umweltschäden, der Zerfall der Innenstädte – all das hätte in den letzten Jahren in der DDR fotografiert werden können, all das wurde möglicherweise auch von ›Stern‹-Reportern abgelichtet, doch nur, um von den ›Stern‹-Buch-Verantwortlichen ausgemustert zu werden: Das sieht doch nach nichts aus!

Wer viele Bilder mit viel Unterrichtung verwechselt, den bestraft das Leben: Das Zeitalter der Information ist keineswegs da, wo der Wahn grassiert, ein Bild sage nicht nur mehr als tausend Worte, sondern erübrige auch jedweden Gedanken darüber, wer denn da via Foto spricht: Der Weltgeist persönlich?

Danilo und Olga kamen vorbei, und alle kannte ich bereits seit sieben Jahren. Und dahinten, in Begleitung des Lastwagenfahrers, traten auch richtig die ersten Frankfurter Pratolino-Paare in den Lichtkreis der Lampe vor dem Freilichtkino, der Film schien zu Ende zu sein, gleich würden auch die anderen dort erscheinen, bald würden sie vorbeikommen und denken: »Ach ja, der Gernhardt ist natürlich auch da.« Gemeinsam aber würden wir denken: »Es ist schon kurios, in Frankfurt, wo wir doch alle leben, sehen wir uns fast nie, hier aber sehen wir uns regelmäßig, sobald der Sommerwahn ausbricht, wenn nicht in San Giovanni, dann in Mercatale, wenn nicht in Mercatale, dann in Montegonzi, wenn nicht in Montegonzi, dann in Montevarchi – Hallo Robert, hallo Silvia, hallo Robert, hallo Peter, hallo Robert, hallo Martha, hallo Robert, hallo Franz, hallo Robert, hallo Evi!«

Ach, keine Sieger kamen da auf mich zu, aber auch keine Schuldigen. Zwar ließ mich ihre Gegenwart spüren, daß wieder ein Jahr vergangen war, dasselbe jedoch tat auch ich ihnen an. Das glich sich aus, ausgeglichen bestellten wir noch einige Wodkas, nein, jetzt bin ich dran, na, dann zahl ich den nächsten, auch das würde sich ausgleichen, einmal hatte ich versucht, die Ursachen solch übermenschlicher Ausgeglichenheit in einem Text zu ergründen, der mit den Worten begann:

Jahre hindurch hatte G auf die immer wieder auftauchende Frage, wie alt denn ein Freund sei, von dem er gerade erzählte, oder eine Reisebekanntschaft, oder ein Arbeitskollege, oder ein Paar, ohne Arg geantwortet: »Ach, noch jung, so etwa unser Alter«, bis er auf einmal – aber wann war das gewesen? – gemerkt hatte, daß selbst Gleichaltrige – von jüngeren Gesprächspartnern ganz zu schweigen – diese Auskunft mit einer gewissen Belustigung zur Kenntnis nahmen. Daraufhin hatte er nach Kräften versucht, diesen Satz zu vermeiden oder ihn, wenn er ihm trotzdem herausschlüpfte, mit einem ironischen Lächeln zu begleiten, das die Belustigung des Gesprächspartners kennerisch vorwegnehmen, augurenhaft teilen und schneidig neutralisieren sollte.

G wußte natürlich, daß er einer Altersschicht angehörte, die dabei war, älter zu werden. Daß er häufig dem weitverbreiteten Irrtum unterlag, alle um ihn her würden wehrlos altern, während er selber aufgrund mächtigen Zaubers nicht gerade jung, aber doch bewahrt und im Grunde unangetastet blieb, fand er verzeihlich, wie er sich ja überhaupt alles verzieh. Manchmal ertappte er sich dabei, die Gesichter von Altersgenossen, die er längere Zeit nicht gesehen hatte, mit komplizenhafter Zärtlichkeit abzulesen – all die Fältchen, Krähenfüße, gerundeten Backen, abgemagerten Hälse, ergrauten oder ausgefallenen Haare erzählten ja etwas, er wußte nur nie, was. Oft war er sich in solchen Momenten bewußt, daß sein Gegenüber sein, Gs, Gesicht ebenso forschend, geradezu gebannt studierte; während im Gespräch die vergangenen Jahre bereits zu nichtssagenden Fragen und Antworten verarbeitet wurden, waren die Augen immer noch dabei, die wahre Geschichte des anderen zu ergründen, bis dann auf einmal, meist geschah das sehr rasch, das erinnerte und das gegenwärtige Gesicht des Gegenübers wieder ein einziges Gesicht wurden, das jetzt so, wie es war, hinnahm, um endlich ungehindert von gegenwärtigen Erfolgen und zukünftigen Siegen lügen zu können.

Doch solche Momente der Zärtlichkeit waren selten; was G das Zusammensein mit Gleichaltrigen ertragen, ja suchen ließ, war die herzwärmende Gewißheit, daß sie alle der gleichen Verbrecherbande angehörten. Zwar hatte jeder von ihnen seine ganz persönlichen Leichen im ganz privaten Keller, zwar kam jeder mit seinen ganz einzigartigen, hochindividuellen Schwindelstrategien über die Runden, doch die Leichen, die Keller und der Schwindel waren letztlich allen gemeinsam, sie wurden vorausgesetzt, respektiert und diskret ausgespart. Das verband.

Natürlich gab es Ausfälle; Altersgenossen, die im geselligen Beisammensein plötzlich das Farbfoto eines gerade erworbenen Hauses herumzeigten und von den Mietern in der Erdgeschoßwohnung erzählten, die leider nicht die Absicht hätten, rauszugehen, weshalb bereits ein Rechtsanwalt hätte konsultiert werden müssen, demzufolge freilich selbst bei Eigenbedarf wenig zu machen sei, ob das nicht, bei aller Sympathie für einen fortschrittlichen Mieterschutz – so lamentierten sie in das immer dichter werdende Schweigen hinein, bis sie endlich erschrokken einhielten und zur Erleichterung aller das Thema wechselten. Waren doch alle glühende Verfechter des striktesten Mieterschutzes und gerade dabei, entweder Hauskäufe zu erwägen oder zu tätigen oder nach bereits vollzogenem Kauf darauf zu sinnen, wie die getätigte Anlage monetär optimal, fiskalisch versiert, ideologisch vertretbar und persönlich befriedigend zu nutzen sei.

Unangenehm berührte es G auch, wenn Gleichaltrige es den Hüpfern nachtaten und auf einmal ihre Beziehungen problematisierten. Daß Beziehungen problematisch waren, lag in ihrer Natur begründet, sie zusätzlich noch zu problematisieren war ungefähr so sinnvoll wie – ach, ihm fiel gar kein Vergleich für diesen Unfug ein. Mit Schaudern erinnerte er sich der Lehrerin, die ohne Vorwarnung dem gesamten Lokal mitgeteilt hatte, sie habe die Absicht, mit einem bestimmten, nicht anwesenden Manne zu schlafen, und werde ihn daher, ganz nach Männerart, erstmal zum Essen einladen – was denn die anderen von dieser fortschrittlichen Keckheit hielten? Zusammen mit dem Gatten der Lehrerin hatte G den Rest des Abends zockend an der Theke verbracht, die Ungehörigkeit des Vorgangs beschäftigte ihn noch lange. Die Panzerknacker problematisierten ihre Brüche doch auch nicht; geradezu verehrungswürdig erschienen ihm, je länger er sich das alles mitansah, jene Gaunerpärchen, die allseits grüßend gegen zehn auf einem Fest einliefen, heiter die erwarteten Antworten auf die zu erwartenden Fragen gaben, sich gekonnt abfüllten und getrennt vergnügten, gegen drei zum Wundenlecken abzogen und beim nächsten geselligen Beisammensein wieder strahlend auf der Matte standen, scheinbar unversehrt und von neuem heiter grüßend. Wie taktvoll sie waren! Welch einen Stil sie an den Tag legten! Stil und Takt – always smart, dachte G gern, den Essaytitel eines von ihm verehrten Russen leicht abwandelnd, wenn er irgendwo auf diese glorreichen Wesen traf, und legte seinerseits den gleichen Takt an den Tag, sobald der Teil X eines solchen Paares alleine auf einem dieser Feste erschien und die obligate Frage nach dem Verbleib des Teiles Y mit äußerst vagen Andeutungen überging.

Natürlich versuchten auch immer wieder welche auszusteigen. Bis auf die Knochen abgemagert erschienen sie nach längerer Abwesenheit und erklärten der gekonnt weghörenden Runde, daß das Heil in biodynamischer Ernährung, absatzlosen Schuhen – »Man muß nämlich immer senkrecht zum Erdmittelpunkt stehen!« –, indischen Kaltwassermassagen oder chinesischen Rückgratrollkuren läge. G waren solche Fluchten keineswegs fremd. Wie die meisten seiner Altersgenossen hatte er sich irgendwann halbherzig an der einen oder anderen beteiligt, in den beschwörenden Reden der Bekehrten fand er seine eigenen Hoffnungen und Niederlagen wieder, sie waren ihm ein Gelächter und eine Scham. Daß all die Fluchten nichts an der Laufrichtung änderten, glaubte er zu wissen. Daß die Bekehrten das nicht zur Kenntnis nehmen wollten, wußte er. Sehr viel wohler fühlte er sich daher in der Gesellschaft jener schon etwas rundlichen Mafiosi, welche nach verbissenen Kämpfen irgendeine strategisch wichtige, leitende Stellung besetzt hatten und nun mit heiterster Gelassenheit rauchend, trinkend und hurend ins Verderben marschierten. Im letzten Augenblick würde er ja doch gerettet werden, soviel war sicher. Er war gefeit, er würde schon noch irgendein Schlupfloch finden. Schade um die andern!

Ganz ungläubig aber musterte G jene Jüngeren, die sich ihm und seinesgleichen geradezu ehrfürchtig näherten, kein Wort über die verdächtig schmutzigen Hände verloren, welche sich ihnen entgegenstreckten, die all die sie umgebenden Narben, die Flecken dubiosester Herkunft und die durchnäßten Verbände überhaupt nicht zu sehen schienen, sondern strahlend zu verstehen gaben, sie wären gerne mit von der Partie bei diesem prächtigen Haufen. Das Holla und Hussa He!, mit dem die Neuankömmlinge daraufhin allenthalben begrüßt wurden, mutete G jedesmal geradezu verbrecherisch an, obwohl er sich an ihm natürlich nach Kräften beteiligte. Insgeheim aber dachte er, daß doch irgend jemand aufspringen und die jungen Menschen am Ärmel ziehen und warnen müsse. Manchmal war er sogar drauf und dran, sie zu fragen, warum um Himmels willen sie danach drängten, aufgenommen zu werden, ihre Pflicht sei es doch anzuklagen, er lege sich täglich die frischesten Rechtfertigungen zurecht, die aber welkten und schrumpelten stets ungenutzt dahin, er bitte sie daher inständig –

Weiter war ich in meinen Überlegungen nicht gekommen, da – Da eine äußerst wichtige, eminent künstlerische Arbeit dich an der Fortsetzung hinderte – war es nicht so? Und ging es nicht – nein, unterbrich mich jetzt nicht, laß mich raten – ging es nicht um – oh! jetzt erinnere ich mich – ging es nicht um Magenbitterwerbung?

»Magenbitterwerbung, Magenbitterwerbung, Magenbitterwerbung!« tönte es von den Felswänden, die zu großen Teilen bereits im Schatten lagen. Nur auf den Zinnen brach sich noch das Licht der untergehenden Sonne. Ich schaute mich um. Die anderen waren zurückgeblieben, Sonja allein hatte mit mir Schritt halten können. Lächelnd sagte ich:
»›Ob eines tiefen Ufers höchstem Saume
Gebaut aus Trümmern, die im Kreis hier liegen
Gelangten wir zu grauenvollerm Raume‹ –
ist es nicht merkwürdig, daß mir an einem Ort wie diesem stets die Anfangszeilen aus Dantes Elftem Gesang einfallen?«
»Nein.«
»Ganz meiner Meinung. Was sollte einem hier sonst einfallen. Doch was tust du da?«
»Ich dränge mich an dich.«
In der Tat hatte sie ihren schmalen Körper gegen meinen

Rücken gelehnt. Ich spürte das Gewicht ihrer kleinen Brüste, ihre Hände streichelten meine Schenkel.

»Mir war so, als hätte ich eben das Wort ›Magenbitterwerbung‹ gehört. Was hat es damit auf sich?«

Sie preßte sich enger an mich und begann, mir das Hemd aus der Hose zu ziehen.

»Das ist eine lange Geschichte. Einst war es der mächtigen Agentur Young & Rubicam gelungen, einen großen Magenbitter-Etat der Firma Eckes an Land zu ziehen, da sie dem Kunden versprochen hatte, den Magenbitter mit einer ausnehmend prächtigen Großplakataktion zu bewerben. Doch als es darum ging, die Entwürfe ins Reine zu zeichnen, da gab es keinen Zeichner, der vor den Augen des Kunden Gnade gefunden hätte. Schon wollte die Agentur verzweifeln, als sich eine schlaue Art-Directorin des Namens eines Künstlers erinnerte, der wie kein anderer für diese Aufgabe geeignet schien ...«

Nun hatten die Schatten bereits die höchsten Zinnen erreicht. Während ich den Kopf in den Nacken legte, öffnete Sonja meinen Gürtel.

»Und dann?«

»Es war anders. Keiner hatte den Job übernehmen wollen, schließlich kamen sie zu mir. Ich wollte erst auch nicht. Sie versprachen ein Schweinegeld. Es ging darum, Tiere zu zeichnen, und ich kann gut Tiere zeichnen. Sie wollten meinen Strich, logen sie, ich müßte ihnen nur Tiere zeichnen, ich könnte doch so gut Tiere zeichnen. Auf den Plakaten sollten seltsame Sätze stehen, Sätze, in denen immer wieder Tiere vorkamen. Die Tiere aber sollten nicht genannt, sondern lediglich gezeichnet werden, von mir, weil ich doch so gut Tiere zeichnen kann. Ich kann nämlich wirklich gut Tiere zeichnen.«

»Was waren denn das für Sätze?« flüsterte Sonja und öffnete den Reißverschluß meiner Hose.

»Wenn Sie einen (Frosch) im Halse haben – Eckes Magenbitter. Oder: Damit Sie (Hahn) im Korbe bleiben – Eckes Magenbitter. Oder aber: Gegen den (Kater) – Eckes Magenbitter. Ich zeichnete ihnen schöne Tiere, in meinem Strich, den hatten sie ja auch gewollt. Mein Strich war nervös und federnd, ich gab mein Bestes.«

»Und dann?« fragte Sonja, während sie mit ihren Fingern das Gummiband meiner Unterhose weitete.

»Und dann war ihnen mein Strich zu dünn. Er werde in der Vergrößerung zu rissig, wandte der Kunde ein. Die Art-Directorin pauste deshalb alle meine Tiere mit einem dicken Filzstift noch einmal durch. Ganz plump und widerwärtig starrten sie mich von den Plakatwänden an, wenn ich durch Frankfurt ging, ich mußte immer mein Gesicht abwenden.«

»Mußtest du das?« wollte Sonja wissen, doch waren da nicht noch andere Geräusche, die stetig lauter wurden? So ein Trippeln, Schlurfen, Trappeln? Waren nicht die anderen nachgekommen, umstanden sie uns nicht so angespannt, daß sie kaum zu atmen wagten? War das nicht der ungeeignetste Moment, den Sonja wählen konnte, mir die Hosen runterzustreifen? Hätte sie nicht wenigstens schweigen müssen? Doch sie schrie: »Seht ihr, wie ich dem seinen Ziesemann freilege? Aber abzwiebeln werde ich ihm keinen, denn, hört, er betreib Magenbitterwerbung!«

»Magenbitterwerbung? Magenbitterwerbung? Magenbitterwerbung?« erscholl es so zornig zurück, daß ich erschreckt den Kopf herumwarf. Und nun sah ich auch, wer da rief, denn nun umstanden mich ja alle, Piero della Francesca und Phyllis, Karl Marx und Chloë, Pastor Mensching und Tante Elsbeth, Sportwart Daguweit und die falschen Freunde. Oder waren es Max Beckmann und Katrin, Albert Schweitzer und Schwester Karla, Oberstudienrat Mittelstaedt und Rosa Luxemburg, Jungscharführer Boenecke und Freifrau von Loeringhausen, der hl. Franziskus und mein Freund Schweinchen? Die einbrechende Dunkelheit ließ die Gesichter ineinanderfließen; es war mir, als kämen immer mehr dazu, als flüsterten sie immer ungenierter in das dichter werdende Blauschwarz der Felsen.

»Ihr Unseligen!« rief ich. »Warum müßt ihr mich gerade jetzt stören? Wie soll ich auf diese Weise denn je zum Punkt kommen?«

»Das ist uns doch egal, du Magenbitterwerber!« tönte es von nah und fern zurück, denn jetzt erhoben sich hoch über mir Silhouetten gegen den abendlichen Himmel, Beobachter, die sich bisher hinter dem gezackten Rande der Zinnen verborgen hatten und die dem Anschein nach Päpste oder Indianer sein mochten. Einer von ihnen, ein kleiner Indianerhäuptling – Papst? – namens Tecumseh – Innozenz? – spannte gar seinen Bogen, indes der Pfeil auf meine Blöße wies. Und endlich begriff ich:

»Ihr seid die Schuldigen!«

»Wir sind die Richter!«

Plötzlich war das Dunkel voller Stimmen: Der begreift nicht, worum es geht. – Der hat noch nie was begriffen. – Hätte er je was begriffen, würde er sich als allererstes die Hose hochziehen. – Der glaubt immer noch, seine lachhafte Magenbitterwerbung sei Sache. – Dabei wollen wir ihm doch bloß seinen Sack abschneiden. – In diesem Zusammenhang fällt mir ein guter Witz ein: Kommen zwei Filzläuse aus dem Kino. Sagt die eine ... Kenn ich! Gehen wir zu Fuß oder nehmen wir uns einen Sack? – Sehr gut! – Nicht wahr? – Hähä! – Seid doch mal ruhig! Tecumseh kann sich gar nicht richtig konzentrieren! – Aber der heißt doch gar nicht Tecumseh! – Pscht! – Ruhe! – Pssst! – Ssssssst ...

Das war das letzte, was ich hörte. Das letzte, was ich sah, war der blendende Reflex des Mondlichts auf Tecumsehs sich so schrecklich langsam näherndem Pfeil.

LÄNDER – SCHNELL ERKANNT

Immer wieder hört man von Schülern, die die Schule trotz glänzender Leistungen in Rechtschreibung und Kybernetik verlassen müssen, weil sie nicht imstande sind, sich die Lage – und das heißt: das Aussehen – der verschiedenen Länder und Erdteile zu merken. Dabei ist es alles andere als schwierig, die Länder zu identifizieren, wenn man sich nur einige einfache Vergleiche merkt. Beginnen wir mit dem einfachsten:

Italien gleicht, wie jedermann weiß, einem Stiefel

Nach dieser Methode wollen wir nun weiterarbeiten.

Spanien z. B. gleicht einem Neufundländer

Frankreich dagegen gleicht eher einem Taschentuch

die Schweiz jedoch gleicht einem Seehund und ist daher leicht von

Norwegen zu unterscheiden, das mehr einem Flaschenöffner gleicht

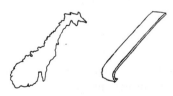

Wenn wir das einmal begriffen haben, können wir es wagen, uns nach derselben Methode auch ganze Erdteile einzuprägen.

So gleicht Afrika einer Nudel

Asien jedoch einer merkwürdig geformten Mohrrübe

und Europa einem Fleck

Diese wenigen Beispiele mögen genügen. Sie zeigen, wie einfach es ist, sich Länder nach der vergleichenden Methode zu merken. Schwierigkeiten mag es bestenfalls bereiten, die Vergleiche selber – also »Stiefel«, »Neufundländer« etc. – zu behalten.

Doch wenn man sich vor Augen hält, daß ja nicht nur Italien einem Stiefel, sondern auch umgekehrt ein Stiefel Italien gleicht, haben wir ein sehr einfaches Mittel in der Hand, uns die Vergleiche zu merken, indem wir uns einfach die Form der Länder einprägen. Und wie einfach das wiederum ist, haben wir ja gerade gelernt.

NACHDEM ER DURCH METZINGEN GEGANGEN WAR

Dich will ich loben: Häßliches,
du hast so was Verläßliches.

Das Schöne schwindet, scheidet, flieht –
fast tut es weh, wenn man es sieht.

Wer Schönes anschaut, spürt die Zeit,
und Zeit meint stets: Bald ist's soweit.

Das Schöne gibt uns Grund zur Trauer.
Das Häßliche erfreut durch Dauer.

ERINNERUNG AN EINE BEGEGNUNG IN DUDERSTADT

»Sie haben die Züge dessen,
der viel gelitten hat«,
sagte mir zögernd die Fremde
im Bahnhof von Duderstadt.

Ich blickte ihr in die Augen,
sie waren so tief und so klug.
Nur ungern gestand ich die Wahrheit:
»Madame, mir gehört hier kein Zug.

Die Züge, die Sie hier sehen,
gehörn einem anderen Mann.
Sein Vorname lautet schlicht ›Bundes‹,
sein Nachname aber heißt ›Bahn‹.«

Wie schaute die Fremde so zweifelnd,
wie nahte der Zug sich so rot,
wie hob der Beamte die Kelle,
stünd' ich noch mal an der Stelle,
ich wünschte, er schlüge mich tot.

PARIS OJAJA

Oja! Auch ich war in Parih
Oja! Ich sah den Luver
Oja! Ich hörte an der Sehn
die Wifdegohle-Rufer

Oja! Ich kenn' die Tüllerien
Oja! Das Schöhdepohme
Oja! Ich ging von Notterdam
a pjeh zum Plahs Wangdohme

Oja! Ich war in Sackerköhr
Oja! Auf dem Mongmatter
Oja! Ich traf am Mongpahnass
den Dichter Schang Poll Satter

Oja! Ich kenne mein Parih.
Mäh wih!

RAST IN HESSEN

Ein Reisender machte in einem kleinen Dorf Station und beschloß, im einzigen Gasthaus zu Mittag zu essen. Als er nach der Speisekarte verlangte, erklärte der Wirt bedauernd, daß er zur Zeit nur gedämpfte Mumeln anbieten könne. In Erwartung einer besonders ausgefallenen Spezialität bestellte der Reisende dieses Gericht, worauf der Wirt einen Teller brachte, auf dem vier kleine, grüne Früchte lagen. Mißtrauisch nahm der Gast eine von ihnen in den Mund und biß vorsichtig drauf. Sein Mißtrauen war berechtigt, die Früchte waren zäh und ohne Geschmack. Empört rief er nach dem Wirt.

»Ich habe eine Frage an Sie«, sagte er. »Wieso sind diese Mumeln so klein?« »Es war ein schlechtes Mumeljahr«, antwortete der Wirt. »Im letzten Jahr waren sie viel größer. Aber heuer kam ein unerwarteter Frost, und schon war die ganze Mumelernte verdorben.« »Sie sind aber nicht nur klein, sondern auch geschmacklos«, sagte der Gast böse. »Das war der Regen«, entgegnete der Wirt. »Wenn es regnet, verlieren die Mumeln ihren Geschmack.«

»Außerdem sind sie zäh wie Leder«, ergänzte der Reisende. »Das kommt vom Dämpfen«, sagte der Wirt. »Die meisten Mumeln vertragen das Dämpfen nicht. Manchmal geht es gut, aber meistens werden sie zäh.« »Aber wieso dämpfen Sie sie dann, wenn Sie das wissen?« »Wenn man sie kocht, schmecken sie noch schlechter«, sagte der Wirt. Verblüfft schwieg der Gast.

»Na hören Sie mal«, begann er von neuem, »meinen Sie, daß ich von diesen vier Mumeln satt werden kann?« »Nie und nimmer«, entgegnete der Wirt. »Kein Mensch wird davon satt, das sieht doch ein Kind.« »Könnte ich dann nicht wenigstens Kartoffeln dazu bekommen?« Der Wirt hob entsetzt die Hände. »Aber man kann doch nicht zu Mumeln Kartoffeln servieren!«

»Aber wie können Sie denn Ihren Gästen ein Gericht vorsetzen, das weder schmeckt noch sättigt?« fragte der Reisende zornig. »Das habe ich mich auch schon gefragt«, sagte der Wirt. »Aber Sie sehen ja selbst, daß es geht.« »Und jetzt wollen Sie wohl noch Geld dafür?« fragte der Gast. »Wenn es Ihnen nichts ausmacht, wäre ich schon froh, wenn Sie zahlen würden«, entgegnete der Wirt. »Irgendwie muß ich ja leben. Ich habe Frau und Kinder.«

Wütend zahlte der Reisende und stand auf. »Sie erwarten hoffentlich nicht, daß ich Ihr Lokal nun auch noch weiterempfehle?«

»Wie käme ich dazu«, sagte der Wirt traurig. »Aber es wäre natürlich schön, wenn Sie es täten. Es kommen nicht viele Leute in mein Lokal.«

Da faßte den Gast ein merkwürdiges Grausen, und er stieg schnell in seinen Wagen. Im Rückspiegel sah er noch, wie ihm der Wirt freundlich nachwinkte.

Vogelsberglandschaft, Öl 1971

GROSS, GRÖSSER, AM GRÖSSTEN
Drei Oden

Groß ist das Reh, ach! Doch traulich
Leert seine Schnauze des Freundlichen Tüte,
Knisternd. Oder das Wildschwein.

Schwärzliches Wildschwein! Sieh, wie es schnaufend umherwühlt!
Grimmig zerstampft es den Sand, seiner Jungen nicht achtend,
Kurzbeinigst. Oder der Damhirsch.

Schönhufiger Damhirsch! Wie länglich hängt ihm
Vom Rücken der Wedel. Aber rundlicher noch ist die Beere
Und eßbarer. O Möllner, ach, Tage im Freigehege!

Größer der Kutter. So stolz verfolgt er die Krabbe,
Des Sturms nicht – o so böse! der Wellen
Nicht achtend. So geht das die Woche.

Doch sonntags! Da ziehen die Männer und Frauen
Ins Marschenhaus. Dort schon zerteilet der Deichgraf kundig
Die Krabbe. Ach der Wremer O! Krabbenessen!

Am größten aber ist Velbert. Vielgeschossiger
Reckte kein Reh sich, kein Kutter ins Blau. Wie furchtbar
Strafte dich dafür, Velbert, Gott! Wie schrecklich!

ADORNO IM BILD

»Wahrscheinlich datiert der Verfall des Hotelwesens zurück bis zur Auflösung der antiken Einheit von Herberge und Bordell, deren Erinnerung sehnsüchtig fortlebt in jedem Blick auf die zur Schau gestellte Kellnerin und die verräterischen Gesten der Zimmermädchen.«

Aus: *Minima Moralia*, S. 150, Stichwort »Kalte Herberge«.

SAMSTAGABENDFIEBER

Wenn mit großen Feuerwerken
Bürger froh das Dunkel feiern,
sich durch Bier und Fleischwurst stärken
und in die Rabatten reihern,

Wenn sie in den Handschuhfächern
kundig nach Kondomen tasten,
und die breiten Autos blechern
strahlend ineinanderhasten,

Wenn in Häusern bunte Schatten
herrlich aufeinander schießen,
sich verprügeln, sich begatten,
bis die letzten Kinos schließen,

Wenn dann in zu lauten Räumen
viele Menschen sich bewegen
und beim Lärmen davon träumen,
stumm einander flachzulegen,

Wenn am Ende Franz und Frieda
glücklich in der Falle liegen –:
Wer gedenkt dann jener, die da
noch eins in die Fresse kriegen?

HERBSTLICHER BAUM
IN DER NEUHAUSSSTRASSE

Wie sehr bemerkenswert ist doch
ein dunkler Baum, durch den ein Wind geht,
wenn dieser Wind schön mild ist und
der große Baum scharf gegens Licht steht,
doch so, daß er am andern Rand
sich ganz und gar vereint dem Glänzen.
So also, links vom Licht begrenzt
und rechts so lichterfüllt, daß Grenzen
im Leuchten einfach weg sind und
ein Seufzer kommt aus meinem Mund.

MAREDO STEAK-HOUSE

Die Stücke toter Tiere auf den Tellern
Die Teller in den Händen junger Menschen
Die jungen Menschen sind schwarz-rot gewandet

Die weißen Wände, roh gespachtelt, werden
Von schwarzgestrichnen Stämmen jäh durchbrochen
Wild spaltet sich das Holz der schwarzen Stämme:

Hier ist man ja mitten unter Gauchos!
Hier weht ja der schärfere Wind der Pampas!
Hier sollte man eigentlich nicht ohne Messer herkommen!

Das Deckenholz ruht schwer auf dunkeln Säulen
Am Boden glänzen pflegeleichte Kacheln
Ein offnes Feuer glost durch rußges Eisen

Im Halblicht prüft der Kunde die Salate
Dann stellt er seinen Teller selbst zusammen
Für sieben fünfzig hat er freie Auswahl:

Ja, ist hier das Paradies ausgebrochen?
Ja, geht es noch ungezwungener?
Ja, fällt man sich hier als nächstes in die Arme?

Das Riesen-Entrecôte ist fast ein Pfund schwer
Der Fettkern macht es saftig und besonders
In Sauerrahm getaucht lockt die Kartoffel

Das Messer schneidet silbern in das Fleischstück
Das rote Blut quillt auf den weißen Teller
Dem Schneidenden wird plötzlich schwarz vor Augen:

Wie schön still es hier auf einmal ist
Wie schön dunkel es hier auf einmal ist
Wie schön es hier auf einmal ist, still und dunkel.

OBSZÖNE ZEICHNUNG
AM VOLKSBILDUNGSHEIM

Pimmel an der Wand –
daß ich dich hier fand!

Malte ihn doch selber mal
prahlend an die Wände,
nahm ihn in natura auch
in die Künstlerhände.

Hielt ihn tags mit Filzstift fest
und ihm nachts die Treue,
taglang stand er an der Wand,
nachts stand er aufs neue.

Daß das nun schon lange her,
ist kein Grund zum Trauern.
Seht: Noch immer malen ihn
Hände an die Mauern.

Ist es auch nicht meiner mehr,
den die Maler feiern,
ist es doch noch immer er,
der von prallen Eiern

mächtig in die Höhe wächst,
um aus seinen Ritzen
den geschwungnen Lebenssaft
in die Welt zu spritzen:

Pimmel an der Wand meint nicht
meinen oder deinen.
War nie unser, wird's nie sein,
denn wir sind die seinen.

DER GÖTTINGER

In einem Roman müßte es sich gut ausnehmen, den Helden Begriffe z. B. von der Erde in einer kleinen Charte vorzustellen. Die Welt würde rund vorgestellt, in der Mitte liegt das Dorf wo er lebt sehr groß, mit allen Mühlen pp vorgestellt, und dann umher die andern Städte, Paris London sehr klein, überhaupt wird alles sehr viel kleiner, wie es weiter wegkömmt.

Text: Georg Christoph Lichtenberg

BELLA TOSCANA

Zypressen fallen keineswegs
mir den Touristen auf den Keks —

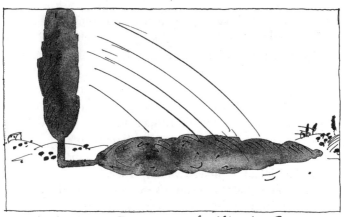

fehlt ein Tourist fällt die Zypresse
auch schon mal auf die eig'ne Fresse.

TOSKANA-ARBEIT
Eine Richtigstellung

Seit zwanzig Jahren besitze und nutze ich zusammen mit Freunden ein Haus in der Toskana, achtzehn Jahre lang hatte ich nie das Gefühl, mich dafür entschuldigen, gar schämen zu müssen. Wohl möglich, daß manchmal Neid in dem »Ach, in die Toskana!« mitschwang, das einigermaßen zuverlässig immer dann folgte, wenn ich mit gebotener Beiläufigkeit erklärt hatte, ich werde meinen Arbeitsplatz mal wieder in die Toskana verlegen, doch war diesem Neid nicht jene Häme beigemischt, die ich heutzutage immer häufiger herauszuhören glaube: »Oho! In die (räusper räusper) Toskana ... Um zu (zwinker zwinker) arbeiten ...«

»Ja, arbeiten. Als Freiberufler kann ich überall da arbeiten, wo ein Tisch steht. Auch in der Toskana.«

»Seit wann nennt man das (räusper räusper) arbeiten, was du da in der (zwinker zwinker) Toskana tust?«

»Was soll ich denn da sonst tun?«

»Na, was wohl?«

Alles fließt, auch Begriffe gehen den Bach runter. Doch das, was dem gutgläubigen Zeitgenossen als naturwüchsiger Vorgang erscheint, ist Menschen- und Medienwerk. Das Begriffebesetzen gehört seit jeher zu den unblutigsten und erfolgreichsten Manövern im Kampf um Hirne und Herzen, sprich Anhang und Macht. Daß der Begriff Toskana in Verruf gekommen ist, hat Gründe, die mit diesem ebenso alten wie lichten Kulturraum wenig zu tun haben und viel mit jüngster deutscher Geschichte und daraus resultierenden finsteren Interessen. Die gilt es zunächst aufzuspüren, um sodann eine Ehrenrettung zu versuchen. Ein international so renommierter Begriff wie »Toskana« hat es ganz einfach nicht verdient, deutschen Querelen geopfert zu werden; und wenn einer aufgerufen ist, dem zu wehren, dann der Toskana-Deutsche. Aber der Reihe nach:

Alles begann mit der Wiedervereinigung. Am 3. Oktober 1990 wird sie vollzogen, im Dezember sollen erstmals gesamtdeutsche Wahlen stattfinden. Kandidat der SPD ist Oskar Lafontaine, der kein Hehl daraus macht, daß ihm das alles nicht so genehm ist. Was aber dann?

Am 16.11.1990 erscheint in ›Bild‹ ein Beitrag mit der Überschrift: »Saufen, fressen, vö ... Glauben Sie, daß Oskar Lafontaine das zu Frau Dürrenmatt gesagt hat?« Als Quelle werden die Zeitschrift ›Marie Claire‹ und deren Beiträgerin Charlotte Kerr genannt, ihr gegenüber habe Lafontaine in einem wörtlich wiedergegebenen Interview besagte Tätigkeiten als besten Schutz gegen Machtmißbrauch bezeichnet. ›Bild‹ druckt Lafontaines Dementi, »Ich bin doch kein Vollidiot, der gegenüber einer 63jährigen Dame solche Worte benutzt«, undementiert jedoch bleiben folgende ›Bild‹-Behauptungen: »Trinkfest ist er geblieben ... in der Kneipe ›La Guitarra‹ seines Freundes Enrique Olivares« (Saufen), »Im ›Legere‹ warb er den Chefkoch Heinz-Peter Koop ab. Der kocht jetzt in der Bonner Saarland-Vertretung« (Fressen), »Warum ist Oskars 2. Ehe gescheitert? Sein lockerer Lebenswandel? Er hat immer den Ruf eines Mannes gehabt, der nichts anbrennen läßt« (Räuspern).

Am 2. Dezember schließlich verliert Lafontaine die Wahlen und weigert sich, den von Vogel zur Verfügung gestellten SPD-Vorsitz sowie die Rolle des in Bonn antretenden Oppositionsführers zu übernehmen. Was in aller Welt haben spanischer Wein, französische Küche, deutsche Frauen und verlorene Wahlen mit der Toskana zu tun?

Am 1.1.1991 schlägt Johannes Gross in der Zeitschrift ›impulse‹ den Bogen. »Junge Taugenichtse« nennt er jene SPD-Politiker, die »nach der verlorenen Wahl vom 2. Dezember pflicht- und verantwortungslos den Gang nach Bonn ablehnen«, weil der »richtige Arbeit« verheißt. Von »parasitären Erscheinungen« spricht er, »für die sich der Name Lafontaine einbürgern kann«, gemeint sind die »mittelalten, flippig auftretenden Herrschaften, des Italienischen nicht kundig, aber mit Häuslein in der Toskana ausgestattet« – wie kommt dieses toskanische Häuslein auf einmal ins Spiel? Besitzt Oberparasit Oskar etwa eins?

Nicht er, aber – gleiche Brüder, gleiche Kappen – sein Parteifreund Otto Schily. Und dessen südlich von Siena gelegenes Haus, laut ›Capital‹ »eine Ferien-Immobilie«, laut ›Bild‹ ein »Anwesen«, scheint jenes Sandkorn gewesen zu sein, das die Medienauster dazu gereizt hat, eine der schillerndsten Perlen heranzubilden, welche sie in letzter Zeit den Leserinnen und Lesern aufgetischt hat: die Toskana-Fraktion.

Angeblich sprach sich »der Begriff Toskana-Fraktion als sozialdemokratisches Savoir vivre erstmals im Sommer des Wahljahres 1990 herum« – wenn diese ›Capital‹-Behauptung aus dem Jahre 1992 stimmt, habe ich damals nicht richtig zugehört. Wenig später freilich fiel es zunehmend schwer wegzuhören: Im Juli 1991 berichtet die ›Frankfurter Rundschau‹, Dagmar Wiebusch, die stellvertretende SPD-Sprecherin, sei »das Gerede über die Toskana-Fraktion in der Partei leid. Ob der Rücktritt von Volker Hauff in Frankfurt, die Absage Lafontaines, das Zögern Björn Engholms, den Vorsitz zu übernehmen: Offenkundig soll mit diesem Begriff Unzuverlässigkeit und Wankelmütigkeit assoziiert werden.« Im November gleichen Jahres fallen ›Bild‹ ganz andere Qualitäten zur umwitterten Fraktion ein: »Die Toskana-Fraktion. Neuer Geheimbund der SPD?« fragt sie scheinheilig, bietet jedoch bereits in der gleichen Überschrift des Rätsels Lösung an: »Gut essen, gut trinken, gut« – nein, nicht räuspern –: »ruhen.« Bedürfnisse, die vor den Wahlen nur Lafontaine nachgesagt worden waren, werden nun so gut wie allen jüngeren SPD-Politikern unterstellt: »Engholm, Klose, Lafontaine – für sie ist Politik nicht alles.« Dafür ist für ›Bild‹ alles Toskana: »Nicht jeder, der zur Toskana-Fraktion gehört, muß regelmäßig in der Toskana Urlaub machen«, räumt das Blatt ein, »Toskana-Fraktion ist ein Lebensstil«, erläutert es und folgert messerscharf: »Gerhard Schröder lebt toskanisch auf Nordseeinseln.«

Babylon! Und weit und breit kein Blatt, das die Begriffe zurechtrückte. Im Gegenteil: Hatte 1991 wenigstens noch darin Klarheit geherrscht, daß »Toskana« süßes Leben und »Fraktion« Politiker bedeutete, so weichen 1992 auch noch diese vagen Umrisse auf. Zwar tatzelt im ›Spiegel‹ der SPD-Politiker und Oberbürgermeister Georg Kronawitter unverdrossen »Die flotten Enkel und die Toskana« – »Was soll der irritierte SPD-Wähler davon halten, daß von einer Toskana-Fraktion die Rede ist?« –, doch der ›FAZ‹-Feuilletonist Gustav Seibt sieht das alles längst nicht mehr so eng. Im Juni rezensiert er den Erzählband »Kolonien der Liebe«: »Elke Heidenreich berichtet aus dem Gefühlsleben der Toskana-Fraktion«. Die hat sich mächtig erweitert und schwer verdüstert: »Die ›Kolonien der Liebe‹ sind bevölkert von Reporterinnen, Scriptgirls, Regisseuren und Autoren. Es ist ein Kosmos chaotisch umeinander rotierender, einander anziehender und wieder abstoßender Singles. Man trinkt Weißwein und Prosecco ... Kurz, wir befinden uns mitten in der Toskana-Fraktion.«

In der ›Zeit‹ vom 12. 6. schließlich, im chronologisch letzten meiner keineswegs vollständigen Ausschnitte zum Thema, berichtet Gunter Hofmann über jenen Mann, der schon toskanisch lebte, als noch von keiner Fraktion die Rede war und der in der Zwischenzeit zusätzlich zum »Absahner« gestempelt worden war: »Besonders aggressiv wird Lafontaine jetzt von den Schlagzeilen eingeholt, weil ihm ohnehin das Etikett anhaftet, der führende Repräsentant der ›Toskana-Fraktion‹ zu sein. Gemeint ist damit das Luststreben der Politikergeneration um die Fünfzig, für die Vernaccia, Weib und Müßiggang stehen.« Nicht: Die auf Vernaccia etc. stehen? Wie immer: Wieder einmal ist die Toskana geistiger Schauplatz sinnlicher Ausschweifung, und es nützt dem derart besetzten Landstrich wenig, wenn Hofmann beifällig den »CDU-Intellektuellen Alexander Gauland« zitiert, »der sich in der ›FAZ‹ mit dem politischen Mythos dieser Fraktion befaßt hat«. Denn Gauland hatte noch weit mehr getan: Er hatte an Politiker erinnert, die gut Räuspern mit erfolgreicher Politik zu verbinden gewußt hatten – »Metternich regierte halb Europa vom Bett aus« –, er hatte das heillose Ende der deutschen Nationalgeschichte beschworen – »Nationale Mythen sind im Feuersturm des Zweiten Weltkriegs verbrannt« –, und er hatte die Entscheidung der Westdeutschen für Europa gelobt: »Der Toskanamythos könnte auf diese Weise Ausgangspunkt eines neuen europäischen Denkens werden … In diesem neuen Sinne gehören wir alle zur Toskanafraktion« – die Toskana eine Provinz der deutschen Politseele? Oder: Westdeutschland einig Räusperland?

Weit haben wir uns von den deutschen Häusleinbesitzern in der Toskana entfernt, lange war nicht mehr von mir die Rede. Aber es gibt uns noch; ja – einige von uns sitzen sogar zufällig zusammen. In der, jawohl, Toskana, schließlich ist Sommerzeit. Toskanischer Sommer anno 92, um genau zu sein: Die ständigen Regenfälle haben uns unter die Arkaden getrieben, die andauernden Gewitter haben dazu geführt, daß in der gesamten Region der Strom abgestellt worden ist, die nicht enden wollende Kühle hat alle Anwesenden dazu veranlaßt, meiner Einladung zum Samstagnachmittagkaffee in Wintersachen und Gummistiefeln nachzukommen. Doch nicht das Wetter läßt die Fröstelnden düster blicken, es ist der Text, den sie soeben gehört haben. »Westdeutschland einig Räusperland« – ich habe diesen Satz kaum beendet, als ein furchtbarer Donnerschlag entsetzte Katzen unter die Klappstühle jagt. Versteinert aber schweigen die Menschen, nicht einmal ein Räuspern wird laut. Aus naheliegenden Gründen?

Im fahlen Licht des toskanischen Nachmittags mustere ich die Frauen und Männer an der langen Kaffeetafel. Kein Scriptgirl unter ihnen, kein Regisseur, schon gar kein Politiker. Statt dessen: die Lehrerin, der Fotograf, die Hausfrau, der Jurist, die Lektorin, der Werber, die Psychologin, der Professor. Alles Toskanadeutsche, alles Paare, einige von ihnen kenne ich seit mehr als zwanzig Jahren. Die wenigsten können ständig vor Ort sein, dennoch würde es die meisten befremden, ihr schonend renoviertes Bauernhaus als »Feriendomizil« bezeichnet zu sehen. Seit wann fällt die mühselige Bewahrung kulturellen Erbes unter die Ferienvergnügungen?

»Als unsystematische Zeitungsleserin war mir entgangen, wie schlimm es um den Ruf der Toskana in Deutschland steht«, sagt die Lektorin nachdenklich. »Betroffen und als Betroffene frage ich dich: Was gedenkst du dagegen zu tun?«

Ich zucke die Achseln und blicke fragend in die Runde.

»Frage nicht, was die Toskana für dich tun kann, frage, was du für die Toskana tun kannst«, wirft der Jurist mit fester Stimme ein.

»Und?« will der Professor wissen, »Läßt sich juristisch etwas gegen diese Hetzkampagne machen?«

Bedauerndes Kopfschütteln. Die ›Toskana‹ stelle weder einen geschützten Begriff dar, noch ein zu schützendes Rechtsgut. Eine Formulierung wie »Gerhard Schröder lebt toskanisch auf Nordseeinseln« sei ebensowenig ahndbar wie die gegenteilige Behauptung, wir lebten nordseeinselhaft in der Toskana. Ganz abgesehen davon, daß dies zur Zeit ja durchaus zuträfe.

Aber all diese Unterstellungen seien doch zutiefst beleidigend und rufschädigend, ereifert sich die Lehrerin. Diese ständigen Anspielungen darauf, daß in der Toskana vor allem das eine stattfinde. Formulierungen wie »mit einem Häuslein in der Toskana ausgestattet« – wer statte denn da wen aus? Und wofür? Sei es einem ihrer Schüler zu verdenken, wenn er zum Schluß komme, die Frau Lehrerin verdanke ihr toskanisches Häuslein lediglich dem –

»Ich als Psychologin«, unterbricht die Psychologin.

»Ja?«

Sie als Psychologin müsse davor warnen, durchsichtigen Unterstellungen vom Schlage »Toskana-Fraktion« dadurch begegnen zu wollen, daß man sie Punkt für Punkt wiederhole, um sie sodann zu widerlegen. Wer darauf insistiere, er trinke nicht, werde unweigerlich – und zu Recht! – mit dem Trinken in Verbindung gebracht.

»Ein berühmter Werber«, beginnt der Werber.

»Ja?«

Der habe den gleichen Sachverhalt positiv ausgedrückt: Tue Gutes und rede darüber. Bisher habe ihr Gastgeber lediglich erschreckende Lesefrüchte einer beispiellosen Negativ-Image-Kampagne aneinandergereiht – eine zweifellos verdienstvolle Arbeit: »Verdienstvoller aber wäre eine Darstellung dessen, was wir Deutschen in den letzten Jahrzehnten in der Toskana geleistet haben. Und das haben wir doch – oder?«

Gesenkte Köpfe. Toskanadeutsch sein heißt, eine Sache um der Toskana willen tun – dementsprechend schwer fällt es meinen Gästen, sich ihrer fraglos guten Taten und ihrer klaglos erduldeten Leiden zu erinnern.

»Einer müßte mal von der Zeit der Anfänge hier berichten«, schlägt der Fotograf vor, und jeder der Anwesenden weiß, daß er die ruhmreichen, fast mythischen Jahre der ersten Besiedlung der Toskana durch Deutsche meint, die Zeit von 1964 bis 1974. Alle, allen voran die später Dazugestoßenen, kennen die Pionierabenteuergeschichten der Frühsiedler vom ersten Sommer im noch baufälligen Haus: »Überall hat es durchgeregnet!«

»Ihr Glücklichen – wir hatten noch nicht einmal ein Dach!«

Und keine Straße, kein Licht, kein Wasser, dafür einen italienischen Polier, der allen Ernstes vorschlug, die Ruine doch ganz abzureißen und ein richtiges, schönes Haus an die Stelle zu setzen: »Mit schmiedeeisernem Balkon und rundum gelb verputzt!«

Allgemeines Entsetzen, doch ist dieses Horrorszenario ja dank deutscher Sensibilität für gewachsene Strukturen und für die Schönheit alter Bruchsteinmauern glücklich verhindert worden. Und nicht nur das. Der Sensibilisierungsfunke sprang über, und heute leitet der Polier ein Bauunternehmen, das sich auf die Restauration von alten Bauernhäusern spezialisiert und seine Methoden auf damals nicht vorstellbare Weise verfeinert hat: »Stellt euch vor – die mischen jetzt dem Mörtel, mit dem sie die Mauern verfugen, geriebenen Tuffstein bei, um statt des häßlichen blaugrauen Zementtons das helle Ockerbraun der ursprünglichen Verfugung zu erreichen!« Beifälliges Nicken, nur der Professor zieht unwillkürlich den Kopf ein, da er, der damals noch Unerfahrene und Schlechtberatene, es zugelassen hatte, daß die Fassade seines Bauernhauses durch Zementverkleisterung für immer verschandelt wurde.

Helden der ersten Stunde: Verlassene Häuser und verwilderte Ölhaine hatten sie vorgefunden, heute aber darf sich die Toskana wieder, wie einst im 19. Jahrhundert, der Garten Europas nennen – doch um welchen Preis!

Viele der Anwesenden nennen einige Ölbäume ihr eigen, alle wissen, was das bedeutet: Lärm und Kosten. Die Olive ist ein heikler Baum, mal will er beschnitten, mal gedüngt und mal abgeerntet werden. Eine Arbeit für Fachleute, für olivenerfahrene Pensionäre wie Ugo oder Danilo, Bruno oder Enzo. Männer, die schwer zu finden und sich ihres Wertes bewußt sind: Zu jeder Tageszeit, im Sommer noch vor Sonnenaufgang, umkurven sie mit schwerstem Gerät die Häuser ihrer padroni – doch wer ist da noch Herr, wer Knecht?

»1985, als beim großen Frost neunzig Prozent unserer Bäume erfroren sind, hätten wir sie und den Rest eigentlich ein für alle Mal abhacken können: Aus die Maus. Statt dessen haben wir die

Wurzeltriebe erneut hochziehen und neue Bäumchen pflanzen lassen – der Hügel sollte schließlich das bleiben, was er immer gewesen ist, ein Ölberg. Der Erfolg: Dieses Jahr sind wieder dreihundert Kilo Öl zu erwarten, und weit und breit kein Abnehmer!« Die Lektorin blickt hilfesuchend in die Runde. »Braucht jemand von euch zufällig ...«

Beredtes Schweigen. Die meisten teilen ihr Problem, und wer so schlau war, sich oberhalb der Olivengrenze anzusiedeln, in den Höhenlagen des Pratomagno, der kann von anderen, noch unerhörteren Leiden berichten: »Als ich da raufzog, hatte die Landflucht katastrophale Ausmaße angenommen. Immer mehr Felder verödeten. Da kam der Prete auf die Idee, man könne doch Lilien anpflanzen, deren Knollen für pharmazeutische Zwecke genutzt werden. Die wenigen verbliebenen Bauern folgten diesem Rat, und ich freute mich trotz des unüberhörbaren Ackerns und Rackerns der Geschäftigkeit und der Lilienfelder. Doch die Knollen müssen nach der Ernte geschält werden, und da hatten die Bauern eine Idee. Statt dies wie einst von Hand zu tun, überlassen sie die Arbeit heute Betonmischmaschinen: Kiesel rein, Knollen rein, den Rest besorgt die Drehbewegung. Wer jemals –« aber der Fotograf muß diesen Satz nicht zu Ende führen. Alle kennen sie das Geräusch der Betonmischmaschine, überall in der Gegend wird schließlich dauernd irgendwas gebaut: »Siebzehnhundert Capannen haben die Italiener in den letzten Jahren in unserer Gemeinde auf den Acker gestellt«, seufzt der Werber, »dabei sind diese Gebäude genehmigungspflichtig. Ich habe den Bürgermeister daraufhin angesprochen, doch der fürchtet den Volkszorn: Käme er mit dem Gesetz, drohe eine Revolution. So ängstlich redet ein Ex-68er, jemand, der als Revolutionär bei Lotta Continua begonnen hat und nun über die PCI bei der PDS geendet ist – armes Italien!«

Gemischte Gefühle rundum. Einerseits wollen alle, daß das Land weiterhin bestellt wird, andererseits sucht jeder seine Ruhe. Einerseits haben sie alle davon profitiert, daß Aus- und Anbauten immer ein wenig all'italiana abgewickelt worden sind, andererseits ist so ein grellgestrichener Eternitschuppen nicht gerade eine Bereicherung jener Landschaft, die einst den Pinsel eines Fra Angelico begeistert und das Auge eines Piero della Francesca inspiriert hat. Von schlimmeren Zumutungen zu schweigen: »Übrigens, diese, äh, diese Putenfarm hat ihren Betrieb eingestellt«, wirft die Psychologin ein, und alle staunen darüber, wie leicht ihr das Wort über die Lippen geht. Stellte doch diese Putenfarm eine der härtesten Prüfungen dar, die für den Toskanadeutschen denkbar sind: Als Siedler der ersten Stunde hatten die Psychologin und der Professor die große Auswahl gehabt – sollte es das noch bewirtschaftete, auf dem Chiantikamm thronende Bauernhaus sein oder das etwas tiefer gelegene, bereits verlassene? Der Bauern und der gewachsenen Strukturen wegen hatte das Paar ihrem Höhentraum entsagt und schweren Herzens das Gehöft am Hang erworben, nur um miterleben zu müssen, wie eine Putenfarmkette das obere Anwesen kaufte, die Bauern zu Puten-KZ-Wächtern umschulte und den beiden Hochherzigen drei vielhundertmeterlange Putengefängnisse aus purem Zement vor die Augen und in die Aussicht stellte, eine derart traumatische Erfahrung, daß es ihnen die Sprache verschlug: Statt ihren Gästen die folgende Wegbeschreibung zu geben »Die Chiantigiana entlang, bis ihr die Putenfarm seht, dann abbiegen und immer auf die Putenfarm zu«, empfahlen die Gastgeber, die Abfahrt hinter dem Muttergottesbild zur Rechten zu nehmen, fügten manchmal noch hinzu, die sei »so ein Pseudo-della Robbia«, vergaßen aber meist darauf hinzuweisen, wie schwer das unscheinbare Mal vom fahrenden Wagen aus wahrzunehmen war, und wunderten sich stets über die viel zu spät eintreffenden Gastfreunde: »Aber die Madonnina ist doch nicht zu übersehen!«

Nun aber spricht die Psychologin das tabuisierte Wort gleich mehrfach aus: Ob die Anwesenden den Bankrott der Putenfarm nicht dazu nutzen sollten, sich zusammenzutun, die leerstehenden Hallen der Putenfarm aufzukaufen und den ganzen Schandfleck Putenfarm abzureißen?

Bedenkliches Kopfwiegen all derer, die das Ding gottlob nicht direkt vor der Nase haben. Ob eine solche Aktion Sühnezeichen nicht der in Angriff nehmen müßte, der sich an der Toskana versündigt hätte, der Italiener also? Und mahnend fügt der Werber hinzu, allzuviel deutsche Fürsorge könne gerade hier in Italien mißverstanden, ja mißbraucht werden: »Als ich seinerzeit in die Commune gegangen bin, um diese Zypresse zu retten ...«

Sympathetisches Aufseufzen, da alle um das Resultat dieses Gangs ins Rathaus wissen: Da war das selbstlose Angebot einer kostspieligen Baumkur als unnötig zurückgewiesen, der Helfer aber im Gegenzug gefragt worden, ob er eigentlich Gebühren für die Müllabfuhr zahle – was er seither denn auch tat, und das nicht zu knapp, während der Baum sang- und hilflos einging.

Solidarisches Brüten. Ob ein Schluck recht sei, frage ich.

»Ein bißchen früh für Wein«, wendet die Hausfrau ein.

»Ich hatte eigentlich an Grog gedacht.«

»Ach so!« »Ja klar!« »Immerzu!«

Als ich mit dem Getränketablett aus dem Haus trete, bekomme ich gerade noch mit, wie der Fotograf eindringlich vor Behördenkontakten warnt: »Hätte ich um Erlaubnis gefragt, gäbe es doch meine Loggia nicht!« Seine Loggia: Pfeiler und Rückwand Bruchstein für Bruchstein wie vor dreihundert Jahren gemauert, das Dach unter ausschließlicher Verwendung von Edelkastanienhölzern und alten Ziegeln erstellt – ein Juwel!

»Und wenn eine Anzeige erfolgt?«

»Dann mobilisiere ich über meine Freunde bei den deutschen Zeitschriften die deutsche Öffentlichkeit«, erwidert der Erbauer blitzenden Auges. »Wenn die Italiener das einzige Bauwerk in der Gegend abreißen wollen, das wie vor dreihundert Jahren hochgezogen worden ist, dann schlage ich Krach!«

Mein Stichwort! Zugleich mit dem Grog bringe ich erneut das Thema auf den Tisch: »Und was machen wir in Sachen Toskana-Fraktion? Ebenfalls Krach schlagen?«

»Sachlich bleiben!« ertönt es beschwörend. Da seien doch bereits sehr signifikante Details zur Sprache gekommen, Rohmaterial, das, leicht überarbeitet, jedem Denkfähigen und Fühlenden die völlige Haltlosigkeit der Gleichsetzung von Toskana und Hedonismus vor Augen führen müsse: Toskana gleich Arbeit!

»Toskana-Arbeit also«, sage ich kopfschüttelnd, frage dann aber scheinheilig: »Beweise?«

Die seien doch bereits zuhauf geliefert worden, wird mir entgegengehalten, allerdings sei bisher ein entscheidender Aspekt vernachlässigt worden: Deutsche Toskana-Arbeit in Sachen cucina toscana! Dazu nun weiß jede und jeder etwas zu sagen: »Schreib auch von unserem ständigen Kampf gegen die Überfremdung der genuin toskanischen Küche, ob in Restaurants, ob in Privathaushalten!« ruft mir die Lektorin zu. »Von unserem Verzicht auf landschaftsfremde ligurische Spaghetti al Pesto und vorfabriziertes Tiramisú!«

»Und das, obwohl die zu rettende Küche an Schlichtheit und Versalzenheit eigentlich kaum zu übertreffen ist«, hält der Werber dagegen.

»Right or wrong – my Toskana!« trumpft der Fotograf auf.

»Wenn nur diese Toskaner nicht wären«, seufzt die Hausfrau. »Neulich hat mir Mama Renata doch tatsächlich Weißwein aus dem Plastiktetraeder angeboten!«

Kollektives Angewidertsein, doch weiß der Werber die Betroffenheit noch zu steigern: »Immerhin – es war Wein. Was mir wirklich Sorgen bereitet, ist die zunehmende Zahl der Bierfeste in unserer Gemeinde – nach Vacchereggia plakatiert nun auch Panzano ein alljährlich stattfindendes Festa della Birra, beide natürlich dem unerreichbaren Vorbild nördlich der Alpen verpflichtet, dem Ziel unzähliger toskanischer Gruppenreisen in Bus und Bahn, dem« – kurze Kunstpause, ahnungsvolles Aufseufzen –: »Münchener Oktoberfest.«

Schauder! In Siena steht ein Hofbräuhaus, uno, due, b'vuto! Doch dann erinnert der Professor daran, daß gottlob immer mehr Deutsche Weinberge im Chianti und Umgebung erwerben oder anlegen, um dort unter größten Opfern ihren eigenen, untadelig genuinen Wein zu ziehen: Die Toskana muß leben, auch wenn wir zuschießen müssen. Und der Dank?

»Wißt ihr, was mir neulich eine alte Frau im Coop von Castelnuovo gesagt hat?« fragt die Psychologin. »›Ihr Deutschen habt die Toskana zweimal besetzt, 44 und 64. Der einzige Unterschied: 44 seid ihr schneller wieder abgezogen ...‹«

Verdichtete Stille, fast so, als wolle die Runde Schweigearbeit leisten. Erinnerungsarbeit gar? Oder geradewegs Trauerarbeit?

Der Fotograf räuspert sich: »Muß mal nach meinem Häuslein schaun. Fürchte, es hat wieder durchgeregnet – hab's damals nicht übers Herz gebracht, die alten, so herrlich bemoosten Dachpfannen gegen moderne Industrieware einzutauschen – Trockengarantie hin, Trockengarantie her ...« Und stapft in die Nässe und verschwindet in tiefhängenden Wolken. Die anderen folgen ihm nach, manche Abschiedsumarmung aber fällt herzlicher und eindringlicher aus als sonst: »Zeigs ihnen!« »Du packst das schon!« »Schreib einfach, was Sache ist!«

Als vorletzte verabschieden sich die Lektorin und der Werber. »Morgen soll es ja aufklaren«, sage ich mit gespielter Munterkeit.

»Bloß nicht«, wehren sie ab, »bei gutem Wetter ist unser Sonntag im Eimer. Du weißt doch, seitdem sie uns diese Hängegleiterpiste hinter unser Haus gesetzt haben ...« Ja, ich weiß. Eine weitere und sicherlich nicht die letzte Prüfung, die der Italiener uns Toskanadeutschen auferlegt: Im gleichen Landstrich, in welchem einst ein Leonardo da Vinci in göttlicher Stille die ersten Flugobjekte entworfen hat, kurven seine Ururenkel den lieben langen Sonntag, vorausgesetzt, er ist windstill und sonnig, mit ungedämmten Rasenmähermotoren durch die Lüfte, wobei sie ihre Kreise bevorzugt über den Terrassen der stranieri drehen, um erschreckten Sonnenbaderinnen im Tiefflug zuzuwinken – »Wird schon schlecht bleiben, das Wetter!« korrigiere ich mich hastig.

Dann sind da nur noch die Psychologin und der Professor.

»Man müßte dem desinformierenden Assoziationsspektrum

des Begriffs Toskana-Fraktion mit einem ebenso suggestiven, ebenfalls der Toskana, zugleich jedoch der Wahrheit verpflichteten Gegenbegriff den Wind aus den Segeln nehmen«, sinniert sie nachdenklich. »Doch wie könnte der lauten? Wie nur, wie?«

Der Professor hat derweil in den Zeitungsausschnitten geblättert, aus welchen ich anfangs zitiert hatte, da fällt ihm ein bisher unberücksichtigter Ausschnitt der ›Bild‹-Zeitung in die Hände: »Oskar und Christa – Fröhlicher Lenz in Florenz« zitiert er schmunzelnd, um sogleich sehr ernst zu werden: »Dem Oskar Lafontaine und seiner Christa Müller seien Florenzer Ferienfreuden von Herzen gegönnt – mit verantwortungsvoller toskanadeutscher Politik hat dieses dolce far niente natürlich nichts zu tun. Auf welchem Niveau die einst angesiedelt war, das hat ein unverdächtiger Zeuge, der Franzose George Duby, in seinem Werk ›Die Zeit der Kathedralen‹ beschrieben: ›Und als der König von Deutschland, Heinrich IV., die Toskana durchquerte, stürzten die Bauern trotz seiner Exkommunikation herbei, um seine Kleider zu berühren, damit die Ernte bessere Früchte trüge …‹«

Der Professor erhebt sich. »Toskana-Fraktion anno 1092. Vielleicht kannst du das Zitat unterbringen, der historischen Dimension wegen: Da kommen wir her. Und hat es nicht hin und wieder den Anschein, als ob wir hier mit unseren bescheidenen Mitteln dazu beitrügen, daß deutsch-toskanische Beziehungen dermaleinst wieder ähnlich fruchtbar sich gestalten könnten?« Er legt mir die Hand auf die Schulter. »Versuche, auch diesen Gedanken anklingen zu lassen. Wer im wiedervereinigten Reich weiß denn schon, was –«

Ein lang hinrollender Donner verschluckt seine letzten Worte, doch ich ahne, was er hatte sagen wollen. Und ich weiß, was ich zu tun habe. Noch während ich den Gästen nachwinke, lege ich Papiere bereit, greife ich zum Stift: An die Arbeit!

NEULICH BEI MONTERCHI

Piero della Francesca begegnet einem Pferd.

Das Pferd geht an Piero della Francesca vorbei.

Piero della Francesca und das
Pferd schauen sich nochmal um.

Das Pferd und Piero della Francesca gehen ihrer Wege.

ER ERZÄHLT DIE GESCHICHTE
EINER GESCHICHTE

Nachdem die Freunde der reichgedeckten Tafel tüchtig zugesprochen hatten, schlug Florestan vor, man möge sich doch nun an den Kamin begeben, er habe beizeiten ein Feuerchen entfachen lassen, das sicherlich bereits in eine angenehm wärmende Glut übergegangen sei, auch solle es dort nicht an Zigaretten, Biskuits und diversen Alkoholica fehlen, da er Anweisung gegeben habe, eine, wie er augenzwinkernd sagte, sicherlich ausreichende Menge dieser zu recht nach dem Essen so geschätzten Magentröster bereitzustellen; die Damen aber bitte er, sich in die Küche zu verfügen, wo bereits alles für einen zünftigen Abwasch vorbereitet sei.

Die Freunde erhoben scherzhaft gemeinte Einwände, eigentlich sei es doch an ihnen abzuwaschen, warf Anselmus ein, die Vertreter des – und hier machte er eine zierliche Verbeugung – blöderen Geschlechts hätten doch bereits gekocht, auch Sir Pit wollte da nicht nachstehen und erklärte mit drolligem Augenrollen, er würde ohngeachtet der Pläne seiner Freunde sofort in die Küche eilen, sei er doch ein ausgemachter Freund jeglichen Abwasches, nur hindere ihn seine Kriegsverletzung – und bei diesen Worten wies er auf eine Schramme, die er sich nach menschlichem Ermessen bei der Morgenrasur beigebracht haben mußte –, hindere ihn also diese höchst tückische und, wie wohl auch die Freunde gern zugeben würden, äußerst schwächende Wunde – die Zustimmung der Freunde zu beschreiben, erspare man mir –, mache es ihm kurz gesagt dieses teuflische Kriegs- und Mißgeschick ganz und gar unmöglich, schwerere Lasten zu heben, wie sie ein Handtuch oder gar ein Teller zweifelsfrei darstellten.

Solch Getändel hätte für unsere Freunde fatal enden können, doch glücklicherweise hatten sich die Damen bereits so sehr mit dem Gedanken vertraut gemacht, den Abwasch zu besorgen, daß sie die Herren geradezu drängten, sich doch an den Kamin zu setzen, sie würden zu gegebener Zeit nachkommen, eine Mitteilung, die mit spürbarer Erleichterung und einigen die wirklich astreine Sozialisation der Damen rühmenden Worten aufgenommen wurde.

Keine zwei Minuten später konnte man die drei denn auch rund um den Kamin gruppiert sehen: zur Linken Anselmus, der gedankenvoll das Etikett einer bauchigen, strohumwundenen Flasche studierte; in der Mitte Florestan, der soeben den Feuerhaken niederlegte, um nach einem am Boden abgestellten, randvollen Glas zu greifen; und zur Rechten den unverwüstlichen Sir Pit, der gedankenvoll erklärte, er für seinen Teil würde jetzt liebend gerne einen durchziehen, es sei schon – und hier sank seine Stimme zu einem verzweifelten Brummen herab – rundum beschissen, daß er vergessen habe, das Gras einzupacken.

Für eine Weile herrschte Stille, die nur hier und da von einem explosionsartigen Knall gestört wurde, welcher anzeigte, daß wieder ein Holzscheit dabei war, endgültig das Zeitliche zu segnen; durch die Tür des benachbarten Ateliers drang in fast gleichmäßigen Abständen das Ticken des im dortigen Gebälk beheimateten Holzbocks, ein Wind schüttelte die das Haus umstehenden Zypressen, war aber wegen der festverschlossenen Fenster nur als undeutliches Rauschen vernehmbar.

Sie könnten es sich möglicherweise bereits denken, warum er sie in sein toskanisches Landhaus eingeladen habe, begann Florestan, er brauche ihre, der Freunde, Hilfe, da er sich auf ein Unternehmen einzulassen im Begriff sei, das, wie er mehr und mehr feststelle, zumindest der wohlmeinenden Kritik, besser noch der handfesten Korrektur der Freunde nicht entraten könne, er arbeite nämlich an nichts Geringerem als einem Roman, wisse aber nicht, ob sein ins Auge gefaßtes Projekt, das ihn sicherlich für einige Zeit in Beschlag nehmen werde, die notwendig darauf zu verwendende Mühe überhaupt wert sei.

Dieser Eröffnung, die die in vielen Stürmen erprobten Freunde ohne sichtbare Gemütsbewegung zur Kenntnis nahmen, folgte ein längeres Schweigen, das Anselmus schließlich mit den Worten brach, er, Florestan, plane also, wenn er ihn, Florestan, richtig verstanden habe, einen Roman, der ihm, Florestan, im Ansatz noch etwas unausgereift erscheine.

Ja, ward ihm zur Antwort, so ungefähr verhalte es sich, worauf sich der hilfreiche Sir Pit zu der Frage veranlaßt sah, was das geplante Prosastück denn für eine Art Roman sei, mehr so, also er wolle da nicht mißverstanden werden, hintenrum oder mehr, man verstehe sicher, wie er es meine, geradeaus.

Nein, man verstehe ihn nicht, entgegnete Florestan, den Blick nur zögernd von den züngelnden Flammen wendend, er hoffe zuversichtlich, auch für Anselmus sprechen zu können, daher dieses »man«, das er nicht als Zudringlichkeit oder gar Bevormundung gewertet wissen wolle.

Doch, doch, er glaube Sir Pit schon begreifen zu können, ließ sich da aber unerwarteterweise Anselmus vernehmen, dieser spiele mit seinen Worten sicherlich auf die beiden grundsätzlich verschiedenen Romantypen an, auf den von einem Anfang zum Ende voranschreitenden synthetischen und auf den von einem Ende zum Anfang zurückfindenden analytischen Roman, eine Ausführung, die Sir Pit anfangs mit deutlichem Mißtrauen, dann aber mit fast allzu überschwenglicher Begeisterung aufnahm: Jawohl, genau so habe er es gemeint, er bringe den ganzen Schmadder nur leider immer durcheinander, das sei schon in seiner Studienzeit so gewesen, habe also nichts – und bei diesen Worten prostete er Florestan klirrend zu – mit ihm, Florestan, und seinem sicherlich bärenstarken Romanprojekt zu tun, weshalb er sich gestatte, die Frage zu wiederholen, worum es in diesem Werk denn überhaupt gehe.

Er wolle ein Paar durch die Toskana reisen lassen, begann Florestan, den ein merkliches Zusammensinken der Freunde zu einem erhöhten Redetempo zu bewegen schien, denn fast ohne Unterbrechung fuhr er fort: Georg, ein Textredakteur, reise mit seiner sehr viel jüngeren Freundin Sonja, mache die Reise jedoch nicht zum erstenmal, sondern wiederhole – zuerst noch spielerisch, dann fast zwanghaft – eine Route, die er vor vielen Jahren bereits mit seiner Mutter gereist sei, welche ihn, den damaligen Studenten, zu dieser Fahrt geradezu erpreßt habe, um Georg von seiner – damaligen – Freundin Simone zu trennen, einer Angestellten der Lehrküche der Berliner Bewag, die zur gleichen Zeit Ferien gehabt und erwartet hätte, er, Georg, werde die Ferien mit ihr, Simone, verbringen. Georg aber, der damals tatsächlich seiner Mutter nachgegeben und dadurch den Bruch mit Simone provoziert hätte, benutze nun die Reise mit Sonja, um sich an seiner – mittlerweile verstorbenen – Mutter, ja, es sei erlaubt zu sagen: zu rächen, was ihm freilich je länger, desto weniger gelinge, da er sich im Verlaufe der Reise mehr und mehr in längst überwunden geglaubte Ängste verstricke, die, aber das alles deute er im Moment natürlich nur an, seinen, Georgs, schließlichen Lähmungszustand und ihren, Sonjas, Bruch mit Georg zur Folge hätten.

Florestan hatte seine Inhaltsangabe kaum geendet, als Sir Pit ruckartig aus seinem Korbstuhl hochfuhr, worauf ersterer ihn fragend ansah, vom zweiten allerdings nur dahingehend beschieden wurde, er suche die beknackte Flasche, ah, da sei sie ja. Dann, nach einem achtunggebietenden Schluck, den er unter Umgehung jeden Glases direkt an der Quelle der Labsal tat, lehnte sich Sir Pit wieder zurück und erklärte, dabei die Hände über seinem mächtigen Leib faltend, so ein Feuerchen, und da bitte er nicht mißverstanden zu werden, sei schon was, also jedenfalls besser – und er verzog angewidert sein Gesicht – als ein rostiger Nagel im Knie.

Wieder trat eine Pause ein, während der unsere Freunde unwillkürlich dem Gickern der Frauen lauschten, das aus der entfernten Küche drang, dann aber räusperte sich Sir Pit, der, wohl nicht ganz zu Unrecht, das Gefühl zu haben schien, das Schweigen habe bereits die Grenzen des gesellschaftlich Schicklichen und menschlich Vertretbaren erreicht, und erklärte, seine, Florestans, Geschichte sei in jeder Hinsicht Spitze, er, Sir Pit, würde sie an seiner Stelle so, wie er sie erzählt habe, in die Maschine donnern, es müßte doch mit dem Teufel zugehen, wenn sich nicht ein paar Idioten fänden, die – doch plötzlich schien es ihm offenbar geraten, in seiner Ausdrucksweise etwas wählerischer zu werden –, die den unbestreitbaren Feinheiten einer solchen, tiefenphilosophisch offensichtlich jesusmäßig gekonnt angelegten Story ihren Beifall nicht versagen könnten.

Ob er nicht »tiefenpsychologisch« meine, wollte Anselmus nach einem weiteren sich fast ungebührlich lange hinziehenden Intervall wissen, worauf Sir Pit beinahe unwirsch zurückgab, genau das habe er doch gesagt: »tiefenphilosophisch«.

Durch diese Replik geradezu erhitzt, begann Anselmus nun, die von Florestan vorgetragene Geschichte einer flinken Vivisektion zu unterwerfen, in deren Verlauf er nach der einleitenden Bemerkung, er fände sie im Ansatz sehr schön, doch, doch, hinzufügte, er befürchte lediglich, daß das Ganze im Endeffekt zu sehr auf ein »Und dann, und dann« hinauslaufe, seiner Meinung nach müsse daher in den Text noch eine zweite Ebene eingebaut werden, die er sich etwa so vorstelle – nach welch letzteren Worten er zunächst eine Pause einlegte, um dann mit Macht fortzufahren, daß es sich bei dieser zweiten Erzählebene um eine kontrapunktisch auf die erste bezogene handeln müsse.

Genau, ergänzte Sir Pit, eben diese Ebene da fehle sowie, zumindest seiner unmaßgeblichen Meinung nach, auch Dingens, womit er, bei allem Respekt vor der Erfindungsgabe seines Freundes – und bei diesen Worten hob er grüßend die Flasche –, jenes scheinbar unscheinbare und doch so wichtige Etwas bezeichnen wolle, das der sinnenfrohe Franzose mit dem Wörtchen »Pep« umschreibe.

Ob es denn überhaupt nötig sei, fuhr ihm nun Anselmus in die Parade, daß Georg die Reise mit dieser Simone – Sonja, korrigierte ihn Florestan – Sonja, richtig, in der Realität mache, ob er sie nicht ebensogut imaginieren und das böse Ende in seiner Vorstellungskraft vorwegnehmen könne, ob also nicht durch diesen Kunstgriff einer gar nicht erst begonnenen Reise die weiterwirkende Macht der Mutter noch weitaus anschaulicher werde? Ganz zu schweigen davon, daß die Position des Erzählers dadurch ungemein vereinfacht werde, letzterer könne, da sich alles in seinem Kopf abspiele, ungehindert in den diversen Zeiten, Vergangenheit, Gegenwart und Zukunft umherspringen, wodurch auch – doch es war Sir Pit, der diesen Satz angeregt zu Ende führte: Wodurch auch jede Menge action in die Geschichte käme. Was sich, so fuhr er unerwartet bestimmt fort, noch dadurch steigern ließe, daß man den Vater mal ganz vergesse – die Mutter, korrigierte Florestan – die Mutter, egal, und den Erzähler mit beiden Tanten zugleich auf die Reise schicke, mit dieser Dingsbums und der anderen, die er, der Erzähler – und bei diesen Worten zwinkerte Sir Pit Florestan reichlich ungeniert zu – doch zur Krönung der Sause im Verlaufe eines lockeren Dreierbobs gleichzeitig flachlegen könne, wovon er, Sir Pit, sich eine – aber nun kam er seinerseits nicht dazu, den Satz zu beenden, da Anselmus mitten in seinen Redefluß schneidend konstatierte, daß mit all diesen sicher hilfreichen Detailverbesserungen nicht der grundlegende Fehler der gesamten Erzählstruktur des beabsichtigten Romans behoben werden könne, welcher zweifellos darin bestehe – und bei diesen Worten schien seine Nase noch spitzer als gewöhnlich –, daß das erzählte Ich und das Erzähl-Ich nicht identisch seien.

Genau, ließ sich da auch Sir Pit vernehmen, der mittlerweile den wohl etwas unkommoden Sessel verlassen und auf dem angenehm vorgewärmten Fußboden Zuflucht gefunden hatte, daran krankten doch – zumindest habe er das gerade neulich wieder in einer hochangesehenen Wochenschrift gelesen – fast alle diese modernen, also er wolle nicht direkt »Romane« sagen, worauf Anselmus ihn fragte, warum er denn nicht einfach »Romane« sage, woraufhin sich Sir Pit behaglich gegen die Wand lehnte und »na gut, Romane« sagte.

Florestan, der diesen Ausführungen mit immer gespannterer Aufmerksamkeit gefolgt war, hatte bereits wiederholt zu Fragen, ja Einwänden ausgeholt, sie jedoch stets wieder zurückgestellt, um der Argumentation der Freunde freien Lauf zu lassen, nun aber öffnete er den Mund und sagte: »Meint ihr wirklich, daß ihr mit dieser Art von –«, weiter aber kam er nicht, da plötzlich eine der Damen mit einem Tablett, darauf dampfende Espressotäßchen standen, den Kaminraum betrat und, freilich ohne eine wirkliche Antwort abzuwarten, fragte, ob ein Käffchen recht sei.

Aber immer, ward ihr von allen Seiten versichert, und im Handumdrehen sah man jeden unserer Freunde mit einem Schälchen gutgesüßten Türkentranks bewaffnet, eine Tatsache, die Sir Pit zum Anlaß nahm, allgemein hörbar kundzutun, er habe bei Gott schon einmal einen schlechteren Kaffee als diesen getrunken, und zwar seinerzeit in – die Ortsangabe jedoch ersetzte er durch weitausholende, girlandenförmige Armbewegungen –, das sei damals aber auch ein saumäßiger Kaffee gewesen, mehr so eine Art Kakao.

Das möge ja alles seine Richtigkeit haben, ließ sich nun auch Anselmus vernehmen, doch dies hier sei ein ganz ausgezeichneter Kaffee, einer von der Art, die durchaus einen hochprozentigen Begleiter verdiene, mit welch Worten er natürlich geradezu zaunpfahlhaft nach einem Grappino winkte, welchen ihm, da er ein leeres Glas suchend im Kreis der Freunde umherschwenkte, der aufmerksame Florestan auch sogleich einschenkte.

»Na, euch scheint's ja nicht gerade schlechtzugehen«, scherzte die Dame, die gewartet hatte, um die Täßchen wieder auf dem Tablett einsammeln zu können, worauf sie sich zu ihren Geschlechts-, vielleicht sollte ich besser sagen Leidensgenossinnen zurück in die Küche begab.

Er habe den unbestimmten Eindruck – so jedenfalls wollte Florestan nach einer schicklichen, ganz dem Grappino gewidmeten Pause von neuem beginnen, doch er wurde von Sir Pit gestoppt, der ihm mit der Bemerkung zuvorkam, er wolle jetzt mal seine Eindrücke in betreff Florestans Romanprojektes ehrlich – und auf dieses Wort schien er besonderes Gewicht zu legen, da er es zweimal wiederholte –, ehrlich also, ehrlich zusammenfassen, da er der Meinung sei, daß Ehrlichkeit geradezu eine Voraussetzung dieser – »Freundschaft?« fragte Anselmus hilfreich – nein, beschied ihn Sir Pit barsch, dieser ... na, wie hieße denn das, was alle diese Romanschreiber verbinde – »Literatur?« – ja, Literatur sei. Was, zumindest seiner unmaßgeblichen Meinung nach, das Dolle an der Dichtung sei, sei doch ihre Fähigkeit, zu verdichten, in einer Zeile wie »Das ist ein Herbsttag, wie ich keinen sah« stecke mal schon ganz sicher mehr Herbststimmung als in einem dickleibigen Wälzer wie etwa dem »Ulysses«.

Da sei aber überhaupt nicht vom Herbst die Rede, wies ihn Anselmus zurecht, der ganze »Ulysses« spiele doch an einem einzigen Tag, dem 16. Juni, ein Einwand, den Sir Pit jedoch gänzlich ungerührt mit »sag ich doch« und »na bitte, mein Reden« quittierte. Doch sein Freund – und bei diesen Worten wies Anselmus auf Sir Pit, der sich mittlerweile völlig auf dem Boden ausgestreckt hatte – habe sicher darin recht, daß weniger oft mehr sei, eine Regel, die freilich auch umgekehrt ihre Richtigkeit habe, weshalb er, Anselmus, empfehle, aus der doch reichlich einsträngigen Geschichte ein Vielfigurenpanorama zu machen, ein regelrechtes Stimmengewirr, begeisterte er sich, das durch zahllose Korrespondenzen, Einwürfe, Repliken, Parallelführungen und Brüche – Stimmbrüche! krähte Sir Pit fröhlich dazwischen – so etwas, fuhr Anselmus unbeirrt fort, wie ein äußerst welthaltiges Gegenstück zur heute grassierenden anämischen Hauptschullehrerliteratur darstellen müßte.

Richtig, der Hauptschullehrer müsse schon mal als erstes aus der Geschichte verschwinden, stimmte nun auch Sir Pit mit ein, zeigte sich aber auf Florestans Frage, ob er vielleicht den Textredakteur meine, überraschend konziliant und erklärte, wenn ihm, Florestan, derart an einem Hauptschullehrer gelegen sei, solle er doch gleich ein ganzes Kollegium auf die Reise durch Italien schicken, er denke da an eine Exkursion, bei der auch jede Menge Hauptschullehrerinnen mit von der Partie sein könnten, nein, müßten, schrie er fast, während er sich erregt aufrichtete, den Bus aber würde er an seiner, Florestans, Stelle in irgend so einem gottverlassenen kalabrischen Kaff eine Panne haben lassen, ihm sei so etwas mal während einer Klassenfahrt passiert, und da – da sei es dann wohl rundgegangen, fragte Anselmus angeregt, worauf Sir Pit zuerst: Mein lieber Scholli! dann: Ach, es war nur halb so wild, dann: Nichts lief, wir waren ja eine reine Jungenklasse, und schließlich: War nur ein Vorschlag, sagte.

Eine weitere Pause trat ein, während derer die Freunde ins Feuer schauten, das, nachdem es die stattgehabten Erörterungen mit den vielfältigsten Flammenspielen und Geräuschen begleitet und untermalt hatte, nun dabei war, endgültig zu verglimmen, ein Schicksal, welches auch das Gespräch zu teilen schien, da es – bis auf Sir Pits Bemerkung, darein, und bei diesen Worten wies er auf die Glut, würde er im Moment nur äußerst ungern seine Füße stecken, und des Anselmus' Replik, Mensch Meyer, da habe er ja so recht – keine nennenswerten Gesichtspunkte mehr hervorzubringen in der Lage zu sein schien.

Doch als schließlich Florestan, das letzte Aufflackern eines noch unversehrteren Scheites zum Anlaß nehmend, gerade im Begriff war, zur Frage anzusetzen, ob sie, die Freunde, wirklich begriffen hätten, was er, Florestan – da wurde er jäh durch die aus der Küche zurückströmenden Damen unterbrochen, die, den Lichtschalter betätigend, fragten, warum denn die Herren in völliger Dunkelheit dasäßen und was denn mit der versprochenen Rommé-Partie sei, eine Aufforderung, der die Freunde in gewohnter Chevalerie denn auch sogleich nachkamen, wenngleich Florestan, so mochte es scheinen, ein wenig wortkarger als gewohnt war.

Ob Florestan denn etwas habe, wollte, bevor sich die Paare auf die Zimmer verteilten, Chloë von Anselmus wissen, worauf der sich zu versichern beeilte, seines, Anselmus', Wissens habe Florestan nichts, außer, aber die habe ja jeder mal, einige erzähltechnische Probleme mit seinem neuen Roman. Und die, so erklärte der hinzugetretene Sir Pit, seien ja dank seiner, Sir Pits, und des Anselmus' Hilfe so gut wie ungegenständlich – ob er nicht gegenstandslos meine, fragte ihn Chloë –, jawohl, genau das seien sie, auf sie, damit meine er jetzt aber die Freunde, sei nämlich noch Verlaß, im Gegensatz zu diesen kalabresischen Hauptschullehrern.

Bei den letzten Worten jedoch, so berichtete es Chloë später der Freundin Phyllis, hätten die beiden geradezu unbändig gekichert, ja fast geröhrt, Sir Pit aber, sich nur sehr langsam beruhigend, hätte hinzugefügt, Florestan werde, da er der geborene Erzähler sei, diesen Roman sicherlich packen.

Ein Urteil, das Anselmus nach Jahresfrist, als bereits feststand, daß Florestan den Roman immer noch nicht geschrieben hatte, dahingehend korrigierte, daß er, Florestan, den Roman wohl deswegen nicht gepackt habe, da er offensichtlich doch nicht der geborene Erzähler sei.

DAS VIERZEHNTE JAHR
Montaieser Elegie

1

Gebe, o Gott! daß sie wenigstens lustig
wird, meine Klage. Wut, Zorn und Trauer
bringt ja heut jeder zum Ausdruck, dem's Sterben
rings an die Nieren geht. Ob er nun Wald
besitzt, begeht oder betrachtet –
quer durch die Einkommensklassen sind alle
schon wütend und zornig und traurig. Und nun auch
noch ich? Da sei ach! Gott vor.

2

Hab ein Haus in der Toskana
   Der Glückliche! Hätten wir auch gern!
Hab es schon seit dreizehn Jahren
   So lange? Na, da gratulieren wir aber!
Hab in dieser Zeit erfahren
   Was denn? Jetzt wird's spannend!
Wie alles den Bach runtergeht
   Ach herrje! Doch wieder die alte Leier!

3

Ich versteh diese Bäume nicht.
Nehmense nur die Zypresse.
Ja, die so braun wird an der Seite.

Die hat es doch gut hier.
Landluft. Was willse denn noch?
Mir jedenfalls bekommt die Luft blendend.

Warnse in Rom?
Na, dann kennse ja den Verkehr dort.
Da stehnse wie ne Eins, die Dinger.
Irgendwie tückisch.

4
Schrecklich ist die Gewöhnung. Seit Jahren
komm ich an diesem zypressenumstandnen
Friedhof vorbei. Ich weiß noch: Vor Jahren
warn sie intakt, alle acht, und als es

Die erste traf, damals, sah ich's betroffen.
Und auch bei der zweiten, Jahre her mittlerweile,
und noch bei der dritten dachte ich: Mach was!
Hab dann natürlich nichts gemacht. Was denn?

Und heute? Ich seh die Zypressen am Friedhof
und freu mich: Vier von den acht gibt's ja immer noch,
prächtig. Gar nicht so schlecht. Doch hinter
Gaiole – alle hinüber. Schrecklich. Ganz schrecklich.

5
»Das Gelbe, was Sie da sehen,
sind die vertrockneten Kastanien.
Das Rosige, was Sie da sehen,
sind die befallenen Eichen.
Das Rote, was Sie da sehen,
sind die gestorbenen Tannen.
Das Braune, was Sie da sehen,
sind die erkrankten Zypressen.
Das Graue, was Sie da sehen,
sind die verbrannten Kiefern.
Das Schwarze, was Sie da sehen,
sind die erfrorenen Oliven –«
»Schön, so ein Häuschen im Grünen!«

6
Klar! Immer noch schön, die Toskana.
Das mit den Oliven war natürlich ein Hammer.
Zirka achtzehn Millionen in zwei Tagen verendet.
Aber immerhin durch natürliche Ursache.

Ja klar! Immer noch prima zum Reisen.
Morgens bei Gegenlicht zum Beispiel,
aus einem nicht zu langsamen Wagen,
wirkt die Landschaft noch fast so wie früher.

Aber klar doch! Verglichen mit der Gegend um Alfeld –
Ich beklag mich ja nicht, keineswegs. Ich beklage.
Wie man beklagt den Sprung in der Vase:
So alt und so schön und so lange gehalten,
und nun dieser Riß, der so vieles schon spaltet,
quer auch durch sie. Welch ein Jammer.

7
Ja, das ist hier Landschaftsschutzgebiet.
Ja, hier darf nichts Neues gebaut werden.
Ja, die Gesetze sind sehr streng hier.
Ja doch.

Nein, das da ist keine Garage.
Nein, das da ist kein Swimmingpool.
Nein, das da ist keine Lagerhalle.
Nicht doch.

Ach, Sie meinen diese Renaissance-Garage!
Ach, Sie meinen diesen romanischen Swimmingpool!
Ach, Sie meinen diese etruskische Lagerhalle!
Ja die!

8
Du klagst, daß Frankfurt dir überall nachfolgt
Daß, wo du auch aussteigst, aus Auto, aus Flieger
Sie alle Spalier stehn, dich zu begrüßen
Die Bauherrn, die Bagger, die Banker, die Widersprüche?

Es gibt einen Ort, an dem bist du sicher
Wieviel Macht auch immer er hat, dein Verfolger
Wie schnell er auch ist, dorthin kann er nicht folgen
Weil er schon da ist. Bleibe in Frankfurt.

9
Die uns Bescheidung lehrten,
konnten nicht anders.
Brannte die Stadt, sagten sie:
Aber unser Haus steht noch.
Fiel das Haus in Trümmer, sagten sie:
Da ist ja noch der Keller.
Brach der Keller zusammen, sagten sie:
Gesund, so im Freien.
Die uns Bescheidung lehrten, sind entschuldigt.

Die uns Bescheidenheit predigen,
machen sich schuldig.
Die uns sagen: Tja, die Stadt ist im Arsch,
aber seht nur das Tor da!
(Wer ein Auge fürs Schöne hat,
entdeckt's auch im Verborgenen.)
Die uns sagen: Tja, der Wald ist im Eimer,
aber schaut nur die Blümchen!
(Wer ein Herz fürs Schöne hat,
sieht's auch im Kleinsten.)
Die uns fragen: Tja, das Schöne als Wert,
ganz schön elitär, wie?
(Wer Sinn fürs Schöne hat,

kann den ja zu Hause austoben.)
An die Wand mit ihnen,
und dann Rattattattat –
Aber halt! Aber ach. Wer so denkt, sind wir selber.

10

Erst stirbt der Wald, dann stirbt der Mensch? Glaub ich nicht dran.
Ist doch ein verdammt zähes Gemüse, der Mensch.
Hat die Eiszeit überlebt. Wo warnse denn da, die Bäume?
Da wird er ja wohl noch den Wald überleben, denk ich.
Das ist nicht der Punkt. Außerdem mach ich persönlich
sicher vor all diesen Wäldern die Grätsche, na fast allen.

Die Erde ist uns nur anvertraut für unsere Kinder? Hab keine.
Und außerdem: Kinder gewöhnen sich an alles. Weiß man doch.
Als ich ein Kind war, konnten wir noch auf der Straße spielen.
Direkt vorm Haus. War toll. Dafür gab es kein Fernsehn.
Nein, nein: Ich klage nicht an im Namen der Menschheit,
der Kinder. Ich klage ein: *Ich* will's hier schön haben.

11

Wer die Schönheit angeschaut mit Augen,
ist dem Tode schon anheim gegeben?
Jedenfalls wird er fürs weitere Leben
schlecht zum Mieter der Nordweststadt taugen.

12

Zurück zur Natur?
Bitte sehr, bitte gleich.
Die Natur, na klar,
schön, die Natur.
Stirbt? Ach nein.
In die Jahre gekommen.
Eine immer noch schöne

Frau, die Natur.
Nur eben, na ja,
etwas indisponiert.

Wenn sie altern, die Stars, ist die Technik gefordert.
Was die Schminke nicht bringt, schafft der Beleuchter.
Auch hält man die Kamera nicht allzu dicht drauf
und achtet beim Bild auf Rahmung und Ausschnitt.

Zurück zur Natur.
Erstens: Abstand wahren.
Zweitens empfehl ich
verhangene Tage.
Bei Abendlicht besser
nicht so scharf hinschaun.
Gut ist ein Fenster,
da es, drittens, beschneidet:
Ein Rücken des Stuhls –
und der Blick ist vollkommen.

Geht sie drauf, die Natur? Oder muß sie sich umstell'n?
Wahrscheinlich falsch, sie im Freien zu lassen.
In Büros und in Banken, da wuchert und grünt es
dermaßen prächtig – da kommt kein Wald mit.

13
Sah erst nur die großen Schatten
Glitten über den Zementplatz
Übers Buch auch einer, das ich
Grade las, es ging um Caesar.
Römer wußten sie zu deuten
Die Bewegungen der Vögel
Doch was hätten die Auguren
Wohl aus diesem Schwarm gelesen?
Möwen! Hier am Rand des Chianti!

Nie in all den dreizehn Jahren
Sah ich auch nur eine einzge
Und nun kreisten zwölf. Die Schatten
Fanden sich zu flüchtgen Mustern
Dann ein Schrei. Sie flogen weiter
Richtung Berge. Was zum Teufel
Trieb die meerverbundenen Vögel
In die Berge? Staunend sah ich
Ihnen nach. Doch in das Staunen
Mischte sich dies, schwer zu sagen
War es Grausen?

14
Wenn sich die Zeichen mehren,
geht was den Bach runter.
Wenn was den Bach runtergeht,
muß der Mensch sich bescheiden.
Dann darf er nichts weiter fordern
als das Vollkommene.
Nicht mehr als das, aber
bei Gott! auch nicht weniger.

TOSCANA-THERAPIE
FÜNFTES BILD
Samstag, ca. 13 Uhr

Bis auf das Ratschen der Zikade ist alles ruhig. Gerhard schläft im Stuhl. Karin blickt immer wieder von der Zeitschrift auf. Schließlich erhebt sie sich, verschwindet hinter dem Haus, kehrt mit einer Handvoll Kiesel zurück. Wirft einen nach dem anderen in die Landschaft. Aufschlaggeräusche, das Ratschen geht weiter.

GERHARD *aufschreckend* Was machst du denn da?
KARIN *in die Landschaft zeigend* Hör dir das an!
GERHARD Was?
KARIN Das!
GERHARD Was das?
KARIN Das da! *Sie wirft einen weiteren Kiesel.*
GERHARD O – das klingt, als werfe jemand einen Stein an einen Baum. Doch. So klingt es. Ein schönes Geräusch, vorausgesetzt, man mag es, wenn jemand Steine an Bäume wirft. *Karin wirft weiter.* Ich mag das zufällig nicht so gern. Jedenfalls nicht dann, wenn ich schlafen will. Und ich will zufällig schlafen.
KARIN Du kannst bei diesem Lärm schlafen?
GERHARD Nein – sonst wäre ich ja nicht wach. Aber vielleicht könntest du diesen Lärm einstellen. Was hältst du denn davon?
KARIN Genau das versuche ich ja die ganze Zeit.
GERHARD Was?
KARIN Den Lärm einzustellen.
GERHARD Aber du verursachst ihn doch!
KARIN Was?
GERHARD Den Lärm. *Lauter* Den Lärm. *Schreiend* Den Lärm!
KARIN Ich? Seit wann bin ich eine Zikade? Seit wann sitze ich auf einer Zypresse und lärme, lärme, lärme?!
Stille, nur das Ratschen.

GERHARD Das nennst du Lärm?
KARIN *in das Ratschen einfallend, es übertreibend* Ä-aah, Ä-ahh, Ä-aahh – hör dir das Gesäge doch einmal an!
GERHARD Gesäge? Du nennst den Gesang der Zikaden ein Gesäge?
KARIN Es sind mindestens drei. Und sie sägen.
GERHARD Sie singen! Singen das uralte Lied von Sonne, Sommer, Süden. Karin! Was ist dir? Wir haben ihn doch immer geliebt, den Gesang der Zikaden! Erinnere dich! Als wir zelteten, damals 1963, im Klostervorhof von Santa Firmine, inmitten der Pinien, deren Schatten die Säulenvorhalle von Benedetto da Maiano streiften – warteten wir da nicht geradezu auf die Zikaden? Begrüßten wir sie nicht Mittag für Mittag mit einem Blick, darin Dankbarkeit lag dafür, daß sie uns einmal mehr die unwiderlegbare Gewißheit schenkten, im Süden zu sein, im Ganz Anderen also, beschirmt vom Hitzeschild des azorischen Hochs, entrückt dem nordischen platten Alltag, eingebunden, ja aufgenommen in eine höhere Form des Daseins, in welcher Natur und Kultur einander nicht fremd gegenüberstanden, sich vielmehr freudig vermählten – war uns nicht gerade diese Einheit teuer: vom Ebenmaß der Renaissance-Säulen und vom Gleichmaß des Gesangs der Zikaden, welch beide uns sinnenhaft begreifen ließen, daß es nur die Erfahrung der Dauer ist, die den je einzigen Moment einzigartig werden läßt? Karin!
Karin hat während dieser Worte wiederholt Steine gegen die Zypressen geworfen, nun wirft sie einen letzten Stein.
KARIN Sie sägen!
Sie geht ins Haus. Gerhard schaut ihr nach, dann lehnt er sich mit geschlossenen Augen zurück. Sitzt längere Zeit so, während das Ratschen weitergeht. Dann setzt er sich abrupt auf und fällt, wie vordem Karin, übertreibend und höhnisch in das Geratsche ein.
GERHARD Ä-aahh, Ä-aahh, Ä-aahh!
Dunkel.

ER ERKLÄRT DIE LANDSCHAFT

Was halten Sie davon, nach oben zu gehen, auf die höhergelegene Terrasse? Ja, dieses Treppchen hoch, und da sind wir schon. Es ist merkwürdig, wie viel mehr man von hier aus sieht, nicht wahr? Ja, schauen Sie sich ruhig um, ich habe Zeit. Da unten? Das breitgestreckte, weiße Haus? Da wohnt Ciabatini. Einer der wenigen wirklichen Bauern, die es hier noch gibt, ein – ja? Ja, ein coltivatore diretto – woher kennen Sie den Ausdruck? Also einer, der seinen eigenen Grund und Boden bestellt, richtig, mit seiner Familie natürlich. Nur so rentiert sich die Landwirtschaft, mit Landarbeitern – wie? Braccianti? Meinetwegen braccianti. Stimmt, die heißen so. Aber ich bin so frei, sie Landarbeiter zu nennen, ist ja auch ein schönes Wort. Ciabatini jedenfalls hat keine, dafür ist seine Familie ständig am Rackern – alles, was Sie da rund um das Haus an Feldern sehen, gehört ihm, der Weizen, der Mais, der Olivenhain, das große Weinfeld. Alles picobello in Schuß, vergleichen Sie nur mal seinen Olivenhain mit dem links daneben, ja, ja, da, wo der grüne Bewuchs anfängt, beginnt auch das Nachbargrundstück. Ach, das finden Sie schön? Schöner als die blanke Erde, die Ciabatinis Oliven umgibt? Ich weiß nicht, ob die Oliven das auch so schön finden, von Unkraut umwuchert zu sein. Ich glaube fast, die finden es viel schöner, wenn dreimal im Jahr der Pflug durch ihr Erdreich geht und dreimal die zappatrice – wie? Ja, von zappare, hacken, was Sie alles wissen! Na gut, taciamone, wir sind schließlich beide keine Olivenbäume, reden wir also von menschlicheren Dingen, d'accordo? D'accordo. Diese gelben Zipfel da? Zipfel – auch gut. Das sind zum Trocknen aufgeschichtete Getreidegarben, monicelli nennt man sie in dieser Gegend. Nein, nein, ein Wort. Nicht Moni Celli, das sind doch keine Mädels! Aber scherzi a parte, ich wollte Sie auf etwas anderes hinweisen: Schauen Sie – da liegen also Ciabatinis Ländereien. Schön großflächig, schön eben, kaum terrassiert und daneben, ja, rechts vom Weizenfeld Richtung Grimoli, da beginnt die

Toscana d'una volta. Ja, wieso? Volta heißt auch »Gewölbe«. Woher wissen Sie das? Aber »d'una volta« heißt »von einst«. Es heißt nun mal so. Soll ich das Lexikon holen? Richtig, streiten wir uns nicht um Worte, ich wollte ohnehin auf etwas anderes hinaus. So, wie dieses Stück Tal rechts vom Weizenfeld, hat mal das ganze bestellte Land dieser Gegend ausgesehen: kleinteilig gegliedert, stark terrassiert, sehr intensiv und vielfältig genutzt. Eine Reihe Oliven, eine Reihe Wein, drei Reihen Mais oder ein Handtuch Weizen, mit einem Wort: die typische coltura mista. Na gut. Mit zwei Worten. Aber typisch. Wofür? Für die Besitzverhältnisse, die sich in dieser Gegend etwa 700 Jahre lang gehalten haben: hie der padrone, ein Städter, ihm gehörten Haus, Land und Arbeitsgerät. Da der mezzadro, der das Land bestellte und dafür im Hause wohnen und die Hälfte seiner Erträge behalten durfte. Oder abgeben mußte, ja. Ganz wie Sie wollen. Und da nun der padrone, der städtische Besitzer also, erwartete, daß ihm der mezzadro – jawohl! Sie haben ja schon wieder recht! Von mezzo, sprich halb. Und das Pachtsystem hieß – Madonna mia! Das wissen Sie ebenfalls? Mezzadria, richtig, und der mezzadro – ja, der Pächter, erzähle ich Ihnen was, oder erzählen Sie mir was? Na gut. Padrone und mezzadro also wollten oder mußten – was die Ernährung betraf – autark sein. Wie? Gab damals noch keine Supermärkte, richtig, also wurde von allem etwas angebaut, wenn es sein mußte auf kleinstem Raum. Daher der so oft gerühmte Gartencharakter der Toskana, der sich hier und da bis heute noch gehalten hat, daher der reiche, vielformige Bewuchs in versteckten Winkeln wie diesem, da finden Sie sogar noch poppii – Moment, Moment, Moment! Ich habe nie behauptet, daß die mezzadria in dieser Gegend noch existiert. Die wurde per Dekret abgeschafft, in dem Tal da arbeiten mehrere Freizeitbauern und Pensionäre aus Grimoli, deswegen gibt es dort noch die kleinteiligen Anbauformen, deswegen diese nun schon fast untypische, mit Sicherheit vom Verschwinden bedrohte bellezza, ja, Schönheit, bello gleich schön, de bello gallico, vom schönen Gallenstein, aber das wissen Sie ja alles viel besser als ich. Wie? Weshalb vom Verschwinden bedroht? Weil die Pensionäre und Freizeitbauern es nicht mehr lange machen werden. Einer nach dem anderen wirft das Handtuch, letztes Jahr Maremmi, dieses Jahr Borsi, der scheinbar unverwüstliche Cavaliere del Vittorio Veneto. Ach was. Kein Adliger – so dürfen sich bestimmte Weltkrieg-I-Teilnehmer nennen, mit dem Titel sind irgendwelche zehn Mark Pension im Monat verbunden – wer? Die Jungen? Die können Sie vergessen, null Bock auf Landwirtschaft, also wird das Tal früher oder später verwildern oder in toto von irgendeinem Städter aufgekauft, der mit staatlichen Zuschüssen die Bulldozer durchschickt, alle Terrassen und Unebenheiten wegrasieren läßt, um dann – passen Sie auf. Sehen Sie das Weinfeld dahinten? Nein. Nicht das. Das große darüber, das sich in den Wald erstreckt? Ja, das. Wie bitte? Das finden Sie schön? Ach. Schön klar und schön streng? So. Der Herr sind also nicht nur Linguist, sondern auch Ästhet? Fein. Dann erklären Sie mir mal, was an einer Spekulationsruine so besonders schön ist. Forza! Ja, Spekulationsruine! Da hat nämlich bereits stattgefunden, was dem Tal noch bevorsteht: Abholzen, planieren, Zementpfähle errichten, Drähte ziehen, Wein pflanzen, Subventionen einstreichen und via! Soll doch das Weinfeld ruhig vergammeln – natürlich vergammelt es. Da wird doch seit zwei Jahren kein Schlag mehr getan, und dann kommen Sie und feiern die ästhetische morbidezza vergammelnder Spekulationsruinen. Wissen Sie denn überhaupt, wovon Sie reden? Haben Sie jemals ein typisches Weinbaugebiet alten Schlages gesehen? Ein Weizenfeld etwa, in dem das Filigran der poppii – wie bitte? Was poppii sind? Popöchen, was denn sonst? Wer macht hier schlechte Witze? Das war ein hervorragender Witz, meine schlechten Witze sehen ganz anders aus, Sie grande linguista, ganz anders! Ach was, hier wird keiner ironisch. Hier wird höchstens einer etymologisch, im Zweifelsfall Sie. Ja, Sie! Weil Sie jetzt nämlich das Wort poppii auf seine beiden Stämme zurückführen werden. Nein? Dann mach ich es eben: pop der Pope, pii die Piesler, poppii die Pieselpopen.

So sieht ein schlechter Witz aus, Sie Polyhistor, so und nicht anders! Ach was! Darüber können Sie aber gar nicht lachen? Wohl selber ein Pieselpope, wie?

WEHEKLAG

Italiener sein, verflucht!
Ich hab es oft und oft versucht –
es geht nicht.

Bin doch zu deutsch, bin schlicht zu tief –
wen's auch schon zu den Müttern rief,
versteht mich.

Die Mütter sind so tief wie doof,
ich gäbe gerne Haus und Hof
fürs Flachsein.

Hab weder Hof, hab weder Haus,
muß untergehn mit Faust und Maus
und Ach! schrein.

Tisch und Stuhl, Öl 1979

Zeit und Rom

NACHDEM ER DURCH ROM GEGANGEN WAR

Arm eng, arm schlecht
Arm grau, arm dicht
Reich weit, reich schön
Reich grün, reich licht.

Arm klein, arm schwach
Reich groß, reich stark
Arm heiß, arm Krach
Reich kühl, reich Park.

Arm Rauch, arm Schmutz,
Arm Müll, arm Schrott
Reich Ruhm, reich Glanz
Reich Kunst, reich Gott.

EIN MERKWÜRDIGES MISSVERSTÄNDNIS IM PETERSDOM

Deutsches Dichter kommt nach Rom,
geht sich gleich in Petersdom.

Sieht dort einen Pietà,
macht sich deutsches Dichter: Ah!

Ist von Michelangelo,
macht sich deutsches Dichter: Oh!

Hört sich Papst das heimlich an,
denkt sich: Das ist kluges Mann!

Macht sich einen Räusperton,
sagt dann laut: Sehr wahr, mein Sohn.

Jesus Christus ist sich ja
Alpha sowie Omega.

Und ich bin sein Stellvertret,
was sich schon in Bibel steht.

Und was auch mein Nam beweist,
was bekanntlich Karol heißt.

Also bin ich A und O –
und wie heißen wir denn so?

Denkt sich Dichter sehr verwirrt:
Hat sich Papst ganz schön geirrt.

Ist sich aber braves Mann,
was man nicht enttäuschen kann.

Und so sagt er frank und frei,
daß er Willi Wurzel sei.

NACHDEM ER IN DER TRATTORIA
›DA MAMMA PIA‹ GEGESSEN HATTE

Keine nimmt dich besser aus,
als die Mamma mit drei M,
meint: Die italienische.

Ein M steht für »Machen wir!«
und schon fängt sie an zu kochen,
meint: Was Italienisches.

Ein M steht für »Mundet es?«
und du radebrechst begeistert,
meint: Das Italienische.

Ein M steht für »Melken wir!«
und schon bringt sie dir die Rechnung,
meint: Die infernalische.

ROM SEHEN UND LACHEN

Carl Gustav Jung machte es sich und uns einfach. »Ich bin in meinem Leben viel gereist und wäre gern nach Rom gegangen«, vertraute der greise Psychoanalytiker seiner Gesprächspartnerin Aniela Jaffé an, »aber ich fühlte mich dem Eindruck dieser Stadt nicht gewachsen. Als ich 1949, bereits in meinem hohen Alter, das Versäumte nachholen wollte, erlitt ich eine Ohnmacht beim Einkauf der Fahrkarten. Danach wurde der Plan einer Romfahrt ein für allemal ad acta gelegt.«

Keine Romfahrt – das bedeutet natürlich auch, daß Carl Gustav Jung keine »Römischen Elegien« schreiben konnte wie Goethe und keine »Römischen Spaziergänge« wie Stendhal, keine »Römischen Tagebücher« wie Ferdinand Gregorovius und kein »Römisches Erinnerungsbuch« wie Werner Bergengruen, keinen Roman »Der Tod in Rom« wie Wolfgang Koeppen und kein Textbuch »Rom, Blicke« wie Rolf Dieter Brinkmann: Der offensichtlich übermächtige Respekt, welchen Jung vor Rom empfand, hat ihn daran gehindert, seinerseits zum Respekteinflößer in Sachen Rom zu werden, zu einer jener zahllosen verstorbenen oder lebenden Rom-Instanzen, die, häufig ungewollt, den Druck noch verstärken, welchen die Ewige Stadt ohnehin auf jeden auch nur halbwegs sensiblen Romreisenden ausübt. Ein Gefühl anhaltender Bedrückung, dessen sich keiner zu schämen braucht.

Selbst ein so wacher Kopf wie Theodor Fontane war dagegen nicht gefeit. Drei Wochen weilte er in Rom, am 31. Oktober 1874 schreibt er dem alten Freund Karl Zöllner: »Übermorgen werden wir Rom verlassen. Wir tun es mit dem Gefühl, nur einen Zacken vom Baumkuchen, allerdings wohl die vorstehendste, braunste und schmackhafteste Stelle genossen zu haben. An Fleiß und Eifer haben wir es nicht fehlen lassen, aber der Stoff ist endlos. Wenn hierin etwas Niederdrückendes liegt, so doch auch andererseits etwas Trostreiches: Ich empfinde ganz deutlich, daß die Zeitfrage an dieser Erdenstelle eine ziemlich gleichgültige ist und daß ich nach drei Monaten von Rom mit demselben Gefühl scheiden würde wie in diesem Augenblick.« Am Beispiel von S. Maria Maggiore gibt Fontane dem Freund sodann eine Vorstellung von der ungeheuren Bildermenge, welche der Betrachter zu bewältigen hat: »78 Darstellungen bloß im Mittelschiff einer einzigen Kirche!« Er berichtet vom Zeitaufwand, den allein der Vatikan erfordert: »Die letzten Tage haben ausschließlich dem Vatikan und seinen Schätzen gegolten, und in sieben mehrstündigen Besuchen glaub ich mir das meiste zu eigen gemacht zu haben.«

Am Ende seines Briefes aber fühlt sich der Schreiber zu einer Erklärung genötigt, die beinahe schon wie eine Entschuldigung klingt: »All diese Betrachtungen sehen mich etwas pappstofflich an; es ist nicht der Ton, in dem ich sonst wohl Briefe zu schreiben pflege: aber es will nicht anders gehen. Alles, was man sieht, flößt einem einen solch kolossalen Respekt ein, daß sich der Bummelwitz ängstlich verkriecht. Man scheidet aus der Gesellschaft anständiger Menschen aus, wenn man, aus dem Vatikan oder St. Peter kommend, sich in Scherzen – selbst in guten – ergehen will. Hier ist ein Fall gegeben, daß selbst die humoristische Behandlung der Dinge, die ich sonst hochstelle, zum Fehler werden kann. All Ding hat seine Weise.«

Keine Witze über Rom? Zwar höre ich es stets ungern, wenn dekretiert wird, wo der Spaß aufhört, als gebrannter Rombesucher aber muß ich Fontane darin recht geben, daß Witz allein das Gewicht dieser Stadt nicht spürbar erträglicher macht. Wie aber dann das Niederdrückende Roms mildern, womöglich ganz aufheben? Drei Haltungen haben Schule gemacht: Unterwerfung, Liebe und Auflehnung.

Von den dreien sind die Auflehner am harmlosesten. »O Sciopero! O Lire! O Scheiß!« endet Rolf Dieter Brinkmanns achtstrophige »Hymne auf die Piazza Bologna in Rom« aus dem Jahre 1972; ähnlich mürrisch hatte bereits der Rombesucher Karl Gutzkow auf den Romkenner Gregorovius gewirkt, als der ihn 1858 besuchte. »Gutzkow kam, um für einen Roman, ›Der Zauberer von Rom‹, Szenen zu suchen. Da ich mit so vollem Ernst die Geschichte Roms schreibe, widerte mich das frivole Hineinstöbern auf diesem tragischen Theater der Stadt heftig an. Gutzkow schimpfte beständig auf Rom; er blieb nur in der niedrigen Luftschicht der Stadt, aus welcher er sich in die höhere nicht erheben konnte« – halten wir uns nicht bei so fragwürdigen Kategorien wie niedrig und hoch auf, halten wir lediglich fest, daß die Rombeschimpfung Tradition hat und vermutlich auch Zukunft, jedenfalls so lange, wie junge deutsche Dichter in der Villa Massimo schreiben und sich dort an der alten Stadt reiben dürfen. Gerade neulich hörte ich solch einen jungen Menschen Rom im Rahmen einer Dichterlesung »die Eiterbeule in der Visage der Welt« nennen – oder war es »der Pickel auf dem Arsch des Universums«? –, anschließend aber kamen die reiferen unter den Zuhörern überein, daß man jahrtausendealte Städte ebensowenig beleidigen könne wie einen See oder einen Berg: All Ding hat seine Weise.

»Gegen große Vorzüge eines anderen gibt es kein Rettungsmittel als die Liebe«, sagt Goethe in den »Wahlverwandtschaften«, nach dem gleichen Rezept versuchen sich die Romliebhaber vor Rom zu schützen. Aber kann man eine Millionenstadt eigentlich lieben?

»Ich liebe die Straßen, die Winkel, die Treppen, die stillen Höfe mit Urnen, Efeu und Laren und die lauten Plätze mit den tollkühnen Lambrettafahrern, ich liebe die kleine hochmütige Kommunistin der Piazza Rotonda, ich liebe die blanke Espressobar«, das alles und noch viel mehr besingt Wolfgang Koeppen durch das Sprachrohr einer Romanfigur, eine ebenso allgemein gehaltene wie harmlose Liebeserklärung. Der gefährliche Romliebhaber nämlich verbindet seine Liebe mit einer Kennerschaft, welche dem Uneingeweihten fortwährend das Gefühl vermittelt, er habe alles verpaßt beziehungsweise er werde alles verpassen – je nachdem, ob er bereits in Rom war oder ob er diese Reise noch vor sich hat: »Essen in Rom – also ich gehe am liebsten in jene kleine Osteria Da Ladro in Trastevere. Nicht leicht zu finden, man fragt am besten den einbeinigen Losverkäufer vor San Pietro in Montorio – dort versäume ich es übrigens nie, die ›Geißelung Christi‹ von Sebastiano del Piombo zu nehmen, die haben da eine einfach einmalige Geißelung« –, doch warum eine Haltung parodieren, die der Romliebhaber Herbert Rosendorfer bereits so treffend wie ernsthaft auf den Punkt gebracht hat?

Ein Freßtip aus seinem Brevier »Rom. Eine Einladung«: »Der Arco di Callisto (Fische!) in Trastevere, wo, wenn man Glück hat, eine zahnlose römische Alte aus dem ersten Stock des Nachbarhauses leise Lieder in einer unverständlichen Sprache heruntersingt« – und mit ähnlich kulinarischem Blick sieht und verklärt der wahre Romliebhaber nicht nur seine zahnlose römische Alte, sondern auch sein überfülltes römisches Lieblingscafé, seine versteckte römische Lieblingskirche, seine ausgefallenen römischen Spazierwege durch ganz unbekannte römische Stadtteile voller volkstümlicher römischer Bekanntschaften: »Was – Sie waren in Rom und kennen (folgt ein Geheimtip) nicht?« Mitleidig schaut der Liebhaber, bekümmert folgert der Uneingeweihte, daß er vermutlich gar nicht in Rom, sondern lediglich in einer Stadt gleichen Namens gewesen ist. Und doch findet selbst der Romliebhaber seinen Meister in jenen, die sich Rom bedingunglos ergeben haben.

»Sie müssen Rom doch sehr gut kennen«, wurde der dänische Bildhauer Bertel Thorvaldsen einmal gefragt. »Ich beginne gerade damit, es zu verstehen, ich lebe hier erst seit dreißig Jahren«, soll er geantwortet haben – eine falsche Bescheidenheit, die jener Demut ähnlich ist, mit welcher heiligmäßige Männer sich zu armen Sündern stilisieren. Natürlich nur, um andere ihre Sündenlast so richtig spüren zu lassen; und so halten es auch diejenigen, die ihr Leben und Wirken Rom gewidmet haben: Wenn *ich* mich angesichts der Ewigen Stadt dermaßen gering achte – wie klein bist du dann erst!

Wer – ich? Gut, reden wir von mir und meinen Erfahrungen mit Rom. Nicht dreißig Jahre, nicht drei Wochen, drei Monate habe ich dort gelebt, 1986, in der Via Sora 28. Als deutscher Dichter war ich nach Rom gekommen, also schauten mir beim Dichten alle anderen deutschen Dichter über die Schulter, die dort gedichtet hatten, August von Platen und Conrad Ferdinand Meyer, Friedrich Nietzsche und Rainer Maria Rilke, allen voran natürlich Goethe. Ihrer erwehrte ich mich dadurch, daß ich sehr rasch und sehr viel dichtete: sechzig Gedichte in neunzig Tagen, also alle anderthalb Tage ein Gedicht. Ein sehr guter Schnitt, wie ich, heimgekehrt, beim zufälligen Blättern in einer Goethe-Biographie feststellte: Der hatte in seinen – annähernd – zwei italienischen Jahren ebenso viele lyrische Gedichte verfaßt: eines pro Jahr. Das Gewicht der Stadt war weniger leicht abzuschütteln. Da ich sie weder beschimpfen wollte noch zu lieben vermochte, drohte mir das Fontanesche Schicksal resignierter Unterwerfung – nicht zu verwechseln mit dem hoffärtigen Unterwerfungsgestus der Ichbinerstdreißigjahrehier-Heiligen –, doch ich hatte Glück. Heute gehe ich bei Rombesuchen erhobenen Hauptes durch die Stadt und habe eine Menge Spaß dabei, ohne mich doch des Bummelwitzes schuldig zu machen: Was mich in Rom lachen läßt, sind nicht selbsterdachte, sondern hausgemachte Pointen. Alles aber begann auf der Engelsburg, dem Grabmal Hadrians und der einstigen Zuflucht der Päpste.

Als ich sie das erste Mal besuchte, war ich bereits einen Monat in Rom und weniger denn je imstande, das alles auf die Reihe zu bringen, das tägliche Chaos und die chaotischen Jahrtausende, die unzähligen Zeichen und deren unendliche Bedeutungen. Natürlich hatte ich bereits die eine oder andere Deutung gelernt und parat. Mit einigen der häufiger auftretenden Signale, mit Greifen, Bienen und Tauben beispielsweise, verband ich die Familien der Borghese, Barberini und Pamphili, mit diesen dann die Päpste Paul V., Urban VIII., Innozenz X. und mit denen wieder Künstler, Carlo Maderna, Gian Lorenzo Bernini, Francesco Borromini – doch machten diese wenigen Lichtpunkte das umgebende Dunkel nur um so düsterer. Pausenlos, gleichzeitig und verschlüsselt sprach da etwas auf mich ein, Säule und Obelisk, Tor und Turm, Statue und Brunnen, Epitaph und Altar, Palast und Bastion, Tafel und Wappen – unmöglich, mit dem Entziffern Schritt zu halten. Denn noch fehlte mir der Schlüssel, den sollte ich erst in einem der Papstgemächer der Engelsburg finden.

Am Anfang stand Verwunderung. Sie regte sich im wegen seiner Fresken so genannten Apollo-Saal. Ein prächtiger Saal, ohne Zweifel, einer, dessen Pracht es sicherlich rechtfertigte, daß der Auftraggeber, Papst Paul III., sein Familienwappen, die Lilie der Farnese, in den Marmorboden hatte einlegen lassen.

Doch mußte die Signatur PAULUS III. PONT. MAX. zudem auf dem Kamin sowie auf sämtlichen Türstürzen vermerkt werden? Das setzte sich im angrenzenden, nicht einmal fünfzig Quadratmeter großen Raum fort.

Das steigerte sich noch, da hier nicht nur Paul III. sich durch Schrift und Wappen auf kleinem Kamin und niedriger Tür zu verewigen getrachtet hatte, sondern bereits sein Vorgänger, Clemens VII. P. M., durch ein gemaltes Medici-Wappen im Zentrum der hölzernen Decke, vor allem aber dadurch, daß sein Name auf dem umlaufenden, von Putten und Akanthus gebildeten Fries mit schöner Regelmäßigkeit auftaucht, zweimal pro Wand, also insgesamt achtmal. Achtmal Clemens VII. – aber wem sagt er das? Und wieso tut es ihm sein Nachfolger an allen verbliebenen freien Stellen nach? Wenn ein Papst wie Sixtus IV. aus dem Hause della Rovere eine von ihm veranlaßte Brücke Ponte Sisto nennen ließ und eine unter ihm erbaute Kapelle die Sistina, wenn sein Neffe, Papst Julius II., ein della Rovere auch er, den Maler Michelangelo dazu anhielt, bei der Ausmalung der Sixtinischen Kapelle die Eiche nicht zu vergessen, die Wappenpflanze der Familie, weshalb sich die nackten Jünglinge der Decke denn auch bis auf den heutigen Tag mit Eichenlaub und Eicheln abmühen müssen – dann leuchtet mir das Motiv unschwer ein: Tue Gutes und rede darüber. Was aber ist an einem zwei Meter breiten, knapp 1,60 Meter hohen Kamin gut? Was an einer Deckendekoration der eher schlichten Art? Gar nichts, doch tut es offenbar gut, seinen Namen so oft und so groß wie möglich genannt zu sehen. So groß, damit der Betrachter ihn nicht überliest, und so oft, da man leider immer damit rechnen muß, daß Nachfolger und Nachwelt Namen zu tilgen und Symbole zu löschen imstande sind – dafür ist gerade die Engelsburg mit all ihren abgeschlagenen Borgia-Wappen ein gutes Beispiel, Papst Alexander VI. hatte es aber auch zu arg getrieben.

Eine einigermaßen schamlose Ruhmsucht, die in Rom ebenso Tradition hatte wie die Angst davor, der *damnatio memoriae* anheimzufallen, der Strafe des Vergessens. Mit Triumphbogen und Siegessäule, Mausoleum und Kolossalstatue beginnt, was seither aber auch jeder Herrscher Roms nicht müde geworden ist zu wiederholen: Ich bin groß – du bist klein. Ich habe einen Namen – du bist namenlos. Ich bin ewig – du bist endlich.

Eine ebenso einschüchternde wie zweischneidige Botschaft! Denn der, der da seine Größe demonstriert, wendet sich ja an die Kleinen in Mit- und Nachwelt, bis hinunter zu dir und mir. Uns ruft er zu Zeugen seiner Taten und seines Ruhmes auf, wir haben es demnach in der Hand, ob wir seinen Anspruch bestätigen oder ihn achselzuckend in Frage stellen: »Ich, der berühmte Maxentius, ließ diese Basilika errichten« – »Entschuldigung, ich hab' das leider nicht richtig mitgekriegt – wie war noch mal der werte Name?«

Eigentlich komisch. Da haben über Jahrtausende die mächtigsten Männer der Welt Riesensummen dafür ausgegeben, nicht von denen vergessen zu werden, über die sie als je einzelnes Exemplar hohnlachend hinweggeschritten sind: Die Menge macht's! Eine Menge, welche, gerade in Rom, die Wohltaten der Weltherrscher keineswegs immer zu würdigen wußte; die deren Statuen umstürzte, die über sie nicht mal bummlige, sondern wüste Witze riß und die selbst ein so hochherziges Geschenk wie den Vier-Ströme-Brunnen auf der Piazza Navona verschmähte: »Innozenz X., Pontifex Maximus, hat den mit ägyptischen Rätselbildern beschriebenen Stein auf darunter fließenden Flüssen errichtet, damit dieser den Spaziergängern heilsame Annehmlichkeit, den Dürstenden einen Trunk und den Nachdenkenden Speise hochherzig gewähren möge«, solch wohlgesetzte Worte hatte der Pamphili-Papst in die Basis des Navona-Obelisken einmeißeln lassen. »*Pane, pane, non fontane!*« schrie das hungrige Volk seiner Kutsche hinterher: Brot, Brot, keine Brunnen. Aber zurück zu mir.

Seitdem ich mir meiner Wichtigkeit bewußt bin, gehe ich geradezu leutselig durch ein Rom, in welchem auf Schritt und Tritt jemand um meine geschätzte Aufmerksamkeit wirbt.

Nehmen wir nur Petersplatz und Peterskirche: Sechsmal teilt mir an den Kolonnaden des Bernini der Papst Alexander VII. durch Nennung seines Namens mit, er habe diesen Bau veranlaßt, sechs Wappen über den Namen bedeuten mir, daß er der berühmten Familie der Chigi aus Siena entstammt. Mich, fällt der Obelisk den Kolonnaden ins Wort, hat Sixtus V. errichtet, ein Peretti, wie ja schon das Wappen auf meiner Spitze bezeugt.

Ich, ruft die Fassade von St. Peter dazwischen, verdanke mein Hiersein der Tatkraft von »Paul V. Borghese und Römer« – und zur Sicherheit wird der Name dieses Papstes über jeder der fünf Türen wiederholt, welche in den Dom führen, dorthin, wo mächtige Pamphili-Tauben an den Pfeilern, zahllose Barberini-Bienen am Tabernakel und unübersehbare Chigi-Hügel auf dem abschließenden Kathedra-Altar daran erinnern, daß auch die Familiennamen dieser Päpste erinnert werden wollen. Und sie sind nicht die einzigen.

Das Beispiel der Großen, neben großen Werken auch noch die beiläufigste Tat zu reklamieren, hat in Rom Schule gemacht. Bekannt sind die römischen Kanaldeckel, die sich laut Inschrift S. P. Q. R. dem *Senatus Populusque Romanus* verdanken, also dem Senat und dem Volk von Rom.

So gut wie unbekannt dürfte die winzige Wasserstelle in der Nähe des Pantheons sein, über welcher eine stattliche Marmortafel davon kündet, daß S. P. Q. R. sie im Jahre 1869 von der Via Pastini Civici 13–14 hierher, an den Anfang des Vicolo della Spada d'Orlando, versetzt hatten, und zwar auf die linke Seite – ich las und lachte, freilich nicht lange.

Denn je länger ich durch Rom ging, desto häufiger wurde mir vor Augen geführt, daß sich hier nicht nur heimische Caesaren und Päpste, Beamte und Wasserwerker verewigt hatten, sondern auch fremde Dichter und Denker verewigt worden waren, also meinesgleichen: »Volfgango Goethe« an der Via del Corso 18, »L' inglese poeta Giovanni Keats« an der Piazza di Spagna und »Thomas – wieso eigentlich nicht Tomaso? – Mann« am Haus Nummer 53–60 der Via del Pantheon. Sie alle, die Dichter wie die Häuser, haben ihre Marmortafeln bekommen, das weitläufige Eckgebäude an der Via Sora aber ist, wie ein Kontrollgang im Frühsommer 1991 ergab, nach wie vor völlig tafelfrei.

Ich möchte nicht vorgreifen, da über Gestaltung und Größe solch einer Tafel einzig und allein die Comune di Roma zu befinden hat. Doch vielleicht ist es für die Verantwortlichen nicht ohne Interesse, daß ich mich dort vom März bis zum Juni des bereits erwähnten Jahres aufgehalten und im zweiten Stock dieses Hauses jenes Sonett verfaßt habe, das eigentlich gar nicht mehr in Marmor gemeißelt werden muß, da es Wort für Wort dem Marmorbruch der Sprache abgetrotzt wurde:

ROMA AETERNA

Das Rom der Foren, Rom der Tempel
Das Rom der Kirchen, Rom der Villen
Das laute Rom und das der stillen
Entlegnen Plätze, wo der Stempel

Verblichner Macht noch an Palästen
Von altem Prunk erzählt und Schrecken
Indes aus moosbegrünten Becken
Des Wassers Spiegel allem Festen

Den Wandel vorhält. So viel Städte
In einer einzigen. Als hätte
Ein Gott sonst sehr verstreuten Glanz

Hierhergelenkt, um alles Scheinen
Zu steingewordnem Sein zu einen:
Rom hat viel alte Bausubstanz.

Zeit und Ruhm

Da saß der berühmte Mann und frönte der Ambroten aller Schriftsteller-Freuden: Er dachte sich gute Kritiken für noch nicht geschriebene eigene Werke aus.

KEINE KRITIK DER KRITIK

Wenn Kritik denn schon sein muß, dann bitte so, wie sie sich Alfred Polgar einmal gewünscht hat: »Ich verlange ja nicht viel von Kritiken, die mir gelten: mir genügt es durchaus, wenn sie hymnisch sind, fanatisch in Lob und Anerkennung und so ausführlich, als hätte der Verfasser sich vom Objekt seiner Begeisterung gar nicht trennen können.«

So spricht der Künstler, der Kritiker aber hustet ihm eins, worauf den Künstler eine große Wut und die böse Lust packen, das Lager zu wechseln und die Kritik des Kritikers im Gegenzug zu kritisieren – aber halt, mein Freund! Wer wird denn gleich in die Luft gehen?!

Kunst und Kritik entspringen einer gemeinsamen Wurzel: der Anmaßung. Von niemandem berufen, maßt sich der Künstler die Fähigkeit an, die bereits seit Generationen nicht mehr faßbare Zahl der Kunstwerke um ein weiteres, vorgeblich unverzichtbares zu bereichern. Durch nichts qualifiziert, maßt sich demgegenüber der Kritiker das Recht an, darüber zu befinden, ob der Künstler aus triftigen Gründen oder schlicht anmaßend gehandelt hat.

Niemand wird zum Künstler berufen, doch wird auch keiner dazu gezwungen, diesen Beruf zu wählen. Ebensogut – und ebenso selbstherrlich – könnte er sich zum Kritiker ernennen; ein erfülltes und erfolgreiches Leben wäre ihm sicher: Kritiker werden immer gebraucht.

Nicht so Künstler. Erstens gibt es zu viele, und zweitens taugen die meisten ihrer Kunstwerke nicht allzuviel. »Nicht weniger als 8885 Novitäten aus dem Bereich der ›schönen Literatur‹ verzeichnet die Statistik des Börsenvereins für 1981«, schrieb der Kritiker Franz Josef Görtz vor zehn Jahren und schloß die Vermutung an, daß davon in sämtlichen Medien, »übers Jahr gerechnet 800 oder 900 vorgestellt und rezensiert werden, 10 % also, großzügig geschätzt«.

Jede Kritik ist demnach eine Auszeichnung, auch die kränkendste. Bitter für den Künstler, noch bitterer aber ist die Tatsache, daß von jenen 10% der wahrgenommenen Werke gut und gerne 9,9% dem Tode anheimgegeben sind, oft schon im Moment des Wahrgenommenwerdens. Schlechte Kritiken können diesen Exitus beschleunigen, gute werden ihn nicht aufzuhalten vermögen.

»Es gibt Schätzungen, daß zwischen 1750 und 1830 etwa hunderttausend Symphonien komponiert worden sind«, teilte der Komponist Georg Katzer seiner Gesprächspartnerin Sibylle Tamin im ›FAZ‹-Magazin mit, »heute sind aus dieser Zeit vielleicht noch achtzig lebendig.«

0,8 Promille also – hätte ein Musikkritiker die Produktion jener Jahre unterschiedslos verdammt, er könnte sich heute mit einer marginalen Fehlerquote brüsten: »Jo mei – des Wolferl hob i wohl etwas unterschätzt, aber sonst ...«

Jeder Künstler darf sich im Glauben wiegen, sein Werk werde dereinst zu dem einen Promille der Geretteten zählen – wenn schon anmaßend, dann aber auch richtig. Jeder Kritiker ist berechtigt, diesen Glauben zum Wahn zu erklären und dem Werk schon mal prophylaktisch sein »Ist gerichtet!« entgegenzurufen. In aller Regel wird er recht behalten; im Falle einer für ihn ungünstigen späteren Revision aber kann er damit rechnen, als notorischer Niedermacher des wider Erwarten doch lebensfähigen Geschöpfs an dessen und an der Unsterblichkeit seines Schöpfers teilzuhaben – schöner Beruf!

Wer trotz alledem nicht die Kritiker-, sondern die Künstlerlaufbahn einschlägt, hat seine Gründe. Ein offenbar unbezwinglicher Drang läßt ihn in die kritischen Wälder hineinrufen – er kann zufrieden sein, wenn überhaupt etwas herausschallt. Auf keinen Fall aber sollte der Künstler dem Wald das Echo verübeln: Er hat schließlich – und darin gleicht er Gott ebenso wie dem Lümmel von der letzten Bank – angefangen.

REZENSENTENSCHELTE

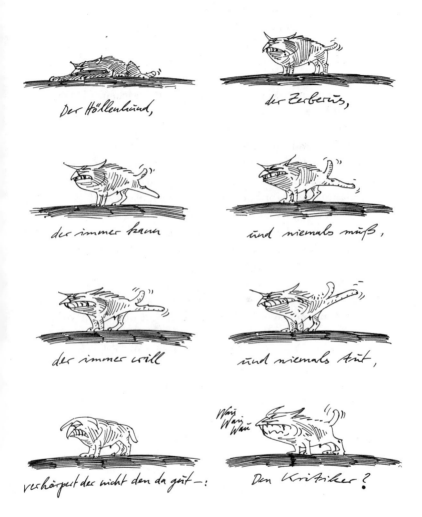

Der Höllenhund, der Zerberus,
der immer kann und niemals muß,
der immer will und niemals tut,
verkörpert der nicht den da gut —: Den Kritiker?

HEHRE STUNDEN

Weimar 1791. In seinem graugebeizten Studierzimmer sitzt Friedrich von Schiller und starrt auf ein Papier, das vor ihm neben dem Rauchverzehrer liegt. Starrt und läßt sich die Worte durch den Kopf gehen, die er wohl tausendmal gelesen hat: »... wäre es schön, wenn Sie den Geheimrat Goethe ermorden täten. 15 Dukaten könnte ich dafür lockermachen. Hochachtungsvoll Mozart.«

Goethe ermorden – ein entsetzlicher Gedanke! Einerseits. 15 Dukaten sind eine Menge Geld! Andererseits. Besonders, wenn man Professor ist und ein hungriges Maul zu stopfen hat. Und die Frau in der Küche brüllt. Vor Durst. 15 Dukaten ...! Aber dafür einen Mord begehen? Noch dazu an Goethe?

Er steht auf. Steht auf und schaut durch das Schiebefenster. Da unten hastet das fröhliche Völkchen der Weimaraner durch die Gasse. Der kleine, dicke Hölderlin immer mittenmang. Ja, die haben es gut. Und er?

Er wendet sich wieder dem Brief zu. Goethe ermorden ... Es wäre ja so einfach. Man könnte ihn ja unter irgendeinem Vorwand auf den Kölner Dom locken und den Turm vorher ansägen – nachher würde es wie ein Unfall aussehen, und die 15 Dukaten ... Fünfzehn Dukaten! Dann hätte die Schinderei endlich ein Ende. Das ewige Dichten und Trachten. Was er im letzten Jahr wieder zusammengetrachtet hatte ... Er schaudert. Und wofür? Für nichts und wieder nichts. Und das war verdammt wenig.

»Tu's doch, tu's doch«, flüstert ihm eine innere Stimme zu.

»Ich denke nicht daran«, entgegnet er barsch.

»Na, dann eben nicht«, kreischt die innere Stimme.

Wie stickig es in der Stube ist! Man könnte ja auch – da waren sie wieder, diese Gedanken! Man könnte Goethe ja auch einen vergifteten Stiefelknecht schicken, und dann ... Aber so ein Stiefelknecht kostete Geld. Viel Geld. 25 Dukaten mindestens ... Andererseits ging es schließlich um Goethe. Um seinen besten

Freund ... Goethe! Was der im Moment wohl gerade tat? Vielleicht holte er just sein Versmaß vom Hängeboden, eine ungeschickte Bewegung, es entgleitet seinen Händen und begräbt den Geheimrat unter si ...

»Papperlapapp!« Da war sie wieder, die innere Stimme!

»Willst du denn nie Ruhe geben?« schreit er sie an. »Mach ich!« lautet die Antwort.

Macht sie. Und was macht er? Er starrt immer noch auf das Papier.

»Hochachtungsvoll Mozart.« Mozart – das sah ihm ähnlich. Erst den ›Don Giovanni‹ und nun dies. Aber ... Mord? »Mord? Das ist überhaupt nicht drin, Verehrtester«, ruft er seinem imaginären Gegenüber zu. Und setzt sich.

Wie leicht ihm auf einmal um's Herz ist! Die Frau in der Küche ist auch still geworden. Hat wohl etwas zu trinken gefunden.

Schau her! So ging's also auch. Er lächelt, und da fällt sein Blick noch einmal auf den Brief. Fällt auf das P.S., das er bis dahin überhaupt nicht beachtet hatte: »P.S. Könntest du mir 20 Dukaten pumpen?«

Pumpen! Na! Da könnt' ja jeder kommen! Alsdann!

Und lachend holt er die »Ode an die Freude« aus der Schublade. Wo waren wir noch mal stehengeblieben? Götterfunken ...?

STERNSTUNDEN DER MODERNE

Pablo Picasso zeichnet seine Freundin
Pablo Pilot, die gerade von fliegenden
Fried Pablo Kniebeißer ins Knie
gebissen wird

KLEINE ERLEBNISSE
GROSSER MÄNNER

KANT

Eines Tags geschah es Kant,
daß er keine Worte fand.

Stundenlang hielt er den Mund,
und er schwieg nicht ohne Grund.

Ihm fiel absolut nichts ein,
drum ließ er das Sprechen sein.

Erst als man zum Essen rief,
wurd' er wieder kreativ,

und er sprach die schönen Worte:
»Gibt es hinterher noch Torte?«

BISMARCK

Als Bismarck eines Nachts erwachte,
da stand ein Hund auf seinem Bett,
und als er den entgeistert fragte,
was er auf ihm zu suchen hätt',
da sprach der Hund, er hab' sich in der Tür,
es tät' ihm leid, er könne nichts dafür,
da hab' er sich – und nun schwieg er verwirrt –,
»Geirrt«, ergänzte Bismarck barsch, »geirrt!«

ER NUN WIEDER

Dann wieder hört man,
der Brecht, der habe
zwar viel ge – – –,
aber nicht gut.
Sei doch ein reichlich
einfallsloser
Hacker gewesen,
Typ Hahn,
so rasch runter
wie rauf.

Aber diese ganzen Frauen dann?
Alle so schön und so
klug und so
viele?
Immer gleich drei auf einmal. Während
er es der
dritten
noch besorgte, da tippte die
zweite

die Handschriften schon
des Tages, Gedichte,
die dann die
erste
jubelndem Saal sogleich
vortrug, in welchem
schon warteten die
vierte, die
fünfte, die
sechste, so
liest man es doch
dauernd.

Dann wieder hört man –
Wo ist da nun Wahrheit?
Ich meine, das muß sich
doch feststellen lassen!
Man hat doch ein Recht
darauf zu erfahren,
womit und wodurch
und weshalb ihm die Frauen
derart. Man soll doch
von den Klassikern lernen!

WAHRHAFTIGER BERICHT ÜBER DAS BERÜHMTWERDEN.
Ein Auszug

Vom Berühmtwerden ist die Rede, von jener magischen Verwandlung des häßlichen jungen Entleins in einen prächtigen, erfahrenen Gänserich – aber ach, nicht einmal von diesem Gänsemarsch zu welchem Ruhm auch immer konnte G berichten, eher von einer gänzlich ungeordneten Springprozession, bei der er nach undurchschaubarem Muster mal zwei Schritte vor und einen zurückgewatschelt war, dann wieder einen vor und zwei zurück und so fortan.

In den späten 60er Jahren, im Berliner Lokal »Zwiebelfisch«, war einmal der Wirt mit der Frage an seinen Tisch getreten, ob er der Gernhardt sei. Ja, sei er, warum? Worauf sich der Wirt an einem Schrank zu schaffen gemacht hatte und mit einer Flasche eines sehr ausgefallenen mexikanischen Schnapses zurückgekehrt war. Da, er möge sich bedienen, er sei sein Gast. G hatte sich bedient, etwas verwundert, um hinterher von Freunden zu erfahren, der Wirt sei halt prominentengeil, woraus G den einzig möglichen Schluß zog, er selber sei von nun an prominent. War er aber offensichtlich doch nicht, denn der Vorgang hatte sich niemals wiederholt. Weder in anderen Lokalen noch im »Zwiebelfisch« selber, den er in späteren Jahren noch drei, vier Male aufsuchen sollte, war ihm jemals wieder ein Schnaps auf Prominentengrundlage spendiert worden, und er trank doch so gerne Schnaps. Dafür konnte er andere, ähnlich dubiose Erfolge verbuchen. Während eines Tanzfestes, bei dem er wie gewöhnlich nicht tanzte, hatte er einer ihm entfernt bekannten Frau, die gerade dabei war, sich nach kurzer Stärkung wieder machtvoll unter die Tanzenden zu mischen – einfach so, ohne Partner und aus keinem anderen Anlaß als dem, den schönen Körper heftig zu bewegen –, hatte er dieser Frau also, die er gerne noch etwas neben sich am Buffet gewußt hätte, die reichlich klägliche, auf jeden Fall offensichtlich nicht allzu fesselnde Frage zugerufen, sie tanze wohl gern. »Mach ich!« hatte die Antwort gelautet, welcher die Frau, nun schon fast wieder eins mit den anderen, stampfenden Leibern, noch den bemerkenswerten Zusatz angefügt hatte: »Dafür wirst du berühmt.«

Rätselhafte Worte! Wurde G dafür berühmt, daß die Frau gerne tanzte? Oder war sein Berühmtwerden eine Entschädigung dafür, daß sie sich ihm entzog? Oder sprach aus der Frau gar nicht die Frau, sondern der Weltgeist, der G auf diese Weise zu verstehen geben wollte, er möge sich nicht grämen, wenn andere im Hier und Jetzt prächtig aufglühten, ihm sei dafür, allerdings erst später, um so dauerhafterer Glanz sicher – »dauerhafter denn Erz«? Aber auf die Dauer des Ruhmes war doch gepfiffen, wenn schon das schlichte Berühmtwerden so lange dauerte und außerdem nicht einmal dazu taugte, eine Frau für die Dauer eines Abends an seine Seite zu binden. So räsonierte G, ohne freilich verhindern zu können, daß er die Worte in seinem Herzen verschloß: »Dafür wirst du berühmt!«

Aber wurde er es denn? Es dauerte lange, bis G begriff, daß er einem schrecklichen Irrtum unterlag, der vermutete, wachsender Ruhm bedeute auch wachsende Unabhängigkeit von den und wachsende Macht über die anderen. Umgekehrt wurde ein Schuh daraus: Der Berühmtwerdende geriet, vorerst zumindest, in eine immer größere Abhängigkeit. Er selber konnte seinen dereinstigen Ruhm für abgemacht und unausweichlich halten, er konnte sogar einige wenige zu Mitwissern, ja Aposteln seiner Phantasien machen, zu Jüngern, die den entmutigten Meister bei Bedarf mit eben jenen Worten wieder aufrichteten, die er selber ihnen eingegeben hatte – doch auf diese Magdalenen, Jünger und Propheten war doch ebenfalls gepfiffen. Wahre Beglaubigung konnte nur von außen kommen, von gänzlich Fremden, von den ganz anderen: »Es ist mehr Freude im Himmel über einen Sünder, der heimfindet, als über tausend Gerechte.« Aber bewegen wir uns mit solchen Analogien nicht endgültig auf Abwegen ohne Wiederkehr?

Nichts da, jetzt erst nähern wir uns dem Thema. Nicht umsonst spricht landläufige Meinung den Künstlern, vorzugsweise den Schreibern, eine Gemeinde zu. Eine Gemeinde aber taugt nichts, solange sie nicht lebendig ist, und lebendig darf sich nur eine sich ständig vergrößernde Gemeinde nennen. Die Freude, mit der die Künstler die jeweiligen Neuzugänge registrieren! Kafka, der geschmeichelt vermutet, eine Einladung endlich einmal eigener Leistung, nicht der Mittlertätigkeit Brods zu verdanken, Thomas Mann, der in seinem Tagebuch nicht einmal den Schlafwagenkellner unerwähnt läßt, der ihn als Thomas Mann erkannt hat, Benn, der seinem treuen Propheten Oelze selbst die mediokersten durchreisenden Verehrer mit Stolz vermeldet – im nachhinein fällt es leicht, die Geschmeichelten, Erwähnenden und Vermeldenden als eitel oder kindlich zu belächeln. Vor dem leuchtenden Hintergrund ihres heutigen Ruhms nimmt sich ihre damalige Ruhmsucht nur noch als liebenswerte Marotte aus, geeignet, den geradezu unmenschlichen Glanz wenigstens etwas zu mildern und für menschliche Augen erträglicher zu machen – aber damals? Da brauchten sie jeden einzelnen, um an ihrer Mission nicht irre zu werden, da aber auch konnte jeder einzelne sie an ihrem Auftrag irre werden lassen – oder irren wir uns?

Wir irren uns nicht, wir irren ganz einfach ab. Kafka, Mann und Benn – was soll'n uns diese denn? Wo wir doch von G reden wollten und davon, wie der allmählich begriff, auf welch tönernen Füßen jedweder Ruhm stand, selbst der bereits scheinbar gefestigte. Wie dann erst der ungestalt beginnende, in jedem Fall von anderen zugesprochene, auf keinen Fall einklagbare.

Einklagbarer Ruhm – Thomas Mann durfte zeit seines Lebens nicht damit rechnen, daß alle Schlafwagenkellner ihn kannten, beim gebildeten Bürger aber konnte er diese Kenntnis voraussetzen, da fiel die Schande, nicht erkannt zu werden, auf den Nichterkennenden zurück: »Bildungslücke!«

G aber durfte von einer Saarbrücker Dame, der er von seiner Saarbrücker Lesung erzählt hatte, seiner erfolgreichsten, 150 zahlende Zuhörer, straflos gefragt werden: »Sie schreiben? Muß man Sie kennen?« Mußte man natürlich nicht, weshalb G auch verbindlich gelächelt und die Frage heiter verneint hatte, insgeheim aber hätte er die Dame gerne bei der Gurgel gepackt und die Strampelnde vor das Weltgericht geschleppt, zu einer winselnden Konfession: »Ja, ich bekenne mich schuldig! ER stand vor mir und ich habe IHN nicht erkannt!«

In Momenten wie diesen sah es G geradezu als seine Pflicht an, so berühmt wie möglich zu werden. Ruhm, einstimmig und allseits bestätigter Ruhm war das einzige Reinigungsmittel, diesen unerhörten, beleidigenden Fleck wegzuwaschen. Zugleich aber wußte er natürlich, daß dieser Ruhm auf jeden Fall zu spät käme, daß die unwissende Dame ihre Schande niemals würde ermessen können. Da sie ihn gar nicht kannte, konnte sie ihn auch nicht wiedererkennen. Und selbst, wenn sie dermaleinst seinen gefeierten Namen mit der Zufallsbekanntschaft auf dem Flughafen von La Palma in Verbindung bringen sollte, so war sie immer noch entschuldigt: »Das war damals, als ihn noch keiner kannte« – anstatt sich schämen zu müssen, würde sie sich noch eine fesche Anekdote an den gealterten Hut stecken können. Und außerdem: Was war das eigentlich für ein Ruhm, der davon abhing, ob dahergelaufene Saarbrücker Damen einen kannten? Der dafür erworben werden mußte, daß die irgendwann mal ihre ganze bodenlose Ignoranz erkannten? Auf den war doch ebenfalls gepfiffen! Aber gab es überhaupt einen anderen?

Eigentlich nicht. Seiner Natur nach zielt Ruhm auf unbegrenzte Dauer und uneingeschränkte Verbreitung. Ein Künstler, der behauptet, er strebe weniger an, belügt entweder sich oder die anderen: »Saure Trauben, saure Trauben!« So, wie jede Religion weltumspannende, alle anderen Religionen auslöschende Ausweitung meint – andernfalls wäre sie keine Glaubens-, sondern lediglich Meinungssache –, so ist auch jeder Künstler ein Gott, der über die Erde wandelt, oft, ja meist unerkannt, stets aber von der tiefen Gewißheit durchdrungen, dereinst werde es allen, bei denen er vergeblich um Herberge nachgesucht hatte, wie Schuppen von den Augen fallen. Aber sind wir mit diesem Vergleich nicht dabei, uns endgültig zu verrennen?

Was heißt hier: Dabei? Wir haben uns endgültig verrannt. Denn nun stimmt ja nichts mehr. Gott, soviel weiß man, wird stets von den Armen – oder doch den Armen im Geist – erkannt, gerade in deren Kreis aber hatte G seine unrühmlichsten Stunden verbracht. Als er der Einladung gefolgt war, im Psychiatrischen Zentrum der Universität zu N. zu lesen, hatte er noch geglaubt, er könne helfen, dann aber, als er in dem halbrunden

Freizeitraum des Zentrums saß, wurde ihm bewußt, daß er selber der Hilfe bedurfte.

Zahlreiche schwarze Kunststoffstühle, die wenigsten besetzt. Die Wände mit grüner Ölfarbe gestrichen, vielfach abgestoßen. Eine Ausbuchtung des Raumes, eine Art Allerheiligstes, das durch eine Ziehharmonika-Plastikwand vom übrigen Raum abgeschirmt wurde und doch nichts weiter barg als ein Kruzifix und ein Schlagzeug: »Hier finden manchmal Andachten statt, oder es wird zum Tanz aufgespielt.« Ein Getränkeautomat. Resopaltische längs der Wand, auf denen Plastikbecher standen. Häßlicher Wandschmuck, häßliche Säulen, häßliche Beleuchtungskörper, reizende Gastgeber. Einer holte G an der Pforte ab, einer blickte mit ihm bedauernd auf die leeren Stuhlreihen – »Ich begreif auch nicht, warum nicht mehr da sind, aber das letzte Mal, bei der XY-Lesung, waren auch nicht mehr da« –, einer erbot sich, im Fernsehraum nachzuschauen: »Vielleicht hat es sich noch nicht herumgesprochen, daß hier heute gelesen wird.«

Offensichtlich hatte es sich nur zu gut herumgesprochen. Bis auf einige wenige Nachzügler fand sich niemand mehr ein, vor allem aber war da niemand, der G die Zusammensetzung seines kargen Publikums erklärt hätte – wer gehörte eigentlich zu den Pflegern? Und wer zu den Gepflegten?

G, der heitere Gedichte vorlas, viel mehr hatte er nicht anzubieten, wagte kaum aufzusehen. Sah er auf, blickte er in die erloschenen Augen dreier anscheinend depressiver Frauen. Nie waren ihm seine Scherze derart bodenlos nichtig vorgekommen. Hin und wieder lachte einer der anderen Hörer, doch das machte die Sache nur noch schlimmer. Wie konnte man angesichts dieser Frauen lachen? G war froh, als sie nach einem Gedicht, das die Kirche veralberte, aufstanden und geschlossen den Raum verließen. Er versuchte Zeit zu gewinnen und kramte eine längere Geschichte hervor, die war wenigstens nicht auf schnelle Lacher hin angelegt. Stille breitete sich aus, doch die wurde nun von einem regelmäßigen Knacken und Krachen unterbrochen.

Jemand, der hinter G stand, hatte sich von einem der Resopaltische einen Plastikbecher gegriffen, den er in regelmäßigen Abständen knackend zusammendrückte, worauf der sich wieder krachend entfaltete. Das geschah so unablässig und zwanghaft, daß G spürte, wie in ihm Tränen aufstiegen. Tränen des Zorns, des Mitleids und der Einsicht in die gebrechliche Einrichtung einer Welt, die den einen dazu zwang, heitere Geschichten zu verlesen, und den anderen dazu, die ihm innewohnende Unruhe unter allen Umständen in so peinlicher wie peinigender Weise laut werden zu lassen. Er las und las, eigentlich ein Wunder, daß sein Mund immer noch die Worte formte, die da vor ihm auf den Buchseiten standen, und nicht die, die ihm immer unablässiger durch den Kopf gingen: Daß er bei der Abfassung der Geschichte ja auch lediglich einem Zwang gefolgt sei, dem, sich bemerkbar zu machen. Daß er hier, der Lesende, und der da, der Knackende, doch eigentlich Brüder seien, vereint im Bestreben, sich anderen, koste es was es wolle, mitzuteilen. Daß ihrer beider Wahn nur graduell, nicht substantiell unterschieden sei. Und doch war unbestreitbar, daß nicht der Lesende den Knackenden, sondern der Knackende den Lesenden bei seiner Tätigkeit störte. Wenn der doch nur nicht so knacken würde! Nun war G bereits bei jenen Passagen angelangt, die erfahrungsgemäß die ersten Lacher auslösten, statt der Lacher aber erntete er nur Knacker. Wie gelähmt las nicht nur er, saßen auch die Zuhörenden. Alles ebenfalls Verwirrte? Oder Kundige, die wußten, daß es kein Gegenmittel gegen die Obsession des mechanisch Lärmenden gab? G, der sich längst in sein Schicksal ergeben hatte und immer hastiger den Zeilen folgte, schreckte auf, als einer der Zuhörenden in sein Lesen rief: »Herr Doktor, könnten Sie das Knacken nicht unterlassen?« Da erst wagte er, hinter sich zu blicken, und sah dort einen rundlichen Mann in weißem Kittel stehen, der fast beleidigt den Plastikbecher auf den Resopaltisch stellte. Wut stieg in G hoch. Wie viel vertane Anteilnahme! Welch verschwendete Feinfühligkeit! Den Rest des Abends hielt Gs Wut an, weder der freundliche, wenn auch dünne Applaus noch der anschließende Umtrunk in rustikalem Ambiente konnten sie gänzlich dämpfen. Daß ihm so mitgespielt worden war! Aber wurde ihm nicht ständig so mitgespielt?

SOMMERERINNERUNG

ferne schwammen wir drei im kühlen See ...

Ich   der Tod und der Teufel.

VI
GOTT UND DIE WELT

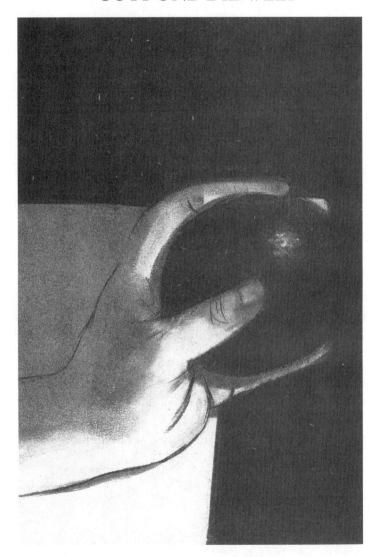

Guter Gott

LETZTE FRAGEN

GEBET

Lieber Gott, nimm es hin,
daß ich was Besond'res bin.
Und gib ruhig einmal zu,
daß ich klüger bin als du.
Preise künftig meinen Namen,
denn sonst setzt es etwas. Amen.

ICH SPRACH

Ich sprach nachts: Es werde Licht!
Aber heller wurd' es nicht.

Ich sprach: Wasser werde Wein!
Doch das Wasser ließ dies sein.

Ich sprach: Lahmer, Du kannst gehn!
Doch er blieb auf Krücken stehn.

Da ward auch dem Dümmsten klar,
daß ich nicht der Heiland war.

SCHÖPFER UND GESCHÖPFE

Am siebenten Tage aber legte Gott die Hände
in den Schoß und sprach:

Ich hab vielleicht was durchgemacht,
ich hab den Mensch, den Lurch gemacht,
sind beide schwer mißraten.

Ich hab den Storch, den Hecht gemacht,
hab sie mehr schlecht als recht gemacht,
man sollte sie gleich braten.

Ich hab die Nacht, das Licht gemacht,
hab beide schlicht um schlicht gemacht,
mehr konnte ich nicht geben.

Ich hab das All, das Nichts gemacht,
ich fürchte, es hat nichts gebracht.
Na ja. Man wird's erleben.

MASKENMENSCHEN

Wir haben alle Masken auf

maskiert gehn wir durchs
Leben

zu wissen, was dahinter
steckt

ist einzig Gott gegeben.

LICHTENBERGS VERDACHT

Ich glaube kaum, daß es möglich sein wird
zu erweisen, daß wir das Werk eines
höchsten Wesens, und nicht vielmehr
zum Zeitvertreib von einem sehr unvoll-
kommenen sind zusammengesetzt worden.

Text: Georg Christoph Lichtenberg

Böse Welt

KINDER – MAL HERHÖREN!
Vorschläge für ein zeitgemäßes Lesebuch der zweiten Klasse

Weihnachten
Ich bin Erika.
Jetzt kommt Weihnachten.
Ich schenke Vati ein Tischfeuerzeug zu 22.50 DM.
Vati schenkt Michael Tennisschläger zu 22 DM.
Michael schenkt Mutti eine Schälmaschine zu 19.70 DM.
Mutti schenkt mir Schallplatten im Wert von 18 DM.
4.50 DM muß ich noch bekommen.
Von wem?
Ich bin so gespannt auf Weihnachten.

Ratenzahlung
Hört mal zu, Kinder. Ich bin Karlchen.
Dieter hat mir sein Schwesterchen verkauft.
Ich zahle es in Monatsraten zu 20 Pfennig ab.
Wenn ich 25 bin, gehört mir Dieters Schwesterchen.
Dann werde ich es heiraten oder gebraucht weiterverkaufen.
Außerdem stottere ich einen Fußball, einen Roller und einen Dauerlutscher ab.
Manchmal gehe ich sorgenvoll zu Bett.
Aber Vati hat es bis jetzt auch immer geschafft.

Fernsehen
Neues von Karlchen.
Jede Nacht um elf stehe ich auf und gehe ins Wohnzimmer.
Ich schalte den Apparat ab.
Ich wecke Vati und Mutti und bringe sie ins Bett.
Seit wir Fernsehen haben, ist es bei uns viel gemütlicher.

GASTARBEITER
Michael und ich gehen zum Bahnhof.
In der Halle sind viele Männer.
Sie reden und singen.
Michael und ich verstehen kein Wort.
Vati sagt, daß das die Italiener sind.
Er sagt, daß sie faul, klein und dreckig sind.
Mutti sagt, daß sie aufdringlich sind.
Seit zwei Wochen ist ein Italiener bei Vati in der Firma.
Er ist sauber, fleißig und aus Spanien.
Mutti ist dreimal am Bahnhof gewesen.
Niemand hat sie belästigt.
Jetzt sind Vati und Mutti sauer.
Sie sage: »Das ist typisch für die Italiener.
Sie verstellen sich alle.«

(1962)

EIN KRAFTWORT WIRD SIEBZIG

Daß die Satire alles darf, wird belegt durch die Wirkungsgeschichte der tollkühnen Behauptung Tucholskys: »Was darf die Satire? Alles.«

Als er sie 1919 niederschrieb, für die ›Weltbühne‹, als pointierenden Abschluß des Beitrags »Was darf die Satire?«, war Tucholsky eigentlich bereits alt genug, um zu wissen, daß dem Satiriker wie jedem Kritiker Grenzen gesetzt sind: Weder darf seine Büchse zu niedrig zielen, indem er objektive Vorgänge auf subjektive Faktoren verkürzt, noch darf sie streuen, indem statt eines überschaubaren Zusammenhangs gleich die ganze Welt in ihrer totalen Verderbtheit an- und abgeschossen werden soll. Was die Satire sonst noch alles nicht darf, mag sich jedes wahrheitsliebende Hirn selber ausmalen, doch wie differenziert und facettenreich dieses Bild immer ausfallen mag, seine vieldeutige

Farbenpracht verblaßt schlagartig neben der grellen Eindeutigkeit des Tucholskyschen Holzschnitts: »Was darf die Satire? Alles.«

Ein Holzschnitt? Eigentlich schon zuviel der Ehre. Eher ein Holzhammer. Einer von der Sorte »Right or wrong – my country« oder »Vive la France!« oder »Deutschland, Deutschland über alles«.

Einer derjenigen Holzhämmer also, die der Specht der Satire von Berufs wegen auf weiche Stellen und faules Denken hin abklopfen müßte, und doch hat kein Satiriker je in diesen Spruch gehackt, und vermutlich wird dies auch keiner nachholen. Wieso nicht?

Weil kein Satiriker dem anderen ein Holzauge aushackt? Weil alle Satiriker aus schierem Eigeninteresse ihre Schnäbel einziehen, wenn einer der ihren, einer der berühmtesten zumal, allen Satirikern den Freibrief ausstellt, als Satiriker dürften sie alles? Gar weil sie glauben, Tucholsky hätte recht?

All das mag mitspielen, doch die Sprachlosigkeit, mit welcher die doch sonst nicht mundfaulen Satiriker Tucholskys Kraftwort bisher unkommentiert im Raum haben stehen lassen, hat, glaube ich, vor allem damit zu tun, daß ihnen der Erfolg des Diktums die Sprache verschlagen hat.

Landauf, landab ist mittlerweile keine Diskussion über einen satirischen Text oder die Satire als solche mehr denkbar, ohne daß er mit »Was darf die Satire? Alles« eingeläutet, unterbrochen oder ausgeleitet wird. Nicht nur in der Öffentlichkeit!

Hinter irgendeiner Schulmauer, einer Universitätswand, einer Funkfassade oder einem Gerichtsportal in diesem unserem Lande wird Tucholsky wohl tagtäglich zitiert, und bisher ist kein Fall bekannt geworden, daß ein Lehrer, ein Professor, ein Intendant oder ein Richter aufgestanden wäre und »Gar nichts darf sie, die Satire!« gerufen hätte oder doch wenigstens »Wissen Sie, was die Satire mich kann? Alles!« Diese Zurückhaltung hat, vermute ich, ebenso mit der einschüchternden Eindeutigkeit des Spruchs zu tun wie mit der respektheischenden Zweideutigkeit des Sprechers. War der doch Jude und Deutscher, Satiriker und Jurist, Kämpfer und Flüchtling, Fremdkörper und Selbstmörder. Und dann hat er auch noch recht behalten!

Wer hat die rechte Reaktion bekämpft? Tucholsky. Wer hat die linke Laxheit gegeißelt? Tucholsky. Wer hat vor Hitler gewarnt? Tucholsky. Was darf Tucholsky? Alles.

Für dieses Privileg mußte er teuer bezahlen, mit Heimat, Lachen, Leben. Kraft all dieser Opfer hat er sie alle geadelt: sein Kraftwort, sein Werk, ja seine ganze Zunft. Den Satirikern sollte Tucholskys Kalenderspruch daher Ansporn und Mahnung in einem sein. Wäre er abgewogen gewesen – »Was darf die Satire? Alles, was die Würde des Mitmenschen, speziell der Frau, des Kindes oder die des ... (nach Belieben auszufüllen) nicht in unzumutbarer Weise verletzt etc.« –: Keiner wüßte mehr von ihm.

Seine Unausgewogenheit aber macht ihn nicht nur zu einem derart vielfältig verwendbaren Prügel wider Verächter und Feinde der Satire, seine jeglichen Widerspruch niederwalzende Eindeutigkeit verrät zugleich alle Tugenden der Satire und des Satirikers: den Witz, den Zweifel, den Hohn. Wer seinen Scherz treibt mit Geboten wie »Ich bin der Herr, dein Gott«, mit Parolen wie »Die Partei hat immer recht«, mit Slogans wie »Gold ist Liebe«, der dürfte sich nicht im Ernst mit einem solchen Kraftwort wappnen. Und doch wird es auch in den nächsten siebzig Jahren immer dann unverzichtbar sein, wenn es wieder einmal gilt, die Vertreter von Kirche, Staat und Konsum zurückzuschlagen und in ihre Schranken zu verweisen, sei es im geistigen Kampf, sei es in der juristischen Auseinandersetzung, da es genau die Sprache spricht, die diese Holzköpfe verstehen:

»Was darf die Satire? Pfeiffer?«
»Alles, Herr Direktor!«
»Richtig! Setzen!«
Na denn: Prost auch, verehrter Jubilar! Ad multos annos!

(1989)

GANZ SCHÖN ZEITKRITISCH

DIE STELLVERTRETER

Millionen Fernsehzuschauer wurden Zeugen, wie sich Papst Johannes Paul II. am Weihnachtsdienstag »unter vier Augen« (›Abendpost‹) mit seinem Attentäter Ali Agca traf. »Zwanzig Minuten lang sprach er mit ihm ›wie mit einem Bruder‹ allein in der Zelle, während das Wachpersonal und die Begleiter des Papstes vor der Tür warteten« (›FAZ‹).

»Die Zellentür blieb dabei offen« (›Abendpost‹) – anders hätte das bewegende Zusammentreffen wohl auch kaum gefilmt werden können. Doch worüber wurde dabei geredet? »›Was wir uns gesagt haben, ist ein Geheimnis zwischen ihm und mir‹, wies der Papst Journalisten-Fragen nach Einzelheiten zurück« (›Abendpost‹). Eine Auskunft, mit der sich unser Chefreporter Frieder Findig unmöglich zufriedengeben konnte. Und er schaffte das Unglaubliche – frage uns keiner wie, das bleibt ein

Geheimnis zwischen ihm und uns –, hier jedenfalls ist es, das Original-Protokoll des Original-Geheimgesprächs des Original-Opfers des Türken mit seinem Original-Attentäter:

Papst Friede sei mit dir, mein Sohn. *Er schaut sich um.* Nett hast du es hier. Eine saubere Zelle, gutes Licht – das kann alles so bleiben.

Ali Du bleiben?

Papst Nein, nein, ich muß gleich weiter. Wir wollen hier nur etwas drehen.

Ali Ich drehen? *Er dreht sich.*

Papst Du doch nicht. Und schon gar nicht zum Flur. Da steht doch die Kamera.

Ali Kamera? *Er schaut zum Flur.*

Papst Nein, nein, nein! Du sollst nicht in die Kamera schauen. Schau mich an. Oder nein – schau auf den Boden. Na komm, senk den Kopf etwas, mein Sohn, und noch etwas … und noch etwas … Halt, halt, halt! Senken habe ich gesagt, nicht hängenlassen. Ehrfürchtig und schuldbewußt soll's ausschaun, aber nicht verzweifelt. Schließlich hast du ja allen Grund zur Freude.

Ali Du Freude?

Papst Nein, du. Ich bin nämlich der Papst, falls dir das entgangen sein sollte. Und wo immer ich hinkomme, freuen sich die Leute. Manche warten sogar stundenlang, nur um mich zu treffen. Aber wem sage ich das alles?!

Ali *sich umblickend* Wem sagen?

Papst Dir natürlich. Und guck nicht so in der Gegend rum, das verwirrt die Zuschauer nur. Wir sind schließlich allein in der Zelle. Also, mein Sohn, was hast du mir zu sagen?

Ali *sich umblickend* Sagen? Wem sagen?

Papst Ali, sei so gut und halte für einen Moment still. Versuch mal, ganz ruhig irgendwohin zu gucken – meinetwegen auf mein Kreuz.

Ali Kreuz gucken? *Er versucht, um den Papst herumzugehen.*

Papst Ach was! Nicht das Kreuz hinten, Kreuz vorn. Brustkreuz. Du sollst mein Brustkreuz anschauen! Ja, das hier. Das blickst du jetzt an, und dann sagst du irgendwas.

ALI Was sagen?

PAPST Na, was wohl? Irgendwas Zerknirschtes. Du bist doch zerknirscht – oder?

ALI Wer knirscht?

PAPST *Zer*knirscht! Paß auf: Du hast auf den Papst geschossen, und nun hast du lebenslänglich und sitzt in deiner Zelle im römischen Gefängnis Rebibbia und bereust deine Tat, und auf einmal geht die Tür auf, und wer kommt herein?

ALI Der Fernseh?

PAPST Nein, der Papst. Und er kommt, um dir unter vier Augen zu verzeihen. So, wie seinerzeit unser Erlöser seinen Häschern verziehen hat: Herr vergib ihnen, denn sie wissen nicht, was sie tun.

ALI Sie nicht wissen, was tun?

PAPST Ich? Ich weiß genau, was ich tue. Aber du, mein Sohn, du scheinst immer noch nicht zu wissen, was hier gespielt wird. Also hör noch mal gut zu: Ich bin der Stellvertreter Christi auf Erden, und du bist der Stellvertreter der Häscher unseres Heilands. Und damit die Leute sehen, daß das Wort Christi noch lebendig und der Papst sein rechtmäßiger Nachfolger ist, werde ich dir jetzt ganz heilandmäßig unter vier Augen vergeben – klar?

ALI Geben? Was geben? Zigaretten?

PAPST *Ver*geben! Na mach schon, mein Sohn! Jetzt stehen wir hier bald zwanzig Minuten rum – wenn wir so weitertrödeln, kommen wir nicht mehr in die Abendnachrichten. Also: Du schaust jetzt betreten zu Boden und sagst irgendwas Zerknirschtes, dann lächle ich und fasse dich am Arm, dann blickst du langsam, leicht ungläubig hoch, und dann schauen wir uns brüderlich an. Alles klar? *Pause.* Ob das klar ist?

ALI *nickt*

PAPST *zur Kamera* Alles klar – wir können!

Klappe. Ali schaut betreten zu Boden, er murmelt etwas, der

Papst lächelt und faßt ihn am Arm, Ali blickt langsam und leicht ungläubig hoch, beide schauen sich brüderlich an.

REGISSEUR *vom Flur* Sehr schön ... Und weiter anschaun ... brüderlich weiter anschaun ... Ja ... Und wenn Eure Heiligkeit jetzt Ali die Hand geben könnte ... Ja ... so ... Und du, Ali, du kniest jetzt mal nieder ... Jawohl – du knien ... Und tiefer ... Bis auf Boden knien ... Und jetzt Ring küssen ... Den Papstring natürlich ... Jaa ... Und küssen ... Und noch etwas küssen ... Danke! Wunderbar. Gestorben!

PAPST Haben wir's? *Nachdenklich.* Das mit dem Knien und Küssen würde ich schneiden. Etwas zu dick – oder?

ALI Ich dick?

PAPST Nein, nein. Gut schaust du aus. Gehab dich wohl, mein Sohn. Pax tecum. *Ab*

»Am Schluß des aufsehenerregenden Gesprächs kniete Agca nieder und küßte den Bischofsring des Papstes« (›Abendpost‹).

»Zum Ende des Gesprächs soll Agca vor dem Papst niedergekniet haben« (›FAZ‹).

(1984)

WARUM ICH NICHT GERN SATIRIKER BIN UND MICH NUR UNGERN ALS SOLCHEN BEZEICHNET SEHE
Ein Nachwort. Keine Satire

> *»Satire, lat. satura = 1. mit verschiedenen Früchten gefüllte Opferschale ...«* GERO VON WILPERT, ›SACHWÖRTERBUCH DER LITERATUR‹

Irgendeinen Grund, irgend etwas nicht sein zu wollen, findet sich immer. Wenn aber jemand sieben Gründe dafür hat, dann sieht die Sache schon anders aus. So nämlich:

Erstens: Die toten Satiriker

Welche Kämpfe! Welche Leiden! Welche Anfeindungen! Welche Tode!

Heine, der nach jahrelanger Qual im Exil der Pariser Matratzengruft stirbt; Panizza, der im Irrenhaus endet; Mühsam, der sich im KZ erhängt; Tucholsky, der im schwedischen Exil Veronal nimmt – alles Männer, deren Witz blutigen Ernst zur Folge hatte. Als Ossietzky wegen eines Artikels, den er als Chefredakteur der ›Weltbühne‹ zu verantworten hatte, ins Gefängnis mußte, nannte Tucholsky das in der ›Weltbühne‹ die »Quittung für gute Arbeit«. Demselben Tucholsky wird noch heute von Kritikern tadelnd vorgehalten, daß er, der Gesellschaftskritiker, Maßanzüge und teures Porzellan geschätzt habe. Ein Glück, daß er wenigstens Selbstmord gemacht hat, man wüßte ja sonst gar nicht so recht, ob seine Satiren eigentlich ernst zu nehmen sind. So freilich ...

Dabei sind sich Tucholsky und seine Kritiker im Prinzip einig: Das Werk der Zeitkritiker und Satiriker fällt erst dann so richtig ins Gewicht, wenn ihre häufig doch recht leichtfertigen Produkte durch ein schwieriges Leben, vor allem aber durch einen schweren Tod beglaubigt und geadelt werden. Alles weder süß noch edel – wer wollte sich ein solches Schicksal zum Vorbild nehmen? Wer – sofern ihm sein Leben lieb ist – diesen Unglücklichen nacheifern?

Zweitens: Die lebenden Satiriker

Welch schillernder Haufen! Die erträglicheren sind verhinderte Künstler, die noch erträglichen verhinderte Lehrer, die unerträglichen verhinderte Heilige. Keiner von ihnen hat wenigstens eines jener Fächer studiert, dessen Kenntnis ihn dazu befähigen würde, wenigstens etwas von dem zu begreifen, was läuft – Jura, Volkswirtschaft, meinetwegen auch Atomphysik –, fast alle stammen sie aus dem trüben Bodensatz der Geisteswissenschaften, der Kunstakademien oder der Schauspielschulen. Wie kommen die eigentlich dazu, dieser Zeit, deren Gesetze und Spielregeln sie nicht kennen geschweige denn durchschauen können, die Leviten lesen zu wollen?

Doch sie wollen noch mehr, zumindest die verhinderten Heiligen unter ihnen. Sie wollen verfolgt werden wie richtige Märtyrer, wobei sie sich mangels richtiger Verfolgungen durchaus auch mit weniger zufriedengeben. Da genügt es, daß irgendeine Fernseh-Satiresendung wegen irgendeines Wahltermins verschoben wird, um diese Satiriker in der nächsten Fernseh-Satiresendung eine Sendung lang darüber Klage führen zu lassen, daß die letzte Fernseh-Satiresendung verschoben wurde. Sonderbare Heilige! Und kein Wunder, daß Wolfgang Neuss als Oberheiliger durchgeht. Die leere Wohnung, die langen Haare, die fehlenden Zähne weisen ihn deutlich als geradezu jesusmäßiges Opfer aus. Bei so viel ikonographischer Evidenz wird die Frage nichtig, wer denn dieses Opfer auf dem Gewissen habe. Ein Schuldiger wird sich schon finden lassen – im Zweifelsfalle war es mal wieder die Gesellschaft. Aber apropos Gesellschaft: Wer möchte sich eigentlich in der oben skizzierten Gesellschaft der Gesellschaftskritiker wiederfinden? Wer mit ihnen in einen Topf geworfen werden?

Drittens: Die Leser der Satire

Welch liebenswerte Zeitgenossen! Wie kritisch sie sind! Wie teilnehmend! Wie wach!

Ich jedenfalls habe sie alle gern, und auch sie können mich alle gern haben: Der Werber, der tagsüber Hirn und Herz dafür opfert, daß mehr Intim-Sprays oder Bandnudeln verkauft werden, und der mir abends im Lokal mitteilt, er werde als der radikale Linke, der er bekanntlich sei, das von mir mitverantwortete Blatt bald nicht mehr kaufen, wenn es nicht unverzüglich schärfer werde, speziell in gesellschaftspolitischer Hinsicht.

Oder der Jugendliche, der offenbar das erstemal in seinem Leben etwas von Atomraketen gehört hat und nun zur Feder greift, um mich bohrend zu fragen, wieso ich dagegen noch nicht Stellung bezogen hätte.

Oder die Frau, die mir nach einer Lesung vorhält, ich mache mich der Frauenfeindlichkeit mitschuldig, solange ich an diesem eindeutig frauenfeindlichen Heft mitarbeite – in der letzten Nummer sei gar der Frauen- noch die Ausländerfeindlichkeit beigesellt worden, da eine nackte, deutsche Frau einem nackten, erfreuten Ausländer auf einem schändlichen Titelblatt die beleidigenden Worte »Ausländer rein« zugerufen habe, somit gleich zwei reaktionäre Vorurteile bestätigend: daß es erstens die deutschen Frauen gerne mit Ausländern und daß es zweitens die Ausländer gerne mit deutschen Frauen trieben.

Wird gemacht, wir werden schärfer, sage ich dem Werber und denke: Werde erstmal selber schärfer, du Sack.

Richtig, zu den Atomraketen sollten wir mal was machen, schreibe ich dem Jugendlichen und denke: Ich war schon dagegen, daß Menschen mittels Raketen totgemacht werden, da warst du noch gar nicht auf der Welt, du Grünschnabel.

Das tut mir aber leid, daß wir uns derart mißverständlich ausgedrückt haben, antworte ich der Frau und denke: Schon mal was von uneigentlichem Sprechen, Ironie oder gar Parodie gehört, Verehrteste? Nein – nicht wahr?

Und da ich schon beim Denken bin, denke ich gleich weiter: Daß die alle nicht denken, stutzen, lachen oder sich wenigstens an ästhetisch gelungenen Lösungen freuen, sondern glauben wollen. Daß die noch den schwächsten und ältesten satirischen Dreh gutheißen, wenn er nur ihre ohnehin schon felsenfeste Meinung noch ein bißchen untermauert. Daß sie gerne einer Gemeinde angehören würden, der Gemeinde der Unangepaßten zwar, aber doch bitte sehr einer mit klarer Satzung, klaren Glaubensartikeln, klaren Riten und klaren Emblemen. Und daß die ausgerechnet vom Satiriker erwarten, daß der ihnen das alles frei Haus liefert, in Texten oder Bildern, denen nach Möglichkeit jedwede gedankliche oder artistische Zweideutigkeit fehlen sollte – als ob es nicht genügend Buttons, Aufkleber, Parteiprogramme oder Heilige Schriften gäbe, die solche Wünsche viel besser erfüllen.

Welcher denkende Mensch möchte sich zum Befriediger derart schlichter Bedürfnisse reduziert sehen? Wer diesen Ansprüchen entsprechen?

Viertens: Die Anlässe der Satire

Welch ein ständig wiederkehrender Unfug! Welch ein Unfug, sich auf diesen monotonen Unfug einzulassen! Welch eine Abhängigkeit von denen, die den laufenden Unfug produzieren!

Das begeisterte Hecheln der Satiriker, wenn irgendein Politiker mal wieder – endlich! – irgendeinen habhaften Scheißdreck abgesondert hat: »Man kann nicht immer mit dem Grundgesetz unter dem Arm herumlaufen« (der Ur-Ur-Ur-Innenminister Höcherl anläßlich irgendeines Ur-Ur-Ur-Skandals); »Pinscher und Uhus« (der Ur-Ur-Kanzler Erhard anläßlich kritisierender Literaten); »Ratten und Schmeißfliegen« (der amtierende bayrische Ministerpräsident Strauß aus gleichem Anlaß): Wie automatisch sich da die spitzen Federn in Bewegung setzen! Wie pausenlos sie dem einen beleidigenden Bild ungezählte paraphrasierende Bilder, Pointen, Szenen und Anspielungen folgen lassen!

Wo doch jeder auch nur etwas Hellere dieser Federschwinger um die Komplizenschaft zwischen ihm da unten und denen da oben wissen müßte. Je plakativer der von oben kommende Scheiß, desto einfacher die untergeordnete Drecksarbeit. Das zeichnet und schreibt sich doch alles wie von selbst, all die Uhu-, Pinscher- und Rattenwitze – ein Jammer, wenn das Publikum allmählich denn doch zu gähnen beginnt und die Satiriker sich gezwungen sehen, schwanzwedelnd auf den nächsten Happen zu warten ... da endlich!

Schon gehört: Geißler hat den Pazifismus der 30er Jahre für Auschwitz verantwortlich gemacht!

Nein!
Doch!
Und wieder machen sich allüberall die Federn an die Arbeit ...
Und das sind noch die Highlights! Der Satiriker-Alltag ist weit glanzloser: in regelmäßigen Abständen schwappen die jeweiligen Wellen in sein Arbeitszimmer; je häufiger, desto ununterscheidbarer umspülen ihn die sich ständig wiederholenden Geheimdienst-, Giftmüll- und Abhörskandale, die Mode-, Schlager- und Sexualtorheiten, die Dichter- und Denker-, die Richter- und Henkerjubiläen. Wer seinen kritischen Griffel früh genug in Bewegung gesetzt hat, der kann ab Mitte Vierzig von der Substanz leben: Er wird in seinen Schubladen zu fast jedem Anlaß irgendeinen Scherz finden, der sich problemlos neu eintüten und auf den satirischen Markt werfen läßt.

Da werden die Komplizen fast zu Kompagnons – Frau Strauß hatte gar nicht so unrecht, als sie von den Karikaturisten anteilige Prozente an deren Einkünften aus Strauß-Karikaturen forderte: Der ist doch schon rein äußerlich die Karikatur seiner selbst! Von seinen Äußerungen ganz zu schweigen!

Zusammenhänge, die selbst den oberflächlicheren unter den Satirikern einleuchten müßten. Und nur von diesen war bisher die Rede, nicht von jenen, die um viel tiefere Verstrickungen wissen, die sich ihrer untergründigen Affinität zu all dem Bösen bewußt sind, das sie da mit aller ihnen zur Verfügung stehenden Bosheit sezieren. Wär' nicht ihr Auge rattenhaft, es könnte all die Ratten gar nicht erblicken, die das Gros ihrer Zeitgenossen so erfolgreich übersieht, da es sein Auge auf Höheres zu richten imstande ist, auf höhere Werte, höhere Wesen, höhere Einkommen. Wer wollte nicht mit ihnen zu diesen Höhen aufschauen können?

Fünftens: Die Mittel der Satire

Welch ehrwürdiges Instrumentarium! Während ganze Kunstformen erblühten und erloschen – das Epos –, während andere

Gattungen ihre Mittel und Ausdrucksformen auf ungeahnte Weise verfeinerten oder ausweiteten – das Gedicht oder der Roman –, bedient sich die Satire seit Jahrtausenden der gleichen Methoden, um ihre seit Jahrtausenden unveränderte Botschaft halbwegs unterhaltend an den Mann zu bringen.

Immer nämlich ist die Satire dagegen – was immer ihr Anlaß sein mag –, und immer schon stand sie vor dem Problem, diesen kaum überraschenden Befund dem selten überraschten Zuhörer oder Leser schmackhaft zu machen. Probatestes Mittel, ebenfalls seit immer und ewig: das Sichdummstellen – »Kinder und Narren sagen die Wahrheit«. Erprobteste Haltung: das Dasgegenteilvondemsagenwasmaneigentlichmeint, speziell aber das Sotunalsobmandaslobtwasmaneigentlichtadelt – »Denn Brutus ist ein ehrenwerter Mann«.

Eine Haltung, die geeignet ist, schlichtere Gemüter, speziell Zensoren, nicht aber wachere Leser zu täuschen. Ein Dreh, der nie frei von Koketterie war und der vollends unerträglich wird, wenn der Satiriker seiner Satire auch noch den Hinweis »Keine Satire« aufpappt.

Je bewußter dem Satiriker ist, daß der Erkenntniswert seiner Satire zu wünschen übrigläßt, desto dringlicher sieht er sich vor die Aufgabe gestellt, wenigstens den Unterhaltungswert seiner Arbeit zu steigern: »Es hat mir wollen behagen, mit Lachen die Wahrheit zu sagen.«

Hoffentlich lacht auch jemand mit. Und hoffentlich ist deutlich geworden, daß Juvenals so häufig wie gedankenlos bei jedem sich bietenden Anlaß nachgeplappertes »Es ist schwierig, keine Satire zu schreiben« die haltloseste Äußerung zum Thema Satire darstellt, die ein Satiriker jemals in die Welt gesetzt hat. Natürlich war es schon immer schwieriger, eine Satire zu schreiben, als es bei keiner zu belassen – eine gute Satire, versteht sich, die schlechten sind ja nicht einmal der Rede wert –, und selbstverständlich gilt das besonders für jene Fälle, bei denen der wohlmeinende Laie gutgläubig Juvenal zitiert: Also das muß doch ein gefundenes Fressen für euch Satiriker sein!

Was? Nun – zum Beispiel die vom ›Stern‹ veröffentlichten gefälschten Hitler-Tagebücher. Stimmt – keine Satirikerphantasie hätte eine derartige Mixtur von Scheckbuchjournalismus, Publicitygeilheit, verblendeter Selbstgerechtigkeit der Protagonisten und verstörender Widerwärtigkeit des Anlasses auch nur zu träumen gewagt. Nur – dem Traum, der da wahr wurde, hatte er eigentlich nichts hinzuzufügen. Wie noch etwas zur Kenntlichkeit entstellen, dessen wahre Natur bereits der Dümmste erkannt hat? Warum noch den Ruf »Der Kaiser ist ja nackt!« anstimmen, da doch die ›Stern‹-Caesaren bereits, für jedermann sichtbar, knallrot an ihren Pimmeln nesteln? Weshalb noch – Themawechsel – die Logik der Hochrüstung des Wahnsinns überführen, da der doch auf der Hand liegt, nicht nur auf Kinder- oder Narrenhänden, sondern auf jeglicher, die noch imstande ist, irgend etwas zu begreifen: Selbst der ehemalige Verteidigungsminister Hans Apel blickte schaudernd auf die Sandkastenspiele zurück, zu denen ihn technikberauschte Generäle und sachzwangbesoffene Technokraten während seiner Amtszeit verführt hatten.

Wozu da noch nach Pointen suchen, wo bereits alles auf den Punkt gebracht worden ist?

Sechstens: Die Folgen der Satire

Was für verschwendeter Ingrimm! Welch vertaner Witz! Wieviel vergebliche Scharfzüngigkeit!

Lächerlichkeit tötet? Dann müßte sich der Satiriker von Leichenbergen umgeben sehen. Doch die, die er lächerlich zu machen versucht, strotzen nicht nur vor Gesundheit, sie nehmen ihm mehr und mehr die Arbeit ab, indem sie sich immer ungenierter der öffentlichen Lächerlichkeit preisgeben. Die Öffentlichkeit aber sieht's ganz anders. Wenn der Bundespräsident mit den Fischer-Chören um die Wette singt, dann ist das: volkstümlich. Wenn der Kanzler zugibt, daß er weiterhin zu seinem Verteidigungsminister halte, obwohl er sich in bezug auf dessen Qualifikation geirrt habe, so ist das: menschlich. Wenn in immerwährenden Talkshows Künstler und Kurtisanen, Schnapsfabrikanten und Schamanen, Politiker und Playboys, Theologen und Transvestiten, Außenseiter und Innenminister gemeinsam dafür sorgen, daß sich jeglicher Inhalt, jedweder Wert und jeder denkbare Unwert derart ununterscheidbar mischen, daß daraus jene ekle Dauerwurst entsteht, die dem Publikum zu jeder Tageszeit scheibchenweise serviert werden kann, so heißt man das: mediengerecht.

Diesem flüchtigen Medium aber kann auch der schnellste Witz nicht auf den Fersen bleiben. Kaum hat er sein Erschrecken über eine Schrecklichkeit in Worte gefaßt, so sieht er sich bereits von neuen, weit schrecklicheren umgeben. Ein Bild schwallt mehr als tausend Worte – der Igel Bild ist daher immer schon da, während sich der Hase Wort längst schweratmend in den Acker krallt: nichts läuft mehr.

Als Karl Kraus der Dummheit und Phrase seiner Zeit auf den Hacken war, da trat noch ein Wortmächtiger gegen das – wenn auch zahlenmäßig weit überlegene – Wort der Dummen und Phrasendrescher an. Da konnte er noch auf einen halbwegs fairen Ausgang des Rennens hoffen: Das bessere Wort möge gewinnen. Heute jedoch? Da haben die traditionellen Wort-gegen-Wort-Scharmützel, sprich: Presse-Satire, Presse-Parodie, Presse-Polemik bereits etwas rührend Nostalgisches, wie Ritterspiele oder Schnauferlrennen. Die Attacken der Satiriker auf elektronisch vermittelte Inhalte aber gleichen jenem Angriff polnischer Lanzenreiter, die sich zu Beginn des Zweiten Weltkrieges den deutschen Panzern entgegenwarfen: Sie sind zwar heldenhaft, jedoch derart vergeblich, daß sie letztlich von dem zeugen, was da unter anderem aufgespießt werden soll: von Torheit.

Folgenlos war die Satire schon immer, doch erst dank der audiovisuellen Medien hat diese Folgenlosigkeit eine neue Qualität erreicht. Satire insistiert auf Geschichte. Sie hält fest, sie hält vor: Erinnert euch! Dasunddas hat Derundder gemacht!

Dasunddas hat Derundder gesagt! Dasunddas hat Derundder geschrieben! Haltet den Dieb! Ein Insistieren, das sinnlos wäre, glaubte der Insistierende nicht an ein Gedächtnis derer, zu denen er spricht, und an das Erinnerungsvermögen jener, von denen er spricht. Beides aber ist von Verschwinden und Auslöschung bedroht, wenn nicht bereits verschwunden.

Nicht weil diejenigen besonders böse wären, die über die elektronischen Medien herrschen – und die Medien selbst sind selbstredend überhaupt nicht böse –, nein, was da pausenlos abläuft, ist einfach zuviel des Guten. Das alles kann sich einfach niemand mehr merken; und derjenige, der versucht, irgendeinen bemerkenswert bösartigen Fernsehvorgang in Worte zu kleiden, merkt bald, daß sein Gegenüber gar nicht begreift, wieso er sich so erregt: Ist doch alles bloß Fernsehen. Meint: Ist doch alles eins! Politik und Film, Sport und Feature, Nachrichten und Frühschoppen – das alles sind doch nur unterschiedliche Ausformungen unterschiedslos unerheblicher Unterhaltung. Ein Narr, wer da noch Einzelpersonen oder Einzelheiten kritisierte; ein Idiot, wer sich diese Kritik zu Herzen nähme: Was geht mich mein saudummes Geschwätz von gestern an, heut ist heut, das versendet sich. Eine Einstellung, die Schule gemacht hat:

Bei der Werbung, die immer schamloser vom jeweils weißesten Weiß flunkert und damit alle vergangenen Versprechungen als haltlos entlarvt – wer sie geglaubt hat, ist ebenso schön doof wie der, welcher immer noch guten Glaubens versucht, der per se entblößten die Maske von der Larve zu reißen.

Bei der Massenpresse, die von ›Bild‹ bis ›Stern‹ ihre Nachrichten genauso locker erfindet wie die Werbung ihre Produktaussagen und die jeden Versuch einer nachträglichen Richtigstellung schon deswegen ins Leere laufen läßt, weil es kein Richtigstellen im völlig Falschen geben kann.

Bei den Spitzen des öffentlichen Lebens schließlich, die uns immer unverfrorener und unentwegter die Vergangenheit als etwas darstellen, unter das endlich ein Schlußstrich gezogen werden müsse, damit wir uns alle – Hauptsache heiter, das

Leben geht weiter – die Lebensfreude nicht verderben lassen; ja, die es in der Kunst der Vergangenheitsbewältigung und Verdrängung so weit gebracht haben, daß sie sich bei Interviews nicht einmal mehr der vorangegangenen Frage erinnern, um um so ungebrochener ihre als Antworten getarnten Fensterreden halten zu können –:

Wer möchte in diesem mitreißenden Klima besinnungsloser Heiterkeit und gedankenleerer Gegenwärtigkeit den völlig abseitigen Part des mahnenden Mentors übernehmen? Wer vermag das überhaupt?

Siebtens: Die Satire als solche

Welch antiquierte Kunstform! Unauslöschlich ist ihr das Stigma der Besserwisserei und dem Satiriker das Mal des Besserwissers eingebrannt. Sosehr auch letzterer die schreckliche Wahrheit zu vertuschen versucht, erstere war und ist eine lehrhafte Gattung und der Vertuschende häufig genug ein Oberlehrer. Immer noch glaubt er im tiefsten Grunde seines Herzens daran, daß die Menschheit bildungsfähig und besserungswürdig sei, immer noch traut er sich insgeheim die Fähigkeit zu, den Lümmeln von der ersten bis zur letzten Bank den beschämenden Spiegel vorzuhalten. Als ob wir uns immer noch in der einklassigen Zwergschule befänden! Als ob es noch einen für alle verbindlichen Bildungs-, Verhaltens- und Moralkanon gäbe! Als ob der Herr Lehrer noch um jenen archimedischen Punkt wüßte, von welchem aus – jeglichem Widerspruch entrückt – die Widersprüchlichkeit der anderen sich widerspiegeln ließe!

Doch dem Herrn mit dem Spiegel ist längst nicht nur dieser Punkt, sondern jegliches Podest unter den Füßen entzogen. Er befindet sich – jedenfalls heute und jedenfalls in diesen Breiten – mitten im Gewühl der sich stoßenden, drängenden, ihn über den Haufen rennenden Lümmelmassen. Alle auf dem Weg zu irgendeinem Leistungskurs, alle hinter irgendwelchen, dem einzelnen jeweils hochwichtigen Punkten her, keiner bereit oder auch nur in der Lage, in den hin und her schwankenden Spiegel zu schauen, der dem Halter immer häufiger aus den Händen zu gleiten droht.

Vergebens die Hoffnung, unter diesen Umständen noch irgendeine irgendwie geartete Totalität widerspiegeln zu können, vergeblich der Versuch, aus dem Gewühl auszusteigen – wer sich aus dem atemberaubenden Gewimmel der Gänge in irgendeinen Hörsaal gerettet zu haben glaubt, findet sich alsobald in der unübersichtlichsten Lage wieder; nicht nur die wie immer verbindliche Welt und die vorgeblich offizielle Kultur, auch all die Teilwelten und Gegenkulturen sind mittlerweile derart ausgedehnt, daß der, der aus etwas austritt, sogleich wieder in etwas verstrickt ist: Was tun?

Als im bürgerlichen Jahrhundert der herrschende Stand die Plätze neu verteilte, hatte er auch einen für den Satiriker reserviert: zwischen den Stühlen. Etwas inkommod, doch brauchbar: Wer stand, bewahrte immerhin die Übersicht über das, was sich da in noch ungebrochener Selbstgefälligkeit auf den besseren Plätzen räkelte, über Thron und Altar, Militär und Kapital, Lehre und Forschung, genehme Kunst und genehmigte Philosophie. Doch so selbstsicher all diese Herrschaften aufzutreten schienen, sie alle hatten ihre Achillesferse. Selbst daran schuld: Man verkündet nicht ungestraft ewige Werte, um zugleich ungeniert im Hier und Heute sein Glück zu machen. Sie predigten öffentlich Wasser und tranken heimlich Wein, sie sagten Christus und meinten Baumwolle, sie lehrten Keuschheit und kauften Liebe, sie bauten Tempel und nutzten sie als Börsen, sie bleuten Nächstenliebe ein und beuteten den Nächsten aus – das konnte nicht gutgehen. Dafür ging's dem Satiriker gut. Er hatte gar nicht so viele Finger, um sie auf all die klaffenden Wunden und schreienden Widersprüche legen zu können; aber heute?

Wie eh und je gibt es die Mächtigen, doch nie zuvor hielten sie sich derart bedeckt. Kein Fabrikant zeigt mehr Flagge, indem er direkt neben seinem Werk seine Prunkvilla errichtet. Kein General hält mehr in vollem Wichs mitten in der Stadt seine aufreizenden Paraden ab. Kein Wirtschaftsführer, kein Politiker, der mittlerweile nicht öffentlich Wein – sprich: kaufen, kaufen, konsumieren, konsumieren – predigen würde; das Wasser trinken diese Prediger dann heimlich, um beim Karrierestress mithalten zu können – die feisten Unternehmer aber, die Quallen mit Specknacken und Homburg, leben lediglich in den Karikaturen biederer Satiriker alten Schlages weiter, Fossilien alle beide, die Dargestellten wie die Darstellenden.

Und die bürgerlichen Werte, jene goldenen Worte, an welchen der Satiriker einstmals die finsteren Taten der Bürger maß – gibt's die denn überhaupt noch? Sparsamkeit, Enthaltsamkeit, Genügsamkeit; ein Beruf fürs Leben, eine Wohnungseinrichtung fürs Leben, eine Frau / ein Mann fürs Leben – haben nicht die entfesselten Kräfte des Kapitals, die unausweichlichen Sachzwänge neuer Technologien und die leuchtenden Verheißungen des Konsums mit alldem gründlicher aufgeräumt, als es sich irgendein delirierender Anarchist der Jahrhundertwende in seinen systemzertrümmerndsten Phantasien hätte ausmalen können?

Doch zurück zu unserem Herrn mit dem Spiegel. Noch immer sehen wir ihn ratlos durch die Flure drängeln, immer noch mustert er immer eindringlicher die enggedrängten und dichtbesetzten Stuhlreihen in den Hörsälen, aber ach – ein Platz zwischen den Stühlen ist beim besten Willen nicht auszumachen. Er kann von Glück reden, daß er irgendwo zufällig einen leeren Stuhl erwischt, auf welchen er sich denn auch ermattet fallen läßt, kein strenger Lehrer mehr und kein richtender Außenseiter, keiner, der den Überblick besitzt, höchstens jemand, dem hin und wieder ein Durchblick gelingt; keiner, der es denen mal zeigen will, sondern selbst einer von denen.

Die Widersprüche, in welchen die anderen leben, sind auch die seinen. Die Strategien, mit denen sie versuchen, diese Widersprüche zu verschleiern, zu verdrängen oder – selten genug – zu lösen: Er hat sie alle ebenfalls ausprobiert. Er fordert wie alle die Reinhaltung der Luft und fährt wie alle Auto. Er beklagt wie alle die Zerstörung der Städte und trägt wie alle sein Geld zu jenen Banken, die die Mittel zur Stadtzerstörung bereitstellen. Er ist wie alle für das Gute und gegen das Böse und hat wie fast alle ein tiefes Mißtrauen gegenüber allen, die vorgeben, den Weg zum Heil zu kennen – da sind ihm die richtigen Gauner fast noch lieber, bei denen weiß er wenigstens, woran er ist. Er – doch von wem reden wir eigentlich? Ist der da überhaupt noch ein Satiriker? Dieser unauffällige Zeitgenosse, der immer seltener den achtlos Vorbeidrängenden den schwankenden Spiegel entgegenhält und statt dessen immer häufiger selber hineinschaut? Hat der überhaupt noch etwas mit unserem Thema zu tun? Oder das, was er so stetig wie ungeordnet vor sich hin denkt –: Daß es der Satire immer um Wahrheit, also um Enthüllung gegangen sei ... Daß man heutzutage jedoch nichts mehr enthüllen könne, ohne selber die Hosen runterzulassen ... Daß man sich mit heruntergelassenen Hosen schlecht auf ein Podest stellen könne ... Daß die Froschperspektive daher wahrscheinlich der angemessenste Blickwinkel sei ... Daß allein möglichst mißtönendes, und das meine zugleich: möglichst artistisches Gequake all jene stören, vielleicht sogar verstören könne, die da immer noch ihre stramm objektiven Wahrheiten hinausposaunten oder von ihren hochsubjektiven Erfahrungen flöteten ... Daß es dem Quaker selbstquakend ebenfalls um Wahrheit und Erfahrung gehe, daß er jedoch gerade deswegen den Mut aufbringen müsse, trotz des markigen, ringsum angestimmten »Sei kein Frosch«-Geschreis auf seinem Frosch-Sein zu beharren ... Daß kleine Schritte und große Sprünge – doch genug des Metaphernsalats. Mehr faßt unsere Opferschale wirklich nicht; es sei mir nur noch erlaubt, das Ganze mit einem letzten Schuß Essig und Öl abzuschmecken.

Kritisieren ist einfach, und wahrscheinlich ließe sich noch viel gegen die Satire sagen. All das jedoch verblaßt vor der Tatsache, daß zumindest unsere Kultur längst verrottet oder zerplatzt wäre, hätte sie nicht früh schon die Möglichkeit satirischen Sprechens entwickelt und – mit Unterbrechungen – immer wieder gestattet. In seinem Aufsatz ›Das Unbehagen in der Kultur‹ spricht Freud von einer der »sogenannten Idealforderungen der Kulturgesellschaft«, dem Gebot »Du sollst den Nächsten lieben wie dich selbst«, und merkt an: »Ein großer Dichter darf sich gestatten, schwer verpönte psychologische Wahrheiten wenigstens scherzend zum Ausdruck zu bringen. So gesteht H. Heine: ›Ich habe die friedlichste Gesinnung. Meine Wünsche sind: eine bescheidene Hütte, ein Strohdach, aber ein gutes Bett, gutes Essen, Milch und Butter, sehr frisch, vor dem Fenster Blumen, vor der Tür einige schöne Bäume, und wenn der liebe Gott mich ganz glücklich machen will, läßt er mich die Freude erleben, daß an diesen Bäumen etwa sechs bis sieben meiner Feinde aufgehängt werden. Mit gerührtem Herzen werde ich ihnen vor ihrem Tode alle Unbill verzeihen, die sie mir im Leben zugefügt – ja, man muß seinen Feinden verzeihen, aber nicht früher, als bis sie gehenkt werden‹ (Heine, Gedanken und Einfälle).«

Ich denke wie Heine und teile Freuds Meinung nicht ganz. Ich sehe nicht ein, wieso nur große Dichter sich solche wahrhaftigen Scherze gestatten dürfen. Noch der kleinste Rüpel kann sie sich mit genau dem gleichen Recht herausnehmen, und er tut dies auch: »Du sollst Vater und Mutter ehren / Und wenn sie dich schlagen, so sollst du dich wehren« (Volksmund).

Unterschiedslos nämlich stoßen den Menschen die Idealforderungen ihrer Kultur sauer auf, und glücklicherweise finden sich immer wieder welche, die da nicht fraglos mitmachen oder klaglos durchdrehen, sondern gnadenlos und ansteckend zurücklachen: Sauer macht lustig. Soviel zum Essig.

Zum Öl aber dies noch: Eigentlich hatte ich mir fest vorgenommen, den Titel dieses Buches, ›Letzte Ölung‹, im Verlaufe dieses Buches mit keinem Wort zu erwähnen – die Bild-Wort-Korrespondenz des Umschlags sollte für sich selber sprechen und zugleich das letzte Wort behalten dürfen. Doch dann – schon hatte ich diese abschließenden Zeilen fast zur Gänze geschrieben – ging ich an einem schönen Sonntagmorgen des schönen Monats Juni durch die schöne Marburger Altstadt. Tags zuvor hatte sie einen Flohmarkt beherbergt, doch nun waren alle Stände wieder abgeräumt, war der langgestreckte Platz menschenleer, erinnerte nichts mehr an das geschäftige Treiben, das ihn belebt hatte. Nichts, außer zwei Büchern, die auf einer Bank liegengeblieben waren, zwei schon reichlich zerfledderte Schwarten, die offensichtlich keinen Käufer gefunden hatten und von ihrem Verkäufer mutterseelenallein zurückgelassen worden waren.

Rief da irgendeine Kinderstimme: »Nimm und lies!«? Ich erinnere mich nicht, doch ich nahm eines der beiden Bücher in die Hand, das Werk ›evangelisch – katholisch in Frage und Antwort‹ von Günther Siedenschnur, ich öffnete es an irgendeiner Stelle – und das, was ich da zufällig und auf den ersten Blick las, das will ich so, wie ich es gelesen habe, wiedergeben, ohne auch noch zu diesem Öl meinen Senf hinzuzu – aber nein! Ich las also: »Nach katholischer Auffassung ist die Letzte Ölung ›ein von Jesus Christus eingesetztes Sakrament, durch das gefährlich Kranken, die bereits den Vernunftgebrauch besitzen, göttliche Hilfe besonders in Todesgefahr und mitunter auch Erleichterung in der Krankheit des Leibes verliehen wird‹.« (Gasparri, Katholischer Katechismus)

(1984)

DIE LAGE DES HUMORS

WER BRAUCHT WEN?
Ein Vorwort

»Kinder brauchen Märchen« – dieses Diktum Bruno Bettelheims gilt ebenso für bestimmte Erwachsene, wenn auch in einem recht platten, ja geradezu schnöde materiellen Sinne. Ich meine die Cartoonisten, Karikaturisten, Kabarettisten, Satiriker, mit einem Wort die – und so will ich sie im folgenden auch nennen – Komikproduzenten.

Komikproduzenten brauchen allgemein bekannte Inhalte, doch die werden immer rarer, trotz der immens erweiterten Informationsmöglichkeiten. Oder sollte ich sagen: wegen?

Mehr Möglichkeiten, das meint ja auch: mehr Medien und mehr Auswahl, mehr Szenen und mehr Spezialisierung – und all das läuft den Interessen des ernsthaften Komikproduzenten strikt zuwider. Dessen Ehrgeiz nämlich richtet sich darauf, nicht nur den Kenner zum Lachen zu bringen, den Eingeweihten oder den Spezialisten, sondern alle. Zwar ist ihm bewußt, daß er selber vielfältig determiniert ist, durch Stand, Land, Lebensalter, Zeit und Kulturkreis, um so mehr wird sein Ehrgeiz darauf zielen, daß seine komischen Produkte diese Determinanten nach Maßgabe seiner Kräfte und ihrer Säfte sprengen, auf daß sie schließlich weltweit vor Lachen von den Stühlen fallen: Alt und Jung, Frau und Mann, Arm und Reich, Schwarz und Weiß.

»Heiterkeit kennt keine Grenzen« – so nannte sich einst eine populäre Humor-Anthologie, ein Kinderglaube, welchem anzuhängen die Komikproduzenten nicht müde werden. Oder wäre »Utopie« das treffendere, zumindest freundlichere Wort?

Will jemand jemanden zum Lachen bringen, so genügt es nicht, wenn er selbstherrlich glaubt, den Weg dorthin zu kennen. Der Bringer und der Gebrachte müssen zumindest Kameraden sein, besser: Komplizen. Der Bringer sollte all die Stärken des Gebrachten kennen – was der alles weiß, alles verehrt, alles anbetet – und alle seine schwachen Punkte: wonach er sich sehnt, wofür er sich schämt, was ihn dahinschmelzen läßt und was ihn auf die Palme bringt. Je ähnlicher sich die beiden sind, um so besser; nur wer weiß, was ihn selber lachen macht, versteht es, den anderen an den richtigen Stellen zu kitzeln.

Präzisieren wir also die eingangs aufgestellte Behauptung: Nicht lediglich allgemein bekannte, sondern auch von allen gefühlte Inhalte braucht der Komikproduzent, außerdem sollten sie bereits derart bildhaft formuliert sein, daß komische Abweichung oder komisches Gegenbild sich einigermaßen mühelos erzählen bzw. darstellen lassen. Schließlich wäre noch eine gewisse Alterslosigkeit dieser Inhalte wünschenswert, eine gewisse Ortsungebundenheit auch, da erst so die angestrebte Totalität der komischen Wirkung zu erreichen ist – wer oder was bringt all das, bitte schön, unter einen Hut, kann auch ein Rotkäppchen sein?

Die Antwort liegt auf der Hand, doch will ich sie dort noch liegen lassen, um etwas aus dem Nähkästchen zu plaudern. Als Komikproduzent habe ich den Mangel an Inhalten ebenso schmerzlich erfahren wie deren Hinfälligkeit. Wer kann heute noch über meine blendende, den FDP-Abgeordneten Zoglmann betreffende, ja vernichtende Satire von 1965 lachen? Wer über meine geistreiche Paraphrase der 1966 vielgerühmten »Krähwinkel«-Briefe des Thilo Koch? Wer über meine hinreißende Bloßstellung der Werbe-Moden von 1967?

Niemand, fürchte ich, da die Anlässe ganz und gar verblaßt sind. Meine Märchenparodien von 1968 dagegen ... Womit ich endlich beim Thema wäre und schon die erste Richtigstellung fällig ist. Parodiert nämlich habe ich Märchen ebensowenig wie all die zahllosen anderen komischen Zeichner und Schreiber vergangener oder heutiger Zeiten, die Märcheninhalte auf komische Wirkungen hin abgeklopft haben. Parodie, das meint ja auch Kritik, und wer wird schon etwas kritisieren wollen, was er selbst am nötigsten hat?

Deutsche Komikproduzenten brauchen Märchen mehr denn je und dringender als andere. Wer amerikanische, französische und englische Cartoons und Bildergeschichten anschaut, in

›Asterix‹-Heften, im ›Punch‹ oder im ›New Yorker‹, der staunt nicht schlecht darüber, was Komikproduzenten anderer Länder noch an historischen Inhalten verbraten und verwursten können, vom gallischen Krieg über elisabethanische Bluttaten bis hin zu Worten eines Thomas Jefferson oder Abraham Lincoln.

Wer die getürkten Kriegsberichte eines Julius von Stettenheim alias Wippchen liest, eines herausragenden deutschen Verbalkomikers der zweiten Hälfte des vorigen Jahrhunderts, der registriert respekt- und kummervoll, was dieser Schreiber bei seinen Lesern an Kenntnissen voraussetzen durfte: griechische Mythologie und römische Geschichte, biblisches Gedankengut und jede Menge Klassikerzitate, deutsches Brauchtum natürlich und deutsche Heldentaten – was könnte von all diesen Inhalten eigentlich heute noch zu Komikzwecken ausgebeutet werden?

Nicht, daß Stettenheim oder nachfolgende Kollegen all diese Komikminen erschöpft hätten! Nicht deutsche Komikproduzenten sind schuld daran, wenn niemand mehr lachen kann über deutsche Geschichte, deutsche Sage und deutsche Hochliteratur. Diese tabula rasa ist das Werk deutscher Staatsmänner, deutscher Militärs und deutscher Teilung. Deutscher Schulmänner schließlich, die nach vorangegangenen architektonischen und geistesgeschichtlichen Planier- und Räumungsarbeiten in den 70ern darangingen, nun auch noch die letzten Reste eines einst hochragenden Bildungskanons einzuebnen, auf daß Platz geschaffen werde für das Neue – für Neues Wissen, den Neuen Menschen, die Neue Unübersichtlichkeit.

Auf wundersame, ja geradezu märchenhafte Weise haben die deutschen Märchen diesen Sanierungsarbeiten getrotzt. Während – vermute ich – der Durchschnittsdeutsche nichts mehr über deutsche Sagen weiß (»Wer war Hagen?« – »Äh, meinense Nina?«), nichts über deutsche Geschichte (»Wer war Otto der Große?« – »Äh, äh, meinense Waalkes?«), nichts über die Religion seiner Vorväter schließlich (»Wer war der Vater der Söhne des Zebedäus?« – »Äh ... äh ... äh ...«), während also rundum gerätselt wird, könnte – behaupte ich – jeder Deutsche im

Schnitt fünf Märchensituationen einigermaßen zutreffend nacherzählen: Hänsel und Gretel, Rotkäppchen, Schneewittchen, Frau Holle, Hans im Glück.

Fünf von 86 – so viele Märchen enthielt die Urfassung der »Kinder- und Hausmärchen der Brüder Grimm«, und natürlich kann sich dieser Fünfer auch anders zusammensetzen: aus dem Tapferen Schneiderlein, dem Fischer und siner Fru, dem Gestiefelten Kater, dem König Drosselbart und dem Rumpelstilzchen – und dann fehlten immer noch Dornröschen oder Rapunzel, der Wolf und die sieben Geißlein oder der Froschkönig, die Bremer Stadtmusikanten schließlich oder Aschenputtel. Wären die Grimmschen Märchen eine LP, ein Album richtiger gesagt, so enthielten sie staunenswert viele Evergreens, jene unverwüstlichen Hits also, die jeder zumindest dann mitträllern kann, wenn beispielsweise James Last den Rhythmus versimpelt und die Melodie vereinfacht.

Ähnliches ist den Märchen widerfahren, auch von Komikproduzenten, und manchmal waren diese Versimpelungen derart suggestiv, daß sie den ursprünglichen Wortlaut der Brüder Grimm ganz in den Hintergrund treten ließen. Legion sind die Bilderwitze und Geschichten, die das Märchen vom Froschkönig variieren, doch alle mir bekannten – auch ein Werk aus meiner eigenen Feder – gehen davon aus, daß die Verwandlung des Frosches in einen schönen Königssohn durch einen Kuß der Prinzessin bewirkt worden sei, weshalb denn auch keine Variation sich den schön ekligen Frosch-Kuß entgehen läßt, welcher die erwartet unerwarteten Folgen hat: Nicht der Frosch wird zum Prinzen, sondern die Prinzessin zum Frosch; der Frosch wird zum Prinzen, schnappt aber weiterhin nach Fliegen; nicht die Prinzessin küßt, sondern ein Bahnwärter, und der Frosch wird auch nicht zum Prinzen, sondern zu einer Bahnwärtersgattin ...

Von einem Kuß aber ist in der Urfassung des Märchens nicht die Rede, vielmehr von einem Mordversuch. Die Königstochter nämlich bricht das dem Frosch gegebene Wort: »Statt ihn neben sich zu legen, warf sie ihn bratsch! an die Wand; ›da wirst du mich in Ruh lassen, du garstiger Frosch!‹ Aber der Frosch fiel nicht todt herunter, sondern wie er herab auf das Bett kam, da wars ein schöner junger Prinz. Der war nun ihr lieber Geselle, und sie hielt ihn wert, wie sie versprochen hatte« – eine so rätselhafte wie lebensnahe Geschichte, ein gefundenes Fressen für den Psychologen und den Beziehungstherapeuten. Nichts jedoch für den komischen Zeichner, der mit einem zerplatzenden Frosch wenig, mit einem Kuß und dessen Folgen aber eine Menge anfangen kann und der deswegen stets jene Version eines Märchens nutzt und stützt, die bereits in den Köpfen verankert ist, meist also die simplere. Und dennoch: In einer Welt, in welcher so gut wie alle Bilder und alle bildhaften Situationen mittlerweile darauf hinauslaufen, daß da was verkauft werden soll, zeugt noch die schlichteste Veralberung des Märchens von der ursprünglichen Kraft frei flutender Phantasien und noch nicht dienstbar gemachter Bilder, hält noch die hundertste Variante dessen, was Schneewittchen wohl so alles mit den Zwergen getrieben haben mag, die Erinnerung wach an eine Zeit, da das Wünschen noch geholfen hat, bestätigt jeder neue Versuch, märchenhafte Situationen auf Politik, Wirtschaft, Kultur und sonstige Tagesaktualität zu übertragen, daß die vieldeutigen Inhalte nach wie vor nicht umzubringen sind: Märchen brauchen Komikproduzenten.

Sei denen also keiner gram. Auch sie haben die Sammlung der Brüder Grimm in Empfang genommen und von Generation zu Generation weitergereicht, auch ihnen gelten die Worte, mit denen die Brüder am 18. October 1812 zu Cassel ihre Vorrede zur Urfassung ihrer Märchen beschlossen haben: »Wir übergeben dieses Buch wohlwollenden Händen, dabei denken wir überhaupt an die segnende Kraft, die in diesen liegt, und wünschen, daß denen, welche diese Brosamen der Poesie Armen und Genügsamen nicht gönnen, es gänzlich verborgen bleiben möge.«

APROPOS ZWERG NASE

Warum Zwerg Nase
so wenig
Glück als Maler
hatte.

KÜSS MICH

DAS ERDMÄNNCHEN
UND DER RAKETENBAUER

Es war einmal im Ingermannland, das ist dort, wo Schweden am dicksten ist, in einem Walde, den die Einheimischen nur Sloegenkoegen nannten. Das aber ist schwedisch und bedeutet soviel wie Hengenbengen, denn Sloegen meint Hengen und Koegen Bengen. In diesem Walde nun lebte ein alter Raketenbauer, dessen Name Milne Pudersen lautete, Milne nach einem Onkel mütterlicherseits und Pudersen nach Milne, und dessen ganzer Ehrgeiz war darauf gerichtet, einmal eine Rakete zu bauen, die so hoch sein sollte wie der Kirchturm zu Heckerupp, der aber maß ganze sieben Meter.

Doch wie immer er es anstellte, stets scheiterten seine Versuche. Mit der ersten Stufe ging es noch soso, doch wenn er versuchte, die zweite oder gar die dritte Stufe auf die erste zu stellen, dann fiel der ganze Segen um, und um ein Haar wäre unser Milne schon mehrmals von seiner eigenen herabstürzenden Rakete erschlagen worden. Doch als er wieder einmal neben den Trümmern seiner Rakete saß, da öffnete sich die Erde ein klein wenig, und ein Erdmännchen schaute heraus.

»Hallo, Erdmännchen«, sagte der Milne.

»Hallo, Milne!« entgegnete das Erdmännchen und fuhr fort: »Ich weiß, daß du fromm und gottesfürchtig bist, und deswegen habe ich jetzt drei Wünsche frei.«

»Entschuldige, liebes Erdmännchen«, sagte da der Milne. »Wolltest du nicht vielmehr sagen, daß ich drei Wünsche frei habe?«

Und das hatte das Erdmännchen in der Tat sagen wollen, doch da es von halsstarriger Natur war und ums Verrecken nicht zugeben mochte, einen Fehler begangen zu haben, schrie es: »Wer hier drei Wünsche frei hat, bestimme immer noch ich!« Und mit diesen Worten krabbelte es ins Erdreich zurück, wo es sich, da es ja nun drei Wünsche frei hatte, dreierlei wünschte: ein Erdfrauchen, ein Erdbeben und den spanischen Königsthron.

Jahre später jedoch, als das Erdmännchen schon längst unter dem Namen Juan Carlos auf dem spanischen Königsthron saß und sich an seiner bildschönen Ehefrau weidete, da meldete ihm sein Ministerpräsident, daß ein Erdbeben das Ingermannland erschüttert und dabei auch ein Todesopfer gefordert habe, einen Raketenbauer, dem die eigene, umstürzende Rakete zum Verhängnis geworden sei. Als das Erdmännchen diese Botschaft hörte, da bereute es bitterlich, damals so halsstarrig gewesen zu sein, insgeheim aber intensivierte es das spanische Raumfahrtprogramm, und als die erste spanische Rakete ins Weltall hinaufstieg, da trug sie den Namen »Milne Pudersen«. Das rief bei allen, die davon hörten, viel Rätselraten hervor, doch ihr, liebe Kinder, ihr wißt nun, wie es um diesen Namen bestellt ist, nicht wahr? Na fein.

Und nun trinkt euer Bierchen aus, denn morgen könnt es sauer sein, hängt die Zähne in den Spind und schlaft in Gottes Namen ein!

VOM LIEBEN GOTT, DER ÜBER DIE ERDE WANDELTE

Es begab sich einmal, als der liebe Gott wieder über die Erde wandelte, daß es dunkel wurde und er am Hause des reichen Mannes anklopfte und um ein Nachtlager bat.

Doch der reiche Mann erkannte nicht, wer da vor ihm stand, und so antwortete er: »Tritt herein, unbekannter Fremder, das ist wohlgetan, daß du bei mir anklopfst. Gleich werde ich dir das schönste Bett im ganzen Haus herrichten lassen, darf ich dich in der Zwischenzeit mit feinem Backwerk und köstlichen Weinen bewirten?«

Da gab sich der liebe Gott zu erkennen und sprach erfreut: »Dein Angebot ist sehr freundlich, reicher Mann. Die letzten Male, da ich über die Erde wandelte, mußte ich nämlich immer beim armen Mann absteigen. Und da hat es mir, ehrlich gestanden, gar nicht gefallen, bei dem war alles – unter uns gesagt – doch erschreckend ärmlich.«

Nach diesen Worten aber schmausten und tranken die beiden nach Herzenslust, und es wurde noch ein richtig netter Abend.

DIE WALDFEE
UND DER WERBEMANN

Es war einmal ein Werbemann, der hatte seiner Agentur viele Jahre lang nach besten Kräften gedient. Da begab es sich, daß die Agentur den riesigen Etat für ein neues Produkt an Land zog. Dieses Produkt aber hieß »Meyers Pampe«, und das war eine Pampe, die einen echten Produktvorteil besaß, da sie alle anderen Pampen an Klebrigkeit, Sämigkeit und Pampigkeit weit übertraf. Und weil das so war, sollte sie auch mit einem Slogan beworben werden, wie er eingängiger und treffender noch nicht erdacht worden war. Diese Aufgabe nun fiel unserem Werbemann zu, doch wie er sich auch anstrengte, alles, was ihm einfiel, war der Spruch »Meyers Pampe ist die beste«. Diesen Vorschlag hatte er auch beim Kreativdirektor eingereicht, doch wie er des Abends Überstunden machte, da hörte er, wie der Kreativdirektor dem Agenturchef auf dem Flur sagte: »So geht es nicht weiter mit unserem Werbemann. Er ist alt und zahnlos geworden. Das beste ist, wenn wir ihn so bald wie möglich schlachten.«

Da krampfte sich das Herz des Werbemannes zusammen, und er dachte bei sich: »Bevor es so weit kommt, da will ich lieber in die Fremde ziehen.« Und noch in derselben Nacht schnürte er sein Bündel und wanderte zur Stadt hinaus.

Bald gelangte er in einen tiefen Wald, wo er sich ermattet ins Gras sinken ließ. »Ach«, dachte er glücklich, »wie schön ist es doch hier im Wald. Hier will ich mein Leben beschließen. Was brauch ich denn? Wasser gibt's hier im Überfluß, Pilzchen und

Würzelchen ebenfalls. Und Ruhe! Wenn ich dagegen an die Hetze in der Agentur denke!« Und unter solchen Gedanken schlief er ein.

Am folgenden Morgen tat er sich zunächst am Quell gütlich, dann verspeiste er einige Wildkirschen, die ihm köstlich mundeten, und schließlich streckte er sich auf der Wiese aus und ließ sich die Sonne recht ordentlich auf den Pelz brennen. Als er so eine Weile gelegen hatte, da sah er einen Hasen über die Wiese hoppeln, und unwillkürlich ging ihm das folgende Verslein durch den Kopf: »Selbst der braune Meister Lampe greift erfreut nach Meyers Pampe.«

Das aber ärgerte ihn, und so verscheuchte er jeglichen Gedanken an Meyers Pampe aus dem Kopf und konzentrierte sich auf ein allerliebstes Meisenpaar, das auf dem Ast einer Buche turtelte. Doch auch bei diesem Anblick ging es ihm nicht besser. »Die Meise ruft es vom Geäste: Meyers Pampe ist die beste!« reimte er wider Willen. Das ärgerte ihn noch mehr, und laut rief er aus: »Ach Scheiße, was geht mich denn jetzt noch diese Pampe an!« Doch schon im selben Moment schoß ihm wieder ein Verslein durch den Kopf: »Ach Scheiße, ruft der Werbemann, nichts reicht an Meyers Pampe ran« – und so ging es ihm mit jedem Ding, das er betrachtete und bedachte, bis es ihn nicht länger hielt. »Was habe ich hier im Wald verloren?« dachte er bei sich. »Ein kreatives Talent wie ich gehört nun mal in eine Agentur!« Und er begann so schnell wie möglich in die Stadt zurückzuwandern.

Da geschah es, daß ihm am Waldrand eine Fee begegnete.

»Guten Tag, lieber Werbemann«, sagte die Fee. »Ich weiß, daß du ein unschuldiges Gemüt hast, und deswegen sollst du jetzt drei Wünsche frei ha ...«

Doch der Werbemann war so in Gedanken versunken, daß er gar nicht auf das hörte, was die Fee sagte, ja, er unterbrach sie sogar und rief ihr zu: »Du tust mir in der Seele weh, weil ich dich ohne Meyers Pampe seh!« Und mit diesen Worten ließ er die verdutzte Fee stehen und eilte in die Agentur zurück, wo er dem Kreativdirektor sogleich stolz seine neuen Slogans unterbreitete.

Diese Vorschläge freilich stießen auf eine derartige Ablehnung seitens der Geschäftsleitung, daß der Werbemann noch am selben Nachmittag geschlachtet wurde.

Die Fee aber nahm sich seine Worte so sehr zu Herzen, daß sie fortan nur noch Meyers Pampe benutzte. Und da sie der erste Versuch sehr zufriedenstellte, benutzt sie sie wohl noch heute.

DIE HEIMKEHR

Verlorenes Ich

ER GEHT ZUM GROSSEN ROBERT-TREFFEN

Die mit »Großes Robert-Treffen in Porcellino« überschriebene Einladung hatte meine Neugierde erregt; kurz nach neunzehn Uhr fand ich mich am angegebenen Orte ein. Es war dies eines der vielen ausgebauten Bauernhäuser, das – wie alle anderen auch – seinen eigenen Namen trug, doch handelte es sich im vorliegenden Falle um ein besonders schönes Gebäude, welches, versteckt gelegen, über einem Wald voller Korkeichen und Pinien thronte, der in den Sommernächten vom Widerhall des Gesanges zahlloser Nachtigallen erfüllt war. Noch freilich verfärbte ein letztes Sonnenlicht die Wipfel der Bäume, und während ich mich heiter dem Hause näherte, hörte ich nichts weiter als das obligate Konzert der Grillen und die Bruchstücke eines Gesprächs, welches immer wieder in Gelächter überzugehen schien. Dann, als ich die Terrasse vor dem Hause betrat, erkannte ich, daß die meisten Roberts bereits eingetroffen waren, mehrsprachig bewegten sie sich mit den Gastgebern durch deren Anwesen, und wieder einmal hatte ich Gelegenheit, die Gewandtheit zu bewundern, mit der sie einander zur Hand gingen. Eben beugte sich der kunstinteressierte Robert über eine Portrait-Plastik von Marino Marini, trat einen Schritt zurück, kniff die Augen zusammen und versicherte dem Hausherrn, einem schönen Greis, er habe seit jeher den frühen Portrait-Plastiker Marini weit über den späteren Reiter-vom-Faß-Produzenten gestellt, das hier sei aber auch ein besonders exzellentes Stück. Oh, und was das denn sei? schaltete sich der begeisterungsfähige Robert ein, doch nicht etwa Hopi-Puppen? Ja, er tränke jetzt gerne einen Wein des Hauses, versicherte derweil der verbindliche Robert der Gastgeberin, ob er ihr beim Hinaustragen der Gläser behilflich sein könne? Nein, das dürfe doch nicht wahr sein, ließ sich nun auch der ungläubige Robert vernehmen, diese überaus schöne indonesische Deckfarbenmalerei habe umgerechnet nur 250 Mark gekostet? Ach so, in den fünfziger Jahren! ließ sich da der verständige Robert vernehmen, wurde jedoch vom witzigen Robert übertönt, welcher einem Bericht der Gastgeberin eine überaus erheiternde Pointe folgen ließ. Sie nämlich hatte auf dem Flughafen von Bombay beobachtet, daß indische Gastarbeiter vor dem Rückflug nach Kuwait allesamt einen grünen Papagei im Gepäck gehabt hätten, wohl deswegen, weil die grüne Farbe im Wüstenland Kuwait besonders begehrt sei. Dann wisse er, wie man mit Sicherheit steinreich werden könne, hatte der witzige Robert daraufhin ausgerufen, durch die Züchtung grüner Falken nämlich! Grün sei in Kuwait beliebt, Falken seien in Kuwait beliebt, wie beliebt müßten da erst grüne Falken sein!

Alle stimmten in das Gelächter der Umstehenden ein, auch der diplomatische Robert, der für diesen kleinen Aufschub dankbar war, da es sich seit geraumer Zeit nicht mehr umgehen ließ, etwas zu den Kunstwerken zu sagen, welche der schöne Greis selber hergestellt hatte und die so unübersehbar als Plastiken, Bilder und Zeichnungen Landschaft, Wände und Konsolen schmückten. Daher nutzte er das Abebben der Munterkeit für einige sachverständige Fragen zu Problemen des Bronzegusses und zur Herkunft diverser Fettkreiden, wacker sekundiert von dem bereits erwähnten kunstinteressierten und dem neu hinzugekommenen warmherzigen Robert, der einige schöne Bemerkungen darüber zu machen wußte, wie sehr ihn gerade Italien gelehrt habe, daß die Einheit von Natur und Skulptur eine überaus begrüßens- und wünschenswerte sei.

Er für seinen Teil habe es immer begrüßt, daß der ganze Bildhauerschrott in Museen eingesperrt werde, da sähe man ihn nicht so, murmelte währenddessen der zornige Robert zornig, konnte sich jedoch kein Gehör verschaffen, da er wie stets vom besänftigenden Robert begleitet und übertönt wurde. So blieb ersterem nichts anderes übrig, als mit dem kritischen Robert bedeutungsvolle Blicke zu wechseln und dem zynischen Robert durch angestrengtes Achselzucken verstehen zu geben, daß er ganz dessen Meinung sei. Bekümmert sah es der verständige Robert, er verstand die Unbedingtheit der Unbedingten und die Verbindlichkeit der Verbindlichen, die Notwendigkeit des Zorns und die Nützlichkeit des Langmuts, den Wert des Verdammens und den Sinn des Verstehens, er verstand überhaupt alles und wurde darin lediglich vom selbstkritischen Robert übertroffen, welcher imstande war, auch noch die finsteren Ursachen solcher Verständigkeit auf Spitz und Knopf zu durchleuchten.

Nun aber verstummte das Ah und Oh der angeregten Gesellschaft. Bis auf den unbürgerlichen Robert, der sich ungefragt noch einmal ordentlich nachschenkte, traten alle erwartungsvoll an die Brüstung der Terrasse, da das Geräusch eines Autos die Ankunft weiterer Gäste ankündigte. Kurz darauf hielt es auch schon auf dem durch Lavendelbüsche eingegrenzten Vorplatz, heraus stiegen zwei junge Männer und eine Frau, welche der schöne Greis sogleich mit großen Gebärden willkommen hieß – gekränkt schaute der selbstverliebte Robert beiseite – und die er der versammelten Mannschaft als hochkünstlerisches Dreigespann, als den Maler X, die Dramaturgin Y und den Fotografen Z vorstellte. Befriedigt konstatierte der eitle Robert, keinen dieser Namen je gehört zu haben, lächelnd trat der aufgeschlossene Robert den Gästen entgegen, kundig beteiligte sich der welterfahrene Robert am Begrüßungsgespräch, in das er, da es außer in Italienisch, Englisch und Deutsch nun auch noch in Französisch geführt wurde, en passant ein gezieltes Ah oui? einfließen ließ.

Doch nun drängten die Gastgeber zum Aufbruch. Heute sei doch der fünfzehnte August, ergo Mariä Himmelfahrt, sprich Ferragosto, und am Ferragosto müsse man unbedingt nach Selvole. Wer irgend an einem ursprünglichen italienischen Dorffest interessiert sei, einem, auf welchem der Fähnchenschmuck des Dorfplatzes noch aus von Dorfkindern gerissenem Zeitungspapier bestehe, der – aber sie wollten doch alle nach Selvole, versicherten die Neuankömmlinge, unterstützt von den verbindlichen Roberts. Was denn das noch mit einem Robert-Treffen zu tun habe, wollte die Fraktion der oppositionellen Roberts wissen, doch sie wurde lautlos zum Schweigen gebracht; und so verteilte man sich denn hurtig auf die verfügbaren Wagen und fuhr – Vor Radda rechts abbiegen, dann seht ihr bereits das Schild nach Selvole – nach Selvole.

SIEBENMAL MEIN KÖRPER

Mein Körper ist ein schutzlos Ding,
ein Glück, daß er mich hat.
Ich hülle ihn in Tuch und Garn
und mach ihn täglich satt.

Mein Körper hat es gut bei mir,
ich geb' ihm Brot und Wein.
Er kriegt von beidem nie genug,
und nachher muß er spein.

Mein Körper hält sich nicht an mich,
er tut, was ich nicht darf.
Ich wärme mich an Bild, Wort, Klang,
ihn machen Körper scharf.

Mein Körper macht nur, was er will,
macht Schmutz, Schweiß, Haar und Horn.
Ich wasche und beschneide ihn
von hinten und von vorn.

Mein Körper ist voll Unvernunft,
ist gierig, faul und geil.
Tagtäglich geht er mehr kaputt,
ich mach ihn wieder heil.

Mein Körper kennt nicht Maß noch Dank,
er tut mir manchmal weh.
Ich bring ihn trotzdem übern Berg
und fahr ihn an die See.

Mein Körper ist so unsozial.
Ich rede, er bleibt stumm.
Ich leb ein Leben lang für ihn.
Er bringt mich langsam um.

NOCH EINMAL: MEIN KÖRPER

Mein Körper rät mir:
Ruh dich aus!
Ich sage: Mach ich,
altes Haus!

Denk aber: Ach, der
sieht's ja nicht!
Und schreibe heimlich
dies Gedicht.

Da sagt mein Körper:
Na, na, na!
Mein guter Freund,
was tun wir da?

Ach, gar nichts! sag ich
aufgeschreckt,
und denk: Wie hat er
das entdeckt?

Die Frage scheint recht
schlicht zu sein,
doch ihre Schlichtheit
ist nur Schein.

Sie läßt mir seither
keine Ruh:
Wie weiß *mein* Körper
was *ich* tu?

ICH SELBST

SELBSTAUSSAGE
Ich mach mir nichts aus Marschmusik,
ich mach mir nichts aus Schach.
Die Marschmusik macht mir zuviel,
das Schach zuwenig Krach.

SELBSTKRITIK
»Ich trage, wo ich gehe
mein Antlitz im Gesicht«:
Ich schriebe gerne einfach
und schreib ganz einfach schlicht.

SELBSTBEFRAGUNG
Ich horche in mich rein.
In mir muß doch was sein.
Ich hör nur »Gacks« und »Gicks«.
In mir da ist wohl nix.

SELBSTFINDUNG
Ich weiß nicht, was ich bin.
Ich schreibe das gleich hin.
Da hab'n wir den Salat:
Ich bin ein Literat.

SELBSTBEWUSSTSEIN
Und kommt von euch auch keiner auf den Trichter –
verlacht mich ruhig! Eines bleibt gewiß:
Als Mensch bin ich wie ihr. Jedoch als Dichter
bin ich ein Wesen mui generis.

SELBSTVERTEIDIGUNG
Die alte Frage »Wer bin ich?«
hebt wieder mal ihr Haupt.
»Du bist viel blöde, Frage!
Hau ab, sonst ich dich schlage!«
Da läuft sie, daß es staubt!

TROST UND RAT

Ja, wer wird denn gleich verzweifeln,
weil er klein und laut und dumm ist?
Jedes Leben endet. Leb so,
daß du, wenn dein Leben um ist,

von dir sagen kannst: Na wenn schon!
Ist mein Leben jetzt auch um,
habe ich doch was geleistet:
ich war klein und laut und dumm.

HÖLLISCH GUT

DIE WELT UND ICH

Hab der Welt ein Buch geschrieben
ist im Laden gestanden
waren da viele, die es fanden
hat's aber keiner kaufen wollen.

Hab der Welt ein Bild gemalt
ist in einer Galerie gehangen
sind viele Leute daran vorbeigegangen
haben es nicht einmal angeschaut.

Hab ein Lied erdacht für mich
hab's nur so vor mich hin gesummt
sind alle ringsum verstummt
haben geschrien: Aufhören!

›SO EINFACH IST DAS NICHT‹
Ein Interview

Bernt Engelmann beschuldigt den Frankfurter Satiriker und Zeichner Robert Gernhardt, ein »Werbefuzzi« gewesen zu sein. Damit ist ein weiterer vorgeblicher Kritiker des kapitalistischen Systems in den Verdacht geraten, mit diesem System paktiert zu haben. Seitdem der Kapitalismus im Herbst 1989 weltweit zusammenbrach und Deutschland infolge dieses Wandels unter sozialistischem Vorzeichen wiedervereinigt wurde, häufen sich Fälle dieser Art unbewältigter Vergangenheit. Die Verstrickung westdeutscher Intellektueller in die Werbepraktiken des entfesselten Konsumterrors darf nicht nur von Außenstehenden, sie muß auch von den Betroffenen selber offengelegt werden. Deshalb haben wir Robert Gernhardt letzten Sonntag in seinem Landsitz am Starnberger See aufgesucht, um mit ihm über seine Vergangenheit und seine Werbekontakte zu sprechen. Gernhardt gibt solche Verwicklungen zu. Aber ist er deshalb ein Werbefuzzi? Unser Interview zeigt: Die Methoden, mit denen wir die Werbe-Vergangenheit aufarbeiten wollen, müssen noch erfunden werden.

Titanic: Bernt Engelmann hat Sie während der Entgegennahme des Johannes-R.-Becher-Preises einen Werbefuzzi genannt. Waren Sie das?

Gernhardt: Ich bin kein Sophist. Aber wenn ein Werbefuzzi jemand ist, von dem die Werbung Informationen abgezogen hat, dann war ich einer. Wenn die Werbung alle Mittel genutzt hat, alle Treffen, die wir hatten, wenn sie das alles in ihrem Sinne strukturiert hat, dann bin ich ein Werbefuzzi gewesen.

Haben Sie jemals einen Vertrag mit einer Werbeagentur abgeschlossen?

Einen längerfristigen Vertrag?

Zum Beispiel.

Nein.

Es gibt Zeugen, die einen solchen Vertrag gesehen haben wollen.

Das war mit Sicherheit kein längerfristiger. Aber wenn es so was gibt, dann muß das auf den Tisch. Allerdings haben mich Unterschriften nie interessiert.

Sie haben also nie wissentlich für die Werbung gearbeitet?

Arbeiten würde ich das nicht nennen. Arbeit ist doch problembezogen und lösungsorientiert. Von all dem konnte bei mir im Zusammenhang mit der Werbung nie die Rede sein.

Aber Sie hatten Kontakte zur Werbung?

Sicherlich. Die hatte doch jeder im kapitalistischen System. Die Werbung war ja nirgends zu übersehen – ob man nun eine Zeitung aufschlug oder aus dem Haus ging.

Wir meinen, ob die Werbung Kontakt mit Ihnen aufgenommen hat.

Im nachhinein würde ich das als Kontakte bezeichnen, ja.

Damals sahen Sie das anders?

Das war doch nicht so, daß da die Werbung anrief und offen sagte: »Wir sind die Werbung, machen Sie uns dies und das.«

Sondern?

Also bei mir war das so, daß ich mich gerade in einer sehr schwierigen Lebenssituation befand, da ich mich als freier Schriftsteller auf dem kapitalistischen Markt durchzusetzen versuchte ohne die üblichen Kompromisse mit Verlegern einzugehen, was ja zugleich bedeutet hätte, Kollegen wegzudrängen. Und da, ich hatte seit dem frühen Morgen nichts gegessen, rief mich ein ehemaliger Klassenkamerad an und lud mich zum Mittagessen ein.

Ein Werber?

Ja. Aber das wußte ich damals noch nicht. Während dieses Mittagessens jedenfalls habe ich ihm sehr unmißverständlich gesagt, wie kritisch ich der Ausbeutung des Menschen, der Verschwendung der Ressourcen und dem ganzen Konsumterror gegenüberstand.

Wann war das?

1968 oder 1969.

Und sonst wurde nichts besprochen?

Dies und das. Und irgendwann fragte mich mein Freund – damals hielt ich ihn jedenfalls noch für meinen Freund –, ob ich für Körpergeruch wäre. Ich verneinte natürlich. Ich war damals gegen Körpergeruch und bin es heute auch noch – daran hat auch der Wandel nichts geändert.

Und was bezweckte diese Frage?

Das sollte ich erst sehr viel später begreifen. Damals stellte mein Freund es so dar, daß es da eine Initiative gegen Körpergeruch gebe, und ob ich da mithelfen könne mit Diskussionsbeiträgen oder Vorschlägen. F. K. Waechter hätte sich auch schon bereit erklärt mitzumachen. Das gab für mich eigentlich den Ausschlag. Waechter war eine der integersten Figuren in der damaligen antikapitalistischen Szene. Wenn der dabei war, konnte es sich um nichts Unsauberes handeln.

Laut Engelmann war aber gerade das der Fall. Ihre Mitarbeit galt letztendlich der »Bliss«-Kampagne. Der Auftraggeber war die Werbeagentur GGK. Und dahinter stand das Geld des Kosmetikherstellers Schwarzkopf, der ein neues überflüssiges Produkt auf den Markt bringen wollte.

Das hat sich mir Ende der 60er anders dargestellt. Da dachte ich noch, ich könnte aufklärend in Sachen Körpergeruch wirken. Ich richtete meine Botschaften –

Sie meinen Anzeigen –

Heute weiß ich, daß es Anzeigen waren. Aber damals begriff ich meine Texte als Botschaften, die ich direkt an die arbeitende Bevölkerung richtete, weil für die das Geruchsproblem natürlich viel virulenter ist als für die müßiggehende Klasse.

Aber Sie müssen doch gewußt haben, daß Sie an einer Anzeigenkampagne mitarbeiteten! Wir haben einige dieser Anzeigen gesehen –

Wo denn? Die Kampagne ist doch nie erschienen.

Aber es gibt das Zentralwerbearchiv in Potsdam, wo seit dem Wandel alles gesammelt wird, was sich in den Kellern und

Ablagen der aufgelösten Werbeagenturen erhalten und gefunden hat. Und schon der erste Blick auf irgendein »Bliss«-Motiv zeigt unmißverständlich, daß da geworben wird: Foto, Headline, Text, Produktabbildung, Produktname, schließlich der Slogan »Unmöglich, diese Frische loszuwerden« –

Der war von Waechter! Ich war nur für den Text unter dem Foto zuständig, und das waren aufklärerische Texte, daran halte ich auch heute noch fest. Um die schreiben zu können, mußte ich ein ganzes Buch über den Schweiß lesen und darüber, wie die Körperbazillen die Schweißsekrete zersetzen und dadurch erst den Geruch erzeugen. Das habe ich dann auch der arbeitenden Bevölkerung mitgeteilt. Ich konnte darin nichts Böses sehen. Das, was sonst noch alles auf der Seite stand, hat mich nie interessiert, solange die Botschaft selber korrekt rüberkam. Ich hielt es für wichtig, daß die Arbeiterin und der Arbeiter nicht nur ideologisch harmonierten, sondern auch geruchsmäßig. Um so geschlossener konnten sie dann dem System gegenübertreten. Und es ist wahrscheinlich kein Zufall, daß meine Arbeit unter den damaligen Verhältnissen nicht veröffentlicht werden konnte.

Ein Schicksal, das die »Bliss«-Kampagne mit tausend anderen teilt. Sehen Sie sich als Opfer der Werbung?

Mir stellt es sich so dar. Aber ich verstehe auch jene, die das anders sehen. Allerdings glaube ich nicht, daß jemand, der nicht im Paranoiasystem des Konsumterrors gelebt hat, beurteilen kann, wer die Täter und wer die Opfer waren.

Haben Sie Geld von der Werbung genommen?

Die Werbung hat mir Geld gegeben. Soviel ist richtig.

Und Sie haben es behalten?

Das war unumgänglich. Andernfalls wäre doch aufgeflogen, daß ich nicht für die Werbung gearbeitet habe.

Wie ist das zu verstehen?

Naja, die Strukturen waren derart absurd, daß es mir heute schwerfällt, mich verständlich zu machen. Wenn Sie so wollen, war ich innerhalb der Werbung ein Scheinarbeiter, der zugleich das System belieferte und unterlief. Nur so konnte ich das Schlimmste verhindern.

Zum Beispiel?

Mitte der 60er beispielsweise war eine Agentur drauf und dran, das internationale Ansehen des großen Steuermannes Mao Tse Tung in den Schmutz zu ziehen, indem sie analog zur Mao-Bibel eine Rote Maggi-Bibel zur Maggi-Vertreter-Schulung verfassen lassen wollte.

Sie sollten sie verfassen?

Ich habe sie verhindert. Aber so was war nur möglich, wenn man innerhalb des Systems operierte. Die sogenannten Systemkritiker damals wurden doch nicht ernst genommen. Heute sehe ich das natürlich differenzierter.

Sie haben für die Werbung also ausschließlich Unpublizierbares verfaßt oder Veröffentlichungen verhindert?

Meine Einschätzung stellt sich mir so dar.

Herr Gernhardt, erst jetzt, zwei Jahre nach dem Zusammenbruch des Kapitalismus, wird das ganze Ausmaß der Verstrikkung westdeutscher Intellektueller in die systemstabilisierende Werbung offenbar. Verdächtigungen und Unterstellungen häufen sich ebenso wie begründete Anschuldigungen und Schuldbekenntnisse. Nehmen Sie Bernt Engelmann den »Werbefuzzi« übel?

Ich habe Bernt Engelmann immer bewundert, also muß ich es auch ertragen, wenn er mich beleidigt. Ich muß ihn jedoch daran erinnern, daß auch er Bücher innerhalb des Systems veröffentlicht hat und daß auch seine Bücher verkauft und, natürlich, auch beworben wurden. Und ich kann mir nicht vorstellen, daß er nicht auch irgendwann zumindest an einem Klappentext mitformuliert hat. Das alles muß aufgearbeitet und klargestellt werden – ohne Zweifel. Aber dann muß wirklich alles auf den Tisch, nicht nur die Spitze des Eisberges. Dem Werber, der gezielt die Hirne verkleisterte, falsche Bedürfnisse weckte und deren Scheinbefriedigung zwecks Profitmaximierung der herrschenden Ausbeuterklasse versprach, arbeiten ja unzählige Kräfte zu:

Adornogeschulte Soziologen, die in der Marktforschung geendet waren, oder kritische Tiefenpsychologen, die die Akzeptanz von Produkten und Verpackungen testeten. Wenn man die Krake Werbung wirklich vernichten und ihre Wiederkehr für immer verhindern will, dann muß man alle ihre Arme abschlagen und nicht lediglich auf einen willkürlich herausgegriffenen Aspekt einprügeln.

Die Begriffe Schuld und Unschuld lösen sich in diesem Zusammenhang immer mehr auf.

Es gibt diese Begriffe. Ich akzeptiere das. Aber ich persönlich lasse mich nicht auf ein solches Schwarzweiß-Weltbild ein.

Trotzdem haben Sie sich vielleicht in aller Unschuld schuldig gemacht.

Wenn mich jemand schuldig nennt, so akzeptiere ich es, daß er mich aus seiner Sicht so sieht. Aber das muß nicht notwendig meine Sicht sein, so, wie sie sich aus meinem jetzigen Erkenntnisstand her ergibt. Man kann das alles sehr einfach sehen. Aber so einfach ist das nicht.

(1991)

hende Maler rutscht in die Bildergeschichte (Wilhelm Busch), der angehende Schriftsteller rutscht in die Parodie (Robert Neumann), der angehende Schauspieler rutscht in den Sketch (Jürgen von Manger), der angehende Musiker rutscht in die Comedy Show (Otto Waalkes). Rutschiges Gelände, auf welchem nicht nur angehende Künstler vom geraden Weg abkommen, sondern auch Juristen in die Satire schlidtern (Kurt Tucholsky), Postbeamte ins Brettl (Emil Steinberger) und Mathematiker in den Nonsens (Lewis Carroll).

Keine geplanten Lebensläufe, diese komischen, häufig so schwankend wie das Gewerbe, dem sich die Schliddernden, oft wider Willen, verschreiben; meist so zweideutig wie die Behausung, die sie oft nur deswegen aufsuchen, weil sie – kurzfristig, versteht sich – ein Dach über dem Kopf brauchen.

Zirkuszelt der Komik? Von außen jedenfalls wirkt es anziehend und einladend, und auch dem Eintretenden bestätigt der erste Eindruck, daß es hier lustig zugeht: Alles schön laut und bunt und lebenssteigernd. Er ist hineingerutscht, doch nun geht er freiwillig weiter, zuerst verwirrt von der Vielfalt der Verheißungen, dann verlockt von der Vorstellung, das ganze Ausmaß des über Erwarten großen Zeltes zu erkunden. Aber ist das überhaupt ein Zelt? Nicht eher ein Nutzbau, eine Art langgestreckter Halle? Und wo sind da überhaupt die Arenen des Anfangs, in welchen die Komiker ihre anarchischen Kräfte erprobten? Sitzen die nun nicht vielmehr an Fließbändern, auf welchen sorgfältig ausgeklügelte Serienprodukte zusammengesetzt werden?

Immerhin gibt es was zu sehen und zu lernen. Und irritiert erst, dann interessiert schaut der Neuling den Serienproduzenten auf die Finger: Ach – so geht das!

Ach – so geht ein Ostfriesenwitz! Ach – so geht ein Eulenspiegel-Schwank! Ach – so geht ein Wendriner-Monolog!

Ach – so geht ein Cartoon! Ach – so geht ein Peanuts-Strip! Ach – so geht eine Vater-und-Sohn-Bildergeschichte!

Ach – so geht ein Sponti-Spruch! Ach – so geht ein Sketch! Ach – so geht eine Commedia dell'arte!

Ach – so geht ein Schüttelreim! Ach – so geht ein Wirtinnen-Vers! Ach – so geht ein Palmström-Gedicht!

Ach – so geht ein Stummfilm-Slapstick! Ach – so geht ein Tom und Jerry-Film! Ach – so geht eine Sitcom!

Alles sehr spannend, denkt der Betrachter, schon juckt es ihn in den Fingern, selber mit Hand anzulegen, da hält er jäh inne. Wohin ist er eigentlich geraten? Diese helle Halle, dieses schnelle Band – wollte er denn jemals dorthin? Das seriell hergestellte komische Produkt – bedeutet das nicht geradezu einen Verrat an jener komischen Kraft, mit welcher er sich zur Wehr gesetzt, dank der er überlebt hat? Oder hat diese Kraft selber seit Urzeiten nur deswegen überleben und überliefert werden können, weil sie sich dank der Komiker fortwährend in geformten, ja genormten Produkten manifestiert hat? Ist sie vielleicht anders gar nicht zu bändigen und in den Griff zu kriegen? Oder genügen die Komikproduzenten schnöde einer Nachfrage, welche bereits den Standard vorschreibt, welchem das Produkt zu genügen hat? Und was eigentlich tut sich in den angrenzenden Hallen, in jenen zwar ähnlich wirkenden, aber derart entfernten Produktionsstätten, daß nicht mehr auszumachen ist, was da eigentlich hergestellt wird? Offenbar nichts Komisches – was aber dann?

Doch noch bevor der Neuling all diesen Fragen nachhängen und nachgehen kann, bedeutet ihm ein Werkmeister, am Band Platz zu nehmen, und drückt ihm eine spitze Feder sowie einen Bestellzettel in die Hand: »Hier! Das muß heute abend noch raus! Sie haben doch Erfahrung mit One-Linern?«

Verwirrt nickt der Angesprochene, mannhaft unterdrückt er den Impuls, aufzuspringen und fortzulaufen. Statt dessen wendet er sich halblaut an seinen Nebenmann: »Sag mal, Kumpel, wie geht eigentlich ein One-Liner?«

EIN FRAGEBOGEN

Was ist für Sie das größte Unglück? *Der Schwarze Tod.*
Wo möchten Sie leben? *Im Eldorado.*
Was ist für Sie das vollkommene irdische Glück? *Bekannt zu sein wie ein bunter Hund.*
Welche Fehler entschuldigen Sie am ehesten? *Die der Grünschnäbel.*
Ihre liebsten Romanhelden? *Der Grüne Heinrich.*
Ihre Lieblingsgestalt in der Geschichte? *Barbarossa.*
Ihre Lieblingsheldinnen in der Wirklichkeit? *Rosa Luxemburg.*
Ihre Lieblingsheldinnen in der Dichtung? *Scarlett O'Hara.*
Ihre Lieblingsmaler? *Grünewald.*
Ihr Lieblingskomponist? *Verdi.*
Welche Eigenschaften schätzen Sie bei einem Mann am meisten? *Daß ihm noch vor etwas graut.*
Welche Eigenschaften schätzen Sie bei einer Frau am meisten? *Daß sie noch erröten kann.*
Ihre Lieblingstugend? *Weisheit.*
Ihre Lieblingsbeschäftigung? *Blaudereien am Karmin.*
Wer oder was hätten Sie sein mögen? *Arthur Rubinstein.*
Ihr Hauptcharakterzug? *Preußisch-Blau.*
Was schätzen Sie bei Ihren Freunden am meisten? *Daß ihnen vor mir nicht graut.*
Ihr größter Fehler? *Daß ich so häufig preußisch bin und so selten blau.*
Ihr Traum vom Glück? *Weiße Weihnacht an der Côte d'Azur.*
Was wäre für Sie das größte Unglück? *Farbenblindheit.*
Was möchten Sie sein? *Ein rotierender Grüner.*
Ihre Lieblingsfarbe? *Schmöll.*
Ihre Lieblingsblume? *Goldlack.*
Ihr Lieblingsvogel? *Die gelb-grüne Zornnatter.*
Ihr Lieblingsschriftsteller? *Joseph Roth.*
Ihr Lieblingslyriker? *Die Blues-Barden.*

Ihre Helden in der Wirklichkeit? *Die Männer von Greenpeace.*

Ihre Heldinnen in der Geschichte? *Die Frauen vom Roten Kreuz.*

Ihre Lieblingsnamen? *Bianca, Violetta, Bruno.*

Was verabscheuen Sie am meisten? *Grausamkeit.*

Welche geschichtlichen Gestalten verachten Sie am meisten? *Nero und den Mann aus Braunau.*

Welche militärischen Leistungen bewundern Sie am meisten? *Die Teilung des Roten Meeres.*

Welche Reform bewundern Sie am meisten? *Die Freiheitsbewegungen der Farbigen.*

Welche natürliche Gabe möchten Sie besitzen? *Alles versilbern zu können.*

Wie möchten Sie sterben? *Hellsichtig.*

Ihre gegenwärtige Geistesverfassung? *Und nun geht's umbra, umbra, umbra täterää.*

Ihr Motto? *Ich weiß, daß ich nichts weiß.*

HAPPY BIRTHDAY

SCHNEEWITTCHEN HEUTE

„Spieglein, Spieglein an der Wand — wer ist der Schönste im ganzen Land?"

„Herr Leonhardt, Ihr seid der schönste hier. Aber der Herr Beitz in Deutz, der ist noch tausendmal schöner als Ihr!"

VII
SPASSMACHER UND ERNSTMACHER

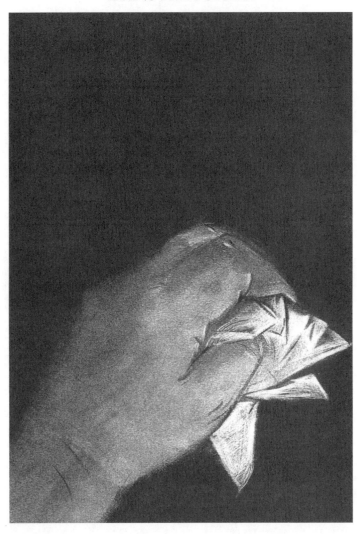

AUS DEM LEBEN EINES SPASSMACHERS

Der Spaßmacher auf der Bühne ...   ... und zuhause.

SPASSMACHER UND ERNSTMACHER

I
Seht: Alles Ernste ist alt. Die Bücher
Welche da reden von Gott und dem Anfang
Sind alt. Und das Alter des Ernstseins
Adelt auch den, der noch heute uns ernst kommt.

Aber der Spaßmacher! Hört, wie die Menge
Ihm noch den trefflichsten Witz mit den Worten
»Der ist ja alt« verwandelt in Asche,
Gestrigen Schnee und dauernde Schande.

II
Wenn um die Wiege sich sammeln des Winzigen
Die Ernsten, und wenn er sie ankräht, ja dann
Lachen auch sie. Doch welch seltsames Lachen
Wird ihm zuteil da! Voll Milde, voll Tücke.

Mild belächeln die Ernsten des Lustigen
Schuldlose Lust: Lach nur so weiter!
Tückisch verlachen sie ihn: Na warte!
Noch bist du nicht wie wir, doch du wirst so.

III
Nicht wird er froh seines Lebens, der Spaßmacher.
Immer ist unter jenen, die lachen,
Der, welcher nicht lacht. Versteinerter Miene
Folgt er den Späßen des Spaßenden. Immer

Dauert er ihn. Doch es dauert nicht lange,
Und er bedauert sein Los, lachen
Zu machen die Menge, in welcher doch immer
Einer nicht lacht: Sein Opfer, sein Richter.

IV
Hart ist das Ernstsein. Denn eiserne Knochen
Krankheit und Tod und ach! Leiden der Seele
Geben Gewicht ihm und Stütze. Nimmer
Kann selbst der bissigste Witz diesen Brocken,

Starrend von Blut, von Schweiß und von Tränen
Prall bis zum Bersten, voll Schmerz, voller Grausen,
Verschlingen. Noch kann er ihn – wie denn? – verdauen.
Kann also nichts? Nun: Er kann ihn verarschen.

V
Ach, daß man nicht ihn nennte, den Spaßenden,
Leichtfertig! Leicht nicht ist es, den Witz zu
Erhaschen. Flüchtig ist er und flink und verschlagen:
Fertig macht der Gejagte den Jäger.

Aber der Andre! Schwerfällig stapft er
Gemessenen Schritts durch den Garten des Lebens.

Leicht jedoch fällt ihm der Griff nach dem Ernsten:
Pralle Frucht vom Baum der Erkenntnis.

VI
Groß sind die Ernsten. Auf hohen Kothurnen
Schreiten sie streng. Doch es ehrt sie die Menschheit,
Weil sie so streng sind. Nur ernstestes Schreiten
Leitet den Menschen zum höchsten der Ziele,

Zum Sinn. Rattenhaft aber folgen die Spaßer
Und hurtig dem Zug, denn sie wittern begierig
Das, was seit alters bei jeglicher Suche
Nach Sinn für sie abfällt: Den Unsinn.

VII
Denkt jenes Reiters! Von Scholle zu Scholle
Trug ihn sein Pferd, doch es ward ihm am Ufer
Nicht Rettung beschieden, Erkennen und Tod nur.
So auch der Witzbold. Es dulden die Witze

Rast nicht noch Ruh. He! Weiter und weiter!
Kennen Sie den? Und da fällt mir noch der ein!
So geht's in die Irre. Heimwärts aber,
Auf festester Straße, ziehet der Ernstbold.

VIII
Wenn der Dichter uns fragt: Immer spielt ihr und scherzt?
Und er fortfährt: Ihr *müßt*! O Freunde! Mir geht dies
In die Seele, denn dies – und so schließt er gewaltig:
Müssen Verzweifelte nur. – Wer wollte

Da widersprechen? Die Frage gar gegen
Den Fragenden richten: Du, der du niemals
Scherztest noch spieltest – warst *du* denn je glücklich? – ?
Die Verzweiflung ist groß. Sie hat Platz für uns alle.

IX
Lachen ist Lust, jede Lust aber endet.
Auch so ein Satz, der das Nicken der Köpfe
Hervorruft der Ernsten, welche das Leben
Ja kennen. Was aber wissen die Ernsten

Vom Leben? Wissen doch nur, daß ihr Feuer
Erloschen. Wissen doch nur, daß ihr Fluß
Versiegt ist. Wissen doch nicht, daß ihr
Wissen nur Lust macht, endlos zu lachen.

X
Sagt: Warum heißt man seit alters sie
Gegensätze? Das Tiefe, das Flache? Sind nicht
Verschwistert sie? Es gehet unmerklich
Das Flache ins Tiefe. Es spüret der Fuß kaum

Den schwindenden Boden des Schwimmers. Also
Mischt sich der Tiefsinn dem Flachsinn, und jene,
Welche da glauben, sie würden noch flachsen,
Wissen sie denn, ob sie längst nicht schon tiefsen?

XI
Wenn aber beide, der Ernste, der Spaßer
Nichts weiter wären als Seiten nur einer
Medaille? Jener, der Ernst, und jener, der
Spaß macht, machen nicht beide? Doch

Träge erwartet, daß man ihr mache
Das Bett, die Menge. Nur keinen Handgriff!
Laßt die nur machen! Uns doch egal
Obs Bett kratzt oder kitzelt!

XII
Wie aber wenn und es schalössen aus sich

Schapaß und das Ernste? Schaweres und Leichtes?
So, wie sich ausschaließt Feuer und Wasser,
Mensch und Schaweinsein, Gott und Schalange?

Es schawebt das Schawert über den Häuptern,
Es kommt zum Schawur für Schawache und Starke:
Was also wollt ihr? Den Leichtsinn? Schawermut?
Tarefft eure Wahl! Der Rest ist Schaweigen.

VORBEMERKUNG ZU
›VERSUCH EINER ANNÄHERUNG AN
EINE FELDTHEORIE DER KOMIK‹

> »*Große Komik hat – und daran führt kein Weg vorbei – zwei Bedingungen zu erfüllen: sie muß komisch sein und groß.*«
>
> R. G.

Nichts komischer als eine Theorie des Komischen – wer zu diesen Worten auch nur andeutungsweise mit dem Kopf genickt hat, ist bereits gerichtet. Natürlich ist selbst ein schlechter Witz komischer als eine solche Theorie, und ein guter ist dies sowieso, der hier z. B.:

Die verbindliche Pensionswirtin, während sie dem Gast den Morgenkaffee eingießt: »Sieht nach Regen aus.«

Der verbindliche Gast: »Aber wenn man dann genau hinschaut, ist es doch Kaffee.«

Nichts trister als jene Gemeinplätze über das Komische, die sich den Anschein hemdsärmeliger Unangepaßtheit geben – stimmt zwar immer noch nicht ganz, kommt der Sache aber schon näher. Daß nichts komischer sei als eine Theorie des Komischen, daß das Leichte des Deutschen Sache nicht sei, daß gerade das Leichte das Schwerste sei, daß Lachen nicht gleich Lachen sei und das, welches einem im Halse steckenbleibe, das

Wertvollste – all das gehört seit Jahrzehnten zum Standardrepertoire wohlmeinender Kulturträger und wird doch immer noch so vorgetragen, als verdanke es sich jäher Erleuchtung: »Ich will jetzt mal etwas ganz Ketzerisches sagen: Gerade das Leichte ...«

Da sind mir die Verächter des Komischen und der Komik schon lieber. So wie der Asket, welcher eifernd zur Abtötung der Begierde aufruft, weit mehr von ihr weiß und ihr weit angemesseneren Respekt bezeugt als der Briefkastenonkel, welcher kriselnden Paaren den kalkulierten Seitensprung oder die dosierte Perversion empfiehlt, so läßt der Eifer, den mancher Ernstmacher wider das Komische wendet, noch etwas von dem Skandal ahnen, den der erste Komiker der Menschheitsgeschichte ausgelöst haben muß:

In einer Höhle der sehr frühen Steinzeit versammelt sich die Horde unter Führung des Häuptlings um den Schamanen, welcher sich feierlich daran macht, den alljährlich fälligen Jagdzauber dadurch zu vollziehen, daß er mit ausgebreiteten Armen vor der Höhlenmalerei einer Wildkuh niederkniet.

Schamane: Kuh, du schnelle, schöne, nahrhafte, höre uns an!

Alle: Mit deinen großen Ohren!

In der letzten Reihe der Horde läßt einer einen fahren. Der Blick des Häuptlings schweift prüfend über die Hordenmitglieder.

Schamane: Kuh, du weißt, wer vor dir steht, dein Volk, der Stamm der Kuhmenschen. Und wir alle rufen dir zu:

Bevor die Horde antworten kann, läßt der geheimnisvolle Puper wieder einen fahren. Gekicher wird laut. Häuptling und Schamane mustern aufmerksam die Gesichter der Versammelten.

Schamane: Kuh! Wir haben deine Kinder gejagt, getötet und verspeist. Aber wisse, Kuh, wir taten all dies nur, weil du, Kuh, mir im Schlafe erschienen bist und folgendes zu mir und deinem Volke gesagt hast:

Ein dritter Furz, der unverkennbar das Muhen einer Kuh

nachahmt. Unverstelltes Gelächter. Der Schamane steht wütend auf und wechselt einige Worte mit dem Häuptling. Darauf bahnt der sich einen Weg durch die Horde und tritt ohne zu zögern vor den, der als einziger ernst geblieben ist, Bobo, den Buckligen.

Häuptling: Bobo, wenn du noch einmal einen fahren läßt, dann erschlage ich dich auf der Stelle mit diesem Feuerstein.

Bobo läßt wieder einen fahren und blickt sich in gespielter Entrüstung um.

Bobo: Wer fahr das?

Riesengelächter. Der Häuptling erschlägt Bobo. Als er schweigend zum Schamanen zurückkehrt, glaubt er, hinter sich ein leises Pupen zu hören. Rasch wendet er sich um, doch wohin er auch blickt, sieht er gesammelte Mienen und ehrfürchtig gesenkte Köpfe. Oder sind sie nur deshalb so tief gebeugt, weil sich der eine oder andere ein Lachen verbeißen muß? Für einen Moment zögert der Häuptling, dann bedeutet er dem Schamanen mit einem harschen Handzeichen fortzufahren, worauf der seinen Zauber ohne weiteren Zwischenfall zu Ende bringt. Nachts freilich, als sich die Horde in die Felle gewickelt hat und die Fackeln der Wachen nur noch gedämpft blaken, da will das Gepupe und Gekicher schier kein Ende nehmen, ja selbst auf das »Ruhe, verdammt noch mal!« des Häuptlings ertönt ein wie von Kinderstimme gepiepstes »Wer fahr das?«, und wieder brandet das Gelächter mächtig auf …

Urkomisch, doch der Urernst hat ein langes Gedächtnis. Bis auf den heutigen Tag liegt er mit der Urkomik in Fehde. Zwar hat er sie nicht ausrotten können, doch zeugen die vielen herabsetzenden Begriffe für Komisches von der Verbissenheit, mit welcher der Ernst den Kampf geführt hat und führt:

Witz. Witzeln. Witzelei. Gewitzel. Witzbold. Witzfigur. Witzblatt.

Blöd. Blödeln. Blödsinn. Blödsinn hoch zwei. Höherer Blödsinn. Blödelei. Blödelbarde. Der Blödel.

Dem haben die Verfechter des Komischen wenig entgegenzusetzen. Weil es ihnen die Sprache verschlagen hat?
Ernst. Tierischer Ernst. Bierernst.
Aber nicht: Ernsteln. Ernstelei. Geernstel. Ernstbold. Ernstfigur. Ernstblatt. Und schon gar nicht: Der Ernstel.

DAS KOMISCHE IST EIN GENRE

Es gibt im westlichen Kulturkreis fünf etablierte Genres, denen fünf Weisen des Körpers entsprechen, sich zu entladen und zu entleeren:

1. Das Melodram setzt auf Gefühl und rührt zu Tränen.
2. Der Thriller setzt auf Spannung und führt zu Gänsehaut und Schweißausbruch, im Extremfall zum Sich-in-die-Hose-Machen vor Angst.
3. Der Horror setzt auf Ekel und provoziert Erbrechen.
4. Der Porno setzt auf Lust, Orgasmus und Erguß.
5. Die Komödie will, daß Tränen gelacht werden bzw. daß sich die Adressaten vor Lachen bepissen.

All diese Genres sind also auf Reaktionen aus und nur auf sie, sie alle ordnen alle ästhetischen Mittel diesem Zweck unter.

Anders als die Kunst läßt das Genre von den unendlich vielen denkbaren Aspekten und Interpretationsmöglichkeiten der Welt all die weg, die nicht der erstrebten Wirkung dienen. Daher das Eindimensionale jedes artistischen Produktes, das ganz und gar auf Effekt ausgerichtet ist. Daher auch das Un- bzw. Überpersönliche der Genre-Produkte: Pornographische Romane erscheinen häufig anonym, komische Stücke haben häufig mehrere Verfasser.

Da das Genre eine klare Absicht verfolgt, hat der Konsument zwei Möglichkeiten: Er kann die angestrebte Wirkung wollen oder nicht wollen. Er kann von vornherein bereit sein, jeden Widerstand aufzugeben – das ist die Regel, dementsprechend verärgert fällt die Reaktion aus, wenn die Wirkung ausbleibt.

Oder er nimmt die Herausforderung an, die in jedem Genre steckt: Mich bringt ihr nicht zum Gruseln, zum Lachen, zum Weinen, zum Orgasmus.

Das Genre bedient ja nicht nur bestimmte Bedürfnisse, es ist zugleich auf Unterwerfung aus. Der komische Zusammenhang zum Beispiel liefert, wenn er bedenkenlos genug ist, nicht nur eine Lachvorlage, sondern er enthält auch so etwas wie eine Lachvorschrift. In Gesellschaft von Lachwilligen hat der Lachunwillige einen besonders schweren Stand und reagiert dementsprechend verärgert, auch und gerade dann, wenn er, seinem Vorsatz zum Trotz, dennoch lachen muß. Das ist hin und wieder bei Kritikern der Fall.

Die Kunst des Genre-Produzenten besteht darin, einen möglichst lückenlosen und möglichst wirkungsvollen Zusammenhang herzustellen. Je näher er diesem Ziel kommt, desto weiter entfernt sich sein Produkt von den Werken der Kunst. Je fester der Produzent den Konsumenten im Griff hat, desto größer sein Risiko, daß der ihm völlig abhanden kommt. Wer vor Lachen unter dem Tisch liegt, wer nicht mehr hinsehen kann vor Angst, wer sich entlädt vor kunstreich geschürter und angestauter Begierde, der fällt für unbestimmte Zeit als wahrnehmungsfähiger Teil ästhetischer Vorgänge aus. Genau dieses Schachmattsetzen aber ist das eingeschriebene Ziel all der Genres ebenso wie das ihrer Macher, und dieses letztlich knäbische Kräftemessen läuft den Zwecken des Kunstwerks herzlich zuwider: der ästhetischen Erziehung des Menschengeschlechts, der Ausbildung autonomer, weil aus der Welt platter Notwendigkeit ins Reich freier Bedeutungen und flutender Bilder aufgestiegener Individuen, der Vereinigung schließlich von Sinnlichkeit und Erkenntnis, Spiel und Gesetz.

Ein spritziges Buch
(man liest es gern zum
Frisch...)

SCHWEINCHENS PROBLEM

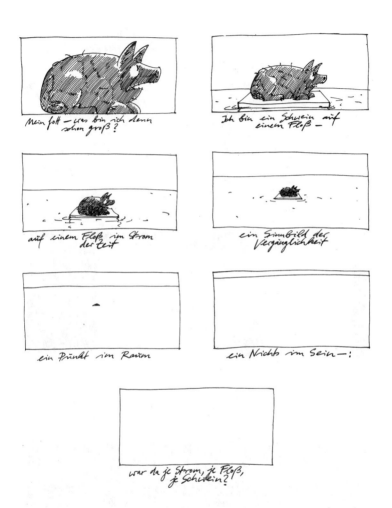

Mein Gott – was bin ich denn schon groß?

Ich bin ein Schwein auf einem Floß –

auf einem Floß im Strom der Zeit

ein Sinnbild der Vergänglichkeit

ein Punkt im Raum

ein Nichts im Sein –:

war da je Strom, je Floß, je Schwein?

CONDITIO HUMANA

DIE NACHT, DAS GLÜCK, DER TOD

Verlassen stieg

Verlassen stieg die Nacht an Land,
der Tag war ihr davongerannt.
Durchs Dunkel tönte ihr Geschrei,
wo denn der liebe Tag wohl sei.

Indessen saß der Tag bei mir,
bei weißem Brot und hellem Bier
hat er die Suchende verlacht:
Die säh doch nichts, es sei ja Nacht.

Und endlich trat

Und endlich trat das Glück herein,
sehr still, auf sieben Zehen.
Im frühen Morgensonnenschein
konnt ich es humpeln sehen.

»Was ist mit deinen Zehen, sprich!«
»Darüber spräch ich lieber nicht.
Drei hat mir eine Tram gekappt –«
»Kann man nichts machen. Pech gehabt.«

Denkt euch

Denkt euch, ich habe den Tod gesehn,
es ging ihm gar nicht gut.
Seine Hände wirkten so seltsam bleich,
so gar nicht wie Fleisch und Blut.

Und auf dem dürren Hals saß gar
ein Kopf, der ganz aus Knochen war.
Aus Knochen, ganz aus Knochen, denkt!
Da hab ich ihm fünf Mark geschenkt.

DER STERBENDE NARR

DER TAG, AN DEM DAS   VERSCHWAND

Am Tag, an dem das   verschwand,
da war die uft vo Kagen.
Den Dichtern, ach, verschug es gatt
ihr Singen und ihr Sagen.

Nun gut. Sie haben sich gefasst.
Man sieht sie wieder schreiben.
Jedoch:
Soang das   nicht wiederkehrt,
muß aes Fickwerk beiben.

AUS EINEM BÄRENBUCH

SCHEITERNDE HUNDE
Heute: Fido

WAS BLEIBT
Gedanken zur deutschsprachigen Literatur unserer Zeit

Literatur wird immer – anders wäre sie keine, jedenfalls nicht ihrer Intention nach – sub specie aeternitatis verfaßt. Seit den Tagen von Urduk und Babel, seit der Klage des Gilgamesch über den Tod seines Freundes Enkidu, seit dem Beginn dessen also, was wir als unsere Kultur zu begreifen gelernt haben, meint und will das geschriebene Wort *Überlieferung*. Ein Kompositum, in welchem zwei äußerst unterschiedliche, ja auf den ersten Blick unvereinbare Worte und Werte einen fast befremdlich anmutenden Bund eingegangen sind. Da ist einmal der Stamm »liefern«, ein Wort, das ganz der Sphäre des Hier und Jetzt verhaftet ist: Geliefert wird, landläufigem Verständnis nach, Ware, möglichst frische natürlich, mit vertraglich terminierter Lieferzeit, deren Nichteinhaltung den Käufer oder Empfänger berechtigt, von der Vereinbarung zurückzutreten.

Dem »liefern« nun gesellt sich das »über«, ein Präfix, das gemeinhin zur Verstärkung der im Verb bereits enthaltenen Tätigkeit dient: treiben – übertreiben, bieten – überbieten, trumpfen – übertrumpfen; das in unserem Falle aber etwas ganz anderes meint, nicht das »über« des steigernden, also vertikalen Höher, sondern das des rettenden, also horizontalen Hin*über*, sprich: weiter. *Weiter*lebt im Heute nur das, was uns *über* den Zeitstrom ge*liefert* worden ist, weiterleben wird nur, was kommenden Geschlechtern der Mühe wert scheint, daß es weiter durch die Zeit geschleppt werde, von entkräfteten Händen immer neu in die erstarkenden Arme heranwachsender Generationen gelegt – wobei das Gewicht dessen, was die zu halten haben, naturgemäß immer lastender wird und die Bereitschaft, immer mehr von dem Überlieferten fallen zu lassen, ja, das anvertraute Erbe gar nicht erst anzunehmen, immer verständlicher.

Ein Mißverhältnis also ist zu konstatieren. Da wächst die Menge des geschriebenen Wortes, das danach ruft, hinübergeliefert zu werden, und da zeigt sich zugleich der – die Analogie zum Christophoros sei erlaubt – Logophoros immer weniger imstande, noch mehr auf seine Schultern zu laden: Da wollen ja nicht nur die Fundamente unseres kulturellen Erbes tradiert werden, Babel, Bibel, Griechen und Römer, sondern auch all die darauf errichteten Nationalliteraturen, einige seit einem gottlob zurückliegenden goldenen Zeitalter zum Stillstand gekommen, die meisten aber von anhaltend wuchernder, ja furchtbarer Fruchtbarkeit.

Was wird unser imaginierter Fährmann tun? Was bleibt ihm nach Lage der Dinge zu tun übrig? Sich *alles* aufzuladen hieße den sicheren Zusammenbruch riskieren, ja herausfordern. Bevor der Überliefernde mit alldem, was heute um Mitnahme heischt, in den reißenden Fluten des Vergessens untergeht, wird er notgedrungen eine Auswahl dessen treffen, was er sich nach Maßgabe seiner Kräfte aufbürden kann und sollte.

Grenzen auch wir uns ein. Reden wir nicht von der Weltliteratur überhaupt, auch nicht von der dieses Jahrhunderts, mustern wir lediglich das deutschsprachige Schrifttum der zweiten Jahrhunderthälfte mit den Augen dessen, der Sachwalter doppelter Interessen ist, fremder und eigener. Der sich fragt: Was darf ich den kommenden Generationen unter keinen Umständen vorenthalten? und zugleich: Was kann ich überhaupt halten?

Als erstes wird er vermutlich so gründlich wie abwägend die erzählende Prosa prüfen. Gründlich, da er weiß, daß sie am ehesten imstande ist, unsere prosaische Zeit zu dauerndem Ausdruck zu bringen; abwägend, da er an Erzählungen und Romanen bereits schon schwer genug zu tragen hat. Bildungs-, Liebes-, Historien-, Abenteuer-, Gesellschafts-, Familien-, Zeit- und Endzeitromane – nicht nur die Prototypen der Gattung, auch die Meisterwerke der jeweiligen Genres wurden bereits vor der Mitte dieses Jahrhunderts entwickelt. ›Wilhelm Meisters Lehr- und Wanderjahre‹, ›Madame Bovary‹, ›Krieg und Frieden‹, ›Der Graf von Monte Christo‹, ›Die Dämonen‹, ›Buddenbrooks‹, ›Auf der Suche nach der verlorenen Zeit‹, ›Der

Prozeß‹ – muß der, welcher bereits jene ebenso wichtigen wie gewichtigen Werke geschultert hat, sich auch noch das hier aufladen? –:

»Rückblickende Ich-Erzählung in vier Kapiteln über die Ereignisse eines Montags der Nachkriegszeit. Ein junger Mann, Fendrich, wird durch die Begegnung mit dem Mädchen Hedwig aus der seelischen Verhärtung gelöst und bricht mit seiner Freundin Ulla. Der ›Versager‹ Fendrich ist zugleich arm und unkonventionell fromm, ein Nonkonformist und die Böllsche Variante des Picaro« – soweit die Inhaltsangabe des Buches ›Das Brot der frühen Jahre‹ von Heinrich Böll. Ein sicherlich verdienstvoller Autor, der den Nobelpreis mit Sicherheit verdient hat, ihn, den ja weder ein Tolstoi, ein Proust noch ein Kafka erhalten haben; und möglicherweise mag es auf den ersten Blick so scheinen, als bereite es unserem Logophoros keinerlei Mühe, sich auch noch das soeben erwähnte nicht allzu umfangreiche Werk aufzubürden – auf eine Hedwig, eine Ulla oder einen Fendrich *mehr* sollte es ihm ja nun weiß Gott nicht ankommen bei all den Mignons, Emmas oder Nataschas, den Wilhelms, Pierres oder Christophs, die er bisher schon – und bis jetzt – so sicher durch den Zeitenstrom getragen hat. Und dennoch wird der mäßige Umfang eines Buches wohl der letzte Grund dafür sein, daß es gerettet werde, da doch jedermann weiß – und unser Träger weiß dies natürlich am besten –, daß es nur eines letzten Tropfens bedarf, einen See zum Überlaufen, und lediglich eines allerletzten Weizenkorns, einen Frachtkahn zum Sinken zu bringen – will sagen: Jedwede Quantität schlägt zum gegebenen Zeitpunkt in durchaus janusköpfige Qualität um. Wer aber mag entscheiden, ob es dereinst nicht ausgerechnet ›Das Brot der frühen Jahre‹ sein könnte, das als jenes »Zuviel« den Zusammenbruch des Überliefernden und damit das Ende aller Überlieferung zur Folge hätte? Eine Konsequenz, die auch Böll, den wir nicht nur als braven Autor, sondern vor allem als guten Menschen kennen und schätzen, keineswegs wollen kann, weshalb er mit uns darin einig gehen wird, daß wir sein ›Brot der frühen Jahre‹ einmal ganz schnell vergessen. Und nicht nur dieses frühe Werk, auch seine umfangreicheren, späteren Bücher. Denn umfangreicher, das meint ja nicht nur noch mehr Hedwigs, Ullas und Fendrichs – »Von seiner Geliebten aus katholisch-moralischen Skrupeln verlassen und seinen künstlerischen Abstieg erkennend, summiert der 27jährige, in Bonn ansässige Pantomime Hans Schnier seine Enttäuschungen zu einer Generalabrechnung mit Familie, Gesellschaft, Kirche und Staat« – da heißt es ja nicht nur die ›Ansichten eines Clowns‹ zu ertragen – und in unserem Falle auch: zu tragen –, da müßte der Leser der Zukunft ja auch seine knapp bemessene und hart umkämpfte Freizeit dafür opfern, um zu erfahren, wie symbolträchtig es in den späten 50er Jahren beim allabendlichen ›Billard um halbzehn‹ zugegangen ist: »Das politische Geschehen wird mit dem Gegensatz vom Sakrament des Lammes (Christentum) und des Büffels (Geist der Gewalt) symbolisch umschrieben« – so jedenfalls beschreibt unser Gewährsmann für Titel und Inhalt die Quintessenz dieses reichlich zoologisch anmutenden Geschicklichkeitsspiels. Des erwähnten wackeren Helfers werden wir uns im Kommenden noch häufiger erinnern, im Interesse der Nachkommenden aber möchten wir Schnier wie Lamm wie Büffel einen tiefen Schluck aus jenem Strome gönnen, den wir in Ermangelung eines zeitgemäßeren Namens mit dem benennen wollen, der seit den Tagen der alten Griechen wunder- und bedeutsamerweise nicht in Vergessenheit geraten ist: Lethe. Lassen wir sie also trinken, und durchmustern wir derweil, nun freilich etwas geschwinder, all das, was sich sonst noch so an der Fährstelle drängelt und um Mitnahme heischt.

Da wir bereits die wenigstens halbwegs handfest betitelten ›Ansichten eines Clowns‹ verworfen haben – sollten wir uns beim Fährmann für weitaus windigere Werke verwenden, für Bücher, deren Titel bereits verraten, daß selbst der Autor nicht so recht wußte, was er da eigentlich schrieb?

Für Christa Wolfs Roman ›*Nachdenken* über Christa T.‹ beispielsweise, der sich schon deswegen von der Weiterfahrt ausgeschlossen haben dürfte, da er das Nachdenken, das der Abfassung eines Werkes vorausgehen sollte, eingestandenermaßen zu seinem Inhalt macht? Oder für Uwe Johnsons ›*Mutmaßungen* über Jakob‹? Oder für Max Frischs ›Mein Name *sei* Gantenbein‹? Oder für Rolf Dieter Brinkmanns ›Keiner *weiß* mehr‹?

Laufen solche schwankenden Benennungen nicht Gefahr, sich in den überlasteten Köpfen der Nachgeborenen heillos zu vermischen? Von schlichten Fragen – »Wie hieß das Buch noch mal gleich?« – über bemühte Mutmaßungen – »Hieß es nicht ›Nachdenken über Jakobs Tee‹?« – zu schrecklichen Wechselbälgern zu denaturieren? »Ich hab's! ›Keiner würde vermuten, daß mein Name Christa G. sei‹ – nein, stimmt auch nicht!« –: Wollen wir Heutigen die Späteren dergestalt rätseln lassen, daß sie darüber keine Zeit mehr finden, sich eindeutigen und einstimmig beglaubigten Meisterwerken wie ›Schuld und Sühne‹, ›Rot und Schwarz‹ oder ›Joseph und seine Brüder‹ zuzuwenden und mit gebotener Geduld zu widmen?

Eine Eindeutigkeit, die Büchern unserer Tage auch dann mangelt, wenn ihr Titel treuherzig Gesichertes verheißt. ›Eigentlich möchte Frau Blum den Milchmann kennenlernen‹ – da allerdings mutmaßt, nein: weiß bereits jeder, daß keiner weiß – und der Autor Peter Bichsel am allerwenigsten –, ob Frau Blum den Milchmann wirklich kennenlernen will oder wird oder ob der nicht unter dem Vorwand, er habe es am Gantenbein, sich jeglichem Auftritt im genannten Werk ebenso entzieht wie jedweder Identifizierung. ›Die Jahreszeiten‹ dagegen, vom gleichen Autor – solch ein Titel klingt schon anders. Nicht aber die Inhaltsangabe: »Ein Ich-Erzähler will Mitteilungen über ein Mehrfamilienhaus machen, in dem er wohnt. Er erfindet einen Mieter, probiert an diesem Vorgänge und Tatsachen aus, und er relativiert und dementiert, was er durch Stoff und Dokumentation glaubhaft gemacht hat.« Das Wollen des Ich-Erzählers in Ehren, und auch gegen erfundene Mieter ist wenig zu sagen – lebt doch Literatur vom unermüdlichen Erfinden der Schreibenden und davon, daß die Lesenden nicht müde werden, sich in diesen Erfindungen wiederzufinden –, aber ob sich irgend jemand in einer Erfindung wiederzufinden wünscht, an welcher Vorgänge ausprobiert, relativiert und schließlich dementiert werden? Kein Hund möchte so leben, weshalb uns sogleich ein rascher Sprung von den ›Jahreszeiten‹ zu dem Roman ›Hundejahre‹ erlaubt sei, über welchen unser Titel-Gewährsmann zu berichten weiß: »Der doppeldeutige Titel am konkretesten verbunden mit dem stets wieder auftauchenden und immer surrealistischer werdenden Schäferhunde Prinz aus dem Geschlecht des Wolfshundes Perkun« – ein einst unter andalusischen Hunden verbreitetes Leiden, dessen ebenso verspätetes wie modisches Auftreten in ostpreußischen Stammbäumen unseren Überlieferer wohl kaum dazu bewegen wird, sich des gestörten Tieres anzunehmen, um so weniger, als er bereits sehr viel gesunderen Vierbeinern die Mitnahme verweigert hat. Oder wer erinnert sich noch an ›Der stumme Ratsherr‹ von Wilhelm Heinrich von Riehl, an ›Krambambuli‹ von Marie von Ebner-Eschenbach oder an ›Die gelbe Dogge Senta‹ von Paul Eipper? Mag Prinz selber sehen, wie er den Strom der Zeit meistert, weit wird er, fürchten wir, nicht kommen. Ein Ende, das er aller Voraussicht nach mit einer anderen Erfindung des langatmigen Grass teilen wird, wir meinen jenen kleinwüchsigen Danziger, der mit seiner ›Blechtrommel‹ eine Zeit lang für einen außerordentlichen Lärm am Landungssteg sorgte. Aber ist nicht gerade solche Lärmentfaltung schon immer nur der Vorbote um so endgültigeren Verstummens gewesen? Hat es nicht auch ein anderer Krachmacher, ›Der Trompeter von Säckingen‹ Viktor von Scheffels, noch zu Lebzeiten des Autors auf 140 Auflagen gebracht, ohne im Gedächtnis der Heutigen mehr Spuren zu hinterlassen als die vage Erinnerung an ein undeutliches Geräusch: »Behüt' dich Gott, es wär so schön gewesen, behüt' dich Gott, es hat nicht sollen sein« –?

Nein, hat es nicht. Und wenn schon das nicht sein sollte, muß *das* da sein, sprich: bleiben? –: »Ein Tormann hat in besonderer Weise Schwierigkeiten zu verstehen und sich verständlich zu machen. Das Verhältnis zwischen Tormann und Torschützen beim Elfmeter, ihre gegenseitigen Abschätzungen und möglichen Fehleinschätzungen als Symbol.« Nun: Je schwerer es Peter Handkes Tormann fällt, sich verständlich zu machen – eine Schwierigkeit, die er nicht nur mit einem Großteil der Literatur unserer Zeit, sondern hin und wieder auch mit unserem Referenten für In- und Gehalte zu teilen scheint –, desto leichter wird es dem geisterhaften Fährmann fallen, späteren Geschlechtern die Angst vor der ›Angst des Tormanns beim Elfmeter‹ dadurch zu ersparen, daß er den schwerverständlichen Herrn wie ›Ein fliehendes Pferd‹ behandelt, das man ja bekanntlich auch nicht aufhalten soll, schon gar nicht, wenn es sich bei dem rasenden Roß um eine Metapher handelt: »Ein Pferd auf der Flucht, die laut Gattungstheorie der Novelle unerhörte Begebenheit während des Bodensee-Urlaubs zweier Ehepaare und Metapher für die beiden Männer, ehemalige Jugendfreunde, Mittvierziger auf der Flucht vor der Wirklichkeit« – ob da nun ein Pferd als Metapher für einen flüchtenden Studienrat herhalten muß oder ob ein Studienrat selber auf ›Winterreise‹ geht – »Ausbruch des Lehrers Nagl aus der Alltagsnormalität nach Neapel, Rom, Venedig ... Verlorenheit, Verzweiflung, Unfähigkeit zur Bindung ... Der Ausbruchsversuch des Großvaters als Kontrapunkt der Selbstanalyse« – ob da also Lehrer wie bei Martin Walser vor sich selbst flüchten oder wie bei Gerhard Roth kontrapunktisch zu ihrem Großvater ausbrechen oder gar wie bei Adolf Muschg auf Therapeuten zu schießen beginnen – »Mutmaßungen über den Grund, aus dem der Gymnasiallehrer Albisser den ihn therapeutisch behandelnden Ausländer Zerutt niederschoß« –: Wir Jetzigen sollten aus purer Selbstachtung darauf hoffen, ja drängen, daß dieser ganze durchgedrehte Lehrkörper daran gehindert wird, sein ungutes Tun vor den Augen zukünftiger Leser fortzusetzen. Das allerdings dürfte schon deswegen mehr als zweifelhaft sein, da bereits heute außerhalb von Pädagogenkreisen kein gesteigertes Interesse an den Taten dieser pflichtvergessenen Erzieher mehr besteht und noch weniger an den Gründen, welche sie zu diesen Handlungen veranlassen. Da macht selbstredend Gymnasiallehrer Albisser keine Ausnahme – ist doch die Tatsache, daß eine Romanfigur »Zerutt« heißt, Grund genug, sie so rasch wie möglich aus dem Verkehr zu ziehen, weshalb auch Muschgs mehrhundertseitiges Gerätsel über ›Albissers Grund‹ ohne Frage das Schicksal seines erfundenen Therapeuten ereilen dürfte.

An dieser Stelle sei rasch dem Einwand zuvorgekommen, wir machten es uns – und damit dem zeitenüberschreitenden Wortträger – zu einfach, wenn wir unser – und damit sein – Augenmerk lediglich auf die so handlungsarmen wie metaphernreichen Schicksale verstörter Clowns, Hausfrauen, Tormänner oder Schullehrer richteten, so, als gäbe es nicht auch in unseren Tagen weitaus welt- und worthaltigere Werke, die denn doch geeignet seien, ein sehr viel komplexeres Bild nicht nur unserer Zeit zu vermitteln, sondern auch und vor allem von den Möglichkeiten, sich dieses flüchtigen, vieldeutigen Stoffs auf eindeutig feststellende Weise derart zu vergewissern, daß der Text dank seiner künstlerischen Rigorosität nicht einfach beim Wissen über die Zeit stehenbleibe, sondern über sich hinauswachse zum Zeitgewissen, in welchem auch fernere und ferne Zeiten sich widerspiegeln könnten, ja müßten, wofern sie etwas über ihre Ursprünge, also über sich selber, in Erfahrung bringen wollten.

Ein Einwand, dem wir – das sei verbindlich eingeflochten – keineswegs ausweichen wollen, zuvor freilich müssen wir den bereits ans Kleine gewöhnten Blick rasch noch aufs Kleinste richten, auf jene Literatur unserer Tage also, in welcher Erfahrungsarmut und auch -unmut sich damit begnügt, den allerengsten Kreis auszuschreiten, welcher jedwede menschliche Existenz, sei es beschützend, sei es bedrängend, umgibt: den Familienkreis.

Ob Peter Weiss ›Abschied von den Eltern‹ nimmt, ob Gabriele Wohmann einen ›Ausflug mit der Mutter‹ unternimmt, ob sich Peter Härtling bei dem Versuch übernimmt, seinem verstorbenen Vater die bei Lebzeiten offenbar vorenthaltene Liebe dadurch nachkommen zu lassen, daß er in dem »Für meine Kinder« bestimmten Buch ›Nachgetragene Liebe‹ zurückblickt »auf die durch den Vater und seinen Beruf als Rechtsanwalt bestimmten Lebensstationen der Familie in Chemnitz, Brünn, Olmütz bis zum Kriegsende mit letztem Wiedersehen in Zwettl« – auch in all diesen Fällen können wir nur hoffen, daß diese reichlich privaten Vorgänge, wenn sie denn schon über den engsten Familienkreis hinaus publik gemacht werden mußten, wenigstens unter uns bleiben, daß also kein Nachgeborener sich neben dem Paris eines Balzac, dem London eines Dickens, dem Petersburg eines Dostojewski, dem Dublin eines Joyce, dem Wien eines Musil oder dem Prag eines Kafka auch noch dem Zwettl eines Härtling widmen muß oder gar durch Härtlings Zwettl davon abgehalten wird, sich den Groß-Städten der Hoch-Literatur zu nähern, da er fälschlicherweise befürchtet, auch in ihnen berichte nur wieder mal jemand seinen Kindern davon, wie er als Kind »die Vater-Sohn-Beziehung als zunehmende Fremdheit« erlebt habe. Doch genug dieser Spekulationen, da ja der tatsachenschaffende Geist der Überlieferung – und in dieser Hoffnung wenigstens hoffen wir mit allen Weiterdenkenden einigzugehen – die Anlässe solcher Überlegungen bald genug in Vergessenheit geraten lassen wird.

Nun denn, die großen Werke. Da freilich muß sogleich dem Irrglauben vorgebeugt werden, ein dickes Buch sei auch ein großes; da sei der erfahrungsgesättigte Seufzer eines alexandrinischen Hellenisten und Kenners der Bibliothek von Alexandria vorangestellt: »Ein großes Buch ist ein großes Unglück.« Ein noch heute gültiger Satz, der es nahelegt, den Brand erwähnter Bibliothek und ihre völlige Zerstörung wenn nicht als das kleinere Übel, so doch als nicht allzu großes Unglück einzuschätzen: *Die* Schwarten wenigstens, die da ein Raub der Flammen wurden, muß heute keiner mehr kennen, da er sie gar nicht kennenlernen kann.

Dieser Brand liegt nun 2031 Jahre zurück – aber ob es eines heutigen Großbrandes bedarf, damit der Leser des Jahres 4015 –

unsere Zeit also als Halbzeit gesehen – der Mühe enthoben wird, sich mit einer anderen ›Halbzeit‹, der Martin Walsers, beschäftigen zu müssen? –: »Zwischen zwei Operationen vollzieht sich der Aufstieg des Vertreters, dann Werbefachmanns Anselm Kristlein. Mit den vielen Menschen, die er durch Freundschaften und Beruf kennenlernt, teilt er Richtungs- und Haltlosigkeit, Hohlheit und Genußsucht« – nicht gerade jemand also, den man unbedingt kennenlernen möchte oder müßte; eine Bekanntschaft, der man – zumal Beruf und Freundschaft als Kontaminationsmöglichkeiten ausfallen – am besten dadurch entgeht, daß man die »umfangreiche Ich-Erzählung« ganz einfach ungeöffnet läßt.

Doch es gibt ja nicht nur die dicken, sondern auch die wirklich großen Bücher. Groß in der Anlage, umfangreich in der Ausführung, Werke, in die der Autor schier unübersehbare Material- und Verbalmassen investiert hat, vom innigen Wunsch getrieben, einmal wenigstens bis zum Äußersten zu gehen, so sich selber, aber auch und vor allem dem Sprach-Geist seiner Zeit ein immerwährendes Denkmal setzend. Die Erinnerung an ein solches Trumm von Buch – und solche Überlegungen liegen einer solchen Operation sicherlich nicht nur, aber mit Sicherheit auch zugrunde –, die Erinnerung an ein solch sperriges Stück Literatur also könne, so hoffen die Verfasser, schon deswegen nicht verlöschen, weil es sich zum einen dank seiner Sperrigkeit der verschlingenden Macht des Zeitstroms widersetzen werde, und weil zum anderen der Mensch seit jeher Groß- und Höchstleistungen auf allen Gebieten im Gedächtnis behalten habe – unvergessen seien ja auch der Turm zu Babel, die Pyramiden Ägyptens oder das Mausoleum des karischen Fürsten Mausolos; von der herostratischen Tat des gleichnamigen Tempelbrandstifters einmal ganz zu schweigen.

Ein auf den ersten Blick probates Vorgehen, dem Vergessen zu entkommen, vergäßen die vermeintlich Entrinnenden selber nicht zwei im Laufe der Jahrtausende erhärtete Erfahrungen. Erstens überlebt nur selten das durch Größe herausragende

Werk – und Größe meint hier auch: schier physische Größe –, viel häufiger ist das lediglich der Fama beschieden, die zu erringen das Werk imstande war. So haben sich von den Sieben Weltwundern der Antike nur die Pyramiden erhalten, die sechs anderen aber, die Hängenden Gärten der Semiramis, der Koloß von Rhodos, der Leuchtturm von Alexandria, der Tempel der Diana zu Ephesos, die Zeus-Statue des Phidias und das bereits erwähnte Mausoleum – sie alle leben in der fast schon leiernden Aufzählung der Namen fort, ohne daß sich mit den überlieferten Begriffen noch irgendeine mögliche Anschauung verbände.

Bei Groß-Werken der Literatur nun ist darüber hinaus anzumerken, daß ihre Fama – zumindest in diesem Jahrhundert – sich so gut wie nie auf – in diesem Falle durchaus mögliche – Kenntnis gründet. Wer hätte denn – beispielsweise – ›Finnegans Wake‹ des Iren Joyce oder ›Der Mann ohne Eigenschaften‹ des Österreichers Musil gelesen? Fast scheint es, als hindere eine geradezu heilige Scheu schon den Zeitgenossen, diese Bücher aufzuschlagen, so, als könne bereits ein forschender Blick eben jene Aura beschmutzen oder verletzen, die die Großen Bücher dem kulturellen Bewußtsein so kostbar macht.

Eine Aura, die nicht zuletzt – oder ausschließlich? – vom Wissen lebt, daß diese Groß-Taten gattungsüberschreitender, bis an die Grenzen des Verstandes und der Verständlichkeit führender Sprach- und Denkexperimente geleistet worden sind, ohne doch zu mehr zu verpflichten als zu achtungsvoller Kenntnisnahme des Vorgangs oder zu stummer Bewunderung der Leistung – sei es der physischen, der psychischen, der intellektuellen oder der artistischen –, keinesfalls aber zur selbsttätigen Nachprüfung, was es mit der Größe der Tat denn nun wirklich auf sich habe. Die oft beschworenen Parallelen zwischen moderner Physik und moderner Kunst – hier: moderner Literatur –, im Falle der auratischen Groß-Werke drängen sie sich geradezu auf. Daß es Einsteins Relativitätstheorie gibt, das sollte, nein, muß der sich zu den Gebildeten zählende Zeitgenosse wissen; die Kenntnis der Formel $E = mc^2$ bereits ist nicht mehr obligatorisch, wenn auch wünschenswert; ein weiteres Eindringen in diese komplexe Materie aber ist jedermann lediglich freigestellt – erwartet oder gar verlangt wird es von niemandem.

Doch zurück zur deutschsprachigen Literatur der zweiten Jahrhunderthälfte! Wie sind nach all dem die Überlebens-Chancen der gewichtigsten Prosaleistung dieser Dezennien – die Rede ist natürlich von Arno Schmidts Alterswerk ›Zettels Traum‹ – zu beurteilen? Wir fürchten: schlecht.

Das hat wenig mit der Qualität des Werkes zu tun, viel jedoch mit der Gewichtsklasse, in der es, für jedermann sichtbar, antritt. Liegt es doch in der Natur der Höchstleistungen, daß ihre Zahl so begrenzt wie möglich gehalten werden muß – anders würden sie ja bald zu Hoch-, ja zu Mittelleistungen degradiert werden. Weshalb auch das literarische Bewußtsein aller Zeiten immer nur sehr wenige jener Werke, bei denen das Wissen um ihre Existenz die Kenntnis von ihrem Inhalt überflüssig machte und macht, auf den rettenden Schild gehoben und durch die Fluten getragen hat.

An solchen Höchstleistungen aber herrscht gerade in unserem Jahrhundert leider kein Mangel: Besagter Joyce hat deren zwei verfaßt. Prousts wie Musils wurde bereits Erwähnung getan, auch Hermann Brochs ›Der Tod des Vergil‹, Döblins ›Berlin Alexanderplatz‹, Thomas Manns ›Doktor Faustus‹ oder die hermetischen Werke einer Gertrude Stein oder eines Raymond Roussel wären zu nennen – alles Anwärter, denen bereits der Zeitvorsprung einen der besten Plätze auf der Warteliste sichert. Die anderen wortreichen Großtaten aber? All die sperrigen Alterswerke, die Existenzsummen, die Totalexperimentaltexte? Gleich erratischen Blöcken mögen sie noch eine Weile dem Zeitstrom trotzen; zu Steinen erst, dann zu Kieseln abgeschliffen, mag das eine oder andere noch von Seminar zu Seminar geschwemmt werden – unser Wort- und Geistträger aber wird sie wohl oder übel ihrem Schicksal überlassen müssen.

Was bleibt? fragten wir zu Anfang; fast ungebührlich lange haben wir uns bei den Prosawerken dieser Jahrhunderthälfte aufgehalten, um so rascher hoffen wir, den verbleibenden Rest zu überliefernden Schrifttums durchmustern zu können: Drama und Lyrik.

Nicht mehr als eine Pflichtübung. Was vom Roman gesagt wurde – um wieviel mehr gilt es für die dramatischen Produkte unserer Tage! Die treten ja nicht nur gegen Jahrhunderte, sondern Jahrtausende konkurrierender Produktion an, wobei sich gerade die ältesten Dramen als die bisher haltbarsten erwiesen haben – Namen wie Sophokles, Aischylos und Euripides mögen für sich sprechen. Der oft beobachtete und belegte Zusammenhang zwischen biologischer und dramatischer Potenz – daß nämlich bereits der Vierzigjährige keine Dramen zu schreiben mehr imstande sei, da altersbedingt tiefere Einsicht in die unauslotbaren Abgründe jedweden menschlichen Tuns es ihm unmöglich mache, weiterhin nach Jünglingsart in deutlich geschiedenen Gestalten unerbittlich miteinander konkurrierende Wertsysteme und Weltdeutungen gegeneinander antreten zu lassen –, dieser Konnex also gilt ja nicht nur für den einzelnen Dramatiker, sondern in gleichem Maße für das Drama. Auch Gattungen kommen in die Jahre, welken dahin, sterben gar – wie das Versepos – ganz aus. So weit freilich ist es mit dem Drama noch nicht gekommen, doch dürfte Einigkeit darüber herrschen, daß es seine besten Jahre schon lange hinter sich hat.

Eine Einsicht, der die selbstkritischeren unter unseren »Dramatikern« dadurch Rechnung tragen, daß sie ihre Unfähigkeit, Dramen zu gestalten, selber offen zugeben. Ob nun Max Frisch seine Bühnenarbeit ›Biedermann und die Brandstifter‹ als »Lehrstück ohne Lehre« bezeichnet oder seine szenische Parabel ›Andorra‹ als »Stück in zwölf Bildern«, ob Günter Grass ›Onkel, Onkel‹ schlicht als »Spiel« tituliert oder ›Die Plebejer proben den Aufstand‹ hochtrabend als »Ein deutsches Trauerspiel«, ob Peter Handke seine ›Publikumsbeschimpfung‹ ebenso wie seinen ›Kaspar‹ als »Sprechstück« klassifiziert, ob Botho Strauß, der seine ›Trilogie des Wiedersehens‹ immerhin noch für ein »Theaterstück« hielt, beim späteren ›Groß und klein‹ nur noch von »Szenen« zu sprechen wagt, ob Franz Xaver Kroetz ›Heimarbeit – Hartnäckig‹ als – tiefer geht's kaum – »Zwei Einakter« einstuft: was sind diese vielgestaltigen Umschreibungsversuche denn anderes als eine einzige Bankrotterklärung?

Ein Bankrott, der sich zum betrügerischen Bankrott ausweitet, wenn heutige Stückeschreiber die Mit- und Nachwelt glauben machen wollen, sie seien noch in der Lage, »Dramen« zu schreiben.

»Drama« nennt Wolfgang Bauer sein Stück ›Magic Afternoon‹ und bietet doch nichts anderes als »Denk- und Redeweisen, Sex-Verhalten, Hasch-Gebrauch zweier junger schriftstellernder Österreicher und ihrer Partnerinnen«, einen tristen, möglicherweise nachmittags-, nicht aber abendfüllenden Vorgang also, den unser Gewährsmann für Inhalte auf die abschreckende Formel bringt: »Abbildung einer zerfallenden Clique«.

Als »Drama« bezeichnet auch Peter Hacks seinen Fünfakter ›Die Sorgen und die Macht‹, jenes »1956 und 1957 spielende Zeit- und Lehrstück«, das folgenden Konflikt zum Inhalt hat: »Die minderwertigen, aber Leistungslohn und Prämien einbringenden Briketts einer Fabrik, durch die nachteilige Folgen für die Produktion einer Glasfabrik entstehen, werden auf Betreiben eines Brikettarbeiters verbessert, der eine in der Glasfabrik beschäftigte Arbeiterin liebt.« Sicherlich ein in jeder Hinsicht begrüßenswerter Vorgang, der allerdings die Frage aufwirft, ob er einer breiteren Öffentlichkeit mitgeteilt werden mußte, eine Frage freilich, die sich erübrigt, weitet man sie zur Grund- und Hauptfrage unserer Untersuchung aus: Da fraglos nichts von all dem bleiben wird, was hierzulande in den vergangenen dreißig Jahren für die Bühne erdacht worden ist, können uns Heutigen die unterschiedlichen Gründe dafür ebenso gleichgültig sein, wie es das gesamte Theaterschaffen unserer Zeit den nach uns Kommenden sein wird.

Schiere Chronistenpflicht gebietet es uns, die lyrische Ernte des abgesteckten Zeitraums wenigstens zu streifen. Schlechte Zeiten für Lyrik – dieser oft kolportierte Stoßseufzer von Verlegern und Buchhändlern darf durchaus grundsätzlicher verstanden werden in einer Zeit, die mit gutem Grund gerade dem mißtraut, was von jeher große Lyrik ausgemacht hat: dem Bild. Wie in und trotz der Flut bedeutungspraller, eindeutiger Bilder, der wir pausenlos ausgesetzt sind, noch das bedeutende Bild sehen und im Wort bewahren? Wie dem vielsagenden Bild bei denen Gehör verschaffen, die darauf konditioniert worden sind, jedwedes Bild in Sekundenschnelle *einem* Gemeinten, *einem* Zweck und *einer* Ware zuzuordnen? Wie noch in den einstmals unergründlich scheinenden Fundus der Naturbilder greifen, da doch Politik und werbetreibende Wirtschaft alles Lebendige parzelliert und Zwecken zugeordnet haben: den Bären der Dosenmilch, das Pferd der Zigarette, die Kuh der Schokolade, den Fuchs der Bausparkasse, das Schaf dem Waschmittel, die Zitrone der Seife, den Eichbaum dem Pils, die Welle dem Deodorant, das Meer dem Klaren, die Waldwiese dem Likör, das Grün schließlich einer Partei? Was bleibt unter diesen Umständen dem Dichter anderes übrig, als der Rückzug in immer privatere Mythologien und immer abgelegenere, auch abseitigere Randbezirke und Grenzbereiche?

Günter Eich lauscht den ›Botschaften des Regens‹, unser Gewährsmann faßt diese Mitteilung so zusammen: »Die Natur scheint erfüllt von klagenden Geräuschen und rätselhaften Botschaften: Regentrommeln, Taubenflug, die Klapper des Aussätzigen. Der Mensch spürt den Anhauch des Irrationalen.«

In noch entlegeneren Zonen sucht Ingeborg Bachmann ihre Bilder. Doch ob ihre ›Anrufung des Großen Bären‹ den Angerufenen jemals erreichen wird? –: »Das Titelgedicht gründet sich auf eine durch die Namensgleichheit hervorgerufene Analogie zwischen dem Sternbild und dem Waldbären und konstituiert eine Verschränkung beider ›großen‹ Bären« – enthalten wir uns einer Bewertung dieses Vorgangs, belassen wir es vorerst bei der Feststellung, daß da Bären verschränkt werden.

Natur auch bei Sarah Kirsch, helfende Natur gar, wie der Titel ihrer Gedichtsammlung ›Rückenwind‹ suggeriert. Ein Titel, der sich freilich rasch als Täuschung erweist: »Auch die immer wieder umworbene Natur ist nur ›in Ordnung‹, wenn man ›keine Zeitung hält‹.«

Natur schließlich bei Günter Grass und Hans Magnus Enzensberger. Doch ob nun ersterer ›Die Vorzüge der Windhühner‹ preist oder letzterer die ›Verteidigung der Wölfe‹ versucht – in beiden Fällen haben wir es mit poetischen Abwegigkeiten zu tun, die den einen, Grass, dazu führen, »Gegenstände und Begebnisse des täglichen Lebens wie ›Bohnen und Birnen‹« zu bedichten, den anderen, Enzensberger, dazu, in seinem Gedichtband ›Landessprache‹ noch abwegigeres Gemüse zu verherrlichen: »Ausweg ist Kulturflucht: Betrachtung des Firmaments (Gewimmer und Firmament), das Nordlicht, der Fels, der Blitz, die Sellerie, ›menschlicher als der Mensch, frißt nicht seinesgleichen‹.«

Hier nun spätestens, angesichts solch gesitteten Grünzeugs, scheint es uns geraten, die Sondierung des lyrischen Schaffens unserer Tage schleunigst abzubrechen und mit dem Inhalt unserer Sonde zum Ausgangspunkt unserer Betrachtung zurückzueilen, zu jenem nur imaginierten und doch so schrecklich realen Kai, an welchem sich die Werke der Völker und Zeiten stapeln und darauf warten, von dem zwar riesenhaften, aber doch nicht omnipotenten Fährmann gewogen, verworfen oder geschultert zu werden. Soll, nein kann er, der bereits unter dem lyrischen Erbe von Pindar bis Trakl ächzt, sich auch noch klappernder Aussätziger, verschränkter Bären, zeitungsfreier Natur, vorzüglicher Windhühner und vorbildlicher Sellerie annehmen? Eine Frage, die wir im Raum stehen lassen wollen, da die Zeit sie ohnehin bald gegenstandslos machen wird.

Wo aber bleibt das Positive? Anders gewendet: Wird denn *gar nichts* von all dem bleiben, was deutscher Geist und deutsches Wort seit dieser Jahrhunderthälfte mitteilen zu müssen glaubten, nicht nur dem deutschen Leser der jeweiligen Stunde oder Jahre, sondern auch der Nach-Welt, jenem Auditorium also, das die deutsche Sprache uns seit jeher global zu sehen gelehrt hat, da ihr – und damit uns – Formulierungen wie Nach-Europa, Nach-Deutschland, Nach-Niedersachsen oder gar Nach-Duderstadt unbekannt sind –? Noch einmal: Bleibt denn wirklich *nichts*?

An dieser Stelle endlich können wir uns zugleich einer Schuld entledigen und einer Pflicht nachkommen. Zur Schuld gesellt sich der Dank, die Dankesschuld aber ist jenem so häufig wie namenlos angeführten Gewährsmann für Inhalte gegenüber abzutragen, richtiger: einem Gewährspaar. Denn sämtliche der genannten Titel, all die zitierten Inhaltsangaben entnahmen wir dem Band 2 des zweibändigen und dreifach alliterierenden Werkes ›Daten deutscher Dichtung – Chronologischer Abriß der deutschen Literaturgeschichte. Vom Realismus bis zur Gegenwart‹ von Herbert A. und Elisabeth Frenzel. Ein Werk, das mittlerweile im 440. Tausend vorliegt, in einer Auflagenhöhe also, die nur wenige der in ihm aufgeführten Romane, Dramen oder Gedichtbände je erreicht haben dürften. Ein durch die Jahre – die Erstausgabe erschien 1953 – anhaltender Erfolg, der dieser jahrzehntelang unerbittlich auf den neuesten Stand gebrachten Chronik möglicherweise auch in der bereits beschworenen Nachwelt treu bleiben wird. Denn aus welchem anderen Buch der Bücher könnte diese ebenso rasch wie bündig entnehmen, was alles ihr von dem Schrifttum unserer zweiten Jahrhunderthälfte erspart geblieben ist?

Von Schuld und Pflicht war die Rede. Die Schuld ist beglichen, noch wartet die Pflicht. Richtiger: Wir fühlen uns von jenem Gesetz in die Pflicht genommen, nach dem wir angetreten. Unser Vorsatz, nach bestem Wissen und Gewissen die gesamte Literatur unserer Tage daraufhin zu sichten, was bleibt, machte von Beginn an vor keiner Gattung, keiner Person und keinem Werk halt – er darf auch jenen Text nicht ausklammern, welcher jenen Vorsatz Satz für Satz verwirklichte und der sich nun zu runden anschickt: diesen.

Was wir über die ›Daten deutscher Dichtung‹ der Frenzels sagten – daß dieses Literaturkonzentrat die Literatur seiner Zeit zu überleben imstande sei –, um wieviel mehr sind solche Überlebens-Chancen einem Aufsatz zuzusprechen, der erklärtermaßen ein Kondensat des Frenzelschen Konzentrates ist: diesem.

Was also bleibt? Je sorgsamer wir die deutschsprachigen Veröffentlichungen nach 1950 abwägen, desto nachdrücklicher wird auf die Dauer eine, und nur eine, ins Gewicht fallen: Diese.

(1985)

HERR HEFEL PERSÖNLICH

Herr Herbert Hefel   ist ein Mann,   der nicht viel weiß,

der nicht viel kann,   der nicht viel sucht,   der nicht viel find't,

vergänglich wie ein Blatt im Wind –   Jedoch er liebt   und wird geliebt –.

Wie schön, daß es Herrn Hefel gibt !

ANHANG

ANMERKUNGEN

FRIESENHEIM ALS SCHICKSAL – S. 90

Der Aufsatz entstand im Anschluß an eine Friesenheim-Begehung im Kreise der fast vollständigen Neuen Frankfurter Schule. Vorbereitung und Logistik dieses hochinteressanten Rundgangs hatten in den Händen des pfalzkundigen Bernd Fritz gelegen.

WENN DER GÜNTER MIT DER GABI – S. 95

Durch Zufall verfolgte ich die Geiselnahme von Gladbeck von der Ersten Reihe aus: Ich traute meinen Augen nicht, als eine so gut wie komplette ARD-Tagesschau sich in den Dienst der Selbstdarstellung des Geiselnehmers Hans-Jürgen Rösner stellte; im milden Licht des Sommerabends ließ er seine Knarre ablichten und rühmte an seinem Komplizen Dieter Degowsky, welcher derweil einen Bus in Schach hielt, der sei brandgefährlich.

Ebenso zufällig wurde ich wenig später Zeuge des peinlichen Versuchs von TV-Journalisten, dem Vater Rösners Selbstanklagen und Reuebekenntnisse abzupressen. Diese und andere Höhepunkte der Medienjagd rund um die Geiselname, bei welcher am Schluß zwei Geiseln auf der Strecke bliebe, konnten mühelos und ohne große Veränderungen in den Text eingebaut werden.

HENRY, DER KRÜPPEL – S. 118

Diese ›Humoreske aus unseren Kreisen‹ wurde zuerst in ›Titanic‹ veröffentlicht, 1986, und provozierte jene Stellvertreterentrüstung, von welcher ich auch in meinen Überlegungen »Von der Nestbeschmutzung zu Menschenverachtung« berichte. Nichtbehinderte Leserinnen und Leser glaubten, in harschen Leserbriefen Behinderte davor in Schutz nehmen zu müssen, daß einer der ihren nicht als Bilderbuchbehinderter dargestellt worden war.

Anders die Behinderten selber: Drei Behindertenzeitschriften fragten an, ob sie den Text nachdrucken könnten; nie hörte ich ein unfreundliches oder auch nur besorgtes Wort aus dieser Ecke.

Das Bedürfnis, sich stellvertretend zu entrüsten bzw. zu sorgen, scheint in der Zwischenzeit ständig gewachsen zu sein und reagiert längst nicht mehr nur auf Witze. Als ›Spiegel-TV‹ im Februar 1994 die Absicht äußerte, den Film ›Beruf Neonazi‹ auszustrahlen, da erhielt ich einen Brief, welcher mich dazu aufforderte, mit meiner Unterschrift gegen die Sendung des Films ›Von Beruf Nazi‹ zu protestieren und mich darum bat, nach Unterzeichnung weitere Proteste einzuholen: »Bitte kopieren und an Personen des öffentlichen Lebens weitergeben.«

Initiator war die Arbeitsgruppe ›Courage gegen Rassismus‹, verantwortlich zeichnete eine Frau, die am Telefon entschieden die Zumutung zurückwies, sie habe den inkriminierten Film sicher gesehen, so daß folgende Fürsorglichkeitskette zu verzeichnen war: Jemand, die den Film nicht kannte, forderte jemanden, dem er ebenfalls unbekannt war, dazu auf, dritte, die ihn noch nicht gesehen hatten, zu einer Unterschrift dafür zu bewegen, daß auch vierte den Streifen nicht sehen durften –: Was ich nicht weiß, macht euch nicht heiß.

ICH BIN EIN MANN – S. 191

Diese elf Gedichte sollten nur ein Anfang sein: Der eines Gedichtbandes, der meines Reichtums und der des Ruhm meines Alter ego Florian Freyer. Nach der Lektüre von reichlich Allert-Wiebranitz und zuviel Fried entstanden die Verse während eines Wien-Aufenthalts, wacker gefördert von österreichischen Weinen und tapfer sekundiert von meiner Begleiterin und Lebensgefährtin Fräulein Gehebe. All meine Pläne scheiterten am »Nein« des Lucie Körner Verlages, dem ich die Proben zugeschickt hatte; nicht einmal das Umweltpapier, auf das ich die Verse getippt, nicht einmal das herzliche »Hallo!«, das meinen Brief eingeleitet hatte, vermochten es, die Herzen der Verlegerinnen zu gewinnen: Mit der Bitte, das nächste Mal Rückporto beizulegen, erhielt ich meine Werke zurück und verzichtete erleichtert auf eine Fortsetzung.

MATERIALIEN ZU EINER KRITIK – S. 280

Dieses Gedicht wurde erstmals 1979 veröffentlicht, im ›Zeit-Magazin‹, das damals meine Kolumne »Hier spricht der Dichter« beherbergte. Ermöglicht wurde sein Abdruck durch die Gunst der Umstände – der Chefredakteur war im Urlaub und die Redakteurin Anna Mikula beherzt genug, den Krach zu riskieren; möglicherweise war aber auch eine List der Geistesgeschichte mit im Spiel, vielleicht diente mein Gedicht lediglich als Köder, um Walter Hedinger vom Hamburger Hafen aus der Reserve zu locken.

Der nämlich war einer der über zwanzig Empörten, die sich schriftlich bei der ›Zeit‹ über mein Sonett beschwerten, und bereits seine Beschwerde ragte in Ton und Inhalt über das eifernde Normalmaß hinaus:

»Goethe ist tot! Schiller ist tot! Klopstock ist! Robert Gernhardt lebt! Wozu? Was soll das ›Gedicht‹? Wem dient dies? Glauben Sie mir, ich bin nicht prüde, ich bin mein Leben lang im Hafen tätig gewesen. Aber von meinen Hafenarbeitern habe ich so eine Sammlung von zotigen Worten noch nicht gehört.«

Die Vielzahl der Leserbeschwerden bewog mich, einen klärenden Brief aufzusetzen – nicht Verscheißerung des Sonetts, Verarschung der kurrenten Szene-Sprache sei das Anliegen meines Sonetts gewesen –, und selbstredend gehörte Walter Hedinger zu den Adressaten. Er war der einzige, der ein zweites Mal zur Feder griff und dabei jene Erkenntnis zu Papier brachte, die genügen würde, noch ganz andere Sonette zu rechtfertigen. Er könne meine Entschuldigung nicht gelten lassen, schreibt er, denn: »Der Leser der ›Zeit‹ ist machtlos dem Sonett ausgeliefert und merkt erst beim Lesen, was er liest« – womit Walter Hedinger an das Geheimnis aller Literatur gerührt haben dürfte: Solange das so bleibt, sollte einem um die Zukunft dieser Kunst nicht bange sein.

VOM LIEBEN GOTT, DER – S. 434

Dieses Märchen entstand in Zusammenarbeit mit Peter Knorr.

SO EINFACH IST DAS NICHT – S. 447

Dieser Text wurde durch ein Interview angeregt, das Iris Radisch mit Sascha Anderson geführt und in der ›Zeit‹ veröffentlicht hatte. Darin ging es um das Verdikt ›Sascha Arschloch‹ und den Vorwurf der Stasi-Mitarbeit – beides von Wolf Biermann anläßlich seiner Büchner-Preis-Entgegennahme geäußert. Gesprächsführung und Argumentation meines Gesprächs folgen der Vorlage fast wörtlich; die angeführten Beispiele aus der Werbewelt sind authentisch und selbsterlebt, auch die ›Rote Maggi-Bibel‹ zur Maggi-Vertreter-Schulung.

NACHWEISE

BdB = Die Blusen des Böhmen / BE = Besternte Ernte / FM = FAZ-Magazin
GE = Gernhardts Erzählungen / GGR = Glück Glanz Ruhm
GM = Der Grimm auf Märchen / GzG = Gedanken zum Gedicht / HH = Hört, hört
HsD = Hier spricht der Dichter / III = Ich Ich Ich / IuA = Innen und Außen
KF = Kippfigur / KiC = Körper in Cafes / KL = Es gibt kein richtiges Leben im valschen
LÖ = Letzte Ölung / M = Merian / MR = Die Magadaskarreise
NR = Neue Rundschau / R = Rabe / RK = Raben-Kalender
T = Titanic / TT = Die Toscana-Therapie / WB = Was bleibt
WG = Was gibts denn da zu lachen? / WimS = Welt im Spiegel / WS = Wörtersee
ZM = ZEIT-Magazin

Das Buch der Bücher. HsD 17
Er hadert. III 11
Sechs Gefäße. IuA 89
Was ist Kunst?. WS 263
Darf ich vorstellen? ZM 13 / 1986
Reich der Sinne, Welt der Wörter. KF 173
Drinnen und draußen. ZM 15 / 1986
Ein geglückter Auftakt. HH 166
Die großen Hochstapler. GE 13
Die Brücke. BdB 220
Die Savanne ist voll. Erstdruck: ZM 40 / 1990. Hier: korrigierte Fassung
Grenzen der Kunst. HsD 48
Elch, Bär, Biber, Kröte. KF 219
Kröten nach der Natur. R 4 / 83
Leicht faßliche Anleitung, einen Raben zu zeichnen. R 1 / 203
Der Eremit und der Tausendfüßler. BdB 45
Vertreter-Elend. GE 16
Der Kragenbär. BE 65
Chines und Has. HsD 15
Eindeutig zweideutig. GE 100
Animalerotica. BE 63
Die Trinker. HsD 44
Die armen Schweine. LÖ 304
Hauptsache, man redet miteinander. GE 79
Deutschland, deine Dolchstöße. LÖ 80
Aus einem Kriegsroman. GE 31
Deutscher im Ausland. KiC 82
Im Albergo oder: Sich selbst verraten. GE 41
Geteiltes Land – Gemischte Gefühle. LÖ 256
Friesenheim als Schicksal. T 4 / 1985
Wenn der Günter mit der Gabi. T 10 / 1988
Von deutschem Ernst. WG 267
Deutschland, deine Haare. T 11 / 1991
Ich habe nichts. T 3 / 1986
Vater, mein Vater. LÖ 187
Mit Humor geht alles besser. LÖ 224
Herr Haubold klärt auf. GE 53
Henry, der Krüppel. KL 37
Würdelos. GE 67

Sauber, sauber. WAS 303
Unheimliche Begegnung der hinterletzten Art. T 9 / 1986
Schwarze Komik. WAS 285
Berühmte Indianer. GE 62
Unter dem Pazifikmond. T 2 / 1986
Materialien zu einer Kritik des Männlichkeitswahns. HsD 113
Abends, als der Würger kam. WimS 234
Männer auf verlorenem Posten. GE 37
Lieblingsplural. T 10 / 1988
Lieblingsplural zum zweiten. T 1 / 1989
Lieblingsplural zum dritten. T 2 / 1989
Lieblingsplural zum letzten. T 7 / 1989
Das Ziehen der Frauen am Hemdchen. T 7 / 1985
Ewiges Rätsel Weib. T 10 / 83
Von der Nestbeschmutzung zur Menschenverachtung. Vortrag 1990
Chines und Has. HsD 15
Über die Gefühle. GE 70
Neuer Mann, alter Hut. T 4 / 1988
Männerphantasien Folge 287. R 25 / 125
Ich bin Mann. Erstveröffentlichung
Neulich im 1. Programm. T 6 / 1983
Fressgass, Ende August. KiC 42
Zwei Tische weiter. KiC 11
Zwei erinnern sich. KiC 30
Die Lust kommt. KiC 19
Noch eine Szene. T 6 / 1986
Ein Männerleben. GE 102
Badefreuden. T 7 / 1985
Geständnis. HsD 5
Das Scheitern einer Ballade. WS 106

Dreißigwortegedicht. WS 303
Mondgedicht. WS 107
Bilden Sie mal einen Satz mit. WS 51,85
Warum ist es an der Mosel so still? WimS 162
Anno 24. BE 74
Herr Gernhardt, warum. GzG 18
Dichters Leid und Lust. HsD 20
Er folgt einer Einladung. III 91
Landschaft bei San Giovanni. IuA 46
FAZ, Beuys, Schmock. T 5 / 1988
Er reist. III 115
In Ligurien. Unveröffentlichte Grafik 1953
Ein Malermärchen. KF 49
Prognose. ZM 50 / 1985
Die geile Welt der 50er Jahre. LÖ 257
1965. T 4 / 1986
Schuld und Scham. NR 95
Heißer Frühling '68. T 4 / 1988
Materialien zu einer Kritik. WS 164
Ein fesselndes Buch. GE 21
Kopf oder Bild? T 1 / 1990
Umweltbewußtsein. Liv 7
Er altert. III 151
Länder – schnell erkannt. WimS 140
Nachdem er durch Metzingen gegangen war. WS 131
Erinnerung an eine Begegnung in Duderstadt. WS 256
Paris ojaja. WS 11
Rast in Hessen. BdB 24, dort: Hessen
Vogelsberglandschaft. IuA 5
Groß, größer, am größten. WS 166

Adorno im Bild. R 33/32
Samstagabendfieber. WS 268
Herbstlicher Baum in der Neuhauß-
    straße. KiC 46
Maredo Steak-House. KiC 44
Sind die Tortellini. GE 131
Obszöne Zeichnung am Volksbil-
    dungsheim. KiC 43
Der Göttinger. FM 661/1992
Bella Toscana. HiD 18
Toskana-Arbeit. ZEIT, 1992. Erst-
    veröffentlichung der korrigierten
    Fassung
Neulich bei Monterchi. 1993. Erst-
    veröffentlichung
Er erzählt die Geschichte einer
    Geschichte. III 127
Das vierzehnte Jahr. KiC 51
Toscana-Therapie. TT 44
Er erklärt die Landschaft. III 140
Weheklag. KiC 88
Tisch und Stuhl. IuA 97
Nachdem er durch Rom gegangen
    war. KiC 73
Ein merkwürdiges Mißverständnis
    im Petersdom. KiC 76
Nachdem er in der Trattoria. KiC 78
Rom sehen und lachen. M 11/1991
Roma aeterna. KiC 79
Da saß der berühmte Mann. T 3/1987
Keine Kritik der Kritik. ZEIT
    41/1992 Beilage (dort: Kritiker-
    beschimpfung)
Rezensentenschelte. HsD 43
Hehre Stunde. BE 135
Sternstunden der Moderne. GE 116
Kleine Erlebnisse großer Männer.
    BE 56
Er nun wieder. KiC 102
Wahrhaftiger Bericht. GGR 81
Da wird etwas verehrt. MR 41
Sommererinnerung. T 8/1983
Letzte Fragen. HsD 86
Gebet. KiC 36
Ich sprach. BE 66
Schöpfer und Geschöpfe. KiC 143
Maskenmenschen. HsD 123
Lichtenbergs Verdacht. FM 672/1993
Kinder – mal herhören! LÖ 11
Ein Kraftwort wird siebzig. T 4/1989
Ganz schön zeitkritisch. GE 121
Die Stellvertreter. LÖ 294
Warum ich nicht gern. LÖ 438
Die Lage des Humors. Luzerner
    Neueste Nachrichten 19. Juli 1986
Wer braucht wen? GM. Vorwort
Apropos Zwerg Nase. T 6/1986
Küß mich. T 11/1983
Das Erdmännchen und der Raketen-
    bauer. BdB 67
Vom lieben Gott, der über die Erde
    wandelte. BdB 66
Die Waldfee und der Werbemann.
    BdB 71
Die Heimkehr. T 2/1987
Er geht zum großen Robert-Tref-
    fen. III 195
Siebenmal mein Körper. KiC 62
Noch einmal: Mein Körper. KiC 63
Ich selbst. WS 207

Trost und Rat. WS 291
Höllisch gut. GE 19
Die Welt und ich. WS 189
So einfach ist das nicht. T 12/1991
Mann oh Mann. HsD 40
Ein Brieflein. RK 1.3.1992
Komische Karriere. WG 466
Ein Fragebogen. FM 260/1985
Happy Birthday. T 8/1983
Schneewittchen heute. WS 29
Aus dem Leben eines Spaßmachers.
   T 9/1983
Spaßmacher und Ernstmacher.
   KiC 147
Vorbemerkung. WG 449

Das Komische ist ein Genre. WG 469
Ein spritziges Buch. GE 21
Schweinchens Problem. HsD 65
Conditio humana. HsD 105
Die Nacht, das Glück, der Tod.
   WS 170
Der sterbende Narr. GE 146
Der Tag an dem das verschwand.
   WS 290
Aus einem Bärenbuch. GE 111
Scheiternde Hunde. GE 5/1987?
Was bleibt. WB
Herr Hefel persönlich. HsD 94
Begegnung mit einem Geist. WS 66
Weisheit des Westens. HsD 58

BEGEGNUNG MIT EINEM GEIST

WEISHEIT DES WESTENS

Der Weise spricht:
Ich bin allein

Ich bin allein
mit meinem Schwein...

mit meinem Schwein
und meinem Hund...

allein mit diesen
beiden und...

mit meiner Riesenfreundesschar,
die unterm Tisch verborgen war.

AUSWAHLBIBLIOGRAPHIE

Die Blusen des Böhmen. Geschichten, Bilder, Geschichten in Bildern und Bilder aus der Geschichte. Frankfurt am Main 1977, 1997.

Wörtersee. Frankfurt am Main 1981, 1996.

Ich Ich Ich. Roman. Zürich 1982, Frankfurt am Main 2003.

Glück Glanz Ruhm. Erzählung Betrachtung Bericht. Zürich 1983, Frankfurt am Main 1997.

Letzte Ölung. Ausgesuchte Satiren 1962–1984. Zürich 1984, Frankfurt am Main 2008.

Die Toscana-Therapie. Zürich 1986, Frankfurt am Main 2007.

Schnuffis sämtliche Abenteuer. Zürich 1986, Frankfurt am Main 2009.

Kippfigur. Erzählungen. Zürich 1986, Frankfurt am Main 2004.

Es gibt kein richtiges Leben im falschen. Zürich 1987, Frankfurt am Main 1997.

Körper in Cafés. Gedichte. Zürich 1987, Frankfurt am Main 1997.

Was gibt's denn da zu lachen? Kritik der Komiker, Kritik der Kritiker, Kritik der Komik. Zürich 1988, Frankfurt am Main 2008.

Lug und Trug. Drei exemplarische Erzählungen. Zürich 1991, Frankfurt am Main 2012.

Die Falle. Eine Weihnachtsgeschichte. Zürich 1993, Frankfurt am Main 2002.

Über Alles. Ein Lese- und Bilderbuch. Zürich 1994, Frankfurt am Main 2012.

Weiche Ziele. Gedichte 1984–1994. Zürich 1994, Frankfurt am Main 1998.

Ostergeschichte. Zürich 1995, Frankfurt am Main 2004.

Wege zum Ruhm. 13 Hilfestellungen für junge Künstler und 1 Warnung. Zürich 1995, Frankfurt am Main 1999.

Vom Schönen, Guten, Baren. Gesammelte Bildergeschichten und Bildgedichte. Zürich 1997, Frankfurt am Main 2007.

Lichte Gedichte. Zürich 1997, Frankfurt am Main 2012.

Klappaltar. Drei Hommagen. Zürich 1998, Frankfurt am Main 2005.

Herz in Not. Tagebuch eines Eingriffs in einhundert Eintragungen von Robert Gernhardt. Zürich 1998, Frankfurt am Main 2004.

Erna, der Baum nadelt. Ein botanisches Drama am Heiligen Abend. [Zusammen mit Bernd Eilert und Peter Knorr]. Mit festlichen Zeichnungen von Volker Kriegel. Zürich 1998, Frankfurt am Main 2010.

Es ist ein Has' entsprungen. Und andere schöne Geschichten zum Fest. Mit nicht mehr feierlichen Illustrationen von Robert Gernhardt. [Zusammen mit Bernd Eilert und Peter Knorr]. Zürich 1999, Frankfurt am Main 2004.

Unsere Erde ist vielleicht ein Weibchen. 99 Sudelblätter zu 99 Sudelsprüchen von Georg Christoph Lichtenberg. Zürich 1999, Frankfurt am Main 2009.

Der letzte Zeichner. Aufsätze zu Kunst und Karikatur. Zürich 1999, Frankfurt am Main 2001.

Berliner Zehner. Hauptstadtgedichte. Zürich 2001, Frankfurt am Main 2002.

Im Glück und anderswo. Gedichte. Frankfurt am Main 2002, 2007.

Die K-Gedichte. Frankfurt am Main 2004.

Später Spagat. Gedichte. Frankfurt am Main 2006, 2008.

Denken wir uns. Erzählungen. Frankfurt am Main 2007, 2008.

Weiße Weihnacht an der Côte d'Azur. Hg. von Johannes Möller. Frankfurt am Main 2007.

Gesammelte Gedichte 1954–2006. Frankfurt am Main 2008.

Der große Dichter sieht die Dinge größer. Der Klassiker Robert Gernhardt. Hg. v. Thomas Steinfeld. Frankfurt am Main 2009.

Was das Gedicht alles kann: Alles. Texte zur Poetik. Hg. von Lutz Hagestedt und Johannes Möller. Frankfurt am Main 2010, 2012.

Toscana mia. Hg. v. Kristina Maidt-Zinke. Frankfurt am Main 2011.

Gernhardts Ewiger Kalender. App(iPhone). Frankfurt am Main 2011.

Hinter der Kurve. Reisen 1979-2005. Hg. v. Kristina Maidt-Zinke. Frankfurt am Main 2012.

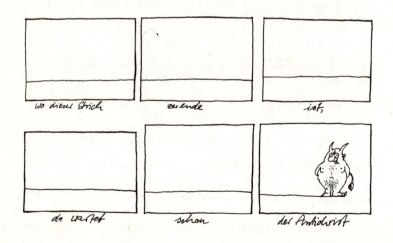